POCHES ODILE JACOB

COMMENT ÊTRE UN NÉVROSÉ HEUREUX

DES MÊMES AUTEURS
aux éditions Odile Jacob

La Famille, comment s'en dépêtrer, 2000.

JOHN CLEESE
ROBIN SKYNNER

COMMENT ÊTRE UN NÉVROSÉ HEUREUX

Traduit de l'anglais par Camille Fort
Dessins de Bud Handelsman

POCHES
ODILE JACOB

Ouvrage proposé par François Lelord

Ouvrage publié en Grande-Bretagne par Methuen,
Londres, 1993-1997 sous le titre : *Life and How to Survive it*.

15, RUE SOUFFLOT, 75005 PARIS
www.odilejacob.fr

ISBN : 2-7381-1031-2
ISSN : 1621-0654

À *Josh et Ding*

Deux ou trois mots pour commencer...

Lorsque nous avons écrit *La Famille : comment en réchapper ?** voilà plus de dix ans, nous voulions rendre intelligibles les composantes psychologiques impliquées dans les attitudes et les fonctions familiales ; expliquer les raisons qui font que certaines familles réussissent là où d'autres échouent ; déterminer les moyens qui permettent de « gagner des échelons » pour accéder à une meilleure santé mentale, à un bonheur plus grand. Nous avons passé en revue un certain nombre de points : la façon, par exemple, dont notre milieu familial commande le choix de notre partenaire, mais aussi nous amène à reproduire ce milieu, avec ses caractéristiques bonnes ou mauvaises. Nous avons examiné les tabous familiaux, les émotions refoulées, la nature destructrice des sentiments déniés et « mis derrière l'écran », y compris par nous-mêmes. Nous avons cherché à montrer comment ces sentiments peuvent être « projetés » sur autrui, sur notre partenaire ou sur un bouc émissaire pris au sein de la famille, qui va hériter de nous cette émotion interdite, déniée inconsciemment chez nous, et la reproduire automatiquement.

---

* Robin Skynner et John Cleese, *Families and How to Survive Them*, Londres, Methuen, 1983 ; trad. fr. Paris, Eschel, 1987.

Nous avons également étudié la formation de la personnalité — la part de « l'enfant » qui peut nous conduire à voir le monde uniquement en fonction de nos propres besoins, ou « le parent » en nous qui, en déniant nos aspects enfantins, peut déformer nos relations de façon tout aussi nocive.

Ces idées ont été bien reçues, au point que l'ouvrage, pour notre plus grand plaisir, est devenu un manuel potentiel pour bien des psychiatres et, aussi, pour le public non professionnel auquel il était destiné. *Comment être un névrosé heureux* prolonge ces observations. Il s'ouvre sur l'analyse des facteurs responsables de la bonne santé mentale au niveau individuel et familial, allant au-delà de l'observation clinique pour inclure des recherches récentes, peu connues et aujourd'hui disponibles sur les familles exceptionnellement saines.

Ces notions sont ensuite étendues à d'autres contextes. Sont ainsi analysés notre comportement au travail, le comportement des entreprises ou des organismes ; l'attitude des sociétés et des groupes sociaux ; les valeurs séculières et spirituelles qui orientent nos relations aux autres et guident notre rapport au monde. C'est donc un ouvrage sur la santé mentale des individus et des groupes de toute échelle.

Dans les « Après-propos » qui séparent les chapitres principaux, nous avons étudié certains sujets annexes, notamment le rapport de l'humour et du rire avec la bonne santé ; les changements survenus dans les relations familiales, depuis que les femmes travaillent autant que les hommes ; les causes de la division croissante entre riches et pauvres ; ou encore la place de la mort dans la vie.

Bref, on l'aura compris, nous avons, par ce livre, voulu rendre accessibles et parfaitement digestes les aspects de la connaissance psychologique qui nous avaient particulièrement aidés à mieux comprendre la vie, à lui trouver plus de sens et, surtout, plus de plaisir !

Bien conscients qu'on ne saurait prononcer de jugement définitif sur des idées si nombreuses, il nous semble toutefois que celles-ci s'harmonisent assez pour aider à clarifier nombre de questions importantes et encourager les débats.

Nous vous offrons donc ce livre, avec l'espoir qu'il facilitera votre propre « exploration ». Nous attendons avec impatience les discussions qu'il pourrait susciter, et bien que nous ne puissions promettre de communiquer personnellement avec chacun d'entre vous, nous comptons sur vos réactions éventuelles pour réviser et améliorer cette version.

Espérons que nous saurons vous faire partager l'intense plaisir que nous avons eu à rechercher une meilleure compréhension de tout ce qui, un jour ou l'autre, nous arrive dans la vie.

Robin Skynner/John Cleese

PS : Pour cette édition, nous avons déjà procédé à quelques petites retouches, dues au feed-back de certains lecteurs (cf. *supra*). Elles avaient pour objet de clarifier nos idées dont le contenu, lui, n'a pas changé. Enfin, pas encore...

1

Y a-t-il un homme sain dans la salle ?

JOHN – Pendant que nous écrivions *La Famille, comment s'en dépêtrer ?*, tu as fait plusieurs fois allusion, sans jamais entrer dans le détail, aux études menées sur des familles extraordinairement saines.

ROBIN – Ces familles-là sont exceptionnelles — ce sont, en quelque sorte, les médailles d'or de la santé mentale.

JOHN – Eh bien, j'aimerais en savoir un peu plus. D'autant que je n'ai jamais entendu personne mentionner ces études.

ROBIN – C'est vrai qu'elles sont très peu citées.

JOHN – Je me demande bien pourquoi. On pourrait s'attendre à ce que tout le monde veuille découvrir le secret des gens parfaitement équilibrés, non ? Or même les autres psys que je peux connaître ont l'air d'ignorer ces études. C'est comme si la psychiatrie reposait uniquement sur l'étude des personnes qui ne vont *pas* franchement bien — qui ont plus de « problèmes » que la normale.

ROBIN – C'est parfaitement exact.

JOHN – Et plus on y réfléchit, plus ça paraît bizarre. Parce que si on veut écrire un livre sur la peinture, les échecs ou le management, on commence par étudier ceux qui réussissent dans ces différents domaines, non ? Personne n'a jamais fait exploser le marché des ventes avec un bouquin intitulé *Préparez-vous pour le championnat international de golf : les secrets des vingt plus mauvais joueurs du monde*.

ROBIN – Tout à fait juste. Même les médecins étudient le fonctionnement normal de l'organisme — l'anatomie, la physiologie — avant d'examiner les malades. Les psychiatres, eux, semblent presque exclusivement s'intéresser aux gens anormaux.

JOHN – Et tu sais, quand j'ai essayé de parler de ces familles extraordinairement saines avec certains de mes amis, ils ont changé de sujet assez brutalement. Tu crois que c'est parce que ces veinards leur font envie ?

ROBIN – Continue...

JOHN – Eh bien oui. Moi, je sais que j'envie les personnes qui traversent l'existence sans difficulté, qui font tout ce qui les amuse et les intéresse, qui ne sont pas en permanence écrasées par des tonnes de problèmes personnels. Et je pense que beaucoup de gens réagissent comme moi.

Ce qui m'amène à la question que je voulais te poser : comment se fait-il que toi, tu aies eu connaissance de ces études ?

ROBIN – En fait, j'ai choisi la psychiatrie parce que je m'intéressais à la *santé* mentale, pas aux maladies mentales.

JOHN – Pourquoi ?

ROBIN – Pour autant que je me le rappelle, j'avais l'impression de ne pas vraiment comprendre les gens : leur comportement me paraissait souvent absurde. Dans un premier temps, j'ai cru que c'était *moi* qui avais un problème, que je n'étais pas normal. Du coup, j'ai voulu en savoir plus sur la « normalité ».

JOHN – Aujourd'hui, je sais que c'est exactement pour cette raison que j'étais fasciné par la psychologie quand j'avais quinze ans. Sauf que la nature intéressée de cette curiosité m'échappait tant j'étais persuadé d'être le plus normal de tous les normaux. Comme tous les collégiens anglais, d'ailleurs. C'est toi qui as en grande partie contribué à dissiper cette illusion à laquelle je m'accrochais fébrilement.

ROBIN – Tu veux parler de la thérapie de groupe que tu as suivie ?

JOHN – Oui. Comme c'était au milieu des années 1970, j'aime bien penser qu'aujourd'hui je suis revenu à la normale. Enfin, presque... Certains jours, je me dis que je pourrais intituler mon autobiographie *Dans deux jours, je suis normal...*

ROBIN – Dans trois ?

JOHN – Bon, on verra... De toute façon, il y a un problème quand on discute de ce qui est « normal ». Parce que, quand on est jeune, on croit que la plupart des grandes personnes sont relativement normales. C'est seulement en vieillissant qu'on commence à perdre ses illusions. En fait, la seule chose normale chez 90 % de mes amis, c'est leur façade. Elle est pas mal, d'ailleurs — en tout cas, assez bien pour bluffer de lointaines connaissances et une grande majorité d'enfants. Mais la vérité, c'est que la plupart des gens ne trouvent pas la vie particulièrement facile, même si leur existence matérielle est plutôt agréable. Et c'est sans doute encore plus vrai chez les gens riches, puissants et célèbres — on se fait seulement avoir par la façade, parce que les types influents ont souvent l'air très impressionnant.

ROBIN – Juste.

JOHN – Donc, si être normal, c'est avoir une santé mentale... disons... raisonnable... quoique ce ne soit pas du tout normal de trouver la vie facile... ça nous mène où ?

ROBIN – Nulle part, ça rend perplexe. Quand j'ai commencé mes études, je me suis mis en quête d'informations sur les gens vraiment sains et, là, à ma grande surprise, j'ai découvert que personne ou presque ne s'était intéressé au sujet. Il y avait juste quelques articles mineurs, bourrés d'anecdotes et très hypothétiques. Plus tard, j'ai fini par dénicher deux études importantes qui avaient été menées en Amérique : l'une à Dallas, à l'Institut de Timberlawn, où je me suis rendu à plusieurs reprises, l'autre sur un échantillon d'étudiants diplômés de Harvard, brillants et bien dans leur peau, qui ont été suivis sur le long terme.

JOHN – Ce que tu vas nous exposer en détail se fonde donc sur ces études ?

ROBIN – En partie seulement. En fait, c'est une sorte de synthèse *personnelle* de tout ce que j'ai pu apprendre par des sources très variées — mon travail de recherche, mais aussi quarante années de pratique pour aider des hommes ou des familles à améliorer leur état de santé mentale, à quoi s'ajoutent l'expérience et les discussions avec les collègues, les amis, la famille — celle où j'ai été élevé, celle que j'ai fondée. Sans compter tout ce que j'ai compris à travers mon propre combat pour me sentir mieux dans ma tête.

JOHN – Bon alors, tu pourrais peut-être commencer par nous donner une vue d'ensemble de ces gens exceptionnellement sains ? Ils sont surprenants ou tout à fait attendus ?

ROBIN – Moitié-moitié... Évidemment, plus on les étudie, plus ils deviennent cohérents. Mais, au début, certaines données sont quand même un peu choquantes !

JOHN – Existe-t-il un principe général qui sous-tende ces comportements étrangement sains ?

ROBIN – Probablement pas. L'ouvrage qui rendait compte des premiers résultats de l'étude de Timberlawn s'intitulait d'ailleurs *No Single Thread* (« Aucun dénominateur commun »), justement parce que les chercheurs n'arrivaient pas à trouver de qualificatif global pour l'ensemble de leurs découvertes. Il faut donc prendre chaque aspect un par un.

JOHN – Et on commence par lequel ?

ROBIN – Je voudrais encore ajouter deux ou trois choses. En essayant de décrire un état de santé mentale optimal, en le comparant aux différentes formes de troubles psychiques ou au niveau de santé « moyen » qui est le lot de la majorité des gens, il est difficile d'éviter les clivages, de ne pas donner l'impression que chaque disposition d'esprit correspond à un certain type d'individus. Mais en fait, notre état psychologique ne cesse de varier. Il est excellent dans les bons moments, quand on est de bonne humeur, que les affaires marchent bien, qu'on se sent aimé et apprécié, qu'on a donné le meilleur de soi-même. Inversement, on va moins bien dans les moments de stress, quand on est privé de ses appuis habituels, qu'on n'a pas été à la hauteur, qu'on s'est levé du mauvais pied. De plus, notre degré de santé mentale n'est pas le même selon le secteur d'activité. Une personne dont l'état général est globalement « moyen » pourra ainsi se montrer remarquablement dynamique dans certains domaines, mais défaillante dans d'autres.

JOHN – Et, apparemment, l'état général peut lui-même évoluer au gré des circonstances — sans quoi tu serais déjà au chômage. Parce qu'on peut vraiment devenir plus sain, dis ?

ROBIN – C'est assurément l'expérience que j'ai faite. Mais il y a autre chose. Les principales études portent sur des groupes relativement privilégiés : peau blanche, classe moyenne, aisance matérielle (même s'il existe une autre enquête sur des ouvriers noirs dans une zone urbaine défavorisée). En outre, seuls les gens qui ne sont pas menacés physiquement, qui ont de quoi manger, qui disposent d'un toit pour dormir, qui bénéficient d'un certain niveau de confort peuvent se préoccuper d'améliorer leur santé mentale.

JOHN – Compris. D'autres réserves ?

ROBIN – Pas pour le moment.

JOHN – Alors, donne-nous quelques détails sur ces familles dont la santé mentale est tellement supérieure à la nôtre. Qu'est-ce qui est le plus frappant chez elles ?

ROBIN – Ces familles particulièrement saines sont exceptionnellement positives dans la vie et face à autrui. Elles donnent en général l'impression de bien s'amuser, d'aimer les gens, et d'aller à la rencontre de leur entourage avec une grande cordialité.

JOHN – Donc, ce ne sont pas des journalistes anglais...

ROBIN – Chaque fois que j'ai regardé des vidéos avec ce genre de familles, je me suis mis à rêver de les avoir pour voisins. Impossible de ne pas ressentir une certaine affection pour eux quand on les regarde vivre. Et, de fait, les études révèlent que ce sont des gens très appréciés par leur entourage.

JOHN – Ce qui pourrait signifier qu'ils sont faciles à arnaquer ? Parce que le monde n'est pas un chemin bordé de roses. À force de s'ouvrir aux autres, à force d'optimisme, on finit par manquer de réalisme.

ROBIN – Optimiste n'est peut-être pas le mot qui convient, parce qu'un optimiste, ou d'ailleurs un pessimiste, est quelqu'un qui voit le monde sous un seul angle. On dit que les gens sont psychologiquement sains quand ils voient le monde tel qu'il est, sans le déformer pour l'adapter à leurs fantasmes. Les membres des familles saines sont, à vrai dire, très réalistes. Ils savent que les hommes peuvent être bons ou méchants, et ne se laissent pas facilement berner. Ils acceptent les gens tels qu'ils sont, avec leurs bons et leurs mauvais côtés. Ils font plutôt crédit à ceux qui, de prime abord, manquent de cordialité. Ils vont à la rencontre des inconnus de façon ouverte et tolérante, et ne se recroquevillent pas sur eux-mêmes s'ils ne reçoivent pas un accueil chaleureux.

JOHN – Si le voisin apparemment hostile est en fait un peu *timide*, ou s'il a connu de mauvaises expériences et ne manifeste qu'une prudence exagérée... cette timidité ou cette prudence céderont devant l'attitude chaleureuse de ces familles.

ROBIN – Oui, et c'est pourquoi elles reçoivent partout un accueil favorable : leur attitude fait apparaître les gens sous leur meilleur jour.

JOHN – Mais qu'y a-t-il là de si spécial ? Nous savons tous qu'en abordant les autres avec une attitude positive, nous avons toutes les chances d'obtenir leur gentillesse en retour. Voir les manuels du style *Comment se faire des amis et influencer les autres*...

ROBIN – Très juste, mais l'essentiel chez ces familles si saines, ce n'est pas qu'elles adoptent un comportement différent du nôtre : c'est qu'elles y réussissent avec une totale cohérence et un succès entier. Ce qui est inhabituel, c'est le *degré* auquel ces gens sont ouverts et amicaux, et aussi le *naturel* qui est le leur.

JOHN – Tu veux dire qu'ils ne font pas d'effort particulier pour être gentils ou courtois ?

ROBIN – Parfaitement, ça ne leur coûte rien. On n'a pas l'impression qu'ils jouent la comédie pour s'attirer une réaction gratifiante, comme c'est parfois le cas avec les gens qui ont suivi une formation à la Dale Carnegie, ou qui pratiquent leur « religion » en tentant d'appliquer le commandement de charité et de suivre la Bible à la lettre. Les gens véritablement sains ne font pas preuve de bonne volonté dans l'espoir d'être payés de retour — même si c'est bien le cas. C'est plutôt comme s'ils avaient une importante réserve de bien-être et de bonheur qui leur permettrait de se montrer généreux, tout comme les personnes très riches qui envoient de grosses sommes aux associations caritatives, sachant bien qu'elles en auront toujours assez pour elles, et qu'elles peuvent donc se permettre d'en faire un peu profiter les autres. C'est ce qu'on peut appeler une « philosophie de l'abondance ».

JOHN – Et, bien sûr, le vrai motif de la « bonne conduite », c'est en général que nous désirons gagner et garder l'approbation des autres. Ces gens, eux, semblent aller si bien qu'ils n'ont pas vraiment besoin d'aller quêter une telle approbation. Leur cordialité ne sent pas la manipulation.

ROBIN – C'est vrai, elle a l'air plus spontanée que ça. Ils aiment qu'on les aime, bien sûr, mais ils ne se mettront pas en quatre pour cela.

JOHN – Et les autres, ceux qui n'ont pas une telle ouverture d'esprit, une telle spontanéité, une telle cordialité, comment se comportent-ils en comparaison ?

ROBIN – Eh bien, prenons le pire des cas de figure. Pour les familles exceptionnellement délabrées du point de vue psychologique, les rapports avec autrui n'ont rien de positif. Mon expérience personnelle — et la plupart des psychiatres qui ne s'en tiennent pas à la surface, et ne prennent pas tout ce qu'on leur dit au sens littéral, se rallieront à mon opinion — me dit que lorsqu'un ou plusieurs membres d'une famille sont psychologiquement très malades, la famille tout entière trahit un haut niveau d'affects négatifs, qui s'exercent au sein de la famille et dans ses rapports avec l'extérieur.

JOHN – Et les gens « moyens », tu en fais quoi ? Nous appartenons tous deux à cette catégorie, non ?

ROBIN – Naturellement. Eh bien, si l'on considère que les familles « moyennes » représentent la vaste majorité qui tient le milieu entre le petit nombre de gens « psychologiquement très malades » et le non moins petit nombre de gens « psychologiquement très sains », on n'y trouvera pas ces affects hautement négatifs, sinon peut-être *occasionnellement*, sous la pression d'un stress particulier, ou en réponse à une provocation. Inversement, on ne diagnostiquera pas l'attitude extraordinairement positive des familles très saines, même si les familles ordinaires peuvent *parfois* être comme ça, quand elles sont de bonne humeur, quand tout va bien, ou qu'elles se sont montrées « à la hauteur » dans une situation de crise.

JOHN – Qu'est-ce que ça signifie, alors ? À quoi ressemblent exactement ces familles ordinaires ?

ROBIN – À la base, elles se méfient un peu de la nature humaine. Bien sûr, la plupart du temps, elles cachent avec soin cette méfiance, mais leur politesse ou leur bienveillance extérieures dissimulent presque toujours une attitude prudente, réservée, calculatrice. C'est comme si nous avions à protéger en permanence nos rares et fragiles avantages des convoitises d'autrui. Cette attitude se résume plutôt à un « qu'est-ce que j'ai à y gagner ? », y compris à l'égard d'une épouse ou d'un enfant, et je ne parle même pas du voisin ou de l'étranger. Ces gens se figurent essentiellement leurs relations avec autrui comme des arrangements commerciaux : ils prennent garde à récupérer exactement leur mise avec, si possible, un petit bénéfice.

JOHN – Hem, ce n'est pas très joli à reconnaître, mais je commence à me rendre compte que j'agis généralement ainsi, à moins d'être d'humeur exceptionnellement bienveillante. La plupart du temps, j'essaie de me montrer raisonnablement gentil et encourageant avec les autres, mais si je n'obtiens pas rapidement une réaction gratifiante en retour, je n'ai plus aucune envie d'être « gentil ». Je coupe le contact, et je m'en tiens à une courtoisie minimale. Ou encore, comme tu le dis, lorsque je suis particulièrement stressé, j'ai remarqué que je traite mes relations personnelles comme des affaires commerciales : « Bon, j'ai fait ci et ça, et ça encore, et toi ? » Enfin, je suppose que ce genre d'attitude se transmet d'une génération à l'autre. La plupart des gens que je connais se rappellent avoir entendu dire à leurs parents : « Après tout ce que j'ai fait pour vous... » ou « Vous m'apprécierez vraiment quand je ne serai plus là... » Mais les familles exceptionnellement saines n'agissent pas ainsi...

ROBIN – Elles ne semblent pas marquer les points, tenir des comptes, ou garder l'œil sur les registres affectifs pour s'assurer que le bilan est équilibré. Comme je l'ai dit, elles se comportent comme si elles avaient un tel fonds de bonne volonté et de bien-être qu'elles peuvent en distribuer gratis, juste parce qu'elles en ont *envie*, sans se livrer au moindre calcul.

JOHN – Bon... c'est donc la première caractéristique de ces familles extrêmement saines. Quelle est la deuxième ?

ROBIN – Le second trait important est bien plus surprenant. Quand j'ai lu pour la première fois ce qu'il en était, je me rappelle que ça m'a fichu un coup, et j'ai mis un bout de temps à m'y faire. Cet « amour », dont ces familles disposent en excédent, est assez différent de ce que nous entendons, nous autres, par ce mot.

JOHN – Comment cela ?

ROBIN – Eh bien, l'amour peut désigner un désir de proximité. Mais le mot proximité a deux sens. Il peut signifier qu'on apprécie la complicité, ou bien être synonyme de dépendance, d'attachement à quelqu'un tel que ce quelqu'un devient indispensable. Dans certains cas, on s'accroche de toutes ses forces, on a un besoin terrible, permanent de l'autre : on souffre quand il n'est pas là et, en conséquence, on éprouve jalousie et possessivité.

JOHN – Et qu'y a-t-il de si surprenant dans « l'amour » des familles saines ?

ROBIN – Il est fait de proximité *et* de distance. Ces gens sont capables d'une grande complicité affective, mais ils se sentent par ailleurs autonomes, confiants, libres, et n'ont pas un besoin désespéré de l'autre. Lorsqu'ils sont tout seuls, ils s'en sortent très bien — ils s'amusent même comme des petits fous !

JOHN – L'autre ne leur manque pas ?

ROBIN – Eh bien, tout dépend de ce que tu entends par « manquer ». Certes, ils gardent à l'esprit un souvenir aimant de leur partenaire ; ils aiment y penser et cela leur fait chaud au cœur. Mais l'autre ne leur « manque » pas dans la mesure où son absence ne les rend pas malheureux, où ils sont tout à fait capables de goûter les plaisirs qui se présentent.

JOHN – À quel point sont-ils véritablement indépendants ? Autrement dit, à quel point peuvent-ils se passer l'un de l'autre ?

ROBIN – Pour eux, le bonheur qu'ils trouvent dans leur relation est un luxe, une sorte de bonus. Le reste de leur vie n'est donc pas gâché par la crainte que cette relation pourrait mal tourner : ils ne s'interrogent pas sur ce qu'ils feraient s'ils perdaient leur partenaire. Or, bien sûr, plus vous goûtez la vie, plus vous avez confiance en vous quand vous êtes seul, et plus vous devenez intéressant en tant qu'individu, plus vous avez de choses à partager lors des retrouvailles.

JOHN – Et si les conjoints sont indépendants affectivement, lorsqu'ils sont *ensemble*, ils ne se sentent pas limités par leurs besoins respectifs — ils ne se sentent pas obligés de surveiller leurs actes ou leurs paroles de peur de frustrer l'autre — si bien qu'ils sont plus librement eux-mêmes.

ROBIN – C'est la même chose si on offre aux autres membres de la famille un espace où accomplir leurs propres activités : ainsi, ils ne tournent pas misérablement les uns autour des autres, comme des chiens autour de la table, dans la crainte de rater quelque chose.

JOHN – Bon. Et quel effet cela a-t-il sur leur intimité ?

ROBIN – Comme ils peuvent retrouver leur jardin secret chaque fois qu'ils en ont envie, sans que leur tendre moitié les colle ou tente de les culpabiliser, ils peuvent aussi jouir d'une intimité et d'une proximité plus grandes à d'autres moments.

JOHN – Tu veux dire qu'ils ne craignent pas, s'ils se rapprochent trop, de ne plus pouvoir se séparer, de ne pas retrouver leur indépendance.

ROBIN – Tout à fait. À première vue, ça a l'air paradoxal, mais en fait c'est évident : plus on travaille sa capacité de « séparation », plus on gagne en « complicité ».

JOHN – Et, à l'inverse, plus on a « besoin » d'autrui, plus on désire avoir tout contrôle sur lui ?

ROBIN – Inévitablement. Par contraste, plus on a confiance dans sa capacité à se débrouiller seul, moins on ressent le besoin de contrôler son partenaire. On peut goûter les moments où l'on est ensemble, sans ressentir de dépendance, ni craindre de ne pas obtenir ce qu'on veut ! Ce plaisir d'être ensemble est un soutien puissant pour chacun des conjoints et inspire une plus grande confiance lorsqu'il y a séparation. C'est une spirale ascendante et non une spirale descendante, le « cercle vicieux » provoqué par une dépendance collante.

JOHN – Peux-tu décrire un peu plus en détail cette spirale descendante ?

ROBIN – Eh bien, lorsqu'une relation est fondée sur un besoin anxieux, chaque partenaire tente de s'appuyer sur l'autre en lui démontrant qu'il ne peut pas se passer de lui. Pour être plus convaincant, il ne faut pas donner l'impression de s'amuser beaucoup pendant les moments de séparation. Du coup, ils renoncent progressivement à leurs centres d'intérêts personnels, et à leurs amis, ce qui accroît peu à peu le sentiment de dépendance et d'impuissance !

JOHN – En renonçant à leurs activités personnelles, ils sont de plus en plus paralysés ?

ROBIN – Et la relation elle-même devient de plus en plus contraignante et ennuyeuse.

JOHN – Je me rappelle avoir découvert cette notion d'indépendance affective peu après avoir rejoint ton groupe en 1975 : j'ai été... presque consterné de découvrir qu'un besoin désespéré de l'autre ne représentait pas la pierre de touche du véritable amour.

ROBIN – Te rappelles-tu précisément ce qui t'a consterné ?

JOHN – Eh bien, d'abord, l'équation qui assimilait le véritable amour à la dépendance affective me semblait presque sacrée. Affectivement, je tenais beaucoup à cette idée. Elle faisait partie du conditionnement hérité de la petite-bourgeoisie anglaise dont j'étais issu. Par ailleurs, l'autre solution — une attitude plus indépendante, plus confiante — me paraissait tout simplement sans cœur. Rien à voir avec l'amour !

ROBIN – C'est ce que je voulais dire quand j'ai affirmé que certains des témoignages me paraissaient choquants. Ce fut mon impression à la lecture d'une toute première étude sur les états psychologiques exceptionnellement sains ; c'était il y a trente-cinq ans, et j'étais encore étudiant. Par exemple, cet article mentionnait que lorsque le mari ou l'épouse mourait dans l'une de ces familles, cette perte plongeait un certain temps le conjoint dans un deuil profond, puis qu'il se remettait, construisait de nouvelles relations, et poursuivait sa vie sans grande difficulté. Je me rappelle avoir trouvé cette idée cruelle ; elle m'a glacé. J'ai bien senti qu'elle était avérée, mais il m'a fallu très longtemps pour admettre qu'elle puisse bel et bien être saine.

JOHN – C'est un joli coup porté à l'idéal de l'amour romantique, non ? Être « faits l'un pour l'autre », « je mourrais sans toi », et le reste à l'avenant...

ROBIN – C'est vrai. Certains couples en thérapie peuvent résister parfois des années à l'idée qu'il est possible d'être véritablement indépendants *tout en étant* profondément attentifs l'un à l'autre, parce qu'ils ont beaucoup de mal à admettre que ces deux aspects puissent aller de pair.

JOHN – Soit, mais qu'implique l'« indépendance affective » en matière de fidélité ? Les couples qui peuvent plus aisément se passer l'un de l'autre iront-ils davantage fureter en territoire étranger ?

ROBIN – Mon expérience des couples sains est qu'ils sont plus fidèles, mais par choix. Ils ne vont pas voir ailleurs, parce qu'ils n'en ont pas envie, précisément parce qu'ils le pourraient s'ils le voulaient. Pour citer le comédien Paul Newman à qui on demandait pourquoi il paraissait si attaché à sa femme, Joanne Woodward : « Pourquoi aller manger un hamburger dehors quand on a un steak chez soi ? » Et les résultats des études confirment ce fait. Ils révèlent une tendance durable à la fidélité conjugale chez les couples les plus sains.

JOHN – Ah !

ROBIN – Une estimation de l'infidélité dans la population britannique dans son ensemble indique qu'elle touche 40 % des femmes, et 75 % des hommes...

JOHN – Je sais que tu accordes de l'importance à la fidélité. Mais pourquoi ? Est-ce parce qu'inévitablement l'infidélité mène au mensonge, qui détruit la confiance et la complicité ?

ROBIN – Le mensonge révèle une incapacité à se montrer ouvert, à être entièrement soi, et cela fait de toute évidence obstacle à une complicité réelle dans le couple. Si les gens sont vraiment sains, ils se montreront francs sur les attirances qu'ils peuvent éprouver. C'est bien parce qu'ils ne sont ni possessifs ni collants qu'ils n'éprouvent pas de malaise quand une personne du sexe de leur partenaire les « allume ». En fait, cela met plutôt leur relation en valeur, ils en prennent davantage conscience, et cela renforce la cohésion du couple. Quant à avoir une relation sexuelle hors du couple, c'est une autre affaire : cela empêche l'une et l'autre relations de s'accomplir entièrement. Il est possible de conduire deux motocyclettes à la fois — on le voit parfois dans les numéros de cirque — mais sans l'habileté ni le plaisir qu'on ressentirait à n'en conduire qu'une ! C'est pourquoi je pense que les couples réellement sains font leur choix, non par culpabilité ou par crainte de faire souffrir leur partenaire, mais parce que la relation qu'ils entretiennent est si riche qu'ils veulent la préserver et l'enrichir encore.

JOHN – Intéressant. Eh bien, je n'essaierai pas de vanter les mérites de la dépendance affective car j'ai été totalement converti — à tel point que je ne peux plus considérer que les aspects malheureux de l'idéalisation qu'on fait de la dépendance amoureuse. Prends tout simplement les plus grandes histoires d'Amour — *Roméo et Juliette*, *La Traviata*, *Anna Karénine*, *Carmen*, *Antoine et Cléopâtre*, *Aïda*, *Le Docteur Jivago*, *Tristan et Iseult*, *Brève Rencontre*. Cite-les, et tu verras le visage des gens s'éclairer brièvement, et ils diront tous : « Ooooh, c'est si merveilleux, si romantique. » Mais ces histoires n'ont *rien* de merveilleux : elles sont faites de pure douleur. Les amants ont droit à une cuillerée d'extaseindicible, et après cela, c'est de la souffrance ininterrompue. Ils se font poignarder, enterrer vifs, ils se jettent sous un train ou se suicident avec des aspics, ils s'empoisonnent ou meurent de la tuberculose, quand ils ne renoncent pas l'un à l'autre dans d'atroces douleurs. Ils sont convaincus de ne trouver le bonheur que dans une seule personne, qu'ils choisissent précisément parce qu'elle est inaccessible. Dis-moi, pourquoi cette dépendance, et la souffrance qui en résulte, sont-elles considérées comme le véritable amour ?

ROBIN – Eh bien, le tout premier amour que nous éprouvons, et dont l'objet est notre mère, possède bel et bien ces caractéristiques. Au début de notre existence nous sommes complètement dépendants, et nous souffrons beaucoup si maman n'est pas là quand nous avons besoin d'elle. Bien sûr, nous aurons encore par la suite besoin d'amour et de soutien — mais si nous ne surmontons pas ce genre d'exigences enfantines, nous continuerons à traiter nos partenaires amoureux de la même façon, en essayant de les forcer à s'occuper de nous comme nos parents le faisaient, et en nous sentant menacés lorsqu'ils ne le font pas.

JOHN – Et ce genre d'amour nous fait nous sentir « singulier », n'est-ce pas ? C'est le cas des bébés, qui requièrent une attention maternelle exclusive. Mais les familles vraiment saines ne considèrent manifestement pas que la douleur donne plus de sens à la vie...

ROBIN – Non. Étant peu dépendants, ces gens n'auront pas à justifier d'exigences enfantines, et n'éprouveront pas de terrible douleur s'ils ne sont pas exaucés.

JOHN – Maintenant, permets-moi de te poser une question qui m'a beaucoup tourmenté. Les personnes les plus saines auront parfois besoin d'un soutien affectif au cours d'une période particulièrement difficile. Comme elles sont saines, elles n'auront pas de problème à solliciter ce soutien quand elles en auront besoin, et comme leur partenaire est sain, il n'aura pas de problème à le leur accorder. Alors, où est la différence avec les gens qui se « collent » l'un l'autre ?

ROBIN – S'ils sont sains, les deux partenaires peuvent réclamer directement le soutien dont ils ont besoin, et ils accepteront un refus de bonne grâce si l'autre est hors d'état de le donner. Leur relation n'est pas fondée sur l'hypocrisie ou le fantasme. Il n'y a entre eux aucune de ces luttes qu'on rencontre chez les gens moins sains, qui essaient de manipuler leur partenaire pour l'amener à combler leurs propres demandes, et se dispensent de rendre la pareille en arguant de leur plus grand état de nécessité. La plupart du temps, les gens sains savent se faire aider, ou apporter leur aide. C'est bien pourquoi ils n'ont pas besoin de coller l'autre, ou de formuler une demande désespérée pour forcer l'autre à y répondre.

JOHN – Et c'est aussi pourquoi ils surmontent un deuil et se remarient plus vite que les gens moins sains ?

ROBIN – En gros, oui. Mais dans ce cas précis, plus d'un facteur est en jeu. Tout d'abord, leur gentillesse et leur tempérament amical leur auront valu un large cercle d'amis, constituant un grand réservoir d'affection, si bien qu'ils n'auront pas l'impression d'avoir été abandonnés sur une île déserte, loin de toute source d'amour. Par ailleurs, leur chagrin sera sans doute provoqué par une compassion à l'égard du partenaire décédé plus que par un souci pour soi-même : ils savent très bien qu'ils peuvent se débrouiller tout seuls.

JOHN – Oui, mais enfin ils ressentiront un chagrin plus intense, parce que leur relation était exceptionnellement heureuse, non ?

ROBIN – C'est là qu'intervient un étrange paradoxe. Il est souvent plus facile d'accepter la fin d'une relation ou d'une expérience heureuse, que de se remettre d'une expérience insatisfaisante.

JOHN – Ah ! je vois ce que tu veux dire. J'ai parfois eu du mal à mettre un terme à des relations pas très satisfaisantes, parce que... je me sentais comme contraint d'y revenir encore et toujours, simplement pour me prouver qu'elles *pouvaient* marcher !

ROBIN – À l'inverse, si quelque chose a bien marché, et qu'on se sent heureux et comblé rien qu'à y penser, on aura moins de mal à admettre que cela ne dure pas indéfiniment. On en aura profité, et le souvenir des moments heureux est à lui seul un soutien puissant ! Par exemple, lorsque ma femme Prue est morte il y a cinq ans, j'ai découvert que le chagrin que j'éprouvais n'était pas entièrement négatif lorsque je me rappelais quelle belle existence nous avions eue ensemble. Non seulement cela rendait le chagrin plus supportable, mais dans une certaine mesure, c'était comme vivre avec elle une expérience heureuse de plus.

JOHN – Tu sais... quand Graham Chapman est mort, je me suis mis à repenser à l'époque des Monty Python, et j'ai réalisé, avec plus de clairvoyance que durant toutes les années passées, combien cette période de ma vie avait été agréable.

ROBIN – Bien sûr. Paradoxalement, il est plus facile de renoncer à une relation heureuse, parce que le souvenir en est lui aussi heureux : on ne se sent pas coupable de son échec, et on ne cherche pas à y remédier.

JOHN – Pourrais-tu me dire jusqu'à quel point tu t'es remis de la mort de Prue ?

ROBIN – À peu près deux ans après sa mort, j'ai ressenti comme un regain de vitalité et de bien-être, et j'ai réalisé, comme le prédisent les ouvrages sur le deuil, que le choc avait entraîné une perte temporaire de mon énergie physique. Mais nous avions essayé ensemble de faire face à la probabilité de sa mort, sans fuir la douleur qui accompagnait cette idée, dès le début de sa maladie. Grâce à cela, semble-t-il, j'étais mieux préparé lorsque c'est arrivé, et j'y ai fait face mieux que je ne m'y attendais. La joie liée à la vie heureuse que nous avions passée ensemble a été comme un antidote au chagrin. Parfois je me sentais glisser vers des sentiments très noirs, mais je comprenais que ces sentiments étaient en réalité un auto-apitoiement par nature destructeur : il était centré sur moi seul et n'avait rien à voir avec ma femme. Je ne l'ai pas entretenu.

JOHN – Attends voir une minute, Robin. Si le chagrin est la réaction humaine normale devant un décès, et si c'est un moyen de s'en remettre, comment distinguer cette forme de tristesse... de l'auto-apitoiement ?

ROBIN – Le chagrin suppose qu'on accepte le décès, qu'on ne se dérobe pas à la souffrance naturelle qu'il suscite, et qu'on se préoccupe plus de la personne qui est morte que de soi-même. Tu laisses le chagrin agir sur toi, et te changer. C'est alors qu'il te force à lâcher prise. À l'inverse, l'auto-apitoiement consiste à *refuser* le décès. Au lieu de se laisser changer par l'expérience, on se met à désirer que le monde soit différent. On souhaite remettre les horloges à l'heure d'avant le décès. Malheureusement, beaucoup d'ouvrages sur le deuil ne tracent pas nettement cette différence : ils donnent parfois à penser que l'auto-apitoiement est une vertu.

JOHN – J'ai une autre question, qui pourra te paraître bizarre, mais... as-tu jamais pensé que tu aurais dû souffrir *plus* ?

ROBIN – J'aurais pu le penser, de fait, si je n'avais pas eu la claire conscience qu'on ne doit pas se laisser interminablement paralyser par le chagrin. Mais je crois que certaines personnes ont été un peu choquées de me voir souffrir moins qu'elles ne s'y seraient attendues !

JOHN – Elles te trouvaient insensible parce que tu t'abstenais de grandes démonstrations ?

ROBIN – Oui, et je suis quasi certain que leur désapprobation aurait pu m'affecter — voire me culpabiliser — et me pousser dans des abîmes d'auto-apitoiement, qui me seraient apparus comme l'unique solution.

JOHN – Ils sont nombreux, les gens qui ont critiqué ton absence de souffrance ?

ROBIN – Si quelqu'un n'a pas donné là-dedans, c'est bien toi ! En fait, la plupart des gens ont été contents pour moi, même s'ils étaient un peu surpris. Peut-être cela les a-t-il aidés à sentir qu'ils pourraient à leur tour, un jour ou l'autre, affronter une perte semblable et l'assumer. Et j'ai eu l'impression qu'ils se souciaient plus de *moi* que d'eux-mêmes ou de confirmer leur façon de penser.

JOHN – Pourquoi penses-tu que certains t'ont désapprouvé ?

ROBIN – Ceux qui étaient choqués de ne pas me voir souffrir davantage — je veux dire, parmi mes intimes — étaient des gens dont j'avais toujours su qu'ils se tenaient à distance de leurs sentiments, qu'ils redoutaient l'idée de leur propre mort, ou le décès de leur partenaire, si bien que ma situation leur a donné la frousse. Si j'avais été plus bouleversé, je crois qu'*ils* se seraient sentis mieux... ils auraient pu concentrer sur moi toutes leurs idées de mort, les détourner d'eux... et ils m'auraient manifesté leur compassion au lieu de s'inquiéter de la façon dont ils s'en tireraient lorsque viendrait leur tour.

JOHN – Ah, voilà ! Les sentiments qui accompagnent un décès les terrifiaient à tel point qu'ils voulaient te faire porter le fardeau à leur place ?

ROBIN – Oui. Lorsque j'étais en leur compagnie, j'avais tendance à me sentir encore moins bien. Manifestement, ils pensaient me « soutenir » en me plaignant, en me faisant part de leur affliction... mais j'avais, moi, l'impression qu'ils me faisaient un croche-pied. Leur simple présence suscitait un véritable combat mental. Si je résistais à leur soutien, c'étaient eux qui en ressentaient un véritable malaise : il leur fallait alors affronter les sentiments désagréables que je refusais de supporter à leur place, et ils prenaient inévitablement conscience de leur incapacité à les assumer.

JOHN – Il y avait donc une espèce de lutte entre vous pour savoir qui allait prendre sur lui le malaise — et ils n'appréciaient pas que tu refuses de tout prendre à ton compte.

ROBIN – C'est ce qui est apparu.

JOHN – D'accord. Où en étions-nous ? La mort de Prue est intervenue dans la conversation parce que tu as dit que la deuxième caractéristique des familles exceptionnellement saines est d'aimer dans un esprit d'indépendance inhabituel. Bon, et quelle est la caractéristique suivante de ces petits veinards ?

ROBIN – Eh bien, les deux caractéristiques suivantes sont liées, et il nous faut les considérer ensemble. Toutes deux concernent la façon dont on prend les décisions dans ces familles.

JOHN – La façon dont le pouvoir est réparti ?

ROBIN – Dans un sens, oui. D'abord, les parents ont une position d'autorité très nette. Le fait que l'autorité leur appartient, qu'ils sont responsables des enfants et que ceux-ci doivent, en fin de compte, faire ce qu'on leur ordonne n'est jamais remis en question.

JOHN – Conception surprenante, et un tantinet vieux jeu...

ROBIN – Oui, mais écoute l'autre aspect. Ces familles n'appliquent en aucune façon l'adage « Tais-toi et fais ce qu'on te dit ». Les enfants sont toujours consultés — même les plus jeunes — avant que les parents ne prennent une décision. Chaque membre de la famille est encouragé à donner son avis. En fait, les enfants ont le droit de participer aux décisions, et de critiquer la façon dont les parents utilisent leur autorité pour les faire respecter ! Comme tu le vois, les enfants, dans ces familles, ont des opinions assez tranchées, et les parents aiment ça, l'encouragent. Cela correspond à l'idée qu'il se font d'une famille.

JOHN – Mais si les divers membres *n'arrivent pas* à un compromis ?

ROBIN – Ou si on se trouve dans un cas d'urgence ? Les enfants doivent la boucler et faire ce qu'on leur dit.

JOHN – Et comment réagissent-ils dans ce cas ?

ROBIN – Ce qui est frappant, c'est que, peut-être parce qu'ils sont par ailleurs systématiquement consultés, ils sont prêts à accepter l'autorité parentale même lorsqu'elle contrarie leurs désirs.

JOHN – Mais je parie qu'on a dû le leur enseigner. Ce n'est pas une réaction instinctive de gosse, si ?

ROBIN – Non, c'est vrai. Lorsque les enfants sont très jeunes, ils font de leur mieux pour manipuler leurs parents s'ils y trouvent un intérêt. Ils essaient de mettre un parent de leur côté. Mais dans les familles dont nous parlons, la cohésion entre les parents est si forte que les enfants ne réussissent pas à les diviser. La manipulation ne réussit pas, et les enfants se contentent de savoir, non sans soulagement, qu'ils ont le droit de donner leur opinion, mais que la responsabilité de la décision ultime revient à leurs parents. Dans les familles avec lesquelles j'ai travaillé, les enfants finissaient toujours par admettre l'autorité des parents une fois que j'avais aidé ceux-ci à prendre leurs responsabilités, et ils semblaient heureux de cette redéfinition des rôles. Lorsqu'on leur demandait leur opinion sur ce que devait être l'attitude de leurs parents face au problème familial qui les amenait en consultation, ils étaient souvent les premiers à réclamer cette cohésion conjugale.

JOHN – Donc les enfants peuvent exprimer leurs sentiments, mais on ne leur accorde pas trop de pouvoir.

ROBIN – Pas plus qu'ils ne sont prêts à en assumer. C'est l'une des raisons pour lesquelles ils connaissent une saine croissance psychologique. Les enfants qui peuvent « diviser et conquérir » en montant l'un des parents contre l'autre s'effraient non seulement du pouvoir que cela leur donne, mais aussi des dégâts qu'ils pourraient faire en toute impunité dans la relation entre leurs parents, et la stabilité de la famille. Ils finissent donc par ressentir insécurité et anxiété. Et en même temps, le fait de n'avoir pas été soumis à un contrôle cohérent rend difficile chez eux l'acquisition d'une autodiscipline.

JOHN – Eh bien, je voudrais en savoir un peu plus sur cette forte cohésion parentale. Comment le pouvoir est-il réparti entre l'homme et la femme ?

ROBIN – C'est l'une des découvertes les plus intéressantes. Dans ces familles, papa et maman se partagent le pouvoir de façon assez équitable. L'équipe de recherche de Timberlawn a diagnostiqué de grandes évolutions dans le rôle et les rapports de l'homme et de la femme au fil des années. Dans leur premier livre, en 1976, ils expliquaient qu'il n'y avait pas un seul couple qui ne présentât le schéma traditionnel attribuant à chacun un rôle selon son sexe — ainsi, c'était l'homme, non la femme, qui entretenait la famille financièrement. Mais dans leur rapport le plus récent sur les familles très saines, qui prend en compte les couples nés au début des années 1960, ils ont découvert que les deux tiers des femmes travaillaient, et que certaines assumaient le rôle actif dans le partenariat conjugal.

JOHN – Dans ce cas, réponds à la question suivante, Doc. Je t'ai jadis entendu dire que l'idéal, c'est quand le *père* se charge de l'ordre et de la discipline.

ROBIN – Oui, mon opinion a beaucoup varié, me semble-t-il, à ce sujet ! Parfois, je traitais certains problèmes de famille avec l'idée que le père devait prendre toutes les responsabilités — prononcer la décision finale lorsque la famille n'arrivait pas à se mettre d'accord. Si je professais cette opinion, c'est que lorsque nous commencions à soigner la famille entière, en recevant tout le monde ensemble, une bonne moitié des problèmes se résolvaient rapidement une fois que nous avions persuadé le père de reprendre à la mère la responsabilité de l'ordre et de la discipline. Toutefois, dans d'autres familles, je considérais que les parents devaient se partager les pouvoirs équitablement.

JOHN – Ton intuition t'a donc fait appliquer différentes approches, sans que tu puisses expliquer pourquoi ?

ROBIN – Oui, et ce sont les recherches menées sur ces familles exceptionnellement saines qui m'ont éclairé sur ce mélange. Ces recherches montraient que ces deux approches, apparemment contradictoires, étaient en fait adaptées. Quant à savoir laquelle marchait le mieux, tout dépendait du niveau de santé mentale de la famille. Les recherches établissaient clairement qu'une hiérarchie de style militaire, où la place du dictateur était occupée par le père ou la mère, valait quand même mieux que le terrible chaos qui règne dans les familles les plus déséquilibrées, celles que les spécialistes nomment *borderline* ou « multiproblèmes ».

JOHN – Parce qu'il faut un certain ordre pour désembrouiller les choses.

ROBIN – Oui. Mais ce genre de comportement autoritariste ne représente qu'une solution médiane : on peut faire mieux. J'ai réalisé que les familles avec lesquelles j'obtenais de bons résultats en conférant aux pères toutes les responsabilités étaient les plus désorganisées, les plus malades : celles que je rencontrais fréquemment alors que je travaillais dans les quartiers-est de Londres.

JOHN – Tu as dit « fréquemment ». Il y avait beaucoup de familles de ce genre là-bas ?

ROBIN – Oui, comme on le verra plus tard, il est beaucoup plus difficile d'être en très bonne santé mentale dans des conditions d'extrême pauvreté. Même si, bien sûr, la richesse n'est en aucune façon une garantie. J'ai eu aussi affaire à des familles de ce genre qui faisaient presque profession de leur névrose...

JOHN – Des magnats de la presse, des dictateurs, des metteurs en scène...

ROBIN – Souvent des gens placés à la tête de grosses organisations — des ministres gouvernementaux et des capitaines d'industrie, par exemple.

JOHN – Évidemment, quand on a beaucoup de pouvoir, on peut s'en servir pour masquer ses propres faiblesses.

ROBIN – Certainement. L'un des grands avantages, quand on est le grand manitou, quand on est responsable de tout et pour tous, c'est qu'on a toujours le dernier mot. On n'est jamais frustré. Et si on n'est rien d'autre qu'un grand bébé, incapable d'assumer la plus légère frustration, la puissance conférée par une position procure au moins un sentiment de force, et épargne une dure confrontation avec ses faiblesses d'enfant.

JOHN – Et c'est ce genre de gars que tu mettrais à la tête de la famille ?

ROBIN – Je l'encouragerais sans doute à assumer davantage ses responsabilités familiales, parce que ce type d'homme laisse souvent toutes les responsabilités à la mère, et se comporte lui-même comme un enfant à la maison. La mère ne reçoit aucun soutien réel, se laisse déborder, et les enfants en profitent. Bien sûr, il faut commencer par aider le père à acquérir plus de confiance en lui, plus de maîtrise personnelle avant de le laisser jouer ce rôle.

JOHN – Certaines des familles que tu as connues vivaient dans le chaos, et elles avaient besoin de quelqu'un qui assume les responsabilités sans équivoque.

ROBIN – Oui, mais j'ai quand même vu beaucoup de familles plus saines que ça, dans mon métier ! Elles se plaignaient de problèmes moins graves. La famille était souvent bien organisée. Elle fonctionnait bien, ses membres réussissaient socialement, mais souvent ils étaient tous inhibés et incapables de profiter de la vie. Ils ne s'amusaient pas beaucoup. Avec ces familles — des familles « moyennes » —, je devais réfléchir à la façon de leur faire relâcher les règles, et à développer une structure plus démocratique, un fonctionnement plus libéral, moins rigide. Souvent, je devais aider les parents à se sentir plus égaux, et à partager le pouvoir.

JOHN – Instinctivement, tu aidais à établir l'ordre là où régnait le chaos ; et, une fois l'ordre établi, tu essayais d'introduire plus de démocratie. On dirait une histoire politique.

ROBIN – Eh oui, je crois qu'on peut appliquer les mêmes principes à des groupes de dimensions diverses. Nous verrons tout cela au chapitre 3.

JOHN – Je voudrais en savoir un peu plus sur cet équilibre entre parents. Que disent les chercheurs sur l'apport de la mère dans l'épanouissement de l'enfant, par rapport au père ?

ROBIN – Au risque de prononcer une évidence, mon expérience clinique m'amène à dire qu'en règle générale, les mères sont plus à même d'éduquer, d'encourager, de réconforter, d'accepter et d'aimer leurs enfants inconditionnellement, de façon à ce qu'ils grandissent dans le respect et l'estime de soi. Les pères, eux, donnent un amour plus objectif, plus détaché, plus conditionnel car ils exigent de l'enfant qu'il acquière une autodiscipline, et qu'il apprenne à se faire une place dans la société. La cause logique, à mon sens, en est que, dans la plupart des familles, la mère entretient d'emblée une relation plus intime avec ses enfants : le père est émotionnellement plus distant et vit davantage dans le monde extérieur. Mais il y a bien des exceptions à cette règle. Quelques mères, une minorité, sont paternelles, et bien des hommes sont plus maternels que la plupart des mères. C'est pourquoi mon opinion ne vaut que de façon générale.

JOHN – Oui, mais les recherches sur les familles saines en disent-elles plus à ce sujet ?

ROBIN – Certains résultats sont un peu inattendus. Par exemple, l'une des études fait le lien entre l'autonomie des enfants — leur confiance en eux, leur faculté de fonctionner en toute indépendance — avec le rôle de la *mère*.

JOHN – Vraiment ? Elle leur apprend l'indépendance face au monde extérieur ?

ROBIN – Oui, oui. Si elle-même est très autonome, les enfants peuvent s'aligner sur son exemple.

JOHN – Et ici, « autonomie » est le contraire de « dépendance » ?

ROBIN – Plus ou moins. Les recherches ont montré que même si la mère n'était pas très autonome, elle pouvait néanmoins donner à ses enfants confiance et indépendance, pour peu qu'elle-même ait reçu assez d'amour et d'encouragement.

JOHN – Un parent assez dépendant pourra donc élever des enfants plus indépendants que lui si, dans son enfance, on l'a lui-même bien soutenu ?

ROBIN – Tout à fait.

JOHN – Très bien ! J'espère que je rentre dans le lot.

ROBIN – Tu vois, si tu es prêt à admettre tes problèmes personnels, ces difficultés pourront être circonscrites. Elles ne déborderont pas sur tes enfants.

JOHN – J'ai toujours trouvé cette idée encourageante, pour ne pas dire inspiratrice ! Bon, et si la mère est particulièrement liée à l'autonomie des enfants, quel rôle particulier joue le père ?

ROBIN – Cette partie des recherches a démontré que le père aide les membres de la famille à communiquer sans inhibition leurs sentiments, et dès lors à résoudre leurs problèmes. La capacité à faire face aux conflits semble relever d'un sentiment général de sécurité, notamment de la certitude qu'il vaut mieux dire franchement ce qu'on pense, même si cela risque de perturber les autres. Les familles où les difficultés affectives sont les mieux résolues sont celles où le père entretient une relation chaleureuse et spontanée avec ses enfants. En revanche, celles qui y échouent sont celles où le père adopte une attitude rigide et distante.

JOHN – C'est drôle, j'aurais plutôt pensé le contraire : j'aurais associé spontanément la mère à l'apprentissage de la communication, et le père à celui de l'autonomie.

ROBIN – Comme la plupart d'entre nous. Mais cet état de chose a un sens. La mère donne l'exemple d'une autonomie individuelle ; le père va plus loin, et suggère une autonomie familiale.

JOHN – Nous nous sommes éloignés du sujet principal, à savoir la façon dont l'autorité parentale est exercée dans les familles exceptionnellement saines. Là, les enfants ont tous droit à la parole, mais ils acceptent la décision ultime des parents comme allant de soi, justement parce qu'on les consulte, et parce qu'ils échoueraient s'ils tentaient de diviser la coalition parentale. Quelle est la caractéristique suivante ?

ROBIN – Ces gens communiquent sans difficulté. Ils sont francs, directs, ouverts et honnêtes les uns avec les autres.

JOHN – Sans blague ? Pour nous, c'est une sorte d'idéal. Mais comment font-ils ?

ROBIN – Eh bien, il y a plusieurs raisons qui, bien sûr, se recoupent en partie. Pour commencer, toutes ces familles saines croient que les pulsions et besoins fondamentaux de l'homme ne sont pas condamnables ! Aucun sentiment humain ne doit être honteux. C'est pourquoi les enfants ne ressentent pas le besoin de cacher, de brouiller ou de fausser ce qu'ils éprouvent. La sexualité, la colère, l'envie — tout cela est considéré comme partie intégrante de l'expérience humaine. De même — et c'est important, comme nous le verrons —, on estime normal qu'ils puissent éprouver des sentiments ambivalents envers les gens ou les événements, et même envers leurs parents — qu'ils puissent éprouver simultanément des sentiments positifs et négatifs à leur égard.

JOHN – C'est simple comme bonjour : ils apprennent à être ouverts parce qu'ils n'ont pas l'impression de devoir cacher quelque chose ?

ROBIN – Et aussi parce que, dans ces familles, on respecte la philosophie personnelle de chacun. Chaque opinion a droit de cité dans le foyer, et les gens ont le droit de ne pas être d'accord. Il n'y a pas une « vision familiale » à laquelle tous devraient adhérer, comme à une doctrine officielle.

JOHN – De toute évidence, ce fait renvoie à la caractéristique précédente : les parents ne sont pas autoritaires.

ROBIN – Enfin, troisième aspect, ces familles parviennent à résoudre leurs conflits dès qu'ils apparaissent. C'est une autre raison pour ne pas avoir peur des désaccords et s'exprimer en toute sincérité. Dans les familles marquées par des rancœurs tenaces et chroniques, dues à des conflits non résolus, on finit par taire ses sentiments pour ne pas faire empirer les choses. Si on refuse d'admettre qu'il y a des problèmes, on ne les explicite pas, et ils demeurent sans solution.

JOHN – Du coup, dans ces familles saines qui communiquent sans ambages, chacun sait où il en est et devine ce que les autres membres de la famille veulent, ce qu'ils ressentent, ce qu'ils aiment et ce qui les rend malheureux. Et je suppose qu'en entendant leurs proches exprimer leurs sentiments, ils en viennent à bien comprendre les gens. Et ils prennent l'habitude d'adapter leur comportement aux sentiments d'autrui.

ROBIN – Très juste. Ils évitent les travers constatés dans les familles moins saines : par exemple, le fait qu'un membre de la famille parle au nom des autres, ou que chacun cherche à lire les pensées des autres — et se trompe ! Toutes les recherches, et ma propre expérience clinique, indiquent que cette liberté d'être soi-même, d'exprimer ses sentiments intimes caractérise les familles qui fonctionnent au mieux. Mais il y a une petite surprise. Pour un étranger qui écouterait à leur porte, les familles très saines sont moins faciles à comprendre que les familles moyennes.

JOHN – Moins faciles ? Pourquoi ?

ROBIN – Leur conversation est plus rapide, plus complexe. Ils s'interrompent et finissent mutuellement leurs phrases. Ils sautent d'une idée à l'autre, laissant de côté des pans entiers de l'argumentation.

JOHN – Mais il n'y a que les étrangers qui s'y perdent ?

ROBIN – Exactement. La conversation n'est pas aussi ordonnée, ni aussi logique, ni aussi structurée que dans les familles un peu moins saines mentalement, plus proches de la moyenne. Les idées leur viennent si vite, et en si grand nombre, qu'ils ne cessent de s'interrompre et de conclure les uns pour les autres. Ils peuvent se le permettre, parce que chacun d'eux comprend où les autres veulent en venir avant même qu'ils aient fini leurs phrases.

JOHN – Parce qu'ils se comprennent tous à demi-mot.

ROBIN – Tout juste. Et ce qui peut apparaître comme un manque de contrôle n'est rien d'autre qu'un signe d'entente exceptionnelle.

JOHN – Je vois. Je commence à me demander si tous ces gens exceptionnellement sains ne sont pas un tout petit peu insipides, voire asphyxiants à force d'honnêteté et de bonne volonté. Après tout, un dicton anglais ne dit-il pas : le diable connaît les meilleures blagues ?

ROBIN – Désolé de te décevoir, mais les individus qui composent ces familles présentent une vitalité hors du commun, ils ont beaucoup d'humour et d'énergie, l'esprit facétieux et pas mal de bonne humeur. L'une des équipes de chercheurs a trouvé une image admirable pour définir leur sentiment face à ces familles très saines. Ils disent qu'ils ont eu l'impression d'observer un cirque à trois pistes !

JOHN – Il se passe tout le temps quelque chose, et tout reste pourtant sous contrôle...

ROBIN – Voilà, c'est exactement ce qu'ils décrivent. Une multitude de choses se produisent en même temps, et à plein régime. Et pourtant, chacun réussit à prendre le rythme, alors que pour nous, tout cela semble confus.

JOHN – Eh bien, il est vrai que j'éprouve cette confusion rien qu'en essayant de me représenter la scène. Encore un rappel que je suis au bas de l'échelle de la santé mentale. Si jamais je débarquais au milieu d'une de ces familles, ou il me faudrait prendre les choses en mains, calmer le jeu et mettre un peu d'ordre... ou bien je tomberais immédiatement dans le coma.

ROBIN – Peux-tu me dire pour quelle raison ?

JOHN – Oh oui ! L'angoisse. Ma première réaction serait de penser aux plaintes des voisins. Mais ce n'est pas tout : je m'angoisserais simplement devant tout ce ramdam, tous ces stimuli déclenchés, toute cette énergie dépensée, tout ce qui pourrait tourner d'un moment à l'autre à la catastrophe ! En d'autres termes, j'aurais l'impression que les éléments se déchaînent sans contrôle.

ROBIN – Intéressant, ce que tu dis. C'est sans doute la réaction des gens ordinaires. En approfondissant ces données, j'en suis venu à penser que les gens sains mènent une existence plus satisfaisante parce qu'ils sont capables d'investir une plus grande part de leur personnalité. Ils semblent à même d'utiliser sans problèmes certains aspects de leur personnalité que nous autres, gens plus ordinaires, plus dans la moyenne, avons peur d'employer et que nous supprimons, opprimons, freinons. J'ai suggéré un jour aux chercheurs de Timberlawn que la véritable différence entre les gens sains et les autres, c'est que les premiers sont plus à l'aise avec leur « folie ». Bien sûr, ils n'y voient pas une « folie », mais un ensemble de réactions plus sauvages, plus spontanées que nous maintenons sous contrôle, de crainte d'être débordés. Eux, ils en font usage, ils en tirent parti.

JOHN – Le « cirque » est une bonne comparaison — notre jubilation à observer les fauves tient à ce que les gens du cirque savent les manœuvrer. Dans mon expérience de la thérapie, les pans de moi-même qui m'apparaissaient comme « un peu bizarres » et dont je pensais dès lors qu'il valait mieux les enfermer à double tour, se sont révélés être les qualités mêmes que je réclamais et dont j'avais toujours cru qu'elles me faisaient défaut.

ROBIN – Tous ceux qui ont suivi une thérapie ont éprouvé la même chose, je crois. Par exemple, il a toujours régné une certaine violence dans ma famille. Mon grand-père paternel avait des sautes d'humeur violente dont le spectacle nous terrifiait. Mon père, lui, intériorisait énormément ses sentiments, mais parfois, il explosait. Pendant toute mon enfance, j'ai été très mal à l'aise dans mon rapport avec la colère, et par la suite j'ai essayé de ne ressembler ni à mon père, ni à mon grand-père. Plus tard encore, au cours de ma thérapie, j'ai réalisé à quel point, sous une surface paisible, j'étais agressif. En acceptant ces sentiments, je les ai transformés en une source puissante d'énergie.

JOHN – Et l'éducation des gens exceptionnellement sains, en quoi leur permet-elle de vivre dans un cirque sans ressentir d'angoisse ?

ROBIN – Elle repose sur la confiance, la confiance en soi et le soutien mutuel. Quand on bénéficie de beaucoup de liberté et d'encouragement, tout en se sentant encadré et soutenu, on apprend à exprimer son énergie, complètement et librement, sans en craindre les conséquences.

JOHN – Tu veux dire que les enfants ne ressentent aucune obligation de contraindre leur spontanéité, par crainte de « troubler » les autres ?

ROBIN – Oui. Les gens se font mutuellement de la place, ils se permettent mutuellement d'exister et d'épanouir leur personnalité, pour autant qu'elle n'empiète pas sur les droits du voisin. Ils ne sont pas serrés dans un corset de valeurs et d'exigences familiales.

JOHN – Cela paraît tout à fait raisonnable. Parfois, quand je suis pris d'une grande exaspération, je me sens soudain comme physiquement éteint, comme si quelqu'un exerçait une sorte de pression intérieure sur moi. Est-ce parce que je n'ai jamais vraiment appris que je pouvais libérer toute mon énergie sans dommage ?

ROBIN – Sans doute. Et c'est un vrai problème en Grande-Bretagne, non ? Surtout chez les individus issus de la classe moyenne, à qui on a appris à brider sévèrement leurs émotions.

JOHN – Bon... ces familles saines communiquent très bien, ouvertement, même si aux yeux des gens normaux cela peut paraître un peu chahuteur et incontrôlé. Tu sais, ça commence à me raser un ch'ti tantinet d'entendre répéter combien tous ces gens sont merveilleux. N'y a-t-il pas le moindre petit aspect négatif chez eux — est-ce qu'ils meurent jeunes, chopent une hydropisie, ou font partie des supporters de l'Arsenal* ? Même une légère tendance à perdre leurs cheveux tout jeunes, ça m'aiderait à digérer cette petite crise d'envie. Allez, trouve quelque chose sur eux qui nous remonte le moral. Invente, au besoin...

ROBIN – Plus de 90 % d'entre eux peuvent voler.

JOHN – Non, je voulais que tu inventes quelque chose de... Oh, très bien, très bien. Bon, Robin, quelle est la caractéristique suivante exhibée par ces admirables petits monstres — si amicaux, si joviaux, si généreux ?

ROBIN – Eh bien, ils sont très réalistes et dotés d'un grand sens pratique — je l'ai peut-être suggéré précédemment. Ils préfèrent voir le monde plus ou moins tel qu'il est plutôt que de vivre dans des rêves et des fantasmes sur eux et sur autrui.

---

* Célèbre équipe de football londonienne, équivalent de notre PSG.

JOHN – Ah ! Tu veux dire qu'ils ne sont pas idéalistes ?

ROBIN – Eh bien, ça dépend de ce que tu entends par idéaliste. Ils ont un sens aigu des valeurs, mais ils ne s'assignent que des objectifs réalistes. Et parce qu'ils ont l'esprit concret, ils atteindront très probablement cet objectif. Deux raisons à cela. Non seulement ils aspireront à des choses qu'ils sauront avoir de bonnes chances d'obtenir, mais en plus ils verront clairement la façon de les atteindre.

JOHN – Mais d'où leur vient tant de lucidité ?

ROBIN – Ah, il nous faut revenir à cette notion de carte mentale que nous avons évoquée dans *Famille* — ces images, modèles ou théories que nous élaborons mentalement pour orienter notre rapport au monde. Si cette carte mentale est une représentation adéquate du monde environnant, et de la place du sujet dans le monde... on saura comment progresser du point A au point B. Par exemple, si tu vois clairement de quelle marge de manœuvre tu disposes dans une situation donnée, tu ne commettras pas d'erreur en te croyant plus puissant que tu ne l'es. Dans le même temps, tu ne sous-estimeras pas tes forces et tu ne manqueras pas les objectifs à ta portée. Prends les émotions, par exemple. S'il règne un climat de colère, de crainte, de tristesse ou d'envie... les gens sains savent très bien reconnaître leur part de responsabilité et aussi celle des autres. Ils se comportent en conséquence. Et ils ne « font pas d'entourloupe », car ils savent quelles réactions en chaîne cela pourrait produire, et combien cela rendrait la vie plus difficile.

JOHN – Pour recourir à notre jargon préféré, ils ne « dénient » pas leurs émotions, et ne les « projettent » pas sur les autres.

ROBIN – Tout juste !

JOHN – D'où leur acuité à percevoir ce qui se passe entre les gens.

ROBIN – Oui. Et comme ils peuvent assumer leurs propres pulsions, ils n'en rendent pas les autres responsables.

JOHN – Je travaille avec une femme qui a été élevée dans une de ces familles saines, et elle reconnaît ses erreurs plus facilement que n'importe qui. Les politiques partisanes crèveraient toutes si ce genre de personnes avait le pouvoir.

ROBIN – Et, bien sûr, sitôt qu'on est conscient de ses propres limites, on comprend plus facilement celles des autres. On ne commence pas par les considérer comme plus merveilleux qu'ils ne sont au risque d'être déçu par la suite. On n'exagère pas non plus leurs défauts, et on n'adopte pas une attitude agressive, comme si on s'attendait à des problèmes — qu'on finit, d'ailleurs, par créer sans raison.

JOHN – Ce qui est plutôt positif à mon sens. Et ensuite ? Combien de caractéristiques reste-t-il ?

ROBIN – Une seule, qui est leur talent exceptionnel pour réagir aux changements. La plupart des gens sont stressés à la perspective du moindre changement. Ces familles, en revanche, ne semblent pas perturbées par de très grands changements, elles semblent même y prendre plaisir, y trouver leur compte.

JOHN – Tu veux dire qu'elles n'ont pas de problème à réviser leur carte mentale assez vite pour rester en phase avec les circonstances.

ROBIN – Oui, alors que nous sommes, pour la plupart d'entre nous, incapables de modifier nos idées et nos attentes assez vite, si bien que les circonstances nous prennent par surprise. À la fin, nous sommes un peu déséquilibrés et déçus que les événements ne tournent pas tout à fait comme nous l'espérions.

JOHN – Une fois de plus, que savent-ils que nous ignorions ?

ROBIN – Eh bien, te rappelles-tu ce qui facilite l'adaptation à des changements perturbants ? On l'a vu dans *Famille*.

JOHN – Oui, je crois. Si nous subissons un changement vraiment considérable, qui soit un vrai choc, nous sommes incapables de nous adapter aux nouvelles circonstances immédiatement. De même, si nous éprouvons un surplus de petits bouleversements trop rapprochés, nous pouvons nous sentir, là encore, débordés. Dans tous les cas, trois choses peuvent nous aider à affronter ces changements. D'abord, du repos — une période où nous serons soulagés du plus grand nombre possible de sollicitations extérieures, de façon à rattraper notre retard en fait d'adaptation.

ROBIN – Très bien.

JOHN – Ensuite, pour adapter notre carte mentale aux changements du monde, il nous faudra les conseils et les avis de ceux qui ont vécu une expérience semblable et savent comment y faire face.

ROBIN – Deux sur trois. Et la troisième réponse — la plus importante ?

JOHN – Le soutien affectif. De même qu'un enfant peut être apaisé parce que sa mère l'étreint ou le garde près d'elle, de même nous gagnons quelque chose d'incroyablement important, mais de presque impossible à définir, simplement à fréquenter des gens qui nous aiment — à être en leur présence, même s'ils ne prennent pas soin de nous ou ne nous donnent pas de conseils.

ROBIN – Reprenons point par point. Les familles saines exprimeront clairement leurs demandes affectives et n'hésiteront pas à s'arrêter pour prendre un peu de repos si elles en ressentent le besoin, ni à demander assistance et conseils. Mais je crois que c'est le dernier de ces trois facteurs, le degré de soutien affectif qu'elles peuvent escompter, qui explique essentiellement leur aptitude à assumer un changement. Les chercheurs ont distingué trois types de soutien qui tous contribuent à cette souplesse affective. En premier lieu, les bons rapports que les membres de ces familles entretiennent entre eux. Ensuite, leurs relations positives avec leur communauté, grâce à leur attitude amicale dans le passé. Enfin, ils semblent exceller tout particulièrement à trouver un soutien dans une sorte de système transcendant. Par là, les chercheurs désignent un ensemble de valeurs et de croyances qui fournissent un sens et un projet dépassant largement le simple bien-être personnel, ou même familial.

JOHN – Oh, la religion ?

ROBIN – Elle fonde souvent ce système de valeurs, c'est vrai. Mais pas forcément. Parfois les valeurs « transcendantes » ne sont pas tant des valeurs religieuses que des valeurs liées à une cause humanitaire. L'important, c'est que ces valeurs trouvent leur source dans quelque chose qui les dépasse, eux et leur famille, quelque chose qui offre un sens et un but, lesquels survivent aux deuils et à toutes sortes de changements — y compris à la mort de parents chers, d'une épouse, d'un fils, ou à la pensée qu'eux-mêmes vont s'éteindre un jour...

JOHN – Donc, ils peuvent affronter les changements les plus désagréables parce qu'ils sont en prise avec une source de soutien affectif plus grande et plus stable que les simples rapports humains ?

ROBIN – Oui. Les hommes peuvent perdre toute leur famille dans la guerre ou dans un événement terrible comme l'Holocauste. Mais ceux qui eurent assez de chance pour échapper à la mort sont, pour la plupart, sévèrement atteints affectivement par cette expérience dévastatrice. Et pourtant, un petit nombre — et c'est stupéfiant — est en quelque sorte capable de grandir à nouveau, et de reprendre des forces en affrontant leur douleur. Ils surmontent tout cela grâce aux valeurs qui les font vivre — ce qu'on appelle de façon générale la « foi ». Le psychiatre Victor Frankl a été interné à Auschwitz et Dachau. Il s'est rendu compte que de nombreux survivants avaient été soutenus par une foi qui leur donnait à penser qu'il y avait un sens au cœur même de cette effroyable expérience. Il a passé le reste de sa vie à mettre au point une thérapie, baptisée logothérapie, dont l'objet était d'aider les gens à découvrir pour eux-mêmes un « sens ».

JOHN – ... Je me rappelle soudain ce que tu as dit un jour, quand j'étais dans ton groupe : lorsque les patients commencent à s'intéresser à des valeurs qui dépassent leur bien-être personnel, c'est le signe qu'ils évoluent vers un comportement plus sain.

ROBIN – C'est vrai, c'est mon avis. Et ça m'a d'autant plus frappé qu'à l'époque où je l'ai remarqué pour la première fois, j'étais encore très hostile aux idées religieuses.

JOHN – Crois-tu qu'on puisse être mentalement très sain sans avoir l'impression qu'il existe quelque chose de plus grand ou de plus important que soi ?

ROBIN – Non, c'est impossible, pour ainsi dire par essence. Mais la question est si importante que j'aimerais y revenir plus tard, lorsque nous discuterons des croyances et des systèmes de valeurs dans le chapitre 4.

JOHN – D'accord. Bon, nous venons de traiter de la capacité de ces familles exceptionnellement saines à assumer les changements. Nous avons donc énuméré les caractéristiques principales de ces familles. Or, en tant que simple créature moyenne, je ressens le besoin d'une bonne petite récapitulation organisée, voire un tantinet surordonnée de tout ce que tu as dit. Je vais donc m'y risquer, même si certains lecteurs de *Famille* se sont dits agacés par mes récapitulatifs. Lecteurs qui, je suppose, appartenaient à des familles exceptionnellement saines.

ROBIN – Oh non, *eux* les auront directement sautés...

JOHN – Tout en comprenant, bien sûr, que d'autres lecteurs puissent trouver ces résumés utiles. Eh bien, allons-y ! Je demande l'attention de tous les complexés du stade anal.

La première caractéristique des locataires de « la vallée du bonheur » est leur attitude fondamentalement positive et ouverte. Ensuite, c'est leur niveau d'indépendance affective qui leur permet de goûter à la fois l'intimité et la séparation, de passer sans difficulté de l'un à l'autre état. En troisième lieu, il y a leur structure familiale : les parents forment une coalition forte et égale, prête à imposer sa loi si nécessaire, mais toujours après libre consultation des enfants. Viennent ensuite la grande capacité de ces familles à communiquer et l'impression, chez les enfants, que parmi les sentiments éprouvés, aucun n'est inadmissible ou tabou, d'où la sensation de liberté, de plaisir et de bonne humeur. Les membres de ces familles possèdent également une certaine aptitude à percevoir le monde avec une grande lucidité, due au fait qu'ils peuvent admettre tous leurs sentiments et n'ont pas besoin de projeter ceux-ci sur d'autres personnes. Enfin il y a leur aisance à affronter des changements qui nous abattraient tous, issue du soutien affectif exceptionnel qu'ils tirent d'un système de valeurs transcendant. Est-ce que j'ai manqué quelque chose ?

ROBIN – Non, ça couvre assez bien l'essentiel.

JOHN – Tu sais, j'ai brusquement la vision de tous nos lecteurs levant les yeux au ciel et se demandant « Qui diable est-ce que je connais qui ressemble à *ça* ? »

ROBIN – Et toi, tu connais combien de personnes qui ont remporté la médaille d'or aux JO ?

JOHN – Bon, bon... Maintenant, pour remettre en perspective ce que tu m'as dit, je voudrais que tu compares ce comportement exceptionnellement sain, d'une part avec un comportement moyen typique, d'autre part avec un comportement franchement malsain. Lequel prends-tu en premier ?

ROBIN – Pour plus de clarté, prenons tout d'abord le cas extrême, le plus malsain. Dans ces familles, les relations passent par un contrôle sévèrement établi et étouffant : chaque membre de la famille se conduit de façon très exigeante et possessive envers les autres. On n'y respecte pas l'identité singulière de chacun, notion qui ne fait pas sens à leurs yeux. Ils essaient de deviner leurs pensées mutuellement, et ils ont l'impression que c'est leur droit de se mêler des affaires de l'autre à leur gré.

JOHN – Et sans doute n'ont-ils pas une idée très claire de leur propre identité.

ROBIN – Bien sûr. Chacun d'eux a du mal à dire où finit sa propre personnalité, et où commence celle d'autrui.

JOHN – Ou, pour revenir aux cartes mentales, leurs cartes individuelles sont très brouillées, et les frontières incertaines entre leurs propres émotions et celles de tous les autres.

ROBIN – Tout juste. Ils ne sont pas très sûrs de leurs propres limites, et ils imaginent donc tout le temps que les autres éprouvent des sentiments qui sont en vérité les leurs, mais qu'ils répriment et dénient.

JOHN – Et s'ils dénient certains de leurs sentiments, ils les projetteront sur les autres membres de la famille, et ils penseront que les autres les ressentent à leur place.

ROBIN – Et comme pour rendre cette situation plus chaotique encore... ce brouillage, cette incertitude de frontières rendent tous les membres de la famille particulièrement vulnérables aux « atmosphères », et leur font absorber les sentiments les uns des autres lorsque ces derniers deviennent trop forts. Dans ce genre de familles, on considère cela comme de l'amour.

JOHN – Si bien que personne, pris individuellement, ne sait jamais vraiment ce qu'il ressent.

ROBIN – Tout juste. Si l'un d'eux se met à avoir une opinion propre, ou ne suit pas la « doctrine » établie par la famille, il sera considéré comme un traître. Il sera l'objet d'une désapprobation violente de la part des autres membres jusqu'à ce qu'il rentre à nouveau dans les rangs. Mais — et je ne saurais trop souligner ceci — ils verront dans cette possessivité, ce besoin de contrôle mutuel, quelque chose de positif... une forme d'« amour ».

JOHN – Mais éprouveront-ils beaucoup de sentiments positifs ou bienveillants les uns envers les autres ?

ROBIN – C'est ce qu'ils appellent l'amour, et c'est le mieux qu'ils puissent faire. En fait, il s'agit davantage d'un besoin désespéré d'être soutenu et accepté, et il se traduira par la demande affective, le désir de possession, la jalousie. Ils s'agglutinent, de crainte d'être abandonnés plutôt que par souci de l'autre.

JOHN – Parce qu'ils ont l'impression qu'ils ne s'en tireront pas tout seuls ? S'agglutiner aux autres donne un certain sentiment de sécurité, comme des naufragés dans un canot de sauvetage ?

ROBIN – Oui, exactement. Rien de surprenant, dès lors, à ce que le premier accès de dépression intervienne chez eux à l'occasion d'une séparation, quelle qu'elle soit : arrivée à maturité sexuelle, première petite amie (ou premier petit ami), départ pour l'université, entrée dans la vie active... Ou, bien sûr, deuil familial.

JOHN – Le péché par excellence, c'est d'être différent.

ROBIN – Attention ! Pas différent, *séparé*. Indépendant, autonome, libre...

JOHN – Je ne saisis pas bien cette distinction.

ROBIN – Eh bien, au lieu d'être des individus séparés vivant leur propre vie, ils finissent par jouer un rôle correspondant aux besoins de leur famille. Par exemple, l'un d'eux sera le bouc émissaire...

JOHN – Ah oui ! Le bouc émissaire est différent, mais il n'est pas séparé. Pigé.

ROBIN – C'est l'exact opposé de ces familles très saines qui acceptent toutes les mentalités. Dans les familles très malsaines, on n'admet aucune imperfection parce que personne ne reçoit jamais de soutien affectif, ni n'est admis par les autres de façon à s'accepter soi-même. Du coup ils sentent au fond d'eux-mêmes qu'ils sont nuls, sans avenir, et ils se créent un monde qui exige d'eux l'impossible, pour lequel ils ne seront jamais assez bons. Pour se sentir mieux, ils essaient de retourner la situation en projetant tous leurs défauts sur les autres — parfois sur un bouc émissaire au sein de la famille, parfois sur une personne ou un groupe extérieurs.

JOHN – Ils ressentent le besoin constant de blâmer pour pouvoir s'estimer.

ROBIN – Chacun essaie de se débarrasser de ses problèmes et de ses faiblesses en les refilant à autrui. Ceux qui y réussissent le moins bien risquent de tout récupérer, et d'être tenus responsables de l'ensemble des échecs familiaux ; les autres ne se sentiront en rien concernés par ces problèmes. Lorsqu'une personne joue le rôle de bouc émissaire avec trop de conviction, elle risque de finir à l'hôpital psychiatrique.

JOHN – ... Difficile de ne pas en vouloir à la famille. Mais là aussi, on participe au jeu paranoïaque en prenant le parti du bouc émissaire. Après tout, ils ne savent pas ce qu'ils font, n'est-ce pas ?

ROBIN – Pas vraiment. Vu leur niveau de santé mentale, le processus est inévitable. Ils ne peuvent pas s'en empêcher. Lorsqu'on les regarde de près, on remarque que même les plus destructrices de ces familles tentent de préserver un petit quelque chose de positif, fût-ce pour ensuite reporter toute leur haine, tout leur ressentiment sur l'un d'entre eux qui finit par être le « malade » de la famille. Tous, ils essaient de séparer entièrement le « bien » du « mal » dans la famille...

JOHN – Ils craignent qu'autrement le « mal » ne contamine le « bien » et que le « bien » ne devienne mal à son tour ?

ROBIN – Oui. C'est pour cela que lorsqu'on demande aux parents de venir en séance de thérapie avec la famille tout entière, ils évitent le plus souvent d'amener le « bon » individu, de crainte de lui faire du mal. Ce qui est intéressant, c'est qu'il y a aussi un vieux fonds d'altruisme et d'autosacrifice dans le comportement du bouc émissaire.

Il est bien plus aisé de travailler avec une famille de ce genre lorsque l'on réalise que le « malade » sent bien que son rôle de bouc émissaire évite le pire, la destruction du mariage, par exemple, et la dissolution de la famille.

JOHN – Et tout cela se produit parce que sur leurs cartes mentales, les frontières sont brouillées ?

ROBIN – C'est un facteur, oui. Mais il y a aussi toutes les autres caractéristiques...

JOHN – Qui sont globalement à l'opposé des caractéristiques présentes chez les familles exceptionnellement « saines » ?

ROBIN – Oui. Si l'attitude parentale est rigide, négative, critique, les enfants cacheront leurs vrais sentiments, la communication sera limitée, il n'y aura pas beaucoup de spontanéité ni de plaisir. Il n'y aura pas de coalition parentale forte, chaleureuse, et les enfants réussiront à monter un parent contre l'autre, perdant ainsi le contrôle clair et cohérent nécessaire pour acquérir confiance et autodiscipline. Les parents seront jaloux, possessifs, ce qui empêchera les enfants de s'épanouir, de construire des contacts positifs en dehors de la famille et d'établir une existence indépendante... à moins de rompre violemment avec les parents. Et cetera. Les détails diffèrent selon les cas, mais chaque échec vient renforcer les autres, dans une spirale vicieuse.

JOHN – D'accord. Passons maintenant aux catégories moyennes. Aux gens ordinaires. Non plus les excentriques de la santé mentale, les malades, mais les types normaux, gentils, frappés d'une pathologie ordinaire.

ROBIN – Bien, il est assez facile de comprendre ce que signifie « normal » une fois qu'on a saisi les principes à l'œuvre aux deux bouts de l'échelle. Les gens « normaux » sont tout simplement au milieu !

JOHN – Quelque part entre les deux extrêmes.

ROBIN – Oui. Nous avons évité les frontières confuses, brouillées qui caractérisent les plus malsains, et nous savons avec une certaine certitude quel genre de personne nous sommes. Nous percevons les autres comme séparés de nous, nous admettons qu'ils aient leurs propres sentiments. Et nous avons appris à nous contrôler, afin de prendre place dans la société et d'y jouer un rôle.

JOHN – « Nous », c'est la vaste majorité des habitants de cette planète ?

ROBIN – Euh, oui. Certaines sociétés révèlent un niveau plus élevé de santé mentale que d'autres — nous en parlerons dans le chapitre 3. Mais dans les nations développées, du moins, les recherches suggèrent qu'environ 20 % de la population sont au bas de l'échelle, et considèrent la vie comme un terrible combat. À l'autre bout de l'échelle, il y a aussi 20 % de gens qui fonctionnent bien.

JOHN – Attends une seconde. Ce ne sont pas là les gens exceptionnellement sains dont tu as parlé.

ROBIN – Non, sur ces 20 %, seul un quart fonctionne *exceptionnellement* bien. Les équipes de Timberlawn leur ont appliqué l'adjectif « optimal ».

JOHN – D'accord. Ce qui nous laisse...

ROBIN – La grande masse, nous autres... les 60 % du milieu. Ceux que nous appelons « moyens ».

JOHN – Chiffre qui recouvre tout le monde, depuis ceux qui trouvent la vie presque aussi dure que la couche du bas, jusqu'à ceux qui relèvent quasiment de la couche du haut ?

ROBIN – Exact.

JOHN – Mais y a-t-il vraiment quelque chose d'intéressant à dire sur cette majorité ?

ROBIN – On peut émettre certains avis généraux, même s'il faut prendre garde à distinguer des niveaux dans ce segment médian.

JOHN – D'accord. On a donc une idée de base pour caractériser la psychologie des familles moyennes ?

ROBIN – Oui : la rigidité.

JOHN – Vas-y, continue. Moi, je vais essayer de me détendre et de gagner quelques échelons vers le haut.

ROBIN – Il nous faut revenir aux cartes mentales, qui donnent aux gens une représentation plus ou moins claire du monde, et examiner leur fonctionnement. Nous l'avons vu, les membres des familles les moins saines ont une idée assez vague de la frontière qui sépare leur personnalité de celle d'autrui. Nous autres gens moyens, nous n'en sommes pas à ce niveau de confusion. Nous avons atteint un degré supérieur de stabilité en acquérant une idée plus nette de notre identité, de nos sentiments, de nos limites. Nous avons dès lors une perception plus claire, plus cohérente de notre propre identité. Nous avons atteint plus de stabilité, plus de clarté, plus d'ordre.

JOHN – Et nulle société ne pourrait fonctionner sans cela. Très bien.

ROBIN – Oui. Le problème, c'est qu'au fond, nous ne nous jugeons pas véritablement capables de conserver nos acquis. Nous avons toujours peur de perdre cette stabilité, cette lucidité si nous ne nous y accrochons pas. C'est pourquoi tout ce qui nous constitue — nos attitudes, nos opinions, nos idées, nos croyances, nos principes — est pour ainsi dire vissé en nous, car nous craignons que tout cela ne se détache et ne se mette à dériver. Rappelle-toi ce que c'est de maîtriser une technique nouvelle. Au début, on est obligé de se concentrer et de faire bien attention, parce qu'on pourrait facilement se tromper. C'est une grande joie de réussir, mais conserver cet acquis ne va pas sans lutte. Impossible de se relaxer : ce n'est pas vraiment une partie de plaisir.

JOHN – Comme quand on joue une scène sans l'avoir vraiment apprise. On passe son temps à anticiper la réplique, ou à vérifier qu'on ne s'est pas trompé dans les mots ! On a l'impression que si on se relâchait une seule seconde, on raterait tout !

ROBIN – Et voilà.

JOHN – Et pour toi, cela définit un peu l'impression des gens moyens face à la vie ? La santé mentale ordinaire, c'est quand on est toujours un peu sur le qui-vive, qu'on ne se laisse jamais tout à fait aller ? Alors que les familles « très » saines ont maîtrisé l'art de vivre à un degré tel qu'elles sont certaines de pouvoir lâcher prise et de profiter simplement de leur quotidien ?

ROBIN – Exactement. Ces gens ont de colossales réserves d'énergie et d'attention qu'ils emploient simplement à jouir de la vie. Un peu comme quand on a appris à danser, et qu'on se rend compte brusquement qu'on prend plaisir à converser avec sa partenaire au lieu de surveiller ses pieds !

JOHN – Et tu dis que les gens ordinaires ont peur de régresser vers la confusion, le flou, s'ils baissent leur garde et ne s'échinent pas à clarifier et définir les choses ?

ROBIN – Oui. Et par ailleurs, l'ordre et la clarté qu'ils ont atteints, ils y sont parvenus à force de contrôle, en réprimant tout sentiment fort qui pouvait constituer une menace. Ils se sont emmurés d'une certaine façon, et ils ont sans cesse tenu à distance les émotions positives ou négatives qu'ils risquaient de ne pas contrôler. Une façon d'atteindre cette sécurité est de garder une distance affective avec les autres.

JOHN – Nous ne pouvons pas nous permettre d'être aussi ouverts que les plus sains.

ROBIN – Non. Nous pourrons avoir de très bonnes manières et un fonds de bienveillance, mais aussi, sous-jacente, une certaine dose de suspicion, ou, pour le moins, de forte prudence. Comparés aux gens très sains, qui ont des réserves infinies de gentillesse, nous serions plutôt du genre à ne pas tout donner de peur de manquer.

JOHN – Nous sommes un petit peu plus calculateurs. Nous nous demandons si nous allons récupérer tous nos jetons.

ROBIN – Dans les relations intimes aussi, les gens moyens ressentent le besoin de maintenir une distance pour garder intact leur territoire : affectivement, ils sont assez isolés. Ils ont de la peine à se montrer attentifs envers autrui, à modifier leurs sentiments en fonction des sentiments d'autrui.

JOHN – Une véritable intimité fait peur, parce qu'on ne peut pas la contrôler ?

ROBIN – Oui. C'est pourquoi, dans les couples ordinaires, on observe généralement une division entre les sexes. Très souvent, il n'y a pas d'entente ni de sympathie entre homme et femme, sinon au lit — et même alors, la femme se plaindra de ce que l'homme ne s'intéresse qu'à l'aspect physique et refuse de s'investir affectivement, tandis que l'homme accusera la femme de ne goûter que les préliminaires et de ne pas s'abandonner physiquement. Le plaisir sexuel est une émotion si puissante, si susceptible de mettre en péril une personnalité mal assurée, qu'il se voit cloisonné par souci de sécurité dans un compartiment séparé, et distingué de la tendresse et des autres formes d'amour et de plaisir. Le résultat, c'est que les deux sexes se considèrent plus ou moins comme des espèces différentes, et que les partenaires sont vaguement déçus par leurs rapports. Très souvent, il est vrai, et même dans le cas de couples situés juste en dessous du haut de l'échelle, que les femmes se sentent plus déçues que les hommes.

JOHN – Et pourquoi ?

ROBIN – Parce que la relation entre l'homme et la femme tend à perdurer dans son inégalité traditionnelle au lieu d'atteindre le niveau d'égalité qui caractérise les familles très saines. La femme a été programmée pour rester à l'étage inférieur, l'homme à l'étage supérieur. Du coup il a tout le plaisir, et elle en voit des dures, comme les féministes le dénoncent à juste titre.

JOHN – Et si les parents sont déçus par leur relation, ils ne formeront pas cette forte coalition au moment d'éduquer leurs enfants.

ROBIN – C'est l'une des conséquences. Les choses peuvent aussi aller plus loin. Si le mariage est vraiment insatisfaisant, l'un ou l'autre conjoint cherchera dans l'un des enfants l'intimité et la compréhension que lui refuse son partenaire. Ce qui nuira fortement à l'équilibre de la famille et fera peser sur l'enfant un lourd fardeau. Il est également probable que le conjoint, notamment celui qui se voit ainsi exclu, ressentira le besoin d'entretenir une amitié de caractère fortement sexuel avec une personne extérieure au cercle familial. Il peut en découler une relation extramaritale qui menacera et le mariage et la stabilité de la famille.

JOHN – Très bien. Et si les partenaires ne manifestent pas tout à fait le même degré de chaleur ou d'égalité que dans les familles les plus saines, quelle sera leur attitude envers l'amour ?

ROBIN – Eh bien, dans les familles ordinaires, cet « amour » ne revient pas à une possession ou un contrôle hégémonique comme dans les familles très malades. Mais les gens moyens sont un peu incertains quant à la satisfaction de leurs besoins, ou à leur capacité à prendre soin de ces besoins si nécessaire. Ils ont donc fortement tendance à vouloir contrôler leur partenaire, à le tenir sous leur dépendance pour éviter tout danger de fuite.

JOHN – Comment cela ?

ROBIN – En général, les deux partenaires feront bien attention à ne pas montrer qu'ils peuvent s'en sortir très bien par eux-mêmes, de crainte d'inciter l'autre à prendre plus d'indépendance. Mais en fin de compte, le risque est qu'ils en viennent à se *croire*, chacun de leur côté, incapables de se tirer d'affaire tout seul, et à coller d'autant plus au partenaire ! Dans ce cas, leur « amour » signifie qu'ils ont besoin de l'autre au point de ne plus pouvoir envisager de vivre seul.

JOHN – Mais le féminisme a rendu les femmes plus indépendantes. A-t-il pour autant amélioré la santé mentale des couples en général ?

ROBIN – Lorsque la femme a acquis une véritable indépendance, et non simplement substitué la rébellion, qui est une autre forme de dépendance, à la soumission, le couple fonctionne certainement de façon beaucoup plus saine. Le rapport entre partenaires est plus riche — mais il faut pour cela que les *deux* gagnent en indépendance. Le problème, c'est que l'émancipation de la femme met souvent au jour la dépendance de l'homme à son égard — dépendance qu'il niait, et qu'auparavant elle encourageait sans la remettre en question. S'il réussit à surmonter cela, s'il peut évoluer à son tour, la relation ne s'en trouvera que mieux. Personnellement, c'est ce que j'ai essayé de faire, et les changements consécutifs m'ont pleinement satisfait. Malheureusement, bien des hommes ne se sont pas suffisamment confrontés à ce défi. Au lieu de cela, ils ont essayé de contrecarrer ou de disqualifier l'évolution des femmes, ils ont pris leur distance et refusé de s'y engager, ou ils ont renversé les rôles en adoptant eux-mêmes l'attitude de soumission passive. Tout cela a eu pour conséquence la dégradation des relations et, pour finir, le divorce.

JOHN – Pour en revenir à la rigidité qui caractérise ces familles moyennes, quel effet a-t-elle sur les enfants ?

ROBIN – Oh, l'effet sera variable selon les cas. Mais les membres de ces familles ne se sentiront pas aussi « libres » que ceux des familles très saines. En soulignant l'importance de valeurs telles que la stabilité et la prudence, ces gens seront plus fortement incités à adopter une attitude conventionnelle, à faire ce qu'on « attend » d'eux. Ainsi, enfants et parents finiront tous par jouer des « rôles » peu compatibles avec leur nature.

JOHN – Les enfants ne se sentiront pas libres de faire leurs propres choix ? Ils auront le sentiment de devoir se conformer à un moule ?

ROBIN – Oui, c'est probable. En général, ils réagiront par le conformisme. Mais certains se rebelleront et prendront la direction diamétralement opposée... ce qui peut être préférable au pas de l'oie, mais peut aussi englober un processus épuisant, jusqu'à toucher au but souhaité. Après tout, la rébellion est une réaction presque aussi rigide que le pur conformisme. On continue à définir sa vie selon les valeurs et les attentes d'autrui au lieu de devenir indépendant, et de vivre en accord avec ce qu'on sait être bon pour soi.

JOHN – Mais pour avancer dans la vie, il faut bien assumer des « rôles ».

ROBIN – C'est vrai, mais dans les familles les plus saines, les enfants grandissent avec une claire conscience de leur identité, ce qui les rassure. Ils peuvent ainsi jouer un rôle lorsque les circonstances sociales l'exigent, et l'abandonner lorsqu'il n'est plus nécessaire.

JOHN – Ils ne confondent pas l'identité et le rôle.

ROBIN – Et par contraste, les gens ordinaires ont plutôt tendance à s'identifier à leur rôle et à se sentir perdus lorsqu'ils ne peuvent plus suivre un de ces schémas sociaux. Ils les laissent de plus en plus définir leur existence.

JOHN – Les enfants ordinaires ont donc tendance, au cours de leur croissance, à s'identifier à des stéréotypes sexuels du type « Rambo » ou « Barbie ».

ROBIN – Oui. Et ils ont toutes les chances de se retrouver embrigadés dans des camps rivaux, où ils rejoueront l'inévitable Guerre des sexes. Ils rechigneront à changer de rôle et à assumer les tâches dévolues habituellement à leur partenaire, de crainte de se retrouver piégés et de ne plus en sortir !

JOHN – En même temps, les rôles traditionnels permettent aux gens moyens de garder leurs distances. Ce qu'ils préfèrent peut-être, si l'intimité est un peu épineuse.

ROBIN – C'est vrai. Ils ne se sentent pas assez sûrs de leur féminité ou de leur virilité pour être véritablement en entente, en proximité avec leur partenaire. Dans les familles les plus saines, au contraire, les époux peuvent entretenir, en plus de rapports amoureux, une véritable amitié.

JOHN – Tu as dit que le pouvoir était partagé entre le mari et la femme dans les familles les plus saines. Et dans les familles moyennes ?

ROBIN – Il y a plutôt hiérarchie : l'un des parents tient les rênes. Dans les familles moyennes avancées, l'autre parent accepte la position de second, et cela peut marcher correctement à l'égard des enfants dans la mesure où les règles sont clairement fixées en commun, et que les parents connaissent leur position. Mais dans la moitié inférieure de la couche moyenne, le conflit règne parce que les deux parents prétendent donner les ordres, exposant les enfants à un conflit d'obéissance et à des recommandations sans fondement assuré.

JOHN – Avec l'évolution actuelle des rôles traditionnels, et la montée du divorce, il y a de plus en plus de familles monoparentales. Cela nuit-il aux enfants ?

ROBIN – Hum... je pense que la solution idéale, c'est d'avoir deux parents sains et heureux, qui s'entendent bien et sont d'accord sur l'essentiel quant à l'éducation des enfants. Mais comme je l'ai expliqué, la réalité est souvent différente, et il apparaît clairement que les enfants perdront davantage à vivre avec deux parents malheureux qui se font la guerre tout en restant ensemble « pour le bien des enfants » qu'à vivre avec un seul parent rendu plus heureux par cette séparation — en supposant que ces parents ont songé d'abord au bonheur de leurs enfants, et qu'ils coopèrent pour maintenir un égal contact avec eux. Bien sûr, tous les principes caractérisant la santé mentale interviennent ici. Si le chef d'une famille monoparentale a perdu son partenaire à cause de ses propres problèmes psychologiques, ces problèmes continueront à le perturber après la séparation. Un individu fondamentalement hostile au sexe opposé tendra à miner la relation de son enfant, non seulement avec l'autre parent, mais avec des figures parentales de substitution, une fois la séparation accomplie. Au contraire, un parent ayant connu une relation affective intense avec son partenaire, mais interrompue par le deuil, recherchera pour l'enfant ces figures de substitution.

JOHN – Point suivant sur notre liste... la communication. On va avoir quelque chose de plus contrôlé, de plus attentif. Pas question de cirque ici.

ROBIN – D'autant plus que les enfants auront appris que toutes leurs émotions ou réactions ne sont pas acceptables. Ils auront appris à les réprimer de crainte d'être rejetés par leur famille, au lieu de s'autoriser à les éprouver et à les exprimer pour apprendre en même temps à les contrôler.

JOHN – Puis vient... la vision réaliste du monde, qui caractérisait les familles saines.

ROBIN – Eh bien, les familles moyennes auront une vision bien meilleure, bien plus aiguisée du monde que la couche inférieure, mais elles se distingueront aussi des plus saines en ce qu'elles auront davantage tendance à blâmer les autres, à l'intérieur et à l'extérieur de la famille. Elles projetteront maint sentiment dénié sur autrui.

JOHN – Elles souffriront plus souvent de préjugés ?

ROBIN – À coup sûr, et plus on descendra l'échelle, plus cette tendance sera accentuée.

JOHN – Cette mauvaise perspective, comment se traduit-elle par ailleurs ?

ROBIN – Par des phénomènes qui rappellent les familles vraiment malsaines, mais à un moindre degré. Les gens ordinaires sont beaucoup plus gênés par l'inattendu et l'incertitude que les gens « très sains ». Dès lors, ils auront tendance à réaffirmer leurs idées et leurs croyances convenues au lieu de les réviser constamment à la lumière de leurs nouvelles expériences. Ils garderont foi dans leurs anciennes « cartes mentales », quand l'expérience les contredit, au lieu de s'intéresser essentiellement au « territoire » et de traiter la « carte » comme quelque chose de secondaire, une simple approximation provisoire. Ils « se crisperont sur leurs principes », ils s'en tiendront avec rigidité à une politique particulière, à une doctrine, à des préjugés de race ou de classe. Ils ont en général une représentation idéalisée de leur propre famille, modelée par les émotions qu'eux-mêmes évitent ou dénient systématiquement, et cette représentation les empêche d'accéder à une vision claire d'eux-mêmes. Du style « on n'est pas jaloux dans notre famille », ou « on est tous très proches les uns des autres », ou « nous appartenons à l'aristocratie terrienne même si nous avons perdu toutes nos terres et tous nos biens ».

JOHN – Et ces gens moyens, comment vont-ils fonctionner dans le monde, par exemple dans leur travail ?

ROBIN – Eh bien, les recherches montrent que ceux du haut peuvent tout à fait réussir. Ce sont des gens corrects et responsables, qui voient le monde avec une certaine acuité. De plus, ils sont souvent extrêmement efficaces.

JOHN – Mais montrent-ils autant de talent dans leurs rapports avec les autres ?

ROBIN – Non. Ce sont des bûcheurs qui ressentent plutôt de la frustration et de l'irritation quand ils doivent travailler en groupe, ce qui, bien sûr, les empêche de susciter le meilleur chez les autres, alors que les pères des familles vraiment saines sont réputés pour leur talent de persuasion dans le domaine professionnel : ceux-ci tirent une grande satisfaction de leurs efforts pour inciter les autres à se dépasser.

JOHN – En d'autres termes, ils prisent beaucoup le travail en commun, quand les pères « ordinaires » considèrent que les autres « encombrent le passage ».

ROBIN – Et il leur sera forcément difficile de collaborer efficacement. Mais nous nous occuperons de cela plus à fond dans le chapitre 2.

JOHN – D'accord. Et enfin... ces gens moyens, comment réagissent-ils face au changement ? Cette rigidité générale que tu décris les empêche sans doute de s'adapter facilement.

ROBIN – Encore une fois, ils tiennent le milieu entre les gens très sains, qui adorent le changement et s'adaptent sans problème, et les gens très malsains, qui ne l'assument pas du tout et essaient quasiment de « figer le temps ». Prenons un exemple radical, la mort d'un des membres de la famille. Ils ne réussiront pas autant que les gens très sains à faire leur deuil, à se réadapter et à continuer leur chemin. Mais ils ne nieront pas non plus tout à fait cette perte comme les gens très malsains. Ils feront le travail de deuil, mais lentement, difficilement. Une forme de compromis consiste à projeter les sentiments qu'ils éprouvaient pour le défunt sur un autre membre de la famille, qui risque de refuser qu'on lui impose une identité étrangère.

JOHN – Quand on parle des 60 % de gens qui constituent le milieu, il est facile de voir pourquoi nous sommes tous plutôt conservateurs dans notre comportement.

ROBIN – Ce qui nous semble très naturel.

JOHN – Je dois avouer que plus je considère les gens très sains, plus je réalise combien leurs caractéristiques sont pour ainsi dire liées entre elles. C'est bizarre... c'est difficile à exprimer... mais on dirait que chacune de ces caractéristiques ne saurait exister à part entière.

ROBIN – Souviens-toi, l'équipe de chercheurs qui a étudié les familles *exceptionnellement* saines a intitulé son ouvrage « Aucun dénominateur commun » pour souligner clairement qu'il n'y avait pas d'ingrédient miracle qui rende absolument compte de cette santé mentale exceptionnelle.

JOHN – Non, mais il y a plus que cela. On devine combien chacun de ces facteurs favorise les autres, et combien, en même temps, il dépend d'eux. On peut prendre n'importe lequel. Le fait que les enfants apprennent en grandissant que toutes leurs émotions sont acceptables. Manifestement, cela va leur permettre de communiquer de façon plus ouverte. Ils apprendront bien plus sur la nature humaine. Et leur perception du monde en sera meilleure. D'où leur réalisme. Ils ne seront pas souvent déçus dans leurs attentes. Du coup, ils jouiront plus de la vie, ils se sentiront mieux, ils seront beaucoup plus ouverts avec les autres. Tout cela joue en boucle.

ROBIN – Et comment ! Voici un autre cercle vertueux qui relie entre elles les diverses caractéristiques. Les enfants sont consultés le plus possible par leurs parents : ils apprennent donc non seulement à être ouverts, à savoir ce que pensent et ressentent les autres, mais aussi à respecter l'opinion particulière d'autrui. Voilà qui accroît chez chacun le sens de l'identité et de la singularité. Ils acquièrent ainsi une perception plus aigue de l'indépendance affective. Ils se sentent plus libres d'être eux-mêmes et n'essaient pas de « s'aligner » sur la « doctrine familiale ». Ils savent ne pas se réprimer, et participer dans la joie au « cirque » familial.

JOHN – Et quand on fait partie d'un cirque où chacun s'amuse à son gré, on a confiance en soi. Du coup, les problèmes occasionnels cessent de paraître plus menaçants. Du coup, plus besoin de cacher ses sentiments négatifs. Les discussions et les conflits se produisent, mais sont résolus dans un contexte général de soutien chaleureux. L'atmosphère de « cirque à trois pistes » implique que chacun ait le goût du jeu, et soit imaginatif lorsqu'il s'agit de proposer des solutions ! Du coup, la famille réussit encore mieux à résoudre les conflits, et se soucie d'autant moins des émotions négatives. Les gens se laissent aller et se marrent encore plus.

ROBIN – Ce qui les rend encore plus ouverts, et donc encore plus à l'aise quand il s'agit d'être eux-mêmes. Du coup, ils ont encore plus confiance en eux, ce qui les aide à affronter n'importe quel changement susceptible de se produire. Conscients qu'ils peuvent assumer tout ce qui peut arriver, ils se limitent d'autant moins, etc., etc. Il est un autre aspect qui paraîtra sans doute évident, mais que je mentionnerai malgré tout. Tu vois, l'égalité des époux transmet aux enfants un modèle fort qui les aidera à fonder, à l'âge adulte, un couple équilibré au lieu de régresser vers le schéma moyen où l'un des époux domine l'autre, qui se soumet.

JOHN – Mouais... tout de même, c'est fascinant, cette interconnexion.

ROBIN – C'est que la famille elle-même est un système interconnecté.

JOHN – Et ça veut dire quoi, ça ?

ROBIN – Eh bien... avant, on considérait la cause et l'effet comme une ligne de wagons de chemin de fer dans une voie de triage, alignés les uns derrière les autres. Mais il y a quarante ans, divers scientifiques se sont intéressés au *tout* plus qu'aux parties, et ont élargi leur perspective de façon à étudier les relations entre les choses plutôt que de la resserrer sur les menus segments et morceaux.

JOHN – Par « tout », tu veux dire un « système » ?

ROBIN – Voilà. En étudiant des systèmes d'origine diverse — le radioguidage militaire, les ordinateurs, les familles — ces chercheurs ont commencé à voir que tout était bien plus connecté et interdépendant qu'ils ne le croyaient. À un système qui fonctionnerait comme une ligne de wagons de chemin de fer, ils ont substitué le modèle d'un chauffage central dont la chaudière, une fois chaude, désactive le thermostat — lequel se réactive lorsque la température baisse, de sorte que celle-ci reste toujours constante.

JOHN – Une famille, c'est comme un système homéostatique, ça fonctionne avec un grand nombre de variables intercorrélées ?

ROBIN – Pas forcément homéostatique ! Dans certains systèmes, brancher un circuit, c'est en activer plusieurs autres en même temps : on crée une forme de panique comme dans une foule où la peur se répand parce qu'un seul individu crie, et enclenche une réaction en chaîne, ou, pour prendre un autre exemple de réaction en chaîne, comme dans une explosion nucléaire. D'une façon ou d'une autre, la cause et l'effet dans un système sont le plus souvent reliés de façon *circulaire*.

JOHN – Dans le cas des familles, est-ce que ça signifie que les problèmes sérieux pourraient être provoqués par de tout petits riens, toujours amplifiés dans un « cercle vicieux » ?

ROBIN – Exactement. C'est la bonne nouvelle apportée par la thérapie familiale lorsqu'elle fait usage de cette pensée systématique. La bonne nouvelle, c'est qu'on peut briser ces « cercles vicieux » — ces spirales qui entraînent à un malheur toujours plus profond — et les transformer en « cercles vertueux » tournant dans le sens inverse. Ce qui signifie que de tout petits changements pratiques peuvent intervenir et se multiplier, suscitant un bonheur croissant.

JOHN – Fascinant. Je savais que la thérapie familiale offre souvent des résultats très rapides. C'est donc la raison.

ROBIN – C'est une raison, oui. Une autre, c'est que l'on fait appel à l'intelligence de toute la famille réunie. Chaque membre aura remarqué des choses insoupçonnées par les autres sur l'enchaînement des problèmes familiaux. Le praticien reçoit beaucoup d'informations. Souvent c'est l'un des enfants — un frère ou une sœur que les parents considèrent comme sans problème — qui voit la cause du problème mieux que tous les autres. Et comme toute la famille est présente, on peut inciter tout le monde à résoudre ensemble le problème mis au jour.

JOHN – Après cette coupure publicitaire, revenons aux familles qui n'ont pas besoin de thérapie. À côté de toutes ces caractéristiques saines interconnectées, y en a-t-il d'autres qui ne soient pas connectées ?

ROBIN – Sans doute non. Les familles les plus saines possèdent tous ces aspects. Mais... selon les familles, ils se marqueront avec plus ou moins d'intensité.

JOHN – Il n'y a donc pas « un mode unique » mais un « mixte » propre à chaque famille ?

ROBIN – C'est cela.

JOHN – Ça me rappelle ce que dit Tolstoï au début d'*Anna Karénine* : « Toutes les familles heureuses se ressemblent ; chaque famille malheureuse est malheureuse à sa façon. »

ROBIN – Oui, en gros, je crois que c'est juste. Bien sûr, chaque famille est unique, de même que chaque empreinte digitale est unique. Mais les familles très saines semblent fonctionner sur les principes que j'ai dégagés. Et il y a évidemment bien moins de voies menant à la bonne solution qu'à la mauvaise.

JOHN – Bon, Robin, tu n'as pas arrêté de babiller sur ces familles, en heurtant allègrement tous ceux de nos lecteurs qui, jusqu'à présent, se croyaient plutôt sains. Quelles recherches illustrent tes propos ?

ROBIN – Eh bien, comme je l'ai mentionné au départ, il n'y a pas longtemps qu'on s'intéresse aux familles saines, et pour l'instant les documents sont rares. Et ce qui existe est compliqué car les chercheurs utilisent chacun un jargon différent, et dirigent leur investigation sur des objets différents.

JOHN – Ils ne sont pas d'accord sur le critère « sain » ?

ROBIN – Non, mais ils ne sont pas vraiment en désaccord non plus : ce qu'il faut voir, c'est qu'ils étudient différentes choses en leur appliquant différentes étiquettes.

JOHN – Ah oui ?

ROBIN – Et cela vaut non seulement pour la recherche officielle, mais pour les conclusions que les plus grands thérapeutes familiaux ont tirées de leur expérience pratique et de leurs travaux avec les familles. Elles concordent avec tout ce que mes travaux cliniques ont pu m'apprendre. Je ne vois pas un seul trait considéré comme essentiel par l'un ou l'autre chercheur ou thérapeute qui soit contesté par d'autres experts : le consensus est stupéfiant. Froma Walsh, dans son ouvrage intitulé *Normal Family Processes* (« Fonctionnement des familles normales »), un excellent livre dans lequel elle passe en revue les publications sur ce sujet, dit que « les divers modèles familiaux se distinguent par leur absence de contradictions majeures ou d'incohérence » et qu'« aucun théoricien ne prétend, implicitement ou explicitement, qu'une variable considérée par un autre théoricien comme essentielle au bon fonctionnement d'une famille n'a aucune importance, ou même entretient une relation négative avec le fonctionnement normal ».

JOHN – Quel type de recherche est-ce que ça met en jeu ? Tu peux me donner un exemple ?

ROBIN – Eh bien, en dehors des études de Timberlawn, de mes propres observations, et de celles de mes collègues avec qui j'ai parlé de ce sujet, il y a cette étude que j'ai mentionnée, qui traite des étudiants exceptionnels de Harvard.

JOHN – On ne peut pas dire que l'échantillon soit très représentatif de la population...

ROBIN – Non, mais c'est quand même là qu'elle a été menée. George Vaillant l'a décrite dans son ouvrage *Adaptation for Life* (« S'adapter à la vie »). Il a suivi des étudiants sur près de trente ans, au moyen de questionnaires réguliers et d'entretiens suivis.

JOHN – Comment s'est effectuée la sélection des étudiants au départ ?

ROBIN – Ils ont commencé par sélectionner plusieurs centaines d'étudiants masculins, puis ont exclu tous ceux qui présentaient des problèmes scolaires, physiques ou psychologiques. Ensuite les doyens ont choisi dans le lot final ceux qui leur semblaient les plus « solides » — ceux qui étaient capables de « mener leur propre barque ». À la fin, il restait quatre-vingt-quinze étudiants.

JOHN – On a beaucoup insisté sur le critère d'indépendance ?

ROBIN – Oui, et sur l'accomplissement : on a pris ceux qui réussissaient dans les compétitions. Par la suite, ce sont ceux qui, parmi les étudiants de Harvard, ont réussi le mieux professionnellement. En revanche, on n'a pas accordé beaucoup de poids à des qualités comme leur aptitude à l'intimité.

JOHN – Les hédonistes bien adaptés n'avaient aucun intérêt ?

ROBIN – Sans doute pas. L'échantillon était entièrement masculin et très WASP *. Néanmoins, 70 % d'entre eux se considéraient comme « libéraux » au sens général du terme, et 90 % étaient contre la guerre du Viêtnam en 1967.

JOHN – Bon, alors... première question : ces gars-là, quel était à ton sens leur état de santé mentale ?

---

* White Anglo-Saxon Protestants (protestants anglo-saxons de race blanche). Couche de la bourgeoisie supérieure américaine blanche. Le terme est assez péjoratif.

ROBIN – J'ai dit plus haut qu'on pouvait considérer environ 20 % de la population globale comme mentalement saine. Vaillant a calculé qu'environ 80 % de ces étudiants rentraient dans la tranche du haut, ces fameux 20 %. La sélection originale comportait quelques erreurs, et le reste s'est avéré moins sain que cela. Mais bien sûr, tous avaient leur faiblesse. À la fin de son étude, Vaillant affirme qu' « aucun d'entre eux n'avait survécu au grand jeu de la vie sans avoir connu la douleur, l'effort ou l'angoisse » !

JOHN – Et quel était l'objet de l'étude ?

ROBIN – Ils ont comparé les étudiants entre eux pour tenter de découvrir quelles influences semblaient conforter leur santé mentale et leur aptitude à affronter l'existence sans faillir. Vaillant a notamment étudié la façon dont ces jeunes gens se comportaient lorsqu'ils se trouvaient dans des situations perturbantes, et analysé à quelles défenses ils recouraient — c'est-à-dire les méthodes utilisées pour faire face aux situations douloureuses et ne pas se laisser déborder émotionnellement au point de ne plus pouvoir se débrouiller.

JOHN – Ce qui signifie qu'une défense est une façon d'éviter toute confrontation avec la réalité, et que c'est par conséquent une « mauvaise chose » ?

ROBIN – Pas forcément. Nous sommes tous amenés, sous la pression, à utiliser une forme ou une autre de défenses. L'important, c'est de savoir si on fait usage de défenses plutôt saines ou plutôt malsaines. Vaillant a choisi d'étudier un certain nombre de défenses, dont certaines étaient névrotiques et d'autres révélaient une authentique maturité.

JOHN – « Immature » est ici moins sain que « névrotique » ?

ROBIN – Oui.

JOHN – Bon, c'est parti. En commençant par le bas de l'échelle... qu'est-ce qu'une défense immature ?

ROBIN – Elle consiste à éviter difficultés et malaises en se figurant que les choses sont différentes de ce qu'elles sont. Le *fantasme*, par exemple — quand on vit dans un monde imaginaire, à la Walter Mitty*, qu'on s'imagine avoir succès et popularité au lieu de consacrer de véritables efforts pour se faire des amis et réussir dans son travail. Ou encore, la *projection* et la *paranoïa* — quand on prétend que ses limites sont en fait celles des autres, ou qu'on leur en fait porter la responsabilité. Ou encore le *masochisme* et *l'hypocondrie*, quand on tente d'obtenir ce qu'on veut en manipulant les autres pour qu'ils vous le donnent, au lieu de prendre la responsabilité de sa propre existence. Ou l'*acting-out*, dans lequel on cède à ses impulsions sans se poser de question sur leur sens ou sur leurs conséquences, sans souffrir le moindre conflit ni la moindre frustration.

JOHN – Ces gens qui font usage de mauvaises défenses ont-ils un point commun ?

ROBIN – Oui, ils n'ont pas du tout l'impression que ce sont eux qui ont un problème ! Et du coup ils ne s'en sortent pas. Par exemple, le fantasme empêche les gens d'aller chercher de l'aide. Vaillant a découvert que parmi ceux qui recouraient essentiellement au fantasme, personne n'avait d'ami proche, et que peu gardaient le contact avec

* Héros d'une nouvelle de l'humoriste américain James Thurber.

leur famille. Qui plus est, ils peuvent provoquer des tas de problèmes chez les autres ! L'*acting-out* et la paranoïa sont fréquents chez les criminels et, chose intéressante, chez les révolutionnaires, qui extériorisent leurs conflits intimes dans les conflits politiques. Et, bien sûr, plus on descend l'échelle de la santé mentale, plus ces défenses vont en augmentant, jusqu'à prendre une forme extrême : la folie. Vaillant n'a pas ajouté ce quatrième groupe de défense « psychotique » en fin de liste parce qu'un patient aussi gravement atteint ne figurait pas dans son étude.

JOHN – D'accord, passons à la catégorie suivante. C'est quoi, des défenses névrotiques ?

ROBIN – Ce sont des tentatives pour parer à un stress et à une angoisse extraordinaires. Elles sont caractéristiques de la catégorie moyenne. Tout en impliquant une déformation ou un refus de faire face à la réalité, elles accordent une certaine attention aux besoins d'autrui et nous aident à nous intégrer dans la société. Par exemple, la *répression* signifie qu'on rejette des idées ou des pensées déplaisantes tout au fond de sa tête en prétendant qu'elles n'existent pas, en les « mettant sous écran » comme nous l'avons formulé dans *Famille*. Autres formes similaires, l'*isolement* et l'*intellectualisation*. Le premier nous incite à réprimer la pensée, mais non la sensation — nous pouvons ressentir de l'angoisse sans savoir pourquoi, par exemple. Avec la seconde, c'est le contraire : nous nous rappelons l'idée, mais nous oublions la sensation qui lui est associée. Nous pouvons nous figurer l'accomplissement d'un acte violent sans le sentiment de violence qui devrait accompagner cette action. Dans le *déplacement*, nous mêlons nos pensées et sentiments ; un homme peut ressentir de la colère envers son patron, mais pour éviter de se faire virer, il passera ses nerfs sur sa femme. Enfin, la *formation de réaction* est une sorte de retournement, par lequel nous évitons de ressentir une émotion ou une pulsion que nous redoutons en nous reportant sur l'affect opposé. Ainsi, nous adopterons une attitude prude et crispée pour refouler notre sexualité, ou un pacifisme ombrageux pour construire une barrière contre notre propre colère, violente, mais réprimée.

JOHN – Où est le mal, si ces défenses ordinaires nous aident à montrer de la considération pour autrui ?

ROBIN – Le problème, c'est qu'elles étouffent dans leur ensemble nos réactions émotionnelles, et qu'elles nous conduisent à une forme d'existence quelque peu plate, maussade, et sous strict contrôle.

JOHN – Très bien. Et maintenant, la question à quarante-neuf francs cinquante : quelles sont les réactions *matures* face au stress réel ?

ROBIN – Eh bien, l'une d'elles est l'*anticipation*. On réduit le stress lié à un défi difficile en l'anticipant, et en préparant une riposte adéquate. Une fois finis les devoirs à la maison, on peut se détendre un peu parce qu'on a davantage confiance en soi. Par exemple, une juste « perception » de soi aide à prédire les réactions et à en prévoir les conséquences — c'est une façon pour la psychothérapie de rendre la vie des gens plus efficace, et plus agréable. Puis il y a la *suppression* — au lieu de réprimer un sentiment et de le refouler jusqu'à ne plus le voir, on le tient en respect et on supporte le malaise qu'il suscite. Du coup, on est plus à même de s'en sortir, pour peu que l'on se donne du temps.

JOHN – Cette approche paraît un peu morne... voire pâteuse.

ROBIN – À mon sens, le choix du mot « suppression » n'est guère heureux : il connote la lourdeur et la passivité alors qu'en fait, il implique qu'on réussit à contenir le feu, à guetter et à trouver le bon moment. L'émotion, si elle est ainsi contenue, peut croître en intensité, si bien qu'on se sent envahi par l'énergie durant l'attente, jusqu'au moment où on décide de laisser cette émotion exploser dans l'action. Mais passons. Il y a ensuite la *sublimation*, qui permet de trouver d'autres façons d'exprimer des émotions et des pulsions problématiques, de façon à les satisfaire sous une forme socialement acceptable, voire créative. Par exemple, l'*altruisme* peut apparaître comme un plaisir de substitution — lorsque nous prenons plaisir à faire pour les autres ce que nous aimerions qu'on nous fasse. Nous pouvons prendre plaisir à faire vivre à nos enfants des expériences qui nous plairaient. Mais la meilleure riposte, tu seras heureux de l'apprendre, c'est l'*humour* : on vit ses sentiments à fond ; on ne recule pas devant les aspects douloureux de la vie, mais on les maîtrise en les transformant en plaisir, en amusement !

JOHN – La meilleure ! Ça fait plaisir à entendre.

ROBIN – Vaillant cite ces mots de Freud : « L'humour peut être considéré comme le meilleur des processus de défense. »

JOHN – Superbe. Mais attends ! Voici la question à quatre-vingt-dix-neuf francs : si, en faisant usage de défenses matures, on ne fuit ni devant la réalité, ni devant les sentiments déplaisants, voire destructeurs, en les projetant sur d'autres personnes — si, au contraire, on prend la vie en pleine figure... les gens « matures » sont-ils plus heureux, ou simplement plus responsables ?

ROBIN – Plus heureux, sans aucun doute ! Lorsque Vaillant a interrogé tous ces hommes vingt-cinq ans après leur départ de Harvard, il leur a posé des tas de questions sur le bonheur — sur leur métier, leur santé, leur mariage — et notamment il leur a demandé si le « présent » était la période la plus heureuse de leur vie. Ce qu'il a découvert, c'est que le bonheur était quatre fois plus répandu parmi ceux qui faisaient usage de défenses matures.

JOHN – Sûr qu'ils font partie des très sains...

ROBIN – Oh oui. Ils ne faisaient pas forcément partie des plus riches, bien sûr, ni des plus puissants. Mais plus de 90 % d'entre eux ont affirmé que leur métier les satisfaisait ; en d'autres termes, ils faisaient quelque chose qui leur procurait un vrai plaisir, sans se soucier du statut social qui y était lié. Puis ils avaient dans l'ensemble beaucoup d'amis, au contraire de bien des hommes aux défenses « immatures ». Ils pouvaient prendre de véritables congés — 60 % des « immatures » en sont incapables — et un grand nombre d'entre eux réussissaient à se montrer agressifs envers les autres si nécessaire. Seuls 6 % des « immatures » se sont dits capables d'en venir là ! Et tu apprendras avec plaisir qu'ils appréciaient pour la plupart les sports de compétition !

JOHN – Tiens, puisqu'on en est là, *quid* du mariage ?

ROBIN – Eh bien, s'il y avait *un* signe de bonne santé mentale, ce serait leur capacité à vivre un mariage heureux sur une longue période.

JOHN – Mettons que je n'aie rien dit...

ROBIN – Vingt-huit personnes matures sur trente avaient fondé des mariages stables avant l'âge de trente ans, et elles sont restées mariées jusqu'après cinquante ans.

JOHN – Bon, bon, inutile d'insister.

ROBIN – Toutefois... Vaillant le dit bien : « Ce n'est pas le divorce qui est malsain ou mauvais en soi ; ce qui est bien, c'est d'aimer quelqu'un longtemps. »

JOHN – Je trouve que c'est magnifiquement exprimé. J'entends par là que ça me fait rudement du bien.

ROBIN – Enfin les plus « mûrs » avaient un taux de mortalité inférieur de moitié à celui de leurs camarades de classe !

JOHN – La vie est injuste, non ? On pourrait croire que la souffrance appelle une compensation.

ROBIN – Eh bien, la souffrance inutile — dans l'hypocondrie, par exemple — a certainement quelques compensations. Nous pouvons persuader les autres de nous exempter des tâches que nous n'avons pas envie d'accomplir ; ou, ce qui nous intéresse plus, nous nous persuadons nous-mêmes de ne pas les faire, quoi qu'en disent les autres. Mais notre énergie et notre bien-être en pâtissent largement, bien au-delà des avantages que nous en retirons, et si nous continuons ce jeu trop longtemps, nous risquons de nous rendre véritablement malades.

JOHN – Quand même, ça me rappelle la plaisanterie de Woody Allen : « Pourquoi les Juifs meurent-ils toujours avant leurs femmes ? Parce que tel est leur désir. »

Voyons donc où nous en sommes. Nous avons étudié la santé mentale exceptionnelle en analysant le fonctionnement des familles saines, et le comportement des individus sains face à des situations de stress. Les deux semblent correspondre fondamentalement, n'est-ce pas ? Ils soulignent les bienfaits d'une attitude qui affronte la réalité sans fléchir.

ROBIN – Les mêmes principes jouent de multiples façons. La tolérance et le refus d'élire un bouc émissaire au plan familial, l'acceptation de soi et l'absence de répression rigide au plan individuel, la communication ouverte dans la famille et l'attitude ouverte de l'individu à l'égard de tous les aspects de sa personnalité : tout cela mène, dans les deux cas, à l'intégration et à l'harmonie, associées à un sentiment de liberté.

JOHN – Mais les perspectives diffèrent selon les cas — ce qui est une bonne chose. Lorsqu'on débat d'une question complexe, il paraît toujours utile de distinguer plusieurs perspectives, parce que chaque facette projette une lumière nouvelle sur la question et aide à saisir l'idée centrale de façon plus complète.

ROBIN – Oui. C'est ce que j'essayais de dire à propos de la validité de ces recherches. Quels que soient les mérites des informations fragmentaires, ce qui me paraît le plus convaincant, c'est que tous les témoignages — études de cas individuels, études de groupes ou de familles, effectuées sous différents angles — se recoupent et permettent de comprendre des choses qui semblaient incompréhensibles.

JOHN – Robin, je voudrais maintenant que tu proposes *ta* propre approche de la santé mentale.

ROBIN – En ajoutant la somme de ces informations à tout ce que m'a appris mon travail de clinicien, je dirais qu'il est une autre perspective que j'ai trouvée très utile. Elle relie les recherches faites autour des « familles saines » à la thérapie familiale, à la psychanalyse, et aux idées proposées par Erich Berne dans son ouvrage *Des jeux et des hommes*, qui a permis à tout un chacun de comprendre la psychologie.

JOHN – Le livre qui a marqué les années 1960 ?

ROBIN – Tout juste. Il est devenu la bible de l'analyse transactionnelle, un terme qui a été pas mal employé dans les stages pour cadres supérieurs. La théorie de Berne est que nous pouvons nous cloisonner dans certains aspects de notre personnalité au lieu d'exploiter celle-ci dans son intégralité. Par exemple, si nous souhaitons être dépendants et irresponsables, ou si nous avons peur du sexe, nous pouvons utiliser les parties les plus enfantines de nous-mêmes, voire dénier le reste de notre identité. D'un autre côté, si nous avons peur d'être vulnérables et impuissants, ou incertains, nous désavouerons cette part enfantine et concentrerons toute notre énergie, toute notre attention, sur nos aspects adultes et responsables. Le premier aspect correspond à ce que Berne nomme l'« Enfant » en nous, le second à ce qu'il nomme le « Parent ». Et nous pouvons passer la plupart de notre vie confinés dans l'une de ces parties, et entrer en rapport avec autrui par l'intermédiaire de cette partie, en fermant virtuellement toutes les autres. Dans l'un et l'autre cas, nous ne réussissons pas à fonctionner de façon indépendante parce que la moitié de la machine qui nous est nécessaire pour faire face à la vie est en panne.

JOHN – Quelqu'un qui fonctionne en utilisant l'« Enfant » en lui voudra toujours que quelqu'un s'occupe de lui.

ROBIN – Voilà. Et quelqu'un qui ne possède que l'aspect « Parent » voudra quelqu'un dont il puisse, lui, s'occuper.

JOHN – Je vois la façon dont le premier exemple fonctionne, mais je n'ai jamais bien saisi le second. Pourquoi les gens qui se concentrent sur leur côté adulte ont-ils besoin de s'occuper de quelqu'un d'autre ?

ROBIN – Ils ont bouché tout accès à la partie la plus spontanée, énergique, affective en eux, ils savent qu'ils manquent quelque chose de vital dans leur existence ; du coup ils sont attirés par les gens qui expriment cet aspect, quand bien même ils le désapprouvent. De plus, aussi longtemps qu'ils parviennent à être dans une situation où ils peuvent se concentrer sur l'attitude enfantine de quelqu'un d'autre, à l'extérieur, leur propre puérilité (qu'ils tiennent pour tabou) a moins de chances de percer.

JOHN – Et une personne qui serait *vraiment* adulte ?

ROBIN – Quelqu'un de vraiment mature n'est bloqué dans aucune de ces positions. Il peut utiliser et goûter à la fois sa part enfantine et sa part adulte. En d'autres termes, lorsque ces deux parties sont intégrées et travaillent de concert, elles produisent un véritable « adulte » ! Mais lorsqu'une personne n'a que la moitié de sa personnalité en état de fonctionnement, elle sera attirée par quelqu'un dont c'est l'autre moitié seulement qui fonctionne. À eux deux, ils se partageront l'équipement psychologique complet nécessaire pour vivre.

JOHN – Ils devront choisir un partenaire qui les complète...

ROBIN – Quelqu'un qui ne fonctionnera qu'en utilisant la partie enfantine de lui-même — un alcoolique, par exemple — recherchera un soi-disant « sauveteur », une personnalité qui aura, elle, du mal à être dépendante et déniera ainsi la partie enfantine en elle. Le sauveteur, lui, devra recourir à la personne enfantine, pour assumer la dépendance qu'il a déniée en l'affrontant chez autrui ! Autrement dit, chacun d'eux a besoin de quelqu'un d'autre pour « assumer » la partie qui le gêne, et qu'il tente d'éviter en la reportant sur un autre.

JOHN – Ce genre de personnes ne formeront sans doute pas des couples pratiquant l'indépendance affective ?

ROBIN – Non. C'est comme si chaque personne contenait une partie de l'autre. Lorsqu'ils sont séparés, ces gens ont l'impression d'avoir perdu une partie d'eux-mêmes, même si, bien sûr, ils ne réussissent pas à comprendre pourquoi ils se sentent si mal.

JOHN – Ces parties « Parent » et « Enfant » correspondent grossièrement au « Surmoi » et au « Ça » définis par Freud ?

ROBIN – Ils y ressemblent sous certains angles. Bien sûr, Freud considérait que les gens se divisent en trois parties : le Ça, le Moi et le Surmoi. Mais c'est vrai, le Ça représente les instincts spontanés, non restreints et les désirs que nous associons à l'enfance. Et le Surmoi reflète la notion de « Parent » proposée par Berne parce qu'il est constitué de tous les interdits, règles, valeurs enseignés par les figures parentales dans l'enfance ; c'est comme si un parent se penchait sur votre épaule en vous disant ce qu'il faut faire et ne pas faire.

JOHN – Et le Moi, quel est son rôle ?

ROBIN – Il représente la machinerie opérationnelle qui tente de conclure des compromis acceptables entre le Ça et le Surmoi, entre le côté enfantin et le côté parental. Ce qu'il tente de réaliser correspond plus ou moins à la notion d'« Adulte » avancée par Berne. Ou, pour le dire d'une autre façon, très grossièrement : le Ça, le Moi, et le Surmoi correspondent à ce que nous appelons ordinairement le désir, le contrôle de soi et la conscience.

JOHN – Je crois que je comprends en gros, sauf une chose. Est-ce que tu identifies le « sentiment » — la vie affective d'une personne — uniquement au côté enfantin ? Cela signifie-t-il qu'il n'y a pas d'émotions adultes ?

ROBIN – Une personne qui ne serait capable que d'émotions et de désirs, et n'aurait aucun contrôle sur elle-même, aucun sens de la responsabilité envers les autres se conduirait manifestement en enfant, quel que soit son âge. Mais si les autres aspects du moi s'épanouissent avec l'âge, notre vie affective change et devient moins extrême, moins violente, plus riche et plus subtile.

JOHN – Et quel est le rapport avec la santé mentale ?

ROBIN – Chez les individus qui ont atteint un haut niveau de santé mentale, ces trois aspects de la personnalité sont tous épanouis — la personne est consciente des trois et peut les exploiter. Elle sait quelle est sa vie affective, elle éprouve des sentiments profonds, elle est spontanée et créative. Tout cela parce qu'elle se sent en sécurité : elle croit qu'elle peut contrôler ses sentiments si nécessaire. Par ailleurs, elle a une idée claire de ce qui est acceptable en société et de ce qui ne l'est pas, de ce qui fera du bien ou du mal aux autres et à elle-même. En d'autres termes, elle possède des moteurs pour conduire le navire, une barre et un gouvernail pour le diriger, une carte pour l'orienter selon ses vœux. C'est parce qu'elle a accès à ces trois parties de sa personnalité et que celles-ci sont reliées entre elles qu'elle peut fonctionner de manière adéquate, être indépendante si nécessaire. C'est bien ce que nous avons en tête lorsque nous disons que ces gens-là sont sains...

JOHN – Si tu me permets d'exprimer une intuition foudroyante, on est malsain quand on n'a pas accès à ces trois parties ?

ROBIN – Oui. Si les membres des familles malsaines ont à ce point besoin les uns des autres, c'est parce qu'aucun ne fonctionne tout à fait. Les trois parties sont réparties chez les différents membres. L'un d'eux, un enfant peut-être ou un adolescent, pourra posséder de grosses réserves d'affectivité et de spontanéité, et insuffler à la famille un sentiment de vitalité, mais sans savoir le contrôler. Le père, lui, peut être assez fort pour contrôler ce sentiment, mais trop irresponsable pour s'en préoccuper.

JOHN – Son Moi fonctionne — l'« Adulte » en lui — mais pas le Surmoi, le « Parent ».

ROBIN – Et la mère sera trop faible pour prendre le contrôle, mais elle aura peut-être une idée claire des usages et conventions, contrairement aux autres.

JOHN – Oui, c'est évident. Et alors ?

ROBIN – Eh bien, au moment où je mettais au point mes méthodes de thérapie familiale, j'ai réalisé que tout cela expliquait pourquoi nous pouvions aider certains individus avec une psychothérapie individuelle, et pourquoi nous ne parvenions à rien avec d'autres tant que nous n'examinions pas la famille tout entière.

JOHN – Ah, je comprends. Tu veux dire que les personnes avec qui la psychothérapie individuelle marchait avaient déjà fait le lien entre les trois parties de leur personnalité, et que celles-ci fonctionnaient, même en déséquilibre... Au contraire, lorsque diverses personnes, au sein d'une même famille, « assumaient » chacune une fonction, il fallait les voir ensemble pour les persuader de partager équitablement ces trois aspects entre chaque membre individuel...

ROBIN – Exactement. Pour progresser, il fallait soulever le problème, et susciter une interrogation quant à ce problème, puis une capacité à régler le problème, et avoir tout le monde dans la même pièce au même moment ! Cette connexion des trois fonctions, je l'ai baptisée le « réseau minimum vital » — il fallait que toutes les parties soient en état de marche et reliées les unes aux autres pour qu'une action intelligente s'enclenche. Si ce réseau existait comme tel chez une personne, celle-ci pouvait fonctionner de façon autonome, et il était possible de travailler avec elle en tête-à-tête. Dans les autres cas, on ne parvenait à créer le réseau minimum vital qu'en réunissant deux ou trois personnes dans la pièce et en les branchant les unes aux autres par un échange de paroles.

JOHN – Voici qui m'éclaire tout à fait. Mais quel épouvantable jargon !

ROBIN – Moi aussi je le déteste, mais c'est tout ce que j'ai pu trouver à l'époque. Si tu préfères, nous le rebaptiserons les « trois éléments de base ».

JOHN – Ça sonne beaucoup mieux : « Les trois éléments de base du Dr Skynner ». Ta façon d'envisager la santé mentale, c'est de viser à une intégration des trois éléments de base dans la personnalité.

ROBIN – C'est juste un aspect de la santé mentale, mais cela nous a énormément aidés à choisir la bonne thérapie pour les gens qui venaient nous voir. Et avec un taux bien plus élevé de réussite.

JOHN – Bon, je crois qu'on a définitivement réglé son compte à la question « qu'est-ce que la santé mentale ? » Il est grand temps de passer à la question à cent quatre-vingt-dix-huit francs. Voilà donc : puisque 80 % de la population sur cette planète ne jouit pas d'une santé mentale florissante, et que la plupart des 20 % restants sont dans une situation encore moins réjouissante... pourquoi est-ce que tout le monde ne court pas partout en hurlant : « Je veux devenir plus sain ! » Une idée ?

ROBIN – Ah, voilà le hic. Le hic, c'est que chaque niveau de santé mentale possède son propre système de valeurs.

JOHN – Et chacun de ces systèmes détermine ce qui est sain et ce qui ne l'est pas ?

ROBIN – Très juste. Et — surprise, surprise — chaque niveau prétend que ses propres caractéristiques sont les plus saines, et que les caractéristiques de tous les autres niveaux — supérieurs ou inférieurs — sont moins saines.

JOHN – ... Tout comme toi et moi, nous haïssions l'idée d'une « séparation » dans une relation amoureuse lorsque nous l'avons abordée, en y voyant de l'indifférence et de l'insensibilité.

ROBIN – Exactement.

JOHN – Ah ! Chacun de nous est donc rassuré par son propre système de valeurs, qui le dit aussi sain qu'on peut l'être.

ROBIN – Permets-moi de citer quelques exemples. Au bas de l'échelle de la santé mentale, on trouve des familles dont l'un des membres est schizophrène : elles se considèrent en général comme parfaitement saines, à l'exception de cette personne. Dans mon expérience, lorsqu'on s'entretient avec elles, il est souvent difficile de leur faire admettre qu'elles ont un problème, quel qu'il soit, même un problème que la moyenne des gens considérerait comme ordinaire. En d'autres termes, elles se représentent comme des personnes exceptionnellement saines.

JOHN – Excepté, bien sûr, celui qui a « mal tourné » ou qui est devenu « fou » — le bouc émissaire de la famille.

ROBIN – Oui. C'est comme si cet individu donné focalisait tous les problèmes familiaux, et que tous les autres étaient presque parfaits.

JOHN – Presque parfaits. Très bien. Et en progressant le long de l'échelle, quels sont les cas suivants, et comment leur système de valeurs justifie-t-il leur comportement ?

ROBIN – Les paranoïaques justifient les génocides en affirmant qu'ils purifient la race humaine.

JOHN – Le meurtre, le terrorisme, l'expropriation deviennent des formes de « nettoyage ethnique »...

ROBIN – Et, comme la Mafia, ils accorderont un prix énorme à la loyauté, mais aucune valeur à tous ceux qui sont à l'extérieur de « la famille ».

JOHN – Comment jugent-ils leur comportement à l'égard de ceux qui ne sont pas de la famille ?

ROBIN – Ils commencent par le justifier en affirmant qu'ils ne font que veiller sur leur famille. Parfois, ils ajoutent qu'ils endurcissent les gens, qu'ils leur apprennent le sens des réalités.

JOHN – Ils rendent un grand service à un pauvre « con » en ne lui laissant pas le temps de respirer.

ROBIN – Il y a un peu de ça, oui. Et s'ils ont une mentalité un peu plus saine, mais qu'ils continuent à pratiquer un comportement essentiellement paranoïaque, ils seront très attirés par l'idée de sélection naturelle.

JOHN – Comme ces hommes d'affaires impitoyables, ou ces politiciens qui se soucient fort peu de ceux qui ont du mal à survivre dans un système méritocratique.

ROBIN – Un échelon plus haut, nous arrivons aux dépressifs. Eux accorderont une grande valeur à l'amabilité, à la sensibilité, à la tolérance et à la compréhension. Mais ils auront tendance à désapprouver la confrontation, les critiques appuyées et directes, et à juger l'autorité ordinaire, saine, comme quelque chose de désagréablement agressif et la confiance en soi comme de l'arrogance. Du coup, ils auront tendance à admirer, voire à justifier certaines formes de faiblesse.

JOHN – Leurs héros et héroïnes favoris seront les grands souffrants de l'humanité, les écrivains malades de la tuberculose, les martyrs politiques, les penseurs incompris. C'était le cas dans l'école anglaise privée que je fréquentais dans les années 1950, on y admirait le Capitaine Scott et le général Gordon*... des hommes solitaires, dont la vie sexuelle était plutôt compliquée, et qui connurent

* Explorateur britannique, le capitaine Robert Scott (1868-1912) mena une expédition dans l'Antarctique (1901-1904) et trouva la mort en tentant d'atteindre le Pôle Sud. Le général britannique Charles Gordon (1833-1885) combattit à Sébastopol et en Chine, soumit le Soudan oriental, et devint une figure populaire pour sa résistance héroïque à Khartoum, qu'il tint dix mois contre les troupes du Mahdi avant d'être tué.

des échecs retentissants. J'avais l'impression qu'ils méritaient une vénération particulière ; par contraste, les gens heureux, pleins de succès semblaient plutôt superficiels et sans intérêt.

ROBIN – Et, bien sûr, les dépressifs jetteront l'interdit sur la colère... à moins qu'elle ne s'exprime contre l'autorité, ou au nom des autres. Cela vaut pour la violence sous toutes ses formes.

JOHN – Très bien. Et après les dépressifs ?

ROBIN – Un cran plus haut, ce sont les obsessionnels. Ils accordent une très haute valeur à l'ordre, à la propreté, au contrôle et à la conscience. Ils ont du mal avec la spontanéité, chez eux ou chez les autres.

JOHN – Leurs héros seront les administrateurs, les comptables, les agents de la circulation et les philosophes-linguistes.

ROBIN – C'est un peu ça. Et, bien sûr, ils accorderont une grande valeur au travail ardu, et se sentiront moins à l'aise lorsqu'ils n'auront rien à faire, qu'ils se retrouveront dans un contexte amusant ou en compagnie de joyeux lurons.

JOHN – S'amuser leur apparaît comme une forme de laisser-aller. Bien, nous avons parlé des systèmes autojustificateurs des schizophrènes, des paranoïaques, des dépressifs, des obsessionnels. Un peu plus haut, on trouve les gens normaux comme nous. Comment nous considérons-nous ?

ROBIN – Tous ces niveaux se recoupent, mais nous autres catégories moyennes, nous percevons en général davantage nos limites, et sommes plus à même de nous assumer, nous, nos émotions et nos problèmes. Mais c'est parce que nous appartenons au groupe majoritaire, et en l'absence de tout critère qui nous ferait nous juger différents, nous avons tendance à considérer notre façon d'agir comme absolument « normale », « naturelle » et « saine ».

JOHN – Nous considérons que nous sommes les plus sains et que tous les autres sont à ranger dans des niveaux inférieurs.

ROBIN – Voilà.

JOHN – D'accord, et comment nous autres types « normaux » jugeons-nous les caractéristiques des personnes « très saines » ?

ROBIN – Je crois qu'au départ nous jugeons assez bizarres leur ouverture d'esprit et leur chaleur, et que nous nous demandons : « C'est quoi, leur but ? Qu'est-ce qu'ils espèrent en tirer ? » Sans doute nous figurons-nous qu'ils sont plutôt naïfs, et ressentons-nous un peu de compassion en pensant qu'ils vont se faire si facilement escroquer. En tout cas nous pensons qu'ils prennent des risques idiots en se montrant trop confiants, et qu'ils ne protègent pas assez leurs intérêts. Par la suite, nous percevons presque toujours leur indépendance affective et leur aptitude à la séparation comme une faille sentimentale, quelque chose d'assez égoïste, le signe qu'ils ne sont ni vraiment engagés, ni vraiment aimants. En ce qui concerne la discipline, nous avons l'impression que les parents sont trop indulgents avec leurs enfants en leur demandant d'exprimer leurs sentiments sans retenue, et en même temps nous sommes surpris de voir leurs enfants accepter les décisions parentales avec une telle bonne humeur. Nous avons presque l'impression que ces gens sains débattent de sujets qu'il vaut mieux laisser dans l'obscurité, ou du moins qu'ils ont manqué de tact et de sensibilité en exprimant leurs sentiments négatifs. Et, sans aucun doute, nous trouvons l'atmosphère animée du « cirque à trois pistes » trop chaotique, trop désordonnée, et nous craignons qu'ils perdent le contrôle de la situation, si ce n'est déjà fait ! Nous avons le sentiment que leur philosophie de la vie a certains côtés durs et sinistres, que leur attitude endurcie manque de romantisme face aux illusions auxquelles nous accordons tant de valeur. Leur habileté à assumer le changement confond notre jugement, parce que dans les familles moyennes c'est un grand compliment que de dire à quelqu'un « tu ne changes jamais » ou « tu es celui que tu as toujours été ».

JOHN – Très juste. Étrange compliment, non ? « Tu as vécu sur cette planète pendant toutes ces années sans rien apprendre. Tu es vraiment formidable ! » Mais pourquoi cette critique aiguë des gens capables de changer ?

ROBIN – Eh bien, voici ce que les familles moyennes n'aiment pas : que la personne ait changé toute seule, que ce soit une amélioration personnelle. Le changement n'est plus une « propriété familiale », et lorsqu'un membre change, cela menace le sentiment de cohésion crispée qu'elles confondent avec l'amour.

JOHN – Sacré paradoxe, non ? Si les gens moyens qui, après tout, représentent le gros de la population, voient les choses ainsi, les gens très sains ne devraient pas être très populaires ! Or tu as dit qu'ils s'entendaient remarquablement bien avec leurs voisins.

ROBIN – Je crois qu'ils sont suffisamment sensibles et attentifs aux sentiments d'autrui pour adapter leur comportement en fonction des gens qu'ils fréquentent.

JOHN – Tu veux dire qu'ils donnent un aspect plus moyen à leur comportement !

ROBIN – En compagnie de gens moyens, oui. Ils choisissent de « faire comme les Romains » plutôt que de forcer les autres à adopter leur propre philosophie.

JOHN – Et du coup on ne s'aperçoit plus qu'on a affaire à des gens sains. Bon, et les gens « très sains » maintenant, est-ce qu'ils considèrent aussi leur propre niveau de santé mentale comme le meilleur ?

ROBIN – Eh bien, plus les gens sont sains, et plus ils sont prêts à admettre leurs limites, plus ils sont ouverts aux possibilités de s'améliorer. Par exemple, à l'âge moyen, 40 % des cobayes de Harvard étaient allés consulter un psychiatre pour un problème quelconque.

JOHN – C'est un taux étonnamment élevé. Parce qu'enfin, l'ensemble du groupe sélectionné comprenait à l'origine les étudiants les plus sains et les plus indépendants.

ROBIN – Oui. Bien sûr, dans certaines régions des États-Unis, aller voir un psy est considéré comme normal, c'est un peu comme aller chez son dentiste. Mais cela montre combien ces hommes essayaient sans complexe d'améliorer leur façon de fonctionner, malgré tous leurs succès.

JOHN – Les gens très sains sont heureux d'aller chercher de l'aide s'ils en ont besoin temporairement, alors que les moins sains sont plus réticents ?

ROBIN – Oui, et c'est la conséquence de ce que j'ai dit sur les différents types de défense. Les gens qui sont vraiment fous, ou qui font usage de « défenses immatures » ne savent pas affronter la réalité, ils ont tendance à vivre dans un monde imaginaire. Ils blâment les autres pour tout ce qui va mal, et du coup ils ne voient pas la nécessité d'un changement personnel. Les gens qui font usage de défenses névrotiques, qui sont conscients de leurs difficultés personnelles et les combattent, même s'ils le font de façon souvent inefficace et douloureuse, sont ceux qui auront le plus de chance de percevoir le besoin d'une thérapie personnelle.

JOHN – Ils seront plutôt dans le rang du milieu ?

ROBIN – Oui. Et plus ils seront sains, plus ils auront tendance à chercher une thérapie quelconque s'ils en ont besoin — à moins, bien sûr, qu'ils n'aient une bonne perception d'eux-mêmes et puissent trouver l'appui nécessaire chez leurs amis. Il est à noter que *les plus sains* des cobayes de Harvard — ceux qui faisaient usage de défenses « matures » — n'ont jamais eu recours à une quelconque forme d'assistance psychiatrique.

JOHN – Eh bien, après t'avoir écouté discuter interminablement de tous ces types exceptionnellement sains, et avoir ressenti une jalousie diffuse, mais coriace à leur égard, je voudrais savoir comment ils ont fait pour devenir ce qu'ils sont...

ROBIN – L'étude de Timberlawn montre que les enfants élevés par des parents très sains ont toutes les chances de présenter les mêmes caractéristiques. *Idem* pour les étudiants de Harvard : Vaillant a comparé ceux qui avaient reçu beaucoup d'amour et d'attention de la part de leurs parents à ceux qui avaient connu une enfance morne et sans affection. Les différences entre les deux groupes étaient frappantes. Les premiers avaient cinq fois plus de chances de se retrouver dans le groupe des « très sains » et cinq fois moins de risques de souffrir de trouble mental. Les seconds étaient remarquablement dépourvus d'amis, ils étaient glacés affectivement, plus exigeants, plus narcissiques, et moins confiants ; de même qu'ils n'avaient pas été capables de jouer lorsqu'ils étaient enfants, ils ne parvenaient pas à s'amuser en tant qu'adultes. Quant aux enfants issus des familles les moins saines, ils présentaient huit fois plus de risques de devenir délinquants ou de se retrouver en hôpital psychiatrique.

JOHN – En somme, tu es en train de nous expliquer que la meilleure façon d'atteindre un haut niveau de santé mentale est de naître dans une famille très saine.

ROBIN – Tout juste !

JOHN – Mille mercis, c'est d'un grand appui, et très encourageant. Tu devrais écrire un livre d'entraînement à ce sujet.

ROBIN – J'ai seulement dit que c'était la meilleure façon. L'étude de Harvard a montré que, vers la cinquantaine, les gens qui ont eu une enfance insatisfaisante peuvent fonctionner de façon aussi saine que les gens issus de familles très heureuses. À cet âge, les chercheurs ne parvenaient plus à identifier le milieu familial dont les sujets étaient issus d'après leur seul mode de fonctionnement.

JOHN – Ah oui ?

ROBIN – C'est encourageant, non ?

JOHN – Je me rappelle tout à coup quelque chose que tu as dit dans *Famille* : si on rate une étape de son développement, on peut revenir en arrière et refaire son apprentissage, *pourvu* qu'on en admette la nécessité.

ROBIN – Je suis convaincu que c'est vrai. À condition, tu l'as dit, de ne pas se voiler la face, de reconnaître ses manques et les faiblesses qui en résultent. Si les cobayes de Harvard qui ont eu une enfance difficile et qui, jeunes adultes, en manifestaient les effets, ont pu progresser au point qu'à cinquante ans, on ne pouvait les distinguer des hommes qui avaient eu une enfance plus heureuse, c'est sans doute qu'ils avaient vécu entre-temps des expériences qui avaient remédié à ces manques.

JOHN – Et puisqu'à l'origine ils faisaient partie d'un groupe de gens sélectionnés pour leur remarquable santé mentale, c'est qu'ils devaient avoir moins tendance à nier leurs problèmes, à les dissimuler « derrière l'écran ». Ils avaient donc plus de chances que les autres de trouver les expériences qui les remettraient sur le bon chemin.

ROBIN – Oui, c'est comme ça que je l'expliquerais.

JOHN – Reste la question à un million vingt-quatre mille francs. Si on fait partie de la moyenne ou qu'on est même plutôt sain... mais qu'on veut devenir encore plus sain, encore plus heureux... quel est le truc ?

ROBIN – J'entends traiter de ce point dans le dernier chapitre, avec une somme considérable de détails. Mais, avant, je voudrais revenir aux familles très saines.

JOHN – On ne leur a pas définitivement réglé leur compte ?

ROBIN – Je veux parler de familles plus grandes, beaucoup plus grandes.

Après-propos :
Mieux vaut en rire

JOHN – C'est tout de même rassurant pour un comique d'apprendre que l'humour et le rire font partie des caractéristiques des familles exceptionnellement saines — et que les psychiatres considèrent l'humour comme une façon « mature » de traiter les problèmes.

ROBIN – Je savais bien que tu apprécierais.

JOHN – Comment l'expliques-tu en tant que psy ? Est-ce que le rire est la cause première de la santé mentale ou bien son effet — un peu comme la mousse sur la bière ?

ROBIN – Les deux, je dirais. Il faut l'envisager comme une structure circulaire. La confiance en soi, la décontraction, le jeu, la créativité, le plaisir, la gaieté, le sentiment qu'on a le temps de goûter aux choses... constituent les multiples aspects d'un même état d'esprit extrêmement sain. Chaque aspect fortifie et renforce les autres. Encore un cercle vertueux !

JOHN – C'est le contraire d'un « cercle vicieux » ou d'une « spirale descendante » ?

ROBIN – Exactement. Mais c'est toi le grand spécialiste de l'humour et du rire, après tout. Alors, qu'est-ce que tu dis de tout cela ?

JOHN – La seule chose dont je sois vraiment certain, c'est qu'une discussion sur le rire est toujours décevante, parce qu'on s'imagine qu'elle va être « drôôôle ». Comme si une conférence sur Ibsen devait être dramatique ou qu'une analyse de la musique de Bach devait plonger les auditeurs dans un état semi-mystique. Alors moi, je veux bien risquer une ou deux idées personnelles sur le sujet, mais on ne va pas s'amuser du tout, d'accord ?

ROBIN – Entendu.

JOHN – D'abord, je voudrais dire que l'humour ne se confond pas avec le rire, ce qui complique pas mal les choses. Il y a des dizaines de raisons de rire, et certaines n'ont rien à voir avec l'humour.

ROBIN – On rit parce qu'on est simplement très content...

JOHN – Oui, par exemple quand on revoit des gens qu'on aime énormément après une longue séparation, on rit beaucoup même si on ne dit rien de très drôle. J'ai aussi remarqué qu'il nous arrive de rire simplement parce que quelque chose nous émerveille. Quand on observe un geste dont la grâce nous coupe le souffle, dont la dextérité nous stupéfie, quand on découvre une grande œuvre d'art ou une pièce de théâtre remarquable, quand on goûte un vin extraordinaire ou un plat particulièrement réussi. Et cette réaction n'a rien à voir avec l'humour, c'est juste une façon de reconnaître la perfection. Ensuite, j'ai noté que lorsqu'on joue avec un très jeune enfant, qu'on répète une chose deux ou trois fois de suite, puis qu'on fait quelque chose de tout à fait différent, l'enfant rit. Du coup, je crois qu'on rit aussi de ce qui est inattendu, imprévu.

ROBIN – On peut également rire lorsqu'on est soulagé, non ? Il se produit quelque chose d'inquiétant et, quelques secondes plus tard, on réalise qu'il n'y a rien de cassé, pas de blessé. Alors, on rit.

JOHN – Je me souviens de ce que J. B. Priestley a dit un jour d'Edward Heath[1] qui était célèbre pour son rire sonore, fracassant. Il affirmait que seule une personne dénuée du moindre sens de l'humour pouvait rire aussi fort. Parce qu'on peut se *forcer à rire* pour des tas de raisons — pour créer une atmosphère de cordialité, pour masquer son embarras, pour conjurer son angoisse, et surtout pour montrer aux autres, et à soi-même, qu'on a bel et bien le sens de l'humour. Même si on n'en a aucun. C'est bien ça qui nous oblige à rire bruyamment...

ROBIN – Et puis il y a le rire méchant. Lorsque quelqu'un d'antipathique subit une défaite ou qu'un individu impopulaire se rend ridicule, les gens ont un rire de mépris. Même chose quand la taquinerie cesse d'être amicale et qu'on essaie vraiment de blesser l'autre.

JOHN – Et il y a un autre type de rire qu'il ne faut pas oublier. Celui qui est suscité par quelque chose de drôle. Mais, Robin, pourquoi la race humaine est-elle la seule espèce créée par Dieu qui soit capable de rire ? Exception faite des gastéropodes, bien entendu.

ROBIN – Mises à part les raisons de santé, je crois que le rire sert un objectif important. Mais il va falloir faire un petit détour pour comprendre ce point.

JOHN – Eh bien, allons-y. Le lecteur sautera la page au besoin.

ROBIN – Darwin a émis quelques idées intéressantes à ce sujet.

JOHN – Un petit rigolo, ce Charlot...

ROBIN – Comme tu le sais, sa théorie de l'évolution découle de l'observation des ressemblances et des diffé-

---

1. Homme politique britannique, chef de file des Conservateurs, Edward Heath exerça les fonctions de Premier ministre de 1970 à 1974. Il fut remplacé à la direction du parti conservateur par Margaret Thatcher.

rences entre les formes et les fonctions corporelles chez les animaux. Par la suite, il s'est intéressé à la façon dont les émotions s'expriment à travers les formes corporelles et les schémas de tension musculaire.

JOHN – Tu parles des postures, c'est ça ?

ROBIN – Des postures, des attitudes, des expressions faciales... de toutes les manifestations physiques de la gamme émotionnelle.

JOHN – Tu veux dire qu'on peut plus ou moins connaître les sentiments des gens à partir de ce qu'ils donnent à voir ?

ROBIN – Et plus encore. Une physiologiste nommée Nina Bull a écrit un ouvrage intitulé *The Attitude Theory of Emotion* (« Théorie de l'attitude émotionnelle »). Elle y décrit des expériences au cours desquelles on a demandé à des sujets hypnotisés d'adopter une attitude correspondant à une émotion spécifique. Dans un second temps, on demandait à ces mêmes sujets de ressentir l'émotion contraire, mais *sans bouger*, sans changer la position de leur corps ou la tension de leurs muscles.

JOHN – Et ils y arrivaient ?

ROBIN – Non ! Personne n'a réussi, par exemple, à maintenir la posture dépressive tout en devenant gai et confiant. À l'inverse, personne n'est parvenu à se sentir malheureux en conservant une attitude allègre et dynamique. En revanche, dès que les sujets hypnotisés ont reçu la permission de *modifier* leur position corporelle, ils ont presque toujours obéi à l'ordre de l'hypnotiseur et manifesté l'émotion contraire.

JOHN – Et comment Nina Bull explique-t-elle ce phénomène ?

ROBIN – Elle affirme que l'émotion prépare à l'action, que c'est une forme de « préparation posturale ».

JOHN – Une préparation ?

ROBIN – Oui, comme quand on dit : « Attention... *Prêt*... Partez ! » Lorsque le juge crie « Prêt », les athlètes tendent leurs muscles comme pendant la course, même s'ils ne courent pas. Ils « stockent » l'action, si on veut. Tous ceux qui ont participé à une course savent que c'est à ce moment que l'émotion est la plus forte. Une fois qu'on est parti, l'énergie passe dans le mouvement. Les émotions sont intimement liées aux postures particulières et aux tensions musculaires.

JOHN – Et alors ?

ROBIN – Eh bien, Darwin a observé que le rire se produit lorsque deux idées incongrues suscitent deux postures contradictoires, ou deux schémas musculaires correspondant à des émotions incompatibles.

JOHN – Une *collision de tensions musculaires distinctes, causée par deux émotions ou deux idées contradictoires* provoque le rire...

ROBIN – À condition, toutefois, que la personne soit surprise. Darwin insiste bien sur ce point. Alors, dit-il, on obtient une « décharge convulsive de l'énergie musculaire » !

JOHN – Le rire relâche la tension et nous détend. D'accord, mais pourquoi insister sur l'effet de surprise ?

ROBIN – Parce que si nous ne sommes pas surpris, nous pouvons nous protéger contre la perte de contrôle que provoque l'explosion.

JOHN – Parce que le rire est *involontaire* ? C'est vrai qu'il est très difficile de l'imiter de façon convaincante. Bon d'accord, tout à fait passionnant. Mais quel rapport avec l'objectif du rire ?

ROBIN – Avant d'en arriver là, il faut évoquer les deux façons dont nous sommes tous reliés au monde. Fondamentalement, nous fonctionnons sur le mode « ouvert » ou « fermé ».

JOHN – C'est quoi, le mode « ouvert » ?

ROBIN – C'est le mode où nous nous trouvons lorsque nous nous ouvrons au monde, lorsque nous enregistrons de nouvelles informations, que nous les laissons modifier nos cartes internes qu'elles viennent compléter et préciser, de sorte qu'elles reflètent encore mieux la véritable nature du monde et les opérations qui nous permettront d'obtenir ce que nous en attendons.

JOHN – Et le mode « fermé » ?

ROBIN – Nous passons en mode « fermé » lorsque nous avons une action à accomplir. Nous nous concentrons sur le but que nous voulons atteindre. Pendant un temps, nous réduisons notre champ de vision, et nous cessons d'enregistrer les informations émises par le monde extérieur.

JOHN – Je vois. Si on attaque un arsenal de mitrailleuses, mieux vaut ne pas trop admirer la beauté du paysage.

ROBIN – C'est pourquoi, même si le mode « ouvert » peut paraître assez séduisant quand je le décris...

JOHN – ... parce qu'il suggère un surcroît de conscience, d'ouverture, de détente, une approche plus humoristique et plus philosophique, etc.

ROBIN – ... nous avons également besoin du mode fermé, chaque fois qu'il nous faut passer à l'action.

JOHN – Pour être véritablement efficace, il faut être capable d'alterner les deux modes. Très bien... Et *comment* fait-on la connexion ?

ROBIN – Le plus facile, c'est de passer du mode ouvert au mode fermé. Ça se fait tout seul, ou presque. Un événement extérieur pourra nous signaler qu'il est nécessaire de passer à l'acte. Quelqu'un sonne à la porte, le bébé commence à pleurer, la maison prend feu : le mode fermé est enclenché, pour nous permettre d'affronter la situation.

JOHN – Plus simplement, on prend une décision qu'on a longuement mûrie, et on se met consciemment en mode fermé pour y donner suite. D'accord, j'ai compris. Et dans l'autre sens, du mode « fermé » au mode « ouvert » — comment fait-on ?

ROBIN – Ah là, ça devient beaucoup plus dur. Une fois qu'on fonctionne en mode fermé, c'est assez difficile de tout lâcher et de se détendre suffisamment pour repasser en mode ouvert.

JOHN – C'est vrai. Moi, lorsque je suis concentré sur quelque chose, que j'éprouve cette angoisse ténue, mais agréable, qui nous prend quand « les choses avancent », que je me sens pressé par le temps, j'ai tendance à rester dans ce mode pour le reste de la journée. Alors même que j'aurais *vraiment* besoin de m'arrêter, de faire quelques pas en arrière et de prendre un peu de distance pour m'assurer que je suis bien sur la bonne voie.

ROBIN – Quand on est en mode fermé, il faut se rappeler le bon vieux slogan d'IBM : « Ne confondez pas l'agitation et l'action. »

JOHN – Parce que s'arrêter pour considérer ce qu'on fait peut paraître... complaisant : « On n'a pas le temps, pressons ! »

ROBIN – C'est tout le problème en mode fermé. Une fois qu'on est dedans, on est coupé du genre d'informations qui pourrait nous permettre d'en sortir. Comme en pilotage automatique. C'est d'ailleurs le cas : nous nous contentons de suivre le programme établi par une préparation posturale ou une émotion particulière, enclenchée initialement par une nécessité d'agir.

JOHN – C'est pourquoi nous rechignons dans ces cas-là à admettre des informations nouvelles qui pourraient perturber la situation établie. Nous n'avons pas vraiment envie de réfléchir, de prendre le risque de devoir remettre en question ce que nous faisons.

ROBIN – Et c'est pourquoi, aussi, nous ne pouvons véritablement *apprendre* quoi que ce soit dans ces moments. Nous pouvons tout au plus ajouter des détails à ce que nous savons déjà, mais il faut être en mode ouvert pour modifier ses idées, chercher de nouvelles solutions, réévaluer son but.

JOHN – Et comment échappe-t-on au mode fermé ?

ROBIN – Certaines émotions fortes et positives peuvent nous freiner en plein élan et nous ouvrir à la réflexion. C'est le cas lorsque nous éprouvons du respect ou de l'admiration dans un contexte religieux, devant un spectacle d'une grande beauté ou, pourquoi pas, lorsque nous sommes témoins d'une scène émouvante. Les changements de posture associés à ces émotions sont propices à la détente et élargissent notre perception des choses au lieu de la faire converger sur un point unique.

JOHN – Nous restons « bouche bée »...

ROBIN – C'est ça. Ce genre d'expériences dissipe les tensions et favorise la « souplesse » et la réceptivité. Chose surprenante, la stupéfaction ou la confusion produiront le même effet, du moins si nous réussissons à ne pas réagir par l'angoisse. Ces sentiments peuvent nous laisser en mode « ouvert », ce qui nous donnera plus de chances de trouver la réponse à ce qui nous déconcerte. Mais de telles expériences sont plutôt rares...

JOHN – Oh, oh ! Je crois que nous touchons, enfin, au terme de cette interminable digression. Tu t'apprêtes à dire que le rire ordinaire, le rire banal, est l'accès le plus facile au mode ouvert.

ROBIN – Tout juste.

JOHN – Je pourrais expliquer tout le prix d'une bonne blague à un banquier suisse en soulignant son utilité pour résoudre les problèmes de trésorerie ?

ROBIN – Mais oui, tout à fait.

JOHN – L'humour serait donc beaucoup plus important que les gens ne le pensent en général ?

ROBIN – Peut-être. Tu te rappelles ce discours de fin de banquet que tu as prononcé pour le trentième anniversaire de l'Association Psychologie et Psychiatrie Enfantines ? Juste avant, j'avais fait un petit laïus sur les idées contenues dans *Famille*. Quand j'ai eu fini, tu t'es levé et j'ai observé les réactions du public.

JOHN – Typique du psy : on regarde les spectateurs au lieu d'admirer la brillante prestation de l'artiste.

ROBIN – Oh, j'avais déjà eu l'occasion d'apprécier tes performances. La réaction du public a été très intéressante. D'abord, les gens ont eu l'air dubitatif. Ils ne savaient pas s'ils allaient entendre un nouveau discours ou un sketch façon Monty Python. Tu as attaqué en disant : « Tout le monde sait que vous autres psychiatres, vous êtes *totalement fous*. » Je les ai vus alors se renfoncer, bouche bée, dans leurs sièges. Que devaient-ils faire : prendre cette phrase avec humour, se montrer beau joueur, la considérer comme une plaisanterie ? Il y a eu un rire nerveux, un peu étranglé, qui a cessé net lorsque tu as poursuivi : « ... et ce qui est fabuleux, c'est que ça ne vous dérange pas du tout d'être fous. En réalité, vous adorez ça ! Ça vous permet de comprendre vos patients, et de les aider à se comprendre eux-mêmes. Quel courage ! Quel altruisme ! Et comme je vous admire ! » À ce moment, les visages hésitaient entre des émotions opposées, ils étaient tantôt crispés par la désapprobation, tantôt détendus et rigolards. Les gens se demandaient s'il valait mieux paraître encore plus digne, plus normal que d'habitude, ou un petit peu fou. Certains essayaient manifestement d'être les deux à la fois — mais était-ce bien possible ? Ils reprenaient une posture fixe et solennelle, adoptaient momentanément un air sérieux en tentant de « comprendre » ce que tu voulais vraiment dire. L'instant d'après, tu leur sortais un nouveau paradoxe et tout le monde explosait de rire. C'est comme un chien de chasse qui tenterait de rester en arrêt devant un faisan, pendant qu'on lui chatouillerait le derrière avec une plume.

JOHN – C'est à peine si je me rappelle ce que j'ai dit. Je dois improviser ce genre de trucs. Du coup, quand j'y repense, je ne suis jamais très sûr de ce que j'ai dit.

ROBIN – Ce qui participe du mode « ouvert », n'est-ce pas ? C'est sans doute la raison pour laquelle tu as également réussi à faire passer le public en mode ouvert. C'était fascinant à observer : l'auditoire essayait tout le temps de revenir au mode fermé, qui lui aurait conféré une position confortable, en retrait par rapport à tes propos — pour ou contre, acquiesçant ou critique, satisfait ou mécontent, l'un *ou* l'autre. Mais ton mélange paradoxal de critique et d'admiration a suscité des éclats de rire et empêché ce comportement. Les gens ont dû provisoirement suspendre leur jugement.

JOHN – Je me souviens, tu as fait exactement le même coup à notre groupe. Nous étions tous assis en train d'essayer de « comprendre » ce que tu venais de dire, de faire fonctionner nos petites cervelles tendues et anxieuses, et soudain, tu te rejetais en arrière en disant : « Je me demande parfois s'il y a un sens à toutes ces absurdités psychiatriques... » et nous ouvrions des yeux comme des soucoupes. Je vois maintenant que dans cet état de stupéfaction, qui n'était pas déplaisant, nous aurions pu absorber quelque chose de neuf... ce qui était impossible quand notre pensée était lancée sur ses petits circuits habituels.

ROBIN – Tu crois que c'est pour ça que Video Arts [2] recourt à l'humour dans ses films pratiques ?

JOHN – Il faut dire que nous avions tous ou presque été enseignants.

ROBIN – Ah c'est vrai que tu as enseigné, toi !

JOHN – Oui, pendant deux ans. Et j'adorais ça, je gagnais à peu près cinq livres par semaine... Bref... On savait donc que le rire nourrit l'intérêt, qu'il maintient l'auditoire éveillé. Mais on s'est aussi aperçu que pour modifier l'attitude et le comportement des gens — et ça implique par-

2. Nom de l'entreprise pour laquelle John Cleese a travaillé pendant vingt ans, spécialisée dans la diffusion de cassettes vidéo sur la technique du management et de la vente.

fois une bonne dose d'affectivité —, l'humour était une aide indispensable.

ROBIN – C'est bien ce que je voulais dire. Il nous aide à devenir plus souples lorsque nous sommes figés dans une attitude affective. Lorsque nous rions, nous devenons libres, détachés, déverrouillés, prêts à partir dans n'importe quelle direction. Comme un joueur de tennis qui danse d'un pied sur l'autre en attendant de recevoir un service.

JOHN – J'ai justement une très jolie citation du Dalaï Lama sous le coude. Écoute bien ce qu'il dit : « Parfois, je trouve le rire utile, vous savez, parce qu'il ouvre le cerveau. Il permet d'acquérir de nouvelles idées. Quand on pense avec trop de sérieux, le cerveau est fermé. »

ROBIN – Et voilà ! Il dit la même chose, mais avec une simplicité et une clarté admirables. Mais toi aussi, tu devrais avoir des idées sur le rire, non ?

JOHN – Bah, quelques-unes. La difficulté, c'est de trouver une explication qui rende compte de tout, depuis la plaisanterie et le jeu de mots jusqu'à la comédie spirituelle et la satire, en passant par la farce et le burlesque.

ROBIN – Et tu as fini par trouver une théorie qui te satisfasse ?

JOHN – Presque toutes ces formes ont le même ressort comique : deux cadres référentiels normalement disjoints sont soudain rapprochés par un élément qui semble, brièvement, les relier.

ROBIN – Eh bien, voilà qui concorde parfaitement avec la thèse de Darwin sur les « deux idées incongrues » !

JOHN – Tout à fait. Passons donc en revue les différentes formes d'humour.

ROBIN – Ta théorie rend exactement compte des jeux de mots.

JOHN – Et elle explique presque toutes les plaisanteries qui me viennent à l'esprit. Comme cette vieille blague sur la femme qui fait une enquête sur les comportements sexuels. Un jour, elle tombe sur un pilote d'avion et lui demande depuis combien de temps il n'a pas eu de rapport sexuel. « Bah, vingt-trois heures », lui répond le type. Drôle de réponse, se dit la dame qui s'étonne un peu. « Ben quoi, lui fait le pilote, il est seulement vingt-trois heures trente. »

ROBIN – Tout tient dans notre double façon d'utiliser le mot « heures », pour définir un intervalle temporel de soixante minutes et, aussi, en référence au cadran horaire. Ici, les deux coïncident brusquement...

JOHN – Et un autre facteur important intervient. On rira davantage à cette blague qu'à un simple jeu de mots, parce que son contenu affectif est plus grand. Il y a la curiosité sexuelle, la gêne, peut-être une certaine anxiété à cause du côté intime de la question....

ROBIN – Et plus les affects s'additionnent, plus il y a de chances que les gens rient.

JOHN – Exactement. Je crois que c'est Arthur Koestler qui a le mieux formulé cette idée. Il dit que dans toute plaisanterie, la chute fait dérailler le convoi d'émotions lancé dans la première partie de l'histoire. La plaisanterie doit susciter le plus d'émotions possible dans l'auditoire, et aussi une certaine *anxiété* liée à ces émotions... Puis vient la chute qui révèle que ces émotions étaient inadéquates, et leur énergie se décharge dans le rire. C'est pourquoi les gens rient autant en écoutant des blagues sexuelles, même si très peu sont vraiment drôles. C'est pourquoi, aussi, ils ont tendance à raconter des blagues sur des individus impopulaires ou des groupes minoritaires. Même si la plaisanterie est drôle en elle-même, le ressentiment vient s'ajouter au « convoi d'émotions » et amplifie le rire.

ROBIN – Parce que toute forme d'humour donne de son sujet une image réductrice. Du coup, c'est toujours un peu pénible, même quand on est simplement taquiné gentiment.

JOHN – L'humour est critique par essence, c'est indéniable.

ROBIN – Et c'est la raison pour laquelle il fonctionne si bien lorsqu'il s'agit de dégonfler une attitude pompeuse.

JOHN – Tout juste. Plus la personne est imbue d'elle-même, plus il y a matière à rire lorsqu'on donne un petit coup d'épingle au bon endroit. On comprend que les gens qui ont très bonne opinion d'eux-mêmes aient peur de se retrouver dans une ambiance « blagueuse ». Ils savent ce qui les guette. Ils exigent de la solennité parce que ça les *préserve* de toute attaque ! Mais ils appellent ça du « sérieux » — et les gens sont bluffés ! C'est très important de bien distinguer sérieux et solennité. Beaucoup de gens sont dupés par la solennité : ils ne comprennent pas qu'on puisse avoir une conversation tout à fait sérieuse en rigolant beaucoup.

ROBIN – Certains pensent qu'il y a quelque chose d'irréel dans l'humour, mais je crois qu'Arthur Miller avait raison lorsqu'il disait : « La comédie dresse sans doute un meilleur état de ce qu'est la vie. Elle est pleine d'absurdités, et on ne peut pas inclure trop d'absurdités dans une tragédie, sans quoi elle devient drôle. »

JOHN – Ça me plaît bien comme idée.

ROBIN – Et plus le sujet de la blague est important, plus on va rire, car plus la quantité d'affects en jeu est importante. Mais ce n'est pas seulement la charge émotionnelle qui détermine l'amplitude du rire. Pour revenir à Charles Darwin... tu te rappelles, il évoquait la nécessité d'un effet de surprise. Eh bien, plus celui-ci est grand, plus le déraillement se produit rapidement, et plus le rire est fort.

JOHN – C'est bien pour cela que le rythme est si crucial dans une comédie. Il faut le prendre en compte dans l'analyse, car certaines personnes peuvent raconter la meilleure blague du monde sans susciter le moindre sourire. Le rythme, c'est l'art de provoquer le déraillement le plus inattendu avec le convoi le plus chargé affectivement !

ROBIN – Et quelle est la recette pour obtenir le plus grand effet de surprise ?

JOHN – D'abord, plus la blague est originale, plus la surprise est grande. Ensuite, il faut créer l'attente d'un dénouement *différent* de ce qui va se produire. Les auteurs comiques appellent ça la « règle de trois » : quelque chose s'est produit deux fois, on s'attend à ce qu'il se répète une troisième fois. Lorsque ce n'est pas le cas, l'effet de surprise s'accroît, et donc le rire. Exactement comme avec les petits enfants dont je parlais tout à l'heure. Bien sûr, il y a bien d'autres façons de créer une attente. Les situations familières peuvent y contribuer. Si un homme entre dans une boutique de sonotones et dit : « Bonjour, je voudrais acheter un sonotone » et que le type derrière le comptoir hurle : « Comment ? Vous pouvez répéter ? », c'est drôle parce qu'on s'attend à ce que l'employé d'une telle boutique ait toutes ses facultés auditives. L'histoire ne serait pas drôle du tout si elle se passait dans une boucherie. On peut aussi situer une série comique dans un décor aussi commun, aussi dépourvu de fantaisie qu'un hôtel. Parce que tout le monde a été un jour à l'hôtel et sait ce qui est censé s'y produire !

ROBIN – D'accord. Tu as évoqué deux cadres référentiels indépendants qui se rejoignent, et tu as montré que plus l'émotion liée à cette rencontre et l'effet de surprise qui l'accompagne sont grands, plus le rire est fort. Mais nous n'avons parlé que des plaisanteries. Comment ta théorie rend-elle compte de la comédie, au théâtre, à la télévision ou au cinéma ?

JOHN – La réponse est simple : je ne sais pas ! Je n'y ai pas vraiment réfléchi. On peut penser que l'effet de surprise est pareillement indispensable, et le rythme tout aussi vital. Pour ce qui est de l'émotion, c'est plus facile avec des gens qui jouent une scène, parce que nous voyons et entendons les émotions — il n'est pas nécessaire de les imaginer. Je suis certain qu'une comédie a intrinsèquement besoin d'être crédible : cela augmente l'émotion du public. Au moment où l'on cesse de croire au comportement d'un acteur — son rôle n'est pas crédible, ou il le joue mal —, on cesse d'être intensément impliqué dans l'action, et le rire produit sera moins important, moins jouissif. Le convoi d'émotions prêt à dérailler est raccourci, la pièce réduite à une suite de « plaisanteries ». Quant au truc des deux cadres référentiels... tu vas devoir attendre un peu et rester en mode ouvert, juste le temps que je te parle d'un livre que j'ai lu au tout début de ma carrière, il y a maintenant trente ans. Il s'agit de l'ouvrage du philosophe français Henri Bergson : *Le Rire*. Je suis tombé dessus par hasard chez un bouquiniste, et je l'ai dévoré d'une traite. Bergson propose une explication que je trouve très pertinente pour caractériser le comique de ces vingt-cinq dernières années. Il suggère, pour le dire vite, que le rire est la sanction sociale d'un comportement figé qui requiert une anesthésie momentanée du cœur.

ROBIN – Et c'est moi qui jargonne !

JOHN – Attends, je vais décortiquer tout ça. Commençons par ce qu'il nomme un comportement figé. Bergson dit que les gens nous font rire davantage lorsque leur comportement devient mécanique. Je crois qu'il a touché juste. L'exemple le plus évident, c'est le comportement obsessionnel, qui fait presque toujours rire. Tu connais cette histoire sur le naufragé qui échoue sur une île déserte, avec pour seuls compagnons un cochon et un chien ?

ROBIN – Non.

JOHN – Eh bien, passé quelques semaines, sa libido augmente et, évidemment, il n'y a pas d'exutoire. Alors l'homme commence à remarquer que le cochon est tout de même plus joli qu'il ne le pensait, et il décide de faire ami-ami avec lui. Mais chaque fois qu'il tente de l'aborder, le chien surgit des fourrés et se met à aboyer, et le cochon s'enfuit. Le même scénario se répète pendant quelques semaines jusqu'à ce qu'un soir, il décide de faire un effort spécial. Il est là, assis, à se demander comment il va s'y prendre, et voilà que la plus belle fille du monde sort de l'eau et marche vers le rivage. Elle est éblouissante. Un mètre quatre-vingts, blonde, un corps de rêve. Et, bien sûr, nu intégral. Elle s'approche, longeant la plage, lui sourit et dit : « Bonjour. Je peux faire quelque chose pour vous ? » Et l'homme répond : « Dites donc, vous ne pourriez pas me tenir ce chien quelques instants ? » Ce qui est drôle, ici, c'est que le personnage est devenu complètement obnubilé. Sa libido s'est fixée sur le cochon, et il n'est plus capable de l'infléchir, même lorsqu'une meilleure occasion se présente. C'est la définition même de l'obsession, non ?

ROBIN – Oui, les obsessionnels sont des gens rigides, figés dans leurs habitudes. Ils répètent les mêmes schémas de comportement, sans pouvoir s'arrêter. Comme quand l'aiguille du phono se coince dans un sillon et rejoue sans cesse le même air.

JOHN – D'ailleurs, même un zeste d'obsession peut être drôle. Au début du film *Docteur Folamour*[3], lorsque Sterling Hayden parle pour la première fois des « fluides corporels vitaux », tout l'auditoire tique, puis se met à rire, parce qu'on comprend qu'il s'agit d'une obsession un peu bizarre, qu'on n'attendrait pas chez un homme qui peut déclencher une guerre nucléaire. Et je me souviens d'un sketch de Rowan Atkinson sur des alpinistes qui se préparent à une montée. L'un d'eux n'arrête pas de faire dévier la conversation sur les gâteaux à la menthe. Au bout d'un moment, on réalise qu'il gravit la face nord de l'Eiger uniquement parce qu'il veut manger des gâteaux à la menthe et qu'il se fiche complètement de l'alpinisme. Bien sûr, il pourrait manger du gâteau à la menthe sans faire de l'alpinisme, mais ça ne lui est pas venu à l'esprit, parce qu'il associe les deux dans un réflexe figé.

ROBIN – Mais la notion de comportement figé s'étend bien au-delà des obsessions...

JOHN – Oh oui, je les ai citées en premier uniquement parce que ce sont les exemples les plus évidents. Voici

3. Satire politique réalisée en 1964 par le cinéaste américain Stanley Kubrik.

ce que j'observe quant à l'attitude comique : si un acteur comique réagit une première fois de façon adéquate, ce n'est pas drôle. Mais dès lors qu'il *s'englue* dans cette attitude — l'attitude persiste alors même qu'elle a cessé d'être appropriée — nous entrons dans le registre « comique ». Par exemple, la fureur de Basil Fawlty[4] est le plus souvent inadéquate. Il est très figé dans ses réactions affectives. Son éventail affectif comprend l'irritation, le ressentiment ordinaire, l'énervement, les tremblements de rage et les bégaiements de fureur. Thatcher dans sa dernière période, quoi ! Et c'est ce recours systématique, invariable à la colère qui fait tout son sel comique. De même, Jack Benny a fondé son personnage sur l'avarice. Lorsqu'un homme avec un pistolet le braque en criant : « La bourse ou la vie ! », il lui faut quand même quelques bonnes minutes avant de se décider. Et cela vaut aussi pour la jalousie, la gourmandise, l'envie...

ROBIN – Quand on est en proie à une émotion de ce genre, on est incapable de percevoir le comique de la situation. Ce n'est qu'ensuite qu'on peut rire de soi-même, quand on n'est plus sous l'emprise de l'émotion : on est redevenu adaptable.

JOHN – L'écrivain James Thurber a défini l'humour comme un chaos émotionnel réexaminé en toute tranquillité.

ROBIN – Très joli ! Donc... le fait de répondre mécaniquement à des situations diverses par une attitude immuable et inadéquate est drôle. Soit, mais une « bonne » attitude peut-elle aussi faire rire ?

JOHN – Oui, je crois. Si elle est excessive ou insuffisante. Dans *Un poisson nommé Wanda*, Michael Palin jouait un ami des animaux nommé Ken. Ce qui était drôle avec ce personnage, ce n'était pas qu'il aimait les animaux, c'est qu'il les aimait beaucoup, beaucoup plus que les êtres humains.

---

4. Personnage créé par John Cleese dans la série *Fawlty Towers* (1973-1976).

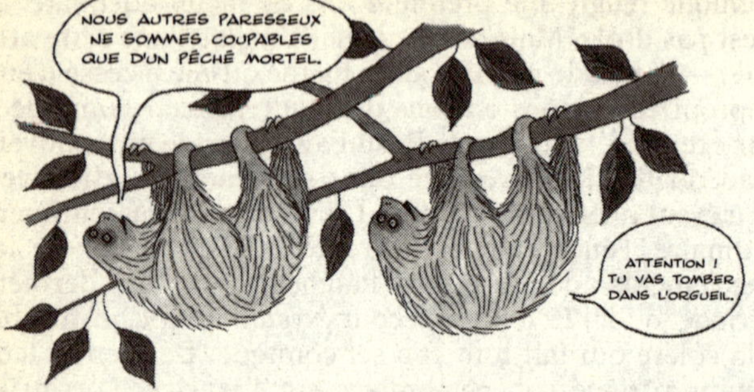

ROBIN – Même l'amour entre deux êtres humains peut être une source d'amusement pour les spectateurs : les gens sont parfois si absorbés l'un dans l'autre qu'ils en oublient complètement leur environnement, par exemple que l'immeuble est en feu.

JOHN – Mais tous les exemples auxquels je pense reviennent finalement à un manque de souplesse mentale. Prenons le problème autrement. Quelqu'un de souple peut-il être drôle ?

ROBIN – On peut imaginer quelqu'un qui exercerait sa souplesse de manière excessive, et deviendrait ridicule à force de vouloir s'adapter aux autres. Mais là encore, on retombe dans l'*in*flexibilité.

JOHN – Si on mettait en scène le Christ ou Bouddha, on ne réussirait pas à en faire des personnages comiques, parce qu'ils réagiraient toujours de façon adaptée à n'importe quelle situation.

ROBIN – Mais si, comme tu le disais, la rigidité est drôle, comment faire alors intervenir les deux cadres référentiels ?

JOHN – Je suppose que les deux cadres, ici, devraient être : a) la rigidité d'un personnage englué dans sa façon de voir et de sentir les choses ; b) l'adaptabilité d'un personnage normal. Ah ! J'y suis ! Bien sûr, une fois qu'on a ri au spectacle d'un personnage englué dans une émotion, ce n'est plus vraiment très drôle s'il y demeure simplement. Pour que ça devienne drôle, il faut que le héros donne l'impression de revenir à un comportement plus adapté, pour dévier *à nouveau* vers le comportement figé ! C'est l'oscillation entre ces deux modes qui nourrit le rire. La seule rigidité ne suffit pas !

ROBIN – Oui. Ce qui est essentiel, c'est cette « explosion musculaire » provoquée par deux émotions ou deux attentes incompatibles. Je sais que tu parlais de l'humour plus que du rire, mais je crois que toutes les formes d'humour ont le même effet, même si c'est à une échelle plus réduite — un gloussement, ou un sourire.

JOHN – Je suis assez content de voir que la théorie de Bergson rejoint l'idée des deux cadres, parce que ce sont deux approches qui m'ont toujours semblé justes. Mais jusqu'ici nous n'avons considéré que la première partie des propos tenus par Bergson. La deuxième partie affirme qu'avant de pouvoir rire de quelque chose, il nous faut éprouver « une anesthésie momentanée » du cœur.

ROBIN – Je ne crois pas qu'on puisse rire de quelqu'un sans se tenir en retrait et se détacher un peu, pour un temps. Ce qui, je le suppose, implique qu'on cesse momentanément de sympathiser avec lui.

JOHN – C'est vrai. Si nous nous préoccupons trop de savoir si le personnage est malheureux, blessé, ou en danger, il nous sera évidemment impossible de rire. Nous pouvons rire au spectacle d'Harold Lloyd suspendu par une main à une horloge placée au énième étage d'un bâtiment, parce qu'au fond de nous-mêmes, nous savons qu'il ne va pas faire une chute mortelle — même s'il éveille une terrible angoisse. Chaque fois qu'il glisse, nous avons la gorge serrée parce que nous oublions pendant une demi-seconde qu'en réalité il est sain et sauf. Dans tous ces films muets, les gens reçoivent des coups de pieds, des coups de poings, se font renverser par des voitures, mais on ne s'en fait jamais pour eux.

ROBIN – Alors que si ça se produisait dans la vie réelle, il serait impossible d'en rire.

JOHN – Oui, le public doit toujours se rappeler que c'est « pour rire » ! Émotionnellement, ça lui permet de prendre un peu de recul par rapport à ce qu'éprouve l'acteur — de traiter tout cela un peu comme un dessin animé. Prends cette scène dans *Un poisson nommé Wanda* lorsque Michael Palin tue les chiens. Dans la vie réelle, les gens auraient été absolument horrifiés. Mais au cinéma, ils hurlent de rire parce que c'est *l'idée* de tuer des chiens qui les fait rire, comme quand Jerry écrabouille Tom avec un rouleau compresseur.

ROBIN – Mais tu as tout de même dû refaire l'une des séquences, non ? Celle, justement, où le chien se fait écrabouiller.

JOHN – Oui ! La première fois qu'on a tourné ce gros plan, on avait conçu un amour de décor, avec des tripes fournies par le boucher du coin. Lorsqu'on a montré cette séquence au public, il a tiqué. Sa réaction instinctive d'horreur a pris le dessus sur sa capacité à rire de l'idée même. Nous avons alors remplacé le chien sanguinolent par une autre séquence, celle d'un chien en paille tressée, ridicule, pas crédible pour un sou, et sans la moindre goutte de ketchup — et le public a hurlé de rire. Là encore, je ne crois pas qu'il aurait ri si ces chiens avaient été d'une autre race que ces affreux petits insectes chevelus et braillards, dont personne n'arrive à croire que ce sont de vrais chiens. C'est très difficile d'évaluer ce que le spectateur trouvera supportable ou pas.

ROBIN – Bien sûr, chaque personne a un seuil de tolérance variable — même si tu t'arranges pour que la plupart des gens ne soient pas choqués, il y en aura toujours quelques-uns qui se sentiront offensés.

JOHN – Oui, c'est extraordinairement difficile — je ne sais pas pourquoi — de paraître raisonnable et sympathique lorsqu'il faut défendre une plaisanterie contre l'accusation de cruauté ou d'insensibilité. Même si on sait qu'une heure plus tôt, elle faisait se bidonner tout un public.

ROBIN – Mais on peut retirer un peu de sa sympathie à un personnage sans la lui retirer tout entière, non ?

JOHN – Continue...

ROBIN – Beaucoup de gens croient qu'ils peuvent aider une personne en difficulté en lui manifestant une sympathie entière et absolue. L'expérience m'a appris que c'est en général faux, sauf dans des moments de crise profonde. Un comportement affectueux consiste à soutenir les gens sans renoncer à toute critique ou remise en question, si besoin est. Après tout, nous savons tous combien il est sain de pouvoir rire de nous-mêmes. Cela ne signifie pas que nous nous sommes pris personnellement en grippe, si ?

JOHN – Non, et je me souviens t'avoir entendu dire, quand j'étais dans ton groupe : quand les gens commencent à rire d'eux-mêmes, c'est qu'ils entrent dans la voie de la guérison.

ROBIN – C'est effectivement ce que m'a appris l'expérience. Nous avons besoin de prendre du recul et de mettre un peu à distance notre comportement, de nous prendre moins au sérieux pour pouvoir apprendre et changer en mieux. L'humour nous permet d'accéder à cette distance. C'est comme la taquinerie. Quand on taquine quelqu'un, on fait souvent allusion à un aspect un peu délicat de son comportement, et qu'il lui faudrait examiner. Si la taquinerie s'accompagne d'une affection sincère, la personne se livrera souvent à cet examen, et changera en fonction de ce qu'elle aura perçu. Mais si la taquinerie n'a rien d'affectueux, elle y verra une persécution, sera incapable de percevoir le côté comique de la chose, ou d'intégrer la critique et de changer, cela lui paraîtra trop douloureux.

JOHN – Intéressant. Tous les comiques savent qu'ils sont plus drôles quand ils manifestent une certaine affection pour leurs victimes. C'est pourquoi l'anesthésie du cœur, comme dit Bergson, ne peut être que *temporaire*. Bon, passons maintenant à la dernière partie de la définition de Bergson : le rire comme sanction sociale. Il désigne par là la réaction d'un groupe social défini. Je n'ai jamais très bien compris ce point.

ROBIN – Où est le problème ?

JOHN – Eh bien, je sais qu'on rit davantage quand on fait partie d'un groupe, que le rire est communicatif, etc. Je sais aussi que le rire augmente la solidarité du groupe. Regarde la façon dont les hommes politiques mettent leur public de bonne humeur en ironisant sur le parti adverse. Au fait, sais-tu dans quelle catégorie sociale on connaît les meilleures blagues ?

ROBIN – Non.

JOHN – Parmi les représentants de commerce ! Ils savent qu'on établit le contact plus rapidement avec un acheteur potentiel en le faisant rire. Ce qui m'ennuie, c'est que cette charmante cohésion de groupe se crée aux dépens de groupes exclus. En fait, il y a un autre type de rire dont j'ai appris à connaître toute la valeur ces dernières années : le rire qui signifie « Oui, c'est drôle, et c'est drôle parce que je reconnais que je participe de ce comportement, comme nous tous d'ailleurs, parce qu'il est inséparable de la nature humaine. » C'est sans aucun doute le meilleur type de rire, et pourtant, il n'exclut aucun groupe. Tout cela est un peu confus, j'en ai peur.

ROBIN – Je crois que je peux te fournir un indice. Tu te rappelles les conclusions auxquelles nous sommes parvenus à propos de la santé mentale à la fin du premier chapitre ?

JOHN – Que les personnes les moins saines sont paranoïaques, qu'elles ont besoin de pouvoir critiquer et haïr les gens, alors que les personnes les plus saines sont sociables ?

ROBIN – Oui. À mon sens, l'humour peut être examiné de la même façon que les autres aspects du comportement humain. Toute forme d'humour et de rire peut occuper une position donnée sur le spectre qui va du très paranoïaque au très sociable. Prenons par exemple la plus immonde des blagues racistes. C'est un moyen pour un groupe d'exprimer son hostilité envers un autre : ces blagues appartiennent à l'extrémité paranoïaque du spectre. Alors que les blagues que tu décrivais, pour lesquelles les gens reconnaissent qu'ils rient d'échecs qui sont le lot commun de l'humanité et font partie intégrante de la condition humaine, se situent à l'autre extrémité du spectre.

JOHN – Car il n'y a plus de groupe exclu. Le message humoristique est alors : « C'est terriblement drôle de penser que c'est là notre véritable essence à nous autres humains, malgré toutes nos prétentions. »

ROBIN – Les mêmes histoires peuvent, bien sûr, être racontées avec des intentions différentes ou être perçues différemment.

JOHN – Oui, et certaines blagues « insultantes » sont vraiment très drôles. Nos réactions vont alors dépendre de leur objet premier : sont-elles racontées pour leur contenu agressif, ou parce qu'elles sont drôles en elles-mêmes ? Ce serait abominable de les censurer toutes sous prétexte que les paranoïaques en font un usage malsain. Après tout, chez eux, *n'importe quelle forme d'humour* devient paranoïaque.

ROBIN – Songe d'ailleurs aux réactions des gens aux sketchs de Basil Fawlty. Certaines personnes rient de lui, comme si son comportement n'avait absolument rien à voir avec elles — elles croient constituer une espèce différente ! D'autres admettent, tout en riant, qu'elles se sentent parfois un peu comme lui. La seconde attitude est beaucoup plus saine, elle appartient à l'extrémité saine du spectre, là où figurent les autres blagues du type « la-condition-humaine-est-terriblement-drôle ».

JOHN – Je dois dire que cette idée est un peu une révélation. Quelqu'un a dit que le véritable humour suscite une grande intimité. À présent, je comprends pourquoi. C'est parce que le véritable humour souligne les ressemblances entre les gens, et non les différences.

ROBIN – C'est le plus grand mérite de l'humour, je crois. Non seulement il nous apporte du bien-être, mais il nous rappelle jour après jour les limites qui nous sont communes du fait de notre condition humaine — et, aussi, la facilité avec laquelle nous les oublions !

2

Môôman, on m'a nommé président de la boîte !

JOHN – Et alors, ces « grandes » familles ?

ROBIN – Eh bien, à mesure que nous grandissons, nous passons de systèmes réduits à des systèmes plus vastes. Même au sein de la famille, maman sera sans doute l'influence dominante sur nous pendant un an ou deux. Nous serons fortement affectés par ses attitudes, mais aussi par ses points faibles. Ensuite papa acquerra une influence équivalente, et même si son attitude présente des ressemblances, il y aura aussi des différences qui contrecarront quelques partis pris maternels. Par la suite, les frères et sœurs, la famille dans son ensemble, puis les voisins et amis apportent un équilibre semblable : ils nous permettent d'échapper à la pression qui nous inciterait à copier les préjugés et les lacunes d'une seule personne, d'un seul sous-groupe.

JOHN – Plus tard encore, nous adhérons à des groupes — équipes sportives, clubs — et à des organisations — l'école et l'université, puis l'entreprise, la fonction publique, l'armée, etc. Ces systèmes plus vastes constituent-ils des « grandes familles » ?

ROBIN – Oui. En progressant de la sorte, en intégrant sans cesse des systèmes toujours plus grands, nous recevons des informations toujours renouvelées, qui modifient les perspectives sur la vie auxquelles nous limitaient nos familles. Si nous avons été préparés au changement qu'impliquent les grands systèmes par l'expérience que nous avons vécue dans les petits, et que nous réussissons dès lors à gérer le surcroît de stress qu'ils suscitent, chaque pas vers le vaste monde constitue une nouvelle chance d'apprendre des choses que nous avions manquées jusqu'ici — ce qui favorise la santé mentale.

JOHN – Je me rappelle encore l'impression que j'ai ressentie le premier jour que j'ai passé dans une école nouvelle, cet équilibre délicat entre excitation et terreur, cette expérience intense qui laisse plus de sensations fortes et de souvenirs que six mois de vie ordinaire. C'est ce qu'on appellerait aujourd'hui « la part la plus abrupte de la courbe d'apprentissage ».

ROBIN – Moi aussi, je me rappelle le stress qui accompagnait certains de ces passages vers un système plus vaste. Ainsi, je suis allé en pensionnat à l'âge de quinze ans. C'était mon choix : j'étais déjà allé en pensionnat, et j'y avais été très malheureux — à tel point qu'il avait fallu m'en retirer. Je voulais donc me prouver à moi-même que je pouvais y arriver ! Ma vie à la maison ne m'avait pas préparé à ces expériences, mais la seconde fois, j'ai surmonté la séparation et j'ai fini par m'y plaire — non sans être passé un temps par un vrai désespoir — et cela m'a donné une confiance en moi que je n'aurais jamais trouvée autrement. Autre grand changement : quand je me suis porté volontaire pendant la Seconde Guerre mondiale, à l'âge de dix-huit ans, comme pilote dans la Royal Air Force. Ce fut beaucoup de stress au début, mais lorsque j'ai commencé à maîtriser la chose et à y prendre goût, tout un monde s'est ouvert à moi. Bien sûr, une situation de guerre précipite les gens dans des expériences qui élargissent leur horizon et les font mûrir.

JOHN – En somme, la vie est une série de leçons : nous apprenons à faire face à de nouvelles situations, à condition de recevoir assez de conseils et de soutien affectif dans les moments de stress.

ROBIN – Oui.

JOHN – Quelle est la chose la plus récente que tu aies apprise ?

ROBIN – Eh bien, l'équitation, si tu veux tout savoir. Ma compagne, Josh, m'a concocté une « surprise » la semaine dernière. Elle m'a demandé de suivre l'autoroute et nous avons fini par arriver à un centre équestre où, incroyable mais vrai ! elle avait réservé le manège pour nous deux. Je pensais être trop vieux et trop peureux pour apprendre à monter, mais en fait c'est amusant comme tout, et je me suis bientôt pris pour un cow-boy, à éperonner mon cheval et à lui hurler dessus pour le faire avancer plus vite. Encore un bon exemple de ces activités où on se trouve propulsé, et qu'on aurait plutôt esquivées si on avait eu le choix ! Et toi ?

JOHN – Le mois dernier, j'ai vécu une expérience inédite : j'ai vu notre cercle de famille s'agrandir pour recevoir le premier petit ami sérieux de ma fille aînée. « Encore un pas vers la tombe pour le patriarche délabré » aurait pu être un bon titre pour cette rencontre — mais tout l'effet que ça a produit sur moi, c'est que je me sens déchargé d'une responsabilité !

ROBIN – Il y a toujours quelque chose de nouveau. C'est là la vraie nature de l'éducation, qui ne se limite pas aux acquis de l'école. Elle se poursuit toute notre vie, jusqu'à l'heure de notre mort.

JOHN – J'adore cet adage de Charles Handy : « Savoir, ce n'est pas juste connaître les bonnes réponses. Ça, c'est tout au plus du savoir genre Mastermind... Le savoir se jauge à l'aune de l'expérience maturante... Savoir, ce n'est pas découvrir ce que les autres savent déjà, c'est pouvoir résoudre nos problèmes pour notre propre bien... »

ROBIN – Je crois que l'essentiel, c'est de trouver les limites de notre savoir. Si nous ignorons ces frontières, nous n'aurons ni curiosité ni désir d'apprendre.

JOHN – Néanmoins, une grande partie de l'éducation — de type plus ou moins académique — passe par l'école. Alors peut-on dire que certains établissements scolaires sont plus « sains » et produisent des enfants plus équilibrés que d'autres ?

ROBIN – Beaucoup de recherches ont été menées à ce sujet. On a comparé diverses écoles pour savoir quel environnement produit les élèves les plus à l'aise, scolairement mais aussi psychologiquement, en prenant en compte l'assiduité, la tendance à poursuivre des études au-delà de la limite d'âge fixée par la loi, et le taux de délinquance. On a montré que tous ces facteurs sont liés — et, bien sûr, au bon fonctionnement de l'école.

JOHN – Et ces bonnes écoles, comment opèrent-elles ?

ROBIN – Surprise, surprise ! De la même façon que les familles exceptionnellement saines !

JOHN – Raconte.

ROBIN – Le principe de base, c'est la sociabilité. Les responsables de l'établissement font attention non seulement aux élèves, mais aux bâtiments scolaires et à l'environnement général. Mais la maturité et l'accomplissement personnel de l'enfant sont les objectifs prioritaires. Les enfants sont respectés en tant qu'individus, et l'école leur confie le plus de responsabilités possible dans l'organisation de l'école et le respect de l'environnement. Certaines écoles ont même des élèves délégués à ces tâches. La communication entre enseignants et élèves est ouverte : les enfants savent qu'ils peuvent toujours consulter les enseignants sur leurs problèmes.

JOHN – *Quid* de la discipline ?

ROBIN – Là encore, ils suivent le schéma établi par les familles saines. Dans les écoles au taux de réussite le plus élevé, il y a un équilibre entre structure et liberté. Bien que les enseignants traitent les élèves avec respect et les écoutent, ils leur demandent de travailler et d'obtenir de bons résultats. On exige d'eux un gros effort, et les enfants, d'après mon expérience, aiment ça — les adultes aussi, d'ailleurs !

JOHN – Mes deux ans d'enseignement m'ont appris que les gosses détestent deux choses par-dessus tout : l'ennui, et une discipline incohérente. Et ils les détestent à tel point qu'ils recourront à n'importe quel moyen — y compris l'insurrection armée — pour y remédier.

ROBIN – C'est pourquoi les enseignants donnent le bon exemple en préparant soigneusement leurs cours, en donnant constamment aux élèves des activités productives, et en empêchant les situations chaotiques de se développer.

JOHN – Et si les élèves se conduisent mal ?

ROBIN – En général, les enseignants savent repérer à l'avance le fauteur de trouble, et agissent avec fermeté, en le punissant si nécessaire. Mais on a découvert que blâmes et punitions n'étaient pas l'approche la plus efficace — autant que possible, il faut utiliser l'encouragement et l'éloge.

JOHN – Tu serais d'accord pour dire que « l'éloge est la meilleure des motivations » ?

ROBIN – Oui. Des études poussées l'ont révélé. Mais je crois que nous en avons fait l'expérience pour la plupart. Le soutien et l'intérêt manifesté par un parent ou un enseignant qui nous apprécie suscitent un enthousiasme, une énergie plus forte et plus durable que la crainte de la punition. Cela nous aide à nous investir entièrement, au lieu de chercher simplement à éviter les critiques.

JOHN – C'est forcément bien de construire sur ce que les gens ont de *bon*, au lieu d'ébranler leur confiance en allant droit sur ce qu'ils ont de déficient. Et pourtant, tous les adultes racontent des histoires horribles sur les méchancetés qu'un professeur leur a dites un jour — des remarques négatives, gratuites, entièrement contre-productives, même du point de vue de l'enseignant. Peut-être craignent-ils qu'un enfant qui prend davantage confiance en lui ne se comporte moins bien et ne soit plus difficile à contrôler.

ROBIN – C'est vrai dans le cas d'un mauvais enseignant contraint d'exercer son autorité par la peur. Mais avec les enseignants qu'ils respectent, les enfants qui auront acquis de la confiance en eux auront un comportement encore plus positif.

JOHN – Les enfants comprennent les critiques qui relèvent d'un esprit de *compréhension chaleureuse*, non ? Lorsqu'un de mes professeurs a décrit une de mes tentatives de plaquage au rugby comme « une petite danse de lutin estropié », j'ai goûté la remarque, y compris au moment où elle m'était faite ! Mais lorsqu'un prof de sciences m'a dit : « On m'assure que vous êtes intelligent — pour ma part, ça m'échappe », je pense qu'il a légèrement endommagé ma confiance dans la physique, et pour toujours. Mais je dévie...

ROBIN – Pas vraiment. On a constaté que les enfants se comportent en fonction de ce qu'on attend d'eux : ils sont responsables et travailleurs si l'on considère que c'est dans leur nature ; irresponsables et mal élevés, si les enseignants s'attendent à ce qu'ils le soient...

JOHN – Et plus intelligents, si on s'attend à ce qu'ils le soient ?

ROBIN – Oh, oui. Si leurs capacités potentielles sont reconnues, si on aide ces enfants à les cultiver, ils feront de leur mieux.

JOHN – Mais les bons résultats obtenus par ces écoles dépendaient beaucoup du genre d'enfants qui s'y inscrivaient, non ?

ROBIN – Dans la plupart des cas, non ! Les écoles qui intégraient un nombre très élevé d'élèves moyens et moins prometteurs avaient évidemment le plus de mal à créer un sentiment de fierté et à donner le goût de la réussite, mais cela ne changeait rien à la nature exceptionnelle de l'établissement. L'état des bâtiments et les autres facilités matérielles ne comptent pas beaucoup si les attitudes psychologiques sont bonnes. Je me rappelle mon expérience comme directeur d'un centre de rééducation pour enfants dans un quartier très défavorisé de Londres : deux écoles possédaient tous les avantages matériels, tandis qu'une troisième ne disposait que de bâtiments délabrés et admettait les élèves les plus difficiles, ceux que les proviseurs des deux autres établissements essayaient de refouler... et pourtant, cette troisième école surpassait les deux autres par la plupart des qualités que j'ai mentionnées.

JOHN – Je connais une ville où l'école la plus indisciplinée est un lycée polyvalent dernier cri. Bon, mais que dire du comportement des gosses catalogués comme « difficiles » ?

ROBIN – Dans les meilleures écoles, même une grande proportion d'enfants défavorisés ne crée pas de délinquance, même si les recherches montrent qu'une connexion existe au niveau individuel.

JOHN – Tu veux dire que la bonne influence de l'école peut venir à bout des données statistiques ?

ROBIN – Oui.

JOHN – Sans doute parce que les bonnes écoles offrent à leurs élèves des expériences de substitution qui leur permettent d'apprendre des choses que leurs familles ne pouvaient pas les aider à acquérir ?

ROBIN – Oui, sans doute. Tu vois, comme la communication est plus ouverte et que les enfants sont mieux acceptés, et respectés pour ce qu'ils sont, on ne leur demande pas de se couler dans un moule et les enseignants perçoivent mieux les besoins affectifs de chacun. Cette attitude constructrice, encourageante mais ferme si nécessaire, permet en fin de compte à l'un ou l'autre de ces enseignants d'offrir à chaque enfant le type de relation dont il a besoin pour combler les manques de son apprentissage social.

JOHN – Et que se passe-t-il lorsque ces enfants rencontrent un système moins sain ?

ROBIN – Lorsque cela se produit, ils tendent à recréer leur schéma familial. Si nous venons d'une famille malsaine, nous ne connaissons que ce schéma malsain. En entrant dans un autre système malsain, nous nous comportons comme nous le faisions dans notre famille, et il est probable que ce système produira une réaction non moins négative. Si nous jouions le rôle du bouc émissaire, ou du « chouchou à sa maman », nous déclencherons le même genre de réaction dans le nouveau système, confirmant et intensifiant le schéma. Mais si l'école est plus saine, et qu'elle résiste à nos efforts pour la manipuler, nous apprenons à élaborer de nouveaux rapports, de nouveaux points de vue sur les autres et sur nous-mêmes.

JOHN – Je viens de songer à une chose intéressante. Est-ce que la responsabilité des parents quant au choix de l'établissement est un désavantage pour l'enfant ? Je veux dire, n'essaient-ils pas de choisir une école qui présente leurs problèmes à eux ?

ROBIN – Oh oui, je crains que ce ne soit un peu vrai — du moins lorsque les parents sont malsains. Par exemple, les parents qui ont du mal à accepter l'autorité et n'ont jamais appris à dire « non » choisiront de préférence une institution très tolérante, et l'enfant n'apprendra pas à s'intégrer là non plus. Je me rappelle avoir traité un adolescent dont le père était très passif, très en retrait. Le mauvais comportement de son fils était une tentative manifeste de provoquer le père, de l'inciter à se montrer plus ferme et de l'aider à mieux se contrôler. Au lieu de quoi, il a été envoyé dans une école progressiste assez connue, où il a persévéré dans sa mauvaise conduite. Lorsque le proviseur s'est plaint, j'ai expliqué que le garçon recherchait chez les enseignants la fermeté qui lui était refusée chez lui. Le proviseur a répondu : « Il vaut mieux que j'en parle à ma femme. » Il était tout aussi faible que le père du garçon !

JOHN – Les établissements plus classiques peuvent sans doute être choisis pour des raisons tout aussi mauvaises. Les parents très inhibés dans leurs manifestations d'affection choisiront des établissements rigides qui désapprouvent toute expression de chaleur et de tendresse ; les parents surmenés favoriseront les écoles extrêmement compétitives.

ROBIN – Tout à fait. Je suis sûr que c'était la base des conditions sévères imposées par le système des *public schools* anglaises jusqu'à une date récente. Dieu merci, aujourd'hui nous sommes moins gênés à l'idée d'exprimer nos sentiments, et nous ne nous sentons pas obligés d'élever nos enfants dans l'idée qu'ils ne doivent pas les exprimer non plus.

JOHN – Très bien. L'école est donc la première organisation que nous rencontrons lorsque nous nous aventurons au-delà du cocon familial. La suivante, pour la plupart d'entre nous, c'est le bureau — n'est-ce pas ?

ROBIN – On y retrouve les mêmes processus — on apprend à faire face à des systèmes et à des relations qui gagnent en complexité. Les défis qu'impliquent les débuts professionnels ressemblent d'une certaine façon à ceux qu'on a rencontrés plus tôt, mais les exigences sont plus fortes : on est sur la corde raide, et le milieu pardonne moins que la maison ou l'école. Les critiques et les réactions des supérieurs sur tel individu et ses prestations sont plus réalistes ; si on échoue, on est menacé de licenciement. Les risques sont donc plus grands, mais les possibilités aussi. On ne finira pas par devenir le père de la famille où on a été élevé, et on ne sera pas nommé proviseur dans son lycée, même avec une mention Très Bien au Bac, mais on *peut* finir président de son entreprise. Le travail apporte une nouvelle discipline.

JOHN – Qu'entends-tu exactement par là ?

ROBIN – C'est plus difficile, voilà tout. Au travail, on craint plus l'échec, mais on a plus de chances de s'accomplir et de gagner la confiance en soi et le respect de soi que cela implique. Cela infléchira nos rapports avec la cellule familiale : la plupart d'entre nous ont senti leurs parents les traiter différemment lorsqu'ils sont entrés dans la vie active et devenus indépendants. En acceptant et répondant aux défis professionnels, on développe courage et compétences, on gagne en autorité, et on acquiert du coup le respect authentique de son partenaire et de ses enfants tout en procurant à sa famille confiance et stabilité. C'est pourquoi, à bien des égards, le travail est essentiel au développement psychologique.

JOHN – Rétrospectivement, je mesure à quel point le travail m'a aidé à affronter certaines situations que je trouvais difficiles et déplaisantes.

ROBIN – Comme quoi ?

JOHN – Eh bien, comme faire partie d'une équipe et accepter des décisions collectives qu'on désapprouve ; comme se taire pour écouter les autres, ou prendre une décision sans se précipiter mais sans tarder non plus. Surtout, j'ai appris à me débrouiller avec les problèmes de discipline, quand le travail de quelqu'un laisse vraiment à désirer. Avant, j'avais horreur de m'occuper de ça ; maintenant, je crois que je m'en sors mieux et que je suis nettement moins gêné quand il faut le faire.

ROBIN – Cet apprentissage devait te plaire, sans quoi tu ne serais pas resté vingt ans chez Video Arts.

JOHN – Beaucoup de choses me fascinaient — hormis l'aspect financier. Je savais toujours plus ou moins que j'étais en train de régler des problèmes qui m'étaient essentiels en tant que fils unique d'un couple de gens âgés. En fait, je crois que c'est la raison pour laquelle j'ai toujours été amené à travailler en équipe. Personnellement, je trouve que ce que tu dis est assez convaincant. Bon, mais laissons de côté la question de l'apprentissage par le travail... J'ai une autre question, très différente, à te poser : quand les gens choisissent un métier particulier, dans quelle mesure sont-ils influencés par des facteurs psychologiques ?

ROBIN – Eh bien, certaines personnes — assez nombreuses, en ce moment — recherchent désespérément du travail et sont obligées d'accepter tout ce qui se présente. La plupart d'entre nous, en revanche, ont une *certaine* liberté de choix. Dès lors, ce choix est très influencé par des facteurs psychologiques. Par exemple, les gens sont attirés par le type de travail qui leur correspond, et par les organisations compatibles avec leur propre psychologie — et cela de façon quasi automatique, de la même façon qu'ils choisissent leur compagne ou compagnon. Bien sûr, tout comme dans le mariage, beaucoup d'autres facteurs influencent la décision, mais il y a toujours, à la base, la quête d'une « convenance » psychologique, même si l'on n'en est pas toujours conscient.

JOHN – Tu veux dire qu'on essaie de choisir une organisation semblable à la famille au sein de laquelle on a grandi ?

ROBIN – Oui, une organisation qui opère à un même niveau de santé, suivant les principes énoncés au chapitre 1. Une personne plutôt saine aura tendance à choisir un environnement professionnel plutôt sain ; une personne plutôt malsaine sera attirée par une situation plutôt malsaine.

JOHN – Lorsque nous avons traité des différents types de mariage dans *Famille*, tu as dit qu'il pouvait y avoir plusieurs solutions, selon que la personne voulait rester la même ou devenir plus saine. Est-ce la même chose lorsqu'une personne choisit une organisation ?

ROBIN – Oui. Au niveau le plus bas de l'échelle, le choix de la personne se fondera sur le besoin de nier ses propres problèmes, et d'en rejeter la responsabilité sur quelqu'un d'autre. Une personne au caractère exécrable se sentira plus à l'aise dans une organisation dirigée par une personne au caractère exécrable, et gérée selon des rapports généraux d'hostilité. Des gens comme ça, qui entretiennent des sentiments négatifs d'hostilité, peuvent se dire que c'est une « réaction naturelle » aux désagréments de la situation.

JOHN – Et que ça n'a rien à voir avec eux, bien sûr... ils seraient des petits anges de douceur s'ils travaillaient dans un environnement différent. C'est comme le mariage de George et Martha dans *Qui a peur de Virginia Woolf* * : deux partenaires qui s'imaginent qu'ils seraient heureux s'ils avaient épousé quelqu'un d'autre...

ROBIN – Oui, mais ils se sentiraient plus mal encore dans une situation positive ! Parce qu'alors il leur faudrait affronter leur véritable nature, et admettre que le problème ne relève que d'eux.

JOHN – Nous avons vu qu'il existe un compromis psychologique plus sain, dans lequel les couples évitent d'affronter leurs problèmes : le mariage type *Maison de Poupée* ** — la relation est plus positive, plus axée sur l'entraide, mais les conjoints se fixent l'un à l'autre des rôles, ce qui leur épargne d'avoir à changer.

ROBIN – La même chose se produit lorsqu'il s'agit de choisir sa profession. Les gens peuvent choisir une entreprise dont les structures et valeurs sont semblables au schéma familial qu'ils ont connu, et où leur comportement ne sera donc pas remis en question puisque tout le monde sera persuadé qu'ils ont raison. De cette façon, ils ne se sentiront pas incités à changer, et pourront confortablement éviter d'affronter leurs problèmes.

JOHN – Peux-tu donner quelques exemples ?

ROBIN – Prenons le cas de quelqu'un qui a grandi dans une famille où les gens ne font pas confiance à leurs émotions, et où les rapports sont plutôt distants. Celui-là sera plus à l'aise dans un travail impliquant des classements de données, ce qui exige principalement qu'on fasse marcher son cerveau et n'implique guère d'échanges affectifs. Autre cas : quelqu'un venant d'une famille où le contrôle,

---

* Pièce d'Edward Albee sur les rapports haine-amour dans un couple d'âge mûr.

** Pièce de Henrik Ibsen sur l'émancipation d'une jeune femme, prisonnière des stéréotypes conjugaux.

l'ordre, le rangement sont des valeurs essentielles est fait pour être comptable ou fonctionnaire. Celui qui vient d'une famille où règne le ressentiment, mais où l'on désapprouve l'agression ouverte, fera un excellent avocat : les interrogatoires agressifs sont essentiels à ce métier, mais restent délimités par un cadre de règles et placés sous le contrôle d'une figure paternelle. Celui qui vient d'une famille défavorisée mais refusant systématiquement d'admettre qu'elle est dans la misère, n'aura pas à affronter ce complexe s'il devient travailleur social ou s'il intègre une association caritative. Non que ces choix soient mauvais en eux-mêmes, tu comprends bien ! C'est bien parce que ce type de boulot convient à leurs schémas acquis que ces personnes ont toutes les chances d'y réussir et de les apprécier. Mais elles peuvent manquer par là une forme de défi qui les aurait aidées à mûrir.

JOHN – Pour revenir à nos mariages, au-delà des schémas types *Virginia Woolf* et *Maison de Poupée*, il y avait un troisième type de mariage où les partenaires se choisissaient pour s'aider mutuellement à devenir plus sains.

ROBIN – La même chose peut se produire au moment de choisir un travail et de sélectionner une organisation particulière. Les jeunes gens qui ne se trouvent pas assez robustes, manquent d'autodiscipline ou de capacité à faire face à l'adversité entreront dans l'armée ou dans la police.

JOHN – Mais pas parce que ces corps sont plus sains que les autres au sens général.

ROBIN – Non, encore que certains aspects puissent l'être. En fait, chaque type de travail exige des compétences particulières, et les gens qui n'ont pas ces talents et ces capacités peuvent les acquérir grâce à leur profession. Bien sûr, l'organisme qui les emploie peut mettre l'accent sur ces capacités de manière un peu « malsaine ». Mais cela n'empêche pas certains individus de bénéficier de ce qui est bon dans l'organisation. Comme je l'ai dit, on peut s'appuyer sur un organisme professionnel pour imputer à autrui ses propres maux, pour garder son confort et éviter les changements, ou pour s'épanouir et devenir plus sain. Tout dépend de l'individu, de son attitude, de son approche.

JOHN – Peut-on devenir plus sain en travaillant dans une entreprise moins saine que soi ?

ROBIN – Oui, c'est possible, parce qu'on peut apprendre de tous, et de toute situation. On peut même tirer profit d'une mauvaise expérience pour améliorer sa façon de faire face ! Mais je pense que le profit reste très limité. Pour jouir d'un bénéfice maximal, il faut trouver une organisation qui fonctionne globalement de façon plus saine que vous.

JOHN – Très bien. Mais prenons le cas d'un individu issu d'une famille pas très saine, et qui se retrouve dans une entreprise fonctionnant, elle, sur des principes très sains. Comment se sentira-t-il ?

ROBIN – Pas très bien ! Par exemple, lorsque Charles Schreiber a repris le management d'une firme au fonctionnement malsain et a annoncé qu'il abolissait le « pointage », les employés ont menacé de faire grève — ils pensaient qu'il allait trafiquer leur paye ! Dans une boite plus saine, on aura plus d'indulgence pour les limites et les faiblesses des gens, on les soutiendra davantage, si bien qu'en fin de compte les gens les moins sains auront tendance à devenir plus sains. C'est évidemment une question de degrés : si le décalage entre le niveau de santé caractérisant respectivement l'entreprise et l'employé est trop grand, l'employé se sentira trop mal à l'aise.

JOHN – C'est-à-dire ?

ROBIN – Eh bien, si une grande liberté et une grande importance sont attachées aux initiatives personnelles, il pourra se sentir en insécurité et s'inquiétera de ce que personne ne lui dise ce qu'il doit faire.

JOHN – Et je suppose que la confiance et la vitalité de ses collègues le feront se sentir inadapté.

ROBIN – Et la communication ouverte représentera une menace — une critique constructive pourra le piquer au vif. Certaines personnes sont plus à l'aise avec les insultes et les invectives : elles peuvent se mettre à distance et considérer que la critique était « impolie ». Cela leur permet de rejeter la critique au lieu de se demander si elle touche juste.

JOHN – Une entreprise malsaine procure aux gens plus d'excuses toutes faites s'ils échouent ?

ROBIN – Un de mes amis qui dirige son entreprise selon des principes exceptionnellement sains m'a dit qu'il avait pas mal de problèmes avec quelques individus beaucoup moins sains que le reste de ses employés. Ils ont fini par le quitter, mais semblent s'être protégés de la conscience que la compagnie était trop saine pour eux en sombrant dans la paranoïa et en inventant des histoires extraordinaires pour se donner de bonnes raisons de la quitter.

JOHN – Je vois. Et enfin, que penser d'une situation où une personne issue d'une famille pas vraiment saine se retrouve dans une organisation qui, elle non plus, ne fonctionne pas sur des principes très sains ? Les deux s'accorderont-elles ?

ROBIN – Il est certain qu'elles ne s'aideront pas l'une l'autre à devenir plus saines, mais par ailleurs la situation peut les avantager toutes les deux. Les gens moins sains ont leurs propres aptitudes, leurs propres capacités, qui ne sont pas forcément celles des gens plus chanceux. Un enfant défavorisé qui a appris à s'en tirer avec un soutien très faible peut survivre plus facilement dans une situation ardue — s'il travaille pour Robert Maxwell, par exemple — qu'une personne qui a mené une vie facile dans une famille riche et chaleureuse. Dans une organisation qui fonctionne de façon malhonnête, savoir mentir et dissimuler ses traces peut être un atout.

JOHN – D'accord. Eh bien, au cas où nos lecteurs aimeraient trouver, ou éviter, un organisme sain, commençons par examiner ce qui fonde la santé de ce type d'organisation. Je suppose que nous parlerons d'entreprises, d'hôpitaux, d'administrations...

ROBIN – La plupart des recherches s'intéressent à l'entreprise. Il est certainement plus facile de voir lesquelles marchent, et lesquelles ne marchent pas.

JOHN – Tu prendrais en compte le succès financier comme seul critère de bonne santé ? Cela ne me paraît pas très normal.

ROBIN – Non, c'est le succès financier *à long terme* que je prends pour critère premier. C'est vrai qu'un certain type de chef charismatique peut diriger une compagnie avec succès pendant un certain temps. Un certain temps seulement. Puis les débiteurs viennent picorer leur part, et plus la firme a été dirigée longtemps selon des principes malsains, plus le troupeau est nombreux.

JOHN – D'accord... par où commencerons-nous l'examen des organisations saines ?

ROBIN – Je suggère que nous repassions en revue les caractéristiques des familles saines, et que nous les comparions à celles de ces organisations.

JOHN – Ah oui ? Voilà qui me surprend. Tu trouves que les compagnies ressemblent assez à des familles pour que nous gagnions à les comparer ?

ROBIN – Oui, dans l'ensemble. Tu te rappelles que dans *Famille*, nous avons dit que les gens provenant d'un même milieu familial s'attiraient mutuellement de façon quasi automatique, qu'ils élevaient dans le même moule leurs enfants qui, un jour ou l'autre, étaient eux-mêmes attirés par quelqu'un du même moule, et avaient à leur tour des enfants qui... ?

JOHN – Oui. Tu veux dire que les gens qui montent une entreprise emploieront des gens qui leur ressemblent ?

ROBIN – Et qui, à leur tour, emploieront des gens qui leur ressemblent ? À coup sûr. Il y a de fortes chances pour que cela se produise.

JOHN – Eh bien, je sais que beaucoup d'hommes d'affaires affirment que chaque organisation a sa propre personnalité, mais je n'avais pas pensé à la ramener à la personnalité du fondateur...

ROBIN – Une nouvelle personnalité puissante peut intervenir et changer l'atmosphère de l'entreprise. Mais c'est à *lui*, alors, qu'elle ressemblera. Quoi qu'il en soit, sur le long terme, l'entreprise finira par refléter les attitudes, les valeurs, la philosophie de ses dirigeants.

JOHN – Les organisations auront des « attitudes », des « façons de faire », comme une famille ?

ROBIN – De fait. La culture corporative rappelle le profil familial à plus d'un titre.

JOHN – La personne qui envisage de travailler dans l'organisation sera-t-elle attirée par celle-ci ?

ROBIN – Si l'organisation lui convient, ce sera comme si deux étrangers dialoguaient à travers une pièce bourrée de monde !

JOHN – Allons, allons !

ROBIN – Mais si ! Tu te rappelles que les gens peuvent échanger inconsciemment un grand nombre d'informations, qui leur permettent de sentir si quelqu'un leur plaît ou non. Si ce quelqu'un est testé pour l'obtention d'un poste assez important, il y aura beaucoup d'informations échangées, et la possibilité pour chaque interlocuteur de se laisser guider inconsciemment par ce genre d'intuitions.

JOHN – Tout comme par des motifs plus conscients et plus rationnels.

ROBIN – Bien sûr, tout cela fonctionnera aussi. Mais l'inconscient est très puissant, justement parce qu'il n'est *pas* conscient ! Rappelle-toi ce que j'ai dit sur la façon dont on tombe amoureux.

JOHN – Et au bas de l'organisation ? Non qu'on fasse très attention à la façon dont on engage le personnel à ce niveau — à moins d'être Nissan.

ROBIN – Non, mais ces mêmes facteurs inconscients continuent d'influencer les choix, même à moindre degré. Bien sûr, à ce niveau les employés n'affecteront pas beaucoup la personnalité de l'organisation. S'ils s'y sentent mal à l'aise, ils partiront. Mais si elle leur convient, si l'atmosphère leur paraît correcte et agréable, ils seront de plus en plus influencés par elle et finiront par correspondre à la personnalité de l'organisation à mesure qu'ils grimperont les échelons.

JOHN – Fondamentalement, donc, si l'organisation fonctionne à l'instar de ta famille, tu t'y feras une place.

ROBIN – Oui. Si les attitudes de base sont semblables à celles que tu as apprises dans ta famille, tu te sentiras « chez toi ».

JOHN – Et, de même, il est plus probable qu'ils t'accepteront et qu'ils t'approuveront parce que tu es le genre de personnes qu'ils peuvent comprendre, et ils s'attendront à ce que tu te comportes d'une certaine façon. Tu penses donc qu'on intègre une organisation avec des présupposés inconscients sur sa façon de fonctionner ?

ROBIN – Oui.

JOHN – Et que se passe-t-il alors si ces présupposés sont, en fin de compte, erronés ?

ROBIN – C'est comme dans un couple : il y aura des conflits, peut-être même la personne partira-t-elle. Ou bien l'individu et l'organisation s'en tiendront à un rapport assez distant, à une impasse où les deux intéressés seront frustrés, mais continueront en maugréant. Ou bien, comme dans un mariage réussi, la personne peut changer pour mieux épouser les valeurs de l'organisation et même essayer de changer un peu l'organisation.

JOHN – Comment nos lecteurs sauront-ils s'ils correspondent à leur organisation ?

ROBIN – Ils peuvent s'évaluer à partir des caractéristiques que nous donnons dans le chapitre des familles saines, puis évaluer leur organisation à partir des caractéristiques des organisations saines que nous allons leur donner, et voir enfin si les deux tableaux correspondent !

JOHN – D'accord. Eh bien, nous allons suivre ta suggestion, et passer en revue les caractéristiques des familles saines pour voir quelles sont celles qui s'appliquent aux organisations... et pour commencer, ont-elles une « attitude sociable » ?

ROBIN – Il est indubitable que les compagnies les plus florissantes opèrent sur cette base, qu'il s'agisse des clients, des employés, des distributeurs, des fournisseurs, etc.

JOHN – Commençons par les clients.

ROBIN – Dans les entreprises de manufacture, l'attitude envers les clients commence avec le produit. Les meilleures compagnies exigent que leurs produits soient rentables à 100 %. Elles ne tolèrent aucun défaut, même occasionnel, aucun ratage, même « raisonnable » ! Bien sûr, c'est un objectif qu'il est impossible d'atteindre tout à fait, mais y viser donne plus de chances d'atteindre le meilleur résultat possible.

JOHN – Lorsque j'ai entendu parler pour la première fois de cette politique du « zéro défaut », je n'arrivais vraiment pas à comprendre cette façon de penser. Puis quelqu'un m'a demandé comment je me sentirais si le métro londonien annonçait comme objectif pour l'année à venir un maximum de cinquante incendies et de vingt morts. Un consultant de mes amis m'a appris que les entreprises qui dressent un budget tenant compte de l'absentéisme éventuel se retrouvent exactement avec le taux prévu.

ROBIN – Eh bien, la politique du « zéro défaut » marche certainement à l'égard des clients. Les organisations les plus intelligentes ont découvert que les gens paieront et continueront à payer pour des produits de qualité. Tesco, par exemple, réinvestit ses bénéfices pour améliorer la qualité au lieu de baisser ses prix.

JOHN – Dans une vidéo pratique que j'ai tournée pour expliquer aux entreprises les moyens d'atteindre 100 % de qualité, nous avons enseigné que ce n'est possible que si chaque étape du processus est constamment étudiée et améliorée à partir des réactions de toutes les personnes impliquées dans la fabrication et la vente.

ROBIN – Celui qui s'est fait très tôt l'avocat de ces idées, c'est l'Américain Alfred Deming. Assez ignoré aux États-Unis, il a découvert que ses idées avaient été reprises avec enthousiasme au Japon après 1945 — les Japonais le tiennent pour l'un des principaux auteurs de leur succès industriel massif. Il considérait qu'un effort permanent en vue d'atteindre un produit de qualité supérieure n'aurait pas pour simple conséquence la fidélisation des clients et le renouvellement des commandes, mais une fierté des consommateurs qui convertiraient leurs amis à ces produits. C'est seulement quand les firmes américaines ont coulé parce que les consommateurs américains jugeaient beaucoup de produits japonais supérieurs que certains ont commencé à prêter oreille à Deming.

JOHN – C'est incroyable, mais Nissan exporte massivement en Grande-Bretagne ! Tous les jours, des superviseurs de Nissan rencontrent leur équipe pour une discussion de dix minutes sur la façon d'améliorer leur travail. Tout repose sur l'idée qu' « améliorer le processus garantit le succès de la politique globale ». De fait, Nissan est quasi obsédé par l'idée de maintenir de bonnes relations entre le superviseur et son équipe.

ROBIN – Et ces firmes ont une conception du service de la clientèle qui va beaucoup plus loin que de simples considérations commerciales « rationnelles ». Lorsqu'un défaut apparaît dans un bien produit par une firme américaine — Caterpillar Tractor, IBM — ou anglaise — JCB ou ICL —, on fait d'énormes efforts pour le remplacer ou le réparer dans les délais les plus brefs, comme si on était en guerre et incertains de la victoire. Des firmes comme celles-ci enverront quelqu'un, souvent un supérieur, à grands frais, sans paraître se préoccuper des questions d'argent.

JOHN – Oui. Et si l'erreur est rectifiée vite et bien, on peut transformer le client déçu et mécontent en un client fidèle. C'est que la plupart des gens n'aiment pas se plaindre, et s'attendent à rencontrer des difficultés s'ils le font. Si on les accueille chaleureusement, si on écoute avec attention leurs problèmes, si on y remédie véritablement, ils ressentent un soulagement et une gratitude énormes, plus encore que si le produit n'avait jamais été défectueux.

ROBIN – Tout le monde tient pour acquis que Marks & Spencer accepte d'échanger les marchandises rapportées sans réticence ni interrogatoire. Les gens n'ont plus à craindre de commettre une erreur : ils peuvent acheter avec plus de confiance et finissent par acheter davantage.

JOHN – Passons maintenant aux employés : tu as dit qu'ils étaient également concernés par « l'attitude sociable ».

ROBIN – C'est très visible dans l'attitude des responsables envers leurs employés. Tout le monde connaît la politique d'emploi à vie pratiquée par les grandes firmes japonaises, mais il existe aussi des firmes européennes — dont Hewlett Packard et United Biscuits — qui se donnent un mal fou, et semblent aller à l'encontre de leurs intérêts financiers immédiats, pour éviter les excédents de main-d'œuvre. Ces entreprises voient dans le besoin de proposer un nouvel emploi à des gens qui, autrement, seraient de trop, une occasion de diversifier leurs opérations. Qui plus est, elles s'occupent de leurs employés de toutes sortes de façons — programmes de santé et de logement, sports, avantages sociaux — qui semblent sans rapport avec l'augmentation des profits de l'entreprise. Cela a pour effet de susciter chez le personnel une loyauté et un engagement supérieurs, si bien que tout le monde contribue au succès de la firme. Regarde la différence du taux de turnover selon les magasins.

JOHN – Mais certaines personnes diraient que ce genre de bienveillance relève du paternalisme — manipulateur par essence — et que les gens ne pratiquent pas tant d'altruisme sans arrière-pensée.

ROBIN – J'y vois plutôt la manifestation d'une prise en charge spontanée de l'autre : les individus plus âgés et plus forts supportent une charge plus lourde tant qu'ils sont dans cette position privilégiée. C'est comme le bon vieux principe de l'armée anglaise, qui veut qu'un officier ne commence son repas que lorsque ses hommes ont tous été servis. Une famille saine opère exactement de cette façon, à ceci près que le degré d'intimité et de responsabilité mutuelle y est plus grand.

JOHN – Les enfants et les adolescents y ont aussi des responsabilités familiales, c'est ça ? Finalement cette vision soupçonneuse des gens haut placés présuppose que les cadres et les ouvriers correspondent fondamentalement à des types humains différents...

ROBIN – Exactement. Mais les gens préfèrent travailler dans un endroit véritablement dynamique, amical, bien organisé. Ils s'y plaisent davantage.

JOHN – Je voudrais tout de même revenir sur un point. Dans les excellentes organisations, la soi-disant « attitude sociable » va-t-elle au-delà de simples considérations commerciales ?

ROBIN – Oui, semble-t-il. Ces entreprises saines n'agissent pas simplement pour le profit, mais pour se conformer à un credo.

JOHN – Présenté comme cela, on dirait presque une croyance spirituelle...

ROBIN – C'est souvent le cas. Quand on considère les entreprises qui prospèrent sur le long terme, qui survivent et conservent leurs qualités après la mort du fondateur ou la perte de l'esprit original, on découvre en général que certaines des valeurs qui fondaient le comportement de la personne en question étaient « spirituelles ».

JOHN – En quel sens ?

ROBIN – Eh bien, cela peut vouloir dire qu'elles relevaient d'un mouvement religieux particulier. Thomas J. Watson, le fondateur d'IBM, a fondé explicitement sa philosophie des affaires sur des valeurs chrétiennes, même si celles-ci étaient plutôt prosaïques. Konosuke Matsushita, le fondateur du grand conglomérat japonais électrique du même nom, était profondément marqué par un mouvement religieux japonais, et a essayé systématiquement d'appliquer ses principes au développement de sa compagnie. Et puis il y a eu les grandes familles quaker — Cadbury, Fry, Rowntree et Kellogg. Mais, plus important qu'un credo spécifique, il y a la façon dont le fondateur « vit » selon certains principes éthiques — qui sont sans doute communs à toutes les grandes religions et philosophies du monde.

JOHN – Ce qui importe donc, c'est la façon dont ils se comportent plutôt que leur système de valeurs ?

ROBIN – C'est cela. La principale influence leur sera sans doute venue de leur milieu familial, même s'ils ont pu par la suite connaître d'autres influences — à l'école, au travail, à travers un mentor ou une source spirituelle. Mais certains agiront selon des valeurs exceptionnellement justes sans s'être vraiment demandé d'où elles provenaient !

JOHN – Ils ont simplement une vision très positive de ce dont les gens sont capables si on leur fait confiance, s'ils sont motivés, et s'ils travaillent dans des conditions agréables.

ROBIN – Et ils considèrent que l'honnêteté, la compétence et l'efficacité sont des valeurs en elles-mêmes.

JOHN – Et constituent de bonnes tactiques commerciales de surcroît. Je suppose donc que la différence entre quelqu'un qui « croit » en ces valeurs et quelqu'un qui essaie juste de les mettre en pratique parce qu'elles sont rentables, c'est que le second ne s'attachera pas à ces principes avec la même conviction et la même ténacité dans l'adversité, quand les principes ne « marcheront » pas financièrement. Il sera tenté de faire des coupes sombres en temps de crise, et les employés le sentiront. Par ailleurs il n'obtiendra pas tout à fait la même confiance que la personne qui favorise la compétence et l'efficacité sans prendre garde à ce que ça lui coûte.

ROBIN – De fait, il y a quelqu'un au Japon qui a calqué la stratégie de Marks & Spencer et qui est très frustré de ne pas réussir à faire des bénéfices. Chaque fois qu'il rencontre quelqu'un d'informé sur Marks & Spencer, il essaie de lui soutirer le maximum d'informations, afin de savoir pourquoi Marks & Spencer obtient de meilleurs résultats et fait plus de bénéfices. Mais ça ne lui profite jamais, parce que Marks & Spencer ne tire pas ses bénéfices exceptionnels de l'attitude étroite et entièrement égoïste que révèle cette question.

JOHN – Les gens de Woolworths racontent aujourd'hui la même histoire. Il y a quelques années, ils ont essayé de ressembler davantage à Marks & Spencer et ont payé à tous leurs employés de belles blouses neuves pour leur remonter le moral. Le problème, c'est que les blouses n'avaient pas de poches, parce que les employés auraient pu y receler des objets volés ! D'où une baisse générale du moral parce que, *primo*, on n'empêche pas les vols en supprimant les poches, au contraire, c'est ce genre d'idées qui encourage le vol ; *deuzio*, tous ceux qui avaient compris le raisonnement se sont sentis insultés.

ROBIN – C'est un exemple merveilleux de la façon dont les gens réussissent toujours à comprendre, même de façon très subtile, si une action relève de la générosité ou de la manipulation.

JOHN – Je trouve très encourageant qu'un comportement véritablement généreux ait de bons résultats. Machiavel doit se retourner dans sa tombe. Mais ces « croyances » dont tu parles ne s'expriment pas en termes spirituels ?

ROBIN – En général, non. L'objectif de la plupart des dirigeants est de faire de leur entreprise la meilleure, et ils ont une haute opinion de leurs employés en tant qu'individus. Si tu as pris l'avion sur Delta Airlines ou Virgin Atlantic, tu auras noté l'attention et la cordialité à l'égard des passagers. Cela vient de l'importance que ces compagnies attachent aux bonnes relations entre la direction et les employés, laquelle suscite à son tour chez les employés un bon esprit d'équipe, une fierté et un plaisir accrus au travail. Les recherches montrent que lorsque la quête du rendement passe par l'exploitation de ce qu'il y a de meilleur dans les gens, les employés finissent par croire à l'importance de la croissance et du profit économique de l'entreprise.

JOHN – Oui, car chacun a l'impression de compter. Si on a l'impression d'apporter une contribution précieuse, et si elle est reconnue... alors on peut prendre du plaisir à voir son entreprise prospérer : on fait sien son succès. Si une équipe de film a vraiment pris plaisir à travailler sur un film, elle se réjouira que le film fasse beaucoup d'entrées.

ROBIN – Mais, bien sûr, pour que ce sentiment ait cours dans une organisation, il faut que les dirigeants cultivent le sens de l'équipe. Et seuls les chefs sociables auront le talent qu'il faut pour tirer le meilleur des gens « ordinaires », ceux qu'on appelle les « 60 % avec 50 % de capacité ». « Tirer le meilleur », c'est voir le meilleur, l'espérer et savoir comment le mettre au jour en motivant les employés, récompenser leurs succès et mettre en valeur leurs compétences. Tout cela rend le travail plus gratifiant et plus agréable.

JOHN – Le problème, c'est que si les gens n'ont pas vécu cette expérience, ils ne croiront pas qu'elle est possible.

ROBIN – C'est vrai, et les employeurs malsains ne croient pas du tout que leurs employés soient capables du meilleur. Si tu ne viens pas d'une famille particulièrement saine, seule l'expérience pourra t'apprendre que tout cela est possible.

JOHN – Très bien, je me sens très excité et prêt à hurler « Râ ! Râ ! Râ ! », mais je me dis... « Attends un peu, les gens ne vont-ils pas exploiter ce système à leur avantage ? » À l'école, on m'apprenait que les gens traités de la sorte se « relâchaient »...

ROBIN – En général, ce n'est pas le cas. Toutes choses égales, lorsque les employeurs agissent avec générosité et confiance, ils suscitent une réponse du même type. Tu te rappelles cette « philosophie de l'abondance » dont nous avons parlé ? Si une personne l'applique, l'autre s'alignera en général. Par exemple, ces entreprises n'ont pas de système de pointage leur permettant de vérifier si les gens méritent leur paye. Ils font confiance aux employés et s'attendent à ce qu'ils leur rendent leur confiance et leur bonne volonté, en leur sachant gré de les traiter en adultes. Et ça marche ! Des recherches ont montré que seuls 3 à 8 % des employés abusent de cette confiance.

JOHN – Mais que dire de ces patrons qui prétendent que la meilleure façon de river les gens à leur tâche est de leur faire savoir qu'ils seront virés si leur travail n'est pas impeccable ?

ROBIN – C'est une façon d'atteindre un haut rendement, c'est vrai. Mais à part entière, elle est source d'anxiété et de tension, et pourrit les rapports entre employeurs et employés. De plus, elle encourage les gens à dissimuler leurs erreurs et inhibe leur créativité. Une approche plus positive comme celle que je décris marche mieux. Après tout, si les gens travaillent en dessous du niveau requis, une attitude sociable ne signifie pas qu'on ne doive pas s'en rendre compte !

JOHN – Je me rappelle que Video Arts a fait un film à ce sujet. L'idée de base, c'est que chaque métier a un « niveau » de performance qui peut être objectivement mesuré. Si le travail d'un employé passe en dessous, il en parle avec son employeur, de façon à identifier les causes de ce déficit. Ensuite, ils cherchent les moyens d'améliorer la performance et se mettent d'accord. Le problème est abordé en coopération. Rien à voir avec un employeur qui hurlerait « Faites gaffe, je vous ai à l'œil ! », c'est plutôt : « Nous avons un problème objectif. Comment pouvons-nous ramener le travail à un niveau normal ? » Cela n'exclut pas, bien sûr, la possibilité de renvoyer quelqu'un s'il n'atteint pas le niveau d'exigence — car alors, c'est à quelqu'un d'autre de faire ce travail.

ROBIN – De fait, bien qu'il soit douloureux de s'entendre dire que son travail est en dessous de la norme, la plupart des gens sont reconnaissants à l'égard d'un patron qui le remarque mais se demande aussi comment les aider à atteindre un meilleur rendement. Et, bien sûr, il y a la question de savoir comment la norme elle-même est fixée. Si, à l'origine, l'employeur et l'employé se sont mis d'accord après discussion, l'employé sera beaucoup plus impliqué.

JOHN – C'était l'autre leçon du film !

ROBIN – C'est certainement un processus de confiance et de coopération, mais cela ne signifie pas que le travail n'est pas contrôlé efficacement. En fait, dans une atmosphère de coopération, il est contrôlé *plus facilement* et les problèmes sont identifiés plus tôt.

JOHN – Tout ce que tu dis est passionnant, mais il y a une chose qui m'inquiète : je suis toujours d'accord avec ce que tu dis...

ROBIN – Pardon ?

JOHN – Eh bien oui, quand je connais le sujet dont tu parles, je suis d'accord dans 99 % des cas, et quand je ne m'y connais pas du tout, je veux tellement y *croire* que je suis encore d'accord. Alors, je me dis que tout cela risque de barber un peu nos lecteurs — qu'ils préféreraient sans doute que je sois plus ignorant ou plus chicaneur. Je suis trop consensuel. Bon, avançons... Maintenant que nous avons vu les clients et les employeurs, passons aux distributeurs et aux fournisseurs. En quoi l'attitude sociable les concerne-t-elle ?

ROBIN – C'est la même chose. McDonald's, Nissan et Marks & Spencer sont des exemples frappants : ils se veulent pleins de sollicitude à l'égard de leurs fournisseurs. Bien sûr, ils s'attendent à des produits de qualité supérieure et ne se contenteront pas de moins — sinon ils feraient du tort à leurs clients, et à eux-mêmes — mais ils entretiennent des relations étroites avec leurs fournisseurs, et travaillent avec eux pour les aider à atteindre le niveau requis. Ils portent la même attention aux conditions de travail chez leurs fournisseurs que dans leur propre entreprise. On dit qu'un ancient PDG de Marks & Spencer, Marcus Sieff, demandait toujours à voir les toilettes lorsqu'il se rendait chez un fournisseur ; il savait qu'elles lui donneraient une juste impression de la peine prise par le fournisseur pour assurer de bonnes conditions de travail.

JOHN – Ces entreprises saines adoptent cette fameuse attitude sociable non seulement envers leurs clients, mais aussi envers les groupes divers à qui elles ont affaire. Elles agissent ainsi parce qu'elles « croient » au comportement ouvert et coopératif, et pas simplement parce que cette attitude amène par ailleurs les meilleurs résultats !

ROBIN – C'est très certainement l'impression qu'on a.

JOHN – Passons au point suivant sur la liste des caractéristiques des familles saines — l'amour ! Je t'écoute.

ROBIN – Si tu te rappelles bien, ce qui nous surprenait le plus dans l'amour de ces familles, c'était son lien très fort avec l'indépendance et l'autonomie : la façon dont le couple peut alternativement partager une grande intimité et se séparer pour agir indépendamment, avec une totale confiance.

JOHN – Sans avoir besoin de s'accrocher l'un à l'autre et de se contrôler mutuellement, oui.

ROBIN – Eh bien, on constate un véritable parallèle avec les organisations. Il est très surprenant de voir comment les entreprises les plus florissantes donnent aux gens un même sentiment d'indépendance, le pouvoir d'accomplir leur tâche avec fort peu de surveillance. Certaines entreprises prospères se passent même totalement de surveillance en franchisant certaines de leurs activités !

JOHN – Je suppose que tout cela n'a rien de vraiment surprenant. Nous savons tous que dans des organisations mal dirigées, les patrons essaient de contrôler tout le monde dans l'idée qu'on ne peut pas leur faire confiance pour obtenir des résultats probants. Ainsi, ils sont tous là à se raccrocher les uns aux autres en quête d'un peu de sécurité, et aucun d'eux n'agit vraiment...

ROBIN – Comme dans une famille anxieuse, déprimée, malheureuse...

JOHN – Et comme pour certains films d'Hollywood. On aura un troupeau de « producteurs », tous très excités et très bien payés, mais aucun ne donnera jamais clairement son point de vue, surtout pas devant les autres. Ils s'apporteront un « soutien » mutuel sans faire autre chose que de garder un œil sur le troupeau, jusqu'au jour où, dans la même seconde, ils s'écrieront tous en chœur : « C'est un désastre, je l'avais prédit ! » L'étape suivante est connue sous le nom de « chasse au coupable », et ils y excellent. Mais leur talent premier, c'est de se fondre dans la masse quand il s'agit de donner un avis.

ROBIN – Au contraire, les entreprises saines respectent énormément la personnalité et l'indépendance. Pour commencer, les chefs eux-mêmes sont souvent choisis précisément parce qu'ils sont non conformistes — voire anti conformistes — ce qui signifie que les béni-oui-oui seront facilement détectés et sacrément secoués au tout début de leur carrière. Ce non-conformisme constitue une part importante de l'éthique de l'entreprise, s'appuyant sur des histoires d'innovateurs et de pionniers, considérés à leur époque comme des baroudeurs. De la même manière, un certain non-conformisme est bienvenu et recherché lors des entretiens de recrutement. Une fois intégrées dans l'entreprise, les personnes ayant ce profil sont protégées et soutenues, voire prises sous son aile par un vétéran.

JOHN – Même si les baroudeurs font souvent des ennuis ?

ROBIN – Exactement.

JOHN – Tony Jay, qui a été producteur à la BBC pendant des années, m'a raconté que les chefs de départements devaient faire au départ leur choix entre un département sans problèmes, coopératif, amical et bien ordonné, et un département créant de bons programmes.

ROBIN – Hélas, les gentils conformistes ne sont généralement pas créatifs. Les entreprises saines sont donc bien contentes d'acheter la créativité et l'innovation au prix de quelques embêtements.

JOHN – Attends un peu. Jusqu'ici nous n'avons parlé que des individus. Mais le plus souvent un individu n'arrive pas à grand-chose *tout seul*. Il faut collaborer pour produire quelque chose d'important. Ces entreprises ne s'organisent sûrement pas autour d'individus ?

ROBIN – Certes non. Mais ce respect de l'indépendance a pour résultat que la structure d'ensemble repose sur le principe de Schumacher : *Small is beautiful* (« Ce qui est petit est beau »).

JOHN – Plus d'une personne, mais un groupe « restreint », c'est ça ?

ROBIN – Oui. Quelle que soit l'ampleur de l'entreprise, les groupes de travail sont taillés en vue d'un véritable travail d'équipe.

JOHN – Mais quelle est cette taille ?

ROBIN – Une dizaine de personnes environ. Comme ça, les gens peuvent se connaître vraiment à fond. Et chacun de ces petits groupes a une grande indépendance de fonctionnement.

JOHN – C'est intéressant, ce chiffre de dix. Dans son ouvrage *Paléontologie de l'entreprise*, Tony Jay remarque que l'unité d'infanterie compte dix personnes — dans l'armée américaine, l'armée britannique, l'armée romaine ou celle de Gengis Khan ! Les équipes sportives comptent toutes à peu près ce nombre de joueurs, les jurés sont douze, le groupe de prières juif compte dix membres...

ROBIN – Les « cercles de qualité » utilisés par certaines entreprises pour chercher des idées doivent s'en tenir à ce nombre...

JOHN – Dans une équipe de tournage bien organisée, on trouve entre sept et dix postes clés. Et il n'y avait que douze apôtres !

ROBIN – Mon groupe de thérapie comptait d'ailleurs environ huit personnes !

JOHN – C'est comme si les humains étaient reliés entre eux de telle manière que la coopération optimale et la compréhension presque instinctive ne pouvaient s'établir que dans des groupes de, mettons, moins de douze personnes.

ROBIN – Oui, si on peut réduire un groupe à ce nombre, on a tous les avantages d'une communication de type familial, et ce groupe peut réagir très vite à ce qui se passe.

JOHN – Mais, Robin, un groupe qui doit vraiment agir vite et avec une telle indépendance doit avoir assez de confiance en soi pour le faire. Et où la trouver, sinon chez ceux qui sont au sommet !

ROBIN – C'est vrai, mais dans les entreprises les plus prospères, les dirigeants encouragent les gens à tenter des choses au lieu de soumettre chaque nouvelle idée à discussion : elles sont rapportées et communiquées à toute la hiérarchie pour commentaires et approbations.

JOHN – Mais comment laisser faire sans perdre entièrement le contrôle ?

ROBIN – De la même façon que dans les familles saines, par un contrôle relâché/tendu. Les dirigeants exercent un contrôle très strict sur un petit nombre de « régulateurs » absolument cruciaux, mais laissent autant de liberté que possible par ailleurs.

JOHN – Et que régulent-ils ?

ROBIN – Surtout ce qui concerne l'argent. En fin de compte, tout ce qui peut stopper les affaires, c'est la banqueroute. Sans cela, elles continuent, même si elles peuvent être améliorées.

JOHN – Donc les aspects « serrés » du contrôle concernent surtout les finances ?

ROBIN – Oui, à condition qu'on accepte ces quelques régulateurs — et ils sont constamment soumis à contrôle —, le reste du fonctionnement du groupe peut être géré de façon assez « détendue ». Si les groupes se débrouillent bien avec l'argent, ils peuvent manipuler le reste un peu comme ils l'entendent. La direction générale ne râlera pas en voyant un groupe puiser des fonds dans un budget pour les utiliser en vue d'un autre : c'est tenter une expérience sans demander la permission aux supérieurs. On appelle cela de la contrebande, et ces gens sont presque encouragés à la pratiquer — dans la mesure où les responsables ferment l'œil sur ces pratiques.

JOHN – Si la plus grande partie du contrôle est aussi relâchée, que font exactement les dirigeants ?

ROBIN – À part contrôler les régulateurs cruciaux, la chaîne de commande est surtout là pour guider les autres, et les chefs écoutent et suggèrent plus qu'ils ne donnent des ordres. Le général Sir John Hackett parlait de la chaîne de commandement dans l'armée comme d'une chaîne de confiance !

JOHN – Le contrôle — ou le pouvoir, la prise de décision, l'autorité — est donc *une fonction partagée à l'échelle de l'entreprise*.

ROBIN – Oui. Dans une certaine mesure, c'est le cas dans toutes les organisations. Même dans une prison, certaines décisions, certaines tâches sont déléguées à des hommes de confiance. Les entreprises saines et prospères reconnaissent cette réalité, l'admettent et l'étendent explicitement, en organisant une structure d'entreprise qui l'exploite au mieux.

JOHN – Et manifestement, si le contrôle est à ce point « relâché », c'est qu'ils n'ont pas peur que les gens commettent des erreurs.

ROBIN – Non. Il est absolument admis qu'une proportion raisonnable d'erreurs sera commise, si les gens font leur travail de cette façon saine et indépendante.

JOHN – Ils ont dû entendre parler du vieux proverbe : « Il n'y a que ceux qui ne font rien qui ne se trompent jamais. »

ROBIN – Très juste. Dans les entreprises les plus saines, le tabou, ce n'est pas de faire des erreurs, mais de les *dissimuler*. Parce que si elles sont dissimulées, elles ne peuvent pas être rectifiées. Sir Peter Parker, ce type remarquable qui a dirigé British Rail, a dit un jour : « Si quelqu'un venait à la porte de mon bureau et m'annonçait : "J'ai tout gâché", je lui répondrais : "Entrez donc" ! » Mais les chefs doivent travailler dur pour faire circuler ce message. Il est très difficile d'acquérir assez de confiance en soi pour admettre ses erreurs. Toute notre éducation nous apprend à les dissimuler.

JOHN – Un jour, j'ai fait un discours sur l'importance du droit à l'erreur. Après ça, des tas de gens sont venus me dire qu'ils étaient d'accord, à condition que j'en parle à leur patron... Et pourtant, la peur de commettre une erreur suscite un comportement très malsain : les gens passent leurs jours à amasser des piles de documents pour prouver qu'ils ne sont coupables de rien.

ROBIN – Ils touchent un salaire qu'ils ne peuvent pas risquer de perdre en commettant une erreur qui leur vaudrait d'être virés.

JOHN – Ces dernières années, j'ai remarqué que lorsque les entreprises me proposent de travailler pour elles, il me faut environ trois coups de fil pour découvrir si elles ont ce genre de peur. Quand c'est le cas, je prends la fuite. Car alors, non seulement les projets sont difficiles à élaborer avec ces entreprises, mais ils ne mènent pas à grand-chose. On n'arrive jamais à savoir après coup si ce qu'on a fait a marché — eux-mêmes ne le savent pas vraiment. Personne au sommet ne semble vouloir se décider à dire : « c'est bien » ou « c'est mal ». Ce serait établir des critères utilisables pour déceler d'autres erreurs qu'ils auraient envie de cacher — à supposer que ce soit bien des erreurs, ce dont ils ne sont pas sûrs.

ROBIN – Je reconnais là un type de consultation que j'ai menée avec certaines entreprises. En fait, avec les entreprises confiantes, c'est tout le contraire, les gens prennent des décisions et agissent précisément parce que c'est ce qu'on attend d'eux ! Et s'ils se trompent, c'est clair car les critères sont clairs. Dès lors, toutes les erreurs peuvent être corrigées immédiatement.

JOHN – Dans mon discours, j'ai suggéré que notre modèle devrait être Gordon, le Missile Téléguidé. Il vérifie sa course toutes les demi-secondes et la corrige la demi-seconde suivante. Bon... À part l'encouragement prodigué par l'entreprise à l'indépendance d'équipes restreintes, y a-t-il d'autres façons pour une organisation de respecter la personnalité ?

ROBIN – Il y a une autre façon bien différente. Ces organisations sont intéressées par chaque facette de chaque individu.

JOHN – Pas juste le petit bout que les gens amènent au travail ?

ROBIN – Voilà. Permets-moi de citer à ce propos Tom Peters, qui a co-rédigé *Le Prix de l'excellence*. S'adressant à des groupes de chefs d'entreprise, il leur a dit qu'ils auront une grosse surprise s'ils demandent à dix de leurs employés ce qu'ils font de leur temps libre. Ils pourront découvrir qu'un ou deux sont diacres dans leur église, et que celui sur lequel ils croyaient vraiment ne pas pouvoir compter est le trésorier de l'église. Deux autres seront des experts en électronique, un autre aura peut-être construit son propre bateau. Un sixième sera directeur d'une troupe locale, où la septième sera employée comme jeune première. Le huitième pourrait être l'organisateur d'une association de jeunesse, et le neuvième un artiste graphique qui a déjà exposé. Seul le dixième révélera peut-être un moindre degré de compétence. Peters finit en déclarant à son public d'hommes d'affaires que leurs employés sont tous des gens intelligents, attentifs, créatifs, pleins d'idées, talentueux et énergiques — sauf pendant les huit heures qu'ils passent au travail !

JOHN – C'est remarquablement juste. Une fois qu'on nous fait comprendre que nos talents sont indésirables, nous acceptons un rôle plus modeste avec une déprimante rapidité. Nous renonçons simplement aux parties de notre être qui ne sont pas accueillies positivement. Il n'y a qu'à constater notre attitude grégaire chaque fois que nous montons à bord d'un avion. Une hôtesse de l'air m'a dit un jour qu'on lui avait appris que les passagers enregistraient leur cervelle avec leurs bagages. J'ai acquiescé, tout en faisant remarquer que c'était un résultat direct de la façon dont elles nous traitaient.

ROBIN – Permets-moi une autre anecdote.

JOHN – Chouette !

ROBIN – Elle vise les « trois éléments de base » dont nous avons parlé au chapitre 1 — les trois parties principales de la personnalité.

JOHN – « Parent », « Adulte », « Enfant » — ou encore Surmoi, Moi, Ça. Je t'écoute...

ROBIN – Dans les années 1960, Isabel Menzies a mené une étude fascinante sur la répartition des soins dans les hôpitaux britanniques. La direction s'interrogeait sur la baisse de moral du personnel et la haute fréquence de renouvellement. On l'a donc chargée de mener une enquête. Je n'ai sans doute pas besoin de souligner que le travail en milieu hospitalier inflige au personnel une angoisse considérable due à leurs responsabilités. Le produit visé, c'est la personne saine ; l'échec, c'est la mort du patient. Il faut donc que les employés visent le « zéro défaut » ! Ce qu'a découvert Menzies est très intéressant. Elle a remarqué que l'organisation était telle qu'aucun membre du personnel hospitalier ne pouvait déployer toute sa personnalité dans son travail. Les personnes ne pouvaient pas exploiter leurs trois éléments de base. Ceux-ci étaient répartis sur différents niveaux de hiérarchie. Toute la « responsabilité » reposait sur les épaules des infirmières en chef et des infirmières-major, censées être sérieuses et sévères et considérées comme des dragons. Tout le plaisir, le côté vivant et ludique, revenait aux élèves-infirmières, considérées comme des enfants immatures.

JOHN – Et traitées dès lors comme des « irresponsables » à qui on ne pouvait pas faire confiance ?

ROBIN – Exactement. Leur vivacité naturelle, leur ouverture d'esprit et leur chaleur étaient jugées avec désapprobation, et elles devaient l'inhiber. Mais on ne leur donnait par ailleurs aucune chance d'utiliser leur capacité à assumer des responsabilités. Elles étaient donc privées du plaisir d'exercer les facettes plus adultes de leur personnalité. Et, bien sûr, l'hôpital en perdait le bénéfice...

JOHN – Alors que les dragons n'avaient pas le droit de s'amuser !

ROBIN – Elles devaient maintenir un contrôle très strict sur tout, et donc sur elles-mêmes. Elles se privaient du plaisir d'exploiter le côté sensible de leur personnalité. Les patients étaient également perdants, puisqu'ils ne bénéficiaient pas d'un contact plus sympathique, plus humain.

JOHN – Et les infirmières du milieu ?

ROBIN – Elles étaient prises entre deux feux. Puisque les infirmières en chef assumaient toute l'autorité et tout le contrôle, et les élèves-infirmières tous les sentiments humains et naturels, les infirmières ordinaires étaient frustrées à la fois du plaisir de prendre des responsabilités et du plaisir de partager avec les patients des réactions spontanées. On ne leur laissait que des fonctions d'agents : elles faisaient exactement ce qu'on leur disait de faire sans montrer ce qu'elles ressentaient, ni « perdre » leur temps en remontant le moral aux patients. Elles marchaient sur la corde raide, redoutant de défier l'autorité de leurs supérieurs, mais aussi d'être considérées comme puériles et irresponsables.

JOHN – Si bien qu'en vérité, chacun de ces trois groupes opérait sur un seul des trois éléments de base, sans faire usage des deux autres. Les infirmières-major assumaient les fonctions parentales, celles du Surmoi. Les infirmières ordinaires assumaient les fonctions exécutives, adultes du Moi. Les élèves se retrouvaient avec les fonctions de l'Enfant ou du Ça. *

* Le dessin fait référence à Florence Nightingale (1820-1910), qui organisa la formation du personnel hospitalier et fonda des hôpitaux militaires de campagne pendant l'expédition de Crimée, la guerre de Sécession, la guerre de 1870. La légende l'avait sur-

ROBIN – Pour dire les choses autrement, chaque groupe percevait certains aspects de sa propre personnalité comme s'ils appartenaient uniquement à d'autres membres du service. Toutes étaient emprisonnées dans des rôles fixes et limités, entourées de restrictions, et aucune n'était vraiment à même de répondre correctement aux besoins des patients.

JOHN – D'où venait cette organisation si rigide ?

ROBIN – Le système était explicitement organisé pour protéger les patients contre de possibles erreurs ; mais au lieu de réduire l'angoisse des infirmières, il a eu pour effet d'empêcher qu'elle s'exprime. Aucune des infirmières ne pouvait demander ni obtenir du soutien et des conseils lorsqu'elle devait affronter les craintes et le stress suscités par son difficile métier. Le risque d'une dépression était fortement accru. C'était la raison principale du fréquent renouvellement du personnel et du départ d'élèves en formation.

JOHN – La rigidité du système, censée réduire les erreurs et l'angoisse, l'a en fait rendu très inefficace.

ROBIN – Et ce parce que personne ne pouvait exploiter toute l'étendue de sa personnalité. Moralité : plus les organisations reconnaissent dans les gens des individus, plus ils peuvent apporter leur contribution : éléments sages et responsables, éléments ordinaires et compétents, éléments ludiques, créatifs, jouissifs. Par exemple, Avon Rubber a fermé une usine et en a ouvert une autre un peu plus loin en utilisant les mêmes employés, mais en travaillant de la façon que nous avons décrite. Le résultat, c'est que la productivité et la qualité ont connu une amélioration spectaculaire.

JOHN – Fascinant. Résumons : dans les organisations saines, « l'amour », c'est le respect des individus et la considération qu'on leur accorde ; un effort pour employer des

---

nommée « la Dame à la Lampe », parce qu'elle parcourait les salles d'hôpitaux la nuit, une lampe à la main.

gens non conformistes, même à des postes élevés ; et un refus de contrôler les groupes restreints qui structurent les organisations les plus saines.

ROBIN – Quelle est la caractéristique suivante des familles saines ? Je ne sais plus trop où nous en sommes...

JOHN – Il s'agit de... de deux facteurs liés : l'autorité clairement affirmée des parents, et la pleine consultation des enfants.

ROBIN – Juste. Dans les familles saines, les parents essaient de négocier avec les enfants dans la mesure du possible, mais sont prêts à assumer leur responsabilité si nécessaire et à prendre des décisions désagréables aux enfants. Eh bien, dans les organisations les plus saines, nous pouvons observer un processus exactement semblable ! Pour commencer, elles aiment la consultation presque à la folie.

JOHN – Quelle politique commerciale ce fanatisme recouvre-t-il ?

ROBIN – Si une idée prédomine, je pense que c'est la détermination de la direction à exploiter l'intelligence du système tout entier.

JOHN – Oh, voilà qui me plaît.

ROBIN – Au lieu d'exploiter simplement l'intelligence des supérieurs hiérarchiques, et de traiter tous les autres comme des instruments. Nous avons déjà parlé en fait d'un aspect de cette réalité — le haut degré d'autonomie accordé aux petits groupes dans les organisations prospères.

JOHN – On encourage ces groupes à prendre des décisions et à les mettre eux-mêmes en pratique.

ROBIN – Mais lorsque les décisions doivent être prises à un niveau supérieur, tous les gens concernés sont priés de verser leur contribution mentale.

JOHN – ... et il est évident qu'une organisation gérée selon ces principes sera plus intelligente que celle où tout est décidé par le comité de direction. En effet les gens qui savent ce qui ne va pas avec le service courrier sont ceux qui y travaillent, et les gens les mieux informés sur les produits sont les vendeurs et les agents techniques.

ROBIN – C'est une raison importante du succès des entreprises japonaises comme Honda, qui a réalisé trois ans de suite les meilleures ventes de voitures aux États-Unis. Mais General Motors a rattrapé son retard, et a monté une entreprise séparée pour construire une nouvelle voiture baptisée Saturne. La main-d'œuvre est répartie en équipes de six à quinze personnes, chaque équipe a son propre budget, engage du personnel si nécessaire, organise sa propre formation, planifie son travail et contrôle sa propre qualité. Les gens qui y travaillent adorent cette répartition et le projet remporte un immense succès ! En impliquant tout le monde, on bénéficie en permanence, dans le processus décisionnel, de tous les renseignements, de toutes les interprétations, et de toutes les idées susceptibles d'orienter des réactions de l'entreprise. Sans compter un autre aspect, non moins important.

JOHN – Je sais ce que tu vas dire ! Il y a des années, je faisais des recherches en vue d'un film pour Video Arts sur l'art de prendre des décisions. En parlant à des directeurs éprouvés, je me suis rendu compte que le plus dur ne consistait pas à prendre la bonne décision, mais à convaincre les gens de s'y associer, *même s'ils ne l'approuvaient pas* ! Et plus j'expliquais cela, plus il était clair que la solution, c'était la consultation. Si on invite les gens à donner leur opinion et qu'ils ont vraiment l'impression qu'on les a écoutés... alors, même s'ils ne sont pas d'accord avec la décision ultime, ils n'y feront pas obstacle. Au contraire, ils diront : « Très bien, on a écouté ce que j'avais à dire et on l'a pris au sérieux. Même si je juge cette décision mauvaise et que je ne l'approuve pas, j'y mettrai du mien. »

ROBIN – Et nous autres Occidentaux pouvons sans doute apprendre beaucoup des Japonais, et de la peine qu'ils prennent pour s'assurer de l'approbation collective d'un projet. Ils réunissent tout le monde, à plusieurs reprises, pour des discussions qui se poursuivent indéfiniment...

JOHN – Oui, je me rappelle que certains directeurs britanniques de Sony m'ont dit qu'en allant au Japon pour la première fois, ils ont été stupéfaits de voir à quel point les réunions étaient anarchiques et brouillonnes.

ROBIN – Eh bien, les Japonais considèrent que ce n'est pas du temps perdu.

JOHN – Notre problème, à nous autres Occidentaux, c'est que nous sommes toujours terriblement pressés. Dans les réunions, les gens se disent souvent qu'ils n'ont pas le droit d'exprimer des soucis ou des objections. Ils ont l'impression que ce serait là une attitude « négative », qui laisserait les choses en suspens. Ce qu'ils ont à dire peut être très important, mais parce qu'ils n'arrivent pas à l'exprimer clairement, ou parce que le président de séance a l'air impatient, ils la ferment. Le résultat, c'est qu'un problème sérieux risque d'être passé sous silence.

ROBIN – Les Japonais, eux, s'organisent de façon à laisser émerger ce genre d'objections et s'assurent qu'on les prenne en compte au lieu de les effleurer, ce qui aurait pour conséquence de les laisser se développer et de favoriser des obstacles imprévus. Cela peut rallonger la séance au début, mais cela veut dire aussi que tout le monde s'implique le plus possible dans le projet, si bien que toutes les résistances psychologiques que nous autres Occidentaux rencontrons à l'étape suivante sont déjà aplanies. L'autre avantage, c'est que, d'un point de vue pratique, chacun a une chance de remettre en question le projet sous n'importe quel angle technique. Dès lors, chacun comprend vraiment ce qu'est sa partie du boulot, et la façon dont elle s'intègre aux autres. Sir John Harvey-Jones, l'ex-président d'ICI, a décrit l'implantation de deux usines identiques de paraxylène, l'une au Japon, l'autre au Royaume-Uni. Les Japonais en étaient encore à discuter interminablement quand les Britanniques avaient déjà commencé à construire. Mais une fois que les Japonais se sont mis à la tâche, ils ont travaillé « comme un éclair bien huilé », pour citer Harvey-Jones, et ont fini leur usine sept mois avant les Britanniques. De plus, celle-ci a fonctionné dès le premier jour, alors que l'usine britannique, ouverte sept mois plus tard, a mis trois mois à faire ses dents.

JOHN – Là, je suis très inquiet. Lorsque j'ai écrit un film pour Video Arts sur les réunions, nous avons préconisé que le président de séance indique pour certains points le nombre de minutes dévolues à la discussion. Cela m'ennuie beaucoup maintenant...

ROBIN – Ce n'est pas seulement une question de temps, il s'agit aussi de l'atmosphère que crée le président de séance. Encourage-t-il les gens à garder l'esprit en éveil ? Il est bon que tout le monde arrive à la réunion avec des idées claires — cela permet à chacun de préciser sa pensée. Mais si les gens se sont trop identifiés à leurs propres idées, prendre une juste décision revient à provoquer un conflit d'egos.

JOHN – Voici un slogan pour les réunions : « Coopération des individus, compétition des idées. »

ROBIN – Ravissant. Ce devrait être exactement le but du président de séance.

JOHN – Il y a un autre problème, un peu différent. Si tu consultes les gens pour les inciter à critiquer quelque chose qui a déjà été décidé et réalisé — pour voir s'il y a besoin d'y changer quelque chose — il sera très délicat de les persuader de parler ouvertement là-dessus. D'après mon expérience, ils ont été éduqués dans l'idée que les autres n'aiment pas être critiqués — et pourtant leur opinion peut être vitale. C'est pourquoi j'use de subterfuges. Lorsque je fais des projections-tests de mes films pour obtenir des critiques véritables qui me permettront de les corriger convenablement, je ne dis plus : « Qu'est-ce que vous n'avez pas aimé ? », parce que les gens ne répondront pas à une question ainsi posée. J'ai appris à dire : « Si je devais refaire entièrement ce film, quels sont les deux conseils que vous me donneriez ? » De cette façon, les gens ont l'impression d'être positifs alors qu'en fait, ils sont critiques. Le grand problème est donc celui-ci : à moins de les rechercher éperdument, vous n'obtiendrez pas de critiques ; si vous faites seulement semblant de les rechercher, les gens le décryptent et ne réagissent pas en toute bonne foi. Les consultants d'entreprise savent qu'on les embauche parfois uniquement pour approuver les décisions de la direction — quand les temps sont durs, c'est ce qu'ils font !

ROBIN – Les Japonais ont une ruse pour en finir avec les réticences. Après une discussion, quand vient le moment de fixer une ligne d'action, le chef invite tous ceux qui sont là à donner leur opinion, mais en commençant par le dernier arrivé dans l'entreprise, puis en remontant cette échelle d'ancienneté. Ainsi, personne n'est amené à marquer son désaccord avec un supérieur — dès lors, on ne se contente pas de répéter le propos du patron. Finalement la tâche du dirigeant, c'est de parvenir à une décision aussi consensuelle que possible.

JOHN – C'est brillant. Nous ne pouvons améliorer les choses qu'en recueillant des réactions. Le problème, c'est que plus les réactions sont marquées, plus ça fait mal ! Je crois qu'en Occident, nous en sommes bien conscients. Les gens détestent prendre la parole parce qu'ils pensent que personne ne les écoutera.

ROBIN – Sir John Harvey-Jones dit : « Les béni-oui-oui se trouvent à la pelle. Ce que nous recherchons, ce sont des gens qui sachent opposer un non constructif. »

JOHN – Très bien. Nous avons dit que consulter les gens est inutile si on refuse de se laisser malmener l'ego. Et nous avons déduit cela du fait que les organisations les plus saines consultent toujours à fond avant de prendre une décision, faisant ainsi le lien avec la façon dont les parents très sains consultent leurs enfants. Mais nous n'avons pas vraiment évoqué l'autre aspect — l'autorité établie des parents.

ROBIN – Eh bien, nous avons mentionné un point important : comme dans les familles, une consultation menée à fond signifie que les décisions prises en fin de compte sont mieux acceptées, même lorsque les gens ne sont pas d'accord.

JOHN – Oh, pardon.

ROBIN – Mais il nous faut également rappeler ici ce que nous disions sur les petits groupes largement autonomes mis en place par les organisations saines. L'autorité des chefs est acceptée parce qu'ils *délèguent* le plus de responsabilités possibles à leurs subordonnés. Ils ne conservent que le pouvoir de prendre des décisions, qui leur appartient nécessairement — et ne peut être délégué.

JOHN – Oui, je comprends en quoi cela renforce l'autorité des dirigeants. Si on fait à ce point confiance aux gens, il y a plus de chances qu'ils respectent l'autorité dans les domaines où elle s'affirme.

ROBIN – À quoi comprends-tu cela ?

JOHN – Si on confie à ta responsabilité ce en quoi tu es compétent, tu sauras plus nettement ce qui est hors de tes compétences — pour le moment, du moins.

ROBIN – C'est cela même. Ainsi, si une crise advient, les dirigeants ne craindront pas d'user de leur autorité et de prendre plus de responsabilité le cas échéant. Ils tireront un peu sur les rênes. Mais une fois la crise passée, l'entreprise véritablement saine relâchera son contrôle, et les choses redeviendront comme avant.

JOHN – Le degré d'autorité nécessaire varie selon la situation.

ROBIN – Oui. Cette flexibilité est vitale : être capable de lâcher les rênes ou de les reprendre en main, selon les cas. Le principe, c'est : en toute situation, n'exercez que le contrôle strictement nécessaire.

JOHN – Ce qui, en retour, renforce le système tout entier. Un groupe peut faire son travail en toute confiance et prendre quelques risques. D'abord, il saura exactement à quelles exigences il doit répondre et de quelle liberté d'action il dispose ; ensuite, on l'encourage activement à progresser dans son travail ; enfin, il jouit du surplus de confiance que donne le sentiment de travailler avec filet, les responsables exerçant un contrôle plus étroit en cas de problème.

ROBIN – C'est vrai, n'est-ce pas ? Nous sommes plus disposés à prendre des risques si nous savons qu'ils sont assumés par quelqu'un qui a notre confiance — en un sens, c'est l'essentiel de la thérapie. Le thérapeute tente de faire vivre aux patients de nouvelles expériences, de leur fournir une autre façon de voir les choses qui les inquiète justement parce qu'elle est nouvelle. Mais les patients peuvent prendre le risque de cette nouvelle expérience s'ils font confiance au thérapeute pour contenir la situation, assurer le filet. C'est comme dans une famille saine : les jeunes enfants risquent leurs premiers pas avec de plus en plus d'audace précisément parce qu'ils s'en remettent à leurs parents pour exercer un contrôle ferme et, si nécessaire, les empêcher d'aller trop loin.

JOHN – Je trouve cela très intéressant parce que toutes nos attitudes à l'égard de l'autorité sont très profondément ancrées. Certaines personnes sont fondamentalement « pour », d'autres fondamentalement « contre ». Pourtant, dans ces organisations saines, les gens acceptent « l'autorité » de plein gré parce qu'elle est bien exercée. Lorsque ce n'est pas le cas, les gens le découvrent très vite, commencent à s'en offusquer et font de l'opposition, ce qui, aux yeux des autoritaristes, est une preuve supplémentaire de l'indocilité de leurs subordonnés, de leur incapacité à coopérer, de l'impossibilité de leur faire confiance ; ce qui, en fin de compte, justifie un surcroît d'autorité et, en conséquence, augmente le ressentiment des gens et leur opposition, etc. En d'autres termes, tout ce que les dirigeants pensent de leurs subordonnés s'avérera exact, car la prophétie s'accomplit d'elle-même : chaque type de comportement directionnel produit la réponse qu'il prédit.

ROBIN – Oui, le théoricien du management, Douglas McGregor, a démontré cela dès 1960 avec ses « théorie X » et « théorie Y ». La « théorie X » renvoyait à l'idée très répandue que l'homme moyen déteste le travail et l'évite à moins d'être contrôlé et contraint. Cette attitude menait inévitablement à un type autocratique de direction, et à une réaction de résistance comme celle que tu viens de décrire, avec le cercle vicieux qui veut que davantage de contrôle provoque davantage de résistance.

JOHN – Et la théorie Y ?

ROBIN – Elle disait que les gens aiment à employer leur intelligence et leurs talents, accueillent les responsabilités à bras ouverts, et sont le plus souvent très créatifs et pleins de ressources lorsqu'il s'agit d'aider à résoudre des problèmes d'organisation — et que si la direction voulait bien le croire, cela susciterait une bonne coopération et un bon moral.

JOHN – Et qu'a démontré McGregor ?

ROBIN – Eh bien, c'est assez amusant. Lorsque McGregor est devenu président d'une université et a tenté de mettre ses idées en pratique, il a d'abord pensé qu'en suivant la théorie Y à la lettre, il éviterait toute discorde et tout conflit. Mais il a fini par réaliser qu'à certains moments, il n'avait d'autre choix que d'utiliser son pouvoir et d'imposer sa loi. En somme, l'autorité a sa place, tout comme la consultation, et il faut ajuster l'équilibre pour répondre aux nécessités ordinaires. Comme dans les familles saines. Les organisations saines le savent, et ne voient pas de contradiction à être fermement autoritaires à certains moments, même si la philosophie générale est plus proche de la théorie Y.

JOHN – Ce qui nous amène sans heurt à la caractéristique suivante des familles saines : la communication ouverte.

ROBIN – Eh bien, les organisations saines se mettent en quatre pour l'encourager.

JOHN – ... N'as-tu rien de plus surprenant à nous dire, Robin ? Par exemple : « Ils engagent toujours un ou deux menteurs pathologiques soumis à un entraînement spécial par Robert Maxwell, pour faire en sorte que tout le monde soit rivé à sa tâche. » Ou encore, « les chefs de départements sont priés de dire l'exact contraire de ce qu'ils pensent ». Quelque chose de ce genre ?

ROBIN – Eh bien, ce qui est surprenant, c'est qu'ils encouragent la communication, même lorsqu'elle n'a pas d'objectif clair ou immédiat.

JOHN – Tu veux dire qu'elle est considérée comme une bonne chose en elle-même, point final.

ROBIN – Les organisations saines savent qu'il y a toujours quelque chose dont il vaut la peine de parler. On fait donc en sorte de pousser les gens à communiquer les uns avec les autres.

JOHN – Comment ?

ROBIN – Par exemple, en installant de grandes tables à la cantine pour susciter les rencontres inattendues et les conversations, au lieu de mettre des petites tables où s'assiéraient toujours les mêmes personnes. Et en prévoyant des salles pour que les gens se rencontrent et bavardent sans formalités. Et les directeurs sont toujours sur le qui-vive, toujours prêts à bavarder avec le personnel, à répondre aux questions et à noter les commentaires au lieu de se barricader dans un bureau, ou de se tenir à l'écart dans le bâtiment de la direction. On appelle ça le MBWA — *Management by Walking About* (« La gestion déambulatoire »).

JOHN – Il y a une histoire ravissante sur la façon d'encourager les gens à parler les uns avec les autres. Oliver Blandford, qui a dirigé la compagnie navale Upper Clyde, il y a de cela une vingtaine d'années, avait un problème d'absentéisme. Il a affiché la liste des absentéistes, rangés sous le nom de leurs contremaîtres. Bien sûr, certains contremaîtres avaient un nombre bien plus élevé d'absentéistes que d'autres. Lorsqu'ils se sont plaints, Blandford leur a dit : « Ce n'est pas une critique. J'ai simplement pensé que vous aimeriez savoir quel contremaître avait le moins d'absents : ainsi, vous pourrez lui demander ce qu'il fait et que vous ne faites pas. »

ROBIN – Très bien. Selon ce même principe, la direction dégagera des fonds pour financer toutes sortes de groupes associatifs, même s'ils ne sont pas reliés aux activités de l'entreprise. Ils favorisent en effet les amitiés et les conversations, et l'entreprise en bénéficiera en fin de compte.

JOHN – C'est intéressant, cette foi en la communication informelle.

ROBIN – Et il est frappant de voir combien ces gens se méfient d'une machine administrative formelle — le genre de comités qu'on crée pour résoudre un problème, mais qui deviennent permanents et finissent par servir les projets expansionnistes d'un des responsables. Si bien qu'on préfère aux comités des sessions ponctuelles. En ce qui concerne les gros problèmes, des groupes de travail *ad hoc* sont formés, mais on limite le nombre de participants, et on les incite à rendre au plus vite leur décision en les dispensant de tâches administratives ou de secrétariat de peur qu'ils ne se mettent à faire de la paperasserie au lieu de propositions pratiques.

JOHN – Il y a là une véritable méfiance à l'égard de la bureaucratie.

ROBIN – Ils essaient toujours de la réduire et d'optimiser la communication. Le moyen principal pour *structurer* cela, c'est de réduire le nombre de niveaux hiérarchiques. Parce qu'inévitablement, chaque degré hiérarchique supplémentaire ralentit la communication et retarde les réactions aux événements extérieurs. Or, souvent, le degré supplémentaire n'est pas nécessaire. Par exemple, Wal-Mart, l'établissement de vente au détail qui a sa maison mère en Arkansas, fait un chiffre d'affaires d'environ trois millions, et n'a que trois degrés hiérarchiques ! Certaines organisations de cette taille en ont dix. À un moment, l'organigramme de British Steel, une fois imprimé, était aussi long qu'un bureau moyen !

JOHN – Ces organisations croient donc fortement à la communication, elles pensent qu'il faut l'encourager à *remonter* la hiérarchie — c'est ce que nous avons dit sur les consultations — mais la *descend-elle* aussi ? Quel genre d'informations les dirigeants veulent-ils transmettre à l'ensemble des employés ?

ROBIN – Des informations très vastes. Pas simplement des détails immédiatement utiles pour leur travail, mais aussi des informations sur l'état de l'entreprise, ses projets, les changements envisagés — en d'autres termes, ils essaient de donner à tout le monde une perspective aussi large que possible sur la marche des affaires.

JOHN – N'y a-t-il pas certaines choses qu'ils refusent de communiquer ?

ROBIN – Comment cela ?

JOHN – Des trucs qu'ils préféreraient tenir secrets.

ROBIN – Certes, mais dans le passé les entreprises étaient bien plus cachottières. La tendance actuelle est inverse.

Tom Peters ne relève que trois zones de secret nécessaire : certaines informations d'ordre privé (et cela ne peut être que favorable au personnel) ; des secrets de fabrication qui font partie des avantages compétitifs de l'entreprise ; et ce qu'on appelle des informations acquises, parce que c'est comme ça que le marché fonctionne. Mais il a l'impression que c'est tout ce que la direction devrait garder pour elle-même. De nombreuses études montrent que les employés veulent plus d'informations, qu'ils sont capables de les comprendre et les traitent avec responsabilité.

JOHN – Cela me fait grand plaisir, car l'ouverture d'esprit semble toujours préférable. Mais si je me réfère à ma propre expérience, cela requiert un effort constant, non ? L'un des défauts humains les plus communs est d'oublier de dire aux autres ce qu'on fait et ce qu'on pense.

ROBIN – Je suis sûr que c'est la raison pour laquelle les organisations saines ne cessent de souligner cet aspect, en essayant constamment de maintenir l'idée de communication à l'esprit de tous.

JOHN – Mais il y a d'autres obstacles à la communication ouverte. Nous faisons de la rétention parce que partage d'informations peut aussi signifier partage des pouvoirs. En partageant nos idées, nous nous exposons au ridicule qu'elles soient trouvées nulles. Il y a une crainte largement répandue de n'avoir pas « raison » et de baisser dans l'estime des gens.

ROBIN – C'est vrai. Il est donc d'autant plus important que l'attitude du patron et l'atmosphère de travail qu'il crée contrecarrent ce sentiment et encouragent la participation.

JOHN – J'y ai réfléchi lorsque nous avons tourné *Un poisson nommé Wanda*. Dès le début, j'ai fait très attention à donner à tous les gens confiance en eux et en moi. Ce n'était pas très difficile parce qu'ils avaient tous été choisis soigneusement et que j'étais sincère. Il s'agissait simplement de m'assurer qu'ils connaissaient mon sentiment.

J'espérais les rendre libres de dire tout ce qui leur passerait par la tête, sans censurer leur moindre pensée avant de l'exprimer, au cas où elle serait « fausse » ou « stupide ». Plus encore, j'ai essayé de faire tomber les barrières entre les divers spécialistes — tu sais combien on peut adopter une attitude territorialiste dans sa profession. C'est une forme de défense : personne ne remet en question le domaine où l'autre est expert, pour s'assurer de la réciproque ! Dès le début, j'ai demandé à tout le monde de me donner des suggestions pour le scénario. Après avoir parcouru une première fois le scénario, l'assistant du metteur en scène m'a suggéré une très bonne réplique. J'ai donc rayé celle que j'avais écrite et j'ai mis la sienne à la place. Certaines personnes ont été très étonnées, notamment les Américains. Puis, ça a insufflé une énergie générale. Mais l'essentiel, c'est qu'en invitant les gens à empiéter sur mon territoire, j'ai pu empiéter sur le leur sans résistance. Ils ne préservaient pas une chasse gardée parce que je n'en préservais pas non plus. Vingt-quatre personnes ont contribué aux dialogues du film, et j'ai pu mettre mon grain de sel partout sans que les gens ne se mettent sur la défensive...

ROBIN – Je me rappelle que quand j'ai visité le plateau, j'avais constamment le sourire aux lèvres. L'atmosphère était très détendue, un peu comme dans une grande famille heureuse. Tu avais peut-être mis en pratique ce que tu avais appris.

JOHN – En tout cas, c'est ce que j'essayais de faire. Caractéristique suivante ? Ah oui, elle vient à point nommé : le « cirque à trois pistes » — le sens de la liberté et du plaisir, de l'individualité et de la créativité, tous étant en quelque sorte reliés.

ROBIN – Eh bien, nous serions surpris de constater le plaisir qui règne dans les organisations les plus efficaces ! Tous les facteurs que nous avons mentionnés y participent. La structure souple : les groupes semi-autonomes et restreints pour obtenir une interaction maximale, du soutien mutuel et du plaisir. Et puis la direction, qui leur fait vraiment confiance pour progresser dans le travail et les encourage à innover. Tout cela leur donne confiance. Qui plus est, les groupes de travail savent que si quelque chose se met à dérailler sérieusement, la direction interviendra — ce qui accroît la confiance. Enfin, la communication facile, ouverte, informelle, et la tolérance à l'égard des erreurs occasionnelles : encore plus de confiance ! Citons enfin les baroudeurs qui passent par là, et proposent des initiatives excentriques, stimulant une pensée originale chez les autres, même s'ils sont parfois un peu difficiles à manier ou ont un comportement un peu étrange. L'atmosphère tout entière encourage les gens à ne pas se retenir — à agir, à tenter des choses.

JOHN – Et plus encore ! Dans ce climat, les gens deviennent beaucoup plus créatifs. Lorsque nous avons confiance, nous devenons plus ludiques, et je suis sûr que le jeu et la créativité, c'est la même chose.

ROBIN – Donald McKinnon a fait des recherches marquantes dans les années 1970 à l'université de Berkeley. Il a examiné plusieurs professions pour découvrir ce qui rendait les gens créatifs. Il a découvert que l'attitude des gens jugés « créatifs » comportait deux caractéristiques : a) ils avaient plus de facilité à passer en mode ludique ; b) ils étaient prêts à réfléchir beaucoup plus longtemps aux problèmes avant de les résoudre. Maintenant, la confiance n'incite pas seulement au jeu, et, par extension, à la créativité : elle nous permet également de réfléchir plus longtemps avant de nous décider, parce qu'elle nous aide à mieux tolérer les sentiments d'anxiété qui bouillonnent en nous quand nous retardons le moment de prendre une décision. En instillant la confiance chez les employés, on augmente leur créativité de ces deux façons. Et écoute ce qu'a dit récemment Akio Morita, de chez Sony : « L'homme naît curieux, mais cette curiosité naturelle s'assèche à mesure qu'il grandit. Je considère que mon travail est de faire tout mon possible pour nourrir la curiosité des gens avec lesquels je travaille, parce qu'à Sony nous savons qu'une fabuleuse idée surgira plus facilement dans une atmosphère de confiance que là où tout est calculé, toute action analysée, toute responsabilité fixée par un organigramme. »

JOHN – Malheureusement, tout le monde n'a pas réalisé que l'inspiration la plus grande ne vient pas d'un travail logique basé sur des méthodes préexistantes — en « creusant le trou » comme disait Edward de Bono — mais en remettant tout en question, en allant où l'imagination nous porte, et en acceptant que bien des idées qui en résultent soient absurdes.

ROBIN – Ou plutôt qu'elles le soient au début : il est impressionnant de voir que souvent l'absurdité avait un sens, une forme dont on n'était pas conscient sur le moment.

JOHN – Nous avons appris, lorsque nous étions bloqués au cours de la rédaction de ce livre, à dire la première chose qui nous passait par la tête. Et maintenant encore, nous avons souvent l'impression de perdre du temps, de tourner en rond.

ROBIN – Mais par la suite, dans la conversation, ou lorsqu'elle a été typographiée et que nous pouvons en avoir une vision d'ensemble, nous voyons presque toujours émerger un schéma dont nous étions tout à fait inconscients.

JOHN – Ce qui est étrange, en ce qui me concerne, c'est le temps qu'il m'a fallu pour croire en ce processus, alors que je suis censé être « créatif ». Mais je le faisais avec la comédie ! J'étais capable de cogiter sans espérer que les choses feraient sens immédiatement. Après tout, j'ai grandi en pensant qu'il fallait résoudre les problèmes importants grâce à la pensée critique et logique, celle que nous enseigne notre culture occidentale. L'idée de suspendre cette approche lorsque je traitais de problèmes sérieux me paraissait quasi alarmante ! J'avais l'impression que ma « pensée » n'était pas vraiment valide si je ne savais pas *comment* je la concevais !

ROBIN – Notre ignorance sur la formation de nouvelles idées est stupéfiante — cela ne peut se produire, bien sûr, que lorsque nous sommes dans un mode créatif et ludique. Lorsque nous essayons d'observer le processus au microscope et de l'« expliquer », nous nous retrouvons automatiquement en mode logico-critique : le processus que nous tentons d'étudier a disparu.

JOHN – Les psychologues ont beaucoup étudié la créativité dans les années 1960 et 1970, mais se sont retrouvés bloqués. Ils ont atteint un point au-delà duquel ils n'arrivaient pas à l'expliquer.

ROBIN – Bien sûr, pour résoudre les problèmes, nous avons besoin des deux modes. En d'autres termes, après avoir joué avec les idées, il faut revenir au mode logique et analytique. On est alors confronté à de nouveaux problèmes. Du coup, on revient au jeu et, peu après, à la critique logique des dernières idées conçues, etc., etc. Jusqu'à ce qu'on considère l'idée comme bonne à mettre en pratique.

JOHN – Une fois qu'on a décidé quoi faire, il ne reste plus qu'à le faire !

ROBIN – D'accord. Mais alors, une fois que tu as agi, recueilli les réactions, et que tu les as analysées pour voir si tu es sur la bonne piste, tu dois revenir au mode du *brainstorming* afin de savoir si une étape suivante ne sera pas préférable à celle que tu as déjà en tête.

JOHN – Comme Gordon le Missile Téléguidé. Le secret n'est pas dans la capacité à jouer, ni dans celle d'agir de façon décisive. Le secret, c'est d'être capable de passer de l'une à l'autre selon la nécessité. Et la structure des organisations saines, avec leur « cirque à trois pistes », donne aux gens la confiance nécessaire pour y arriver. Lorsque nous manquons de confiance, nous ne pouvons ni décider, ni créer.

ROBIN – Il n'y a qu'un problème : il faut apprendre quand et comment passer d'un mode à l'autre — ce qui prend du temps.

JOHN – D'accord. Passons à l'avant-dernière caractéristique des familles très saines : leur perception réaliste des événements...

ROBIN – Oui. Ils voient le monde très nettement. Ils ne le croient ni meilleur ni pire qu'il n'est en réalité. Et non seulement ils ont une bonne carte mentale du monde, mais ils y trouvent aussi *leur* place.

JOHN – Ah oui ! Il est donc probable qu'ils obtiennent ce qu'ils veulent de la vie.

ROBIN – Il y a un autre aspect dans l'attitude de ces organisations saines face à la collecte d'informations : elles adorent les idées nouvelles et ne se préoccupent pas de savoir d'où elles viennent.

JOHN – Juste ! Un ami m'a raconté que lorsqu'il a intégré une nouvelle entreprise, il a suggéré une façon de faire qui avait réussi dans sa précédente entreprise. Mais le président a secoué la tête négativement et répondu : « PTI ». Mon ami a demandé à la fin de la réunion : « Que signifie PTI ? », et on lui a répondu : « Pas Trouvé Ici ».

ROBIN – Par contraste, les organisations vraiment saines n'hésitent pas à faire quelques emprunts.

JOHN – Des « emprunts » ! J'aime bien ça. Les comiques « volent », les artistes « sont influencés par », les hommes d'affaires « empruntent ». Magnifique !

ROBIN – Allons, pense aux Japonais ! Ils n'ont jamais eu d'inhibitions pour...

JOHN – Attention à ce que tu vas dire !

ROBIN – ... pour reprendre les méthodes occidentales — dès qu'ils se sont ouverts au monde après 1868 — et ils ont fait des progrès constants. C'est une raison importante de leur compétitivité industrielle au niveau mondial.

JOHN – C'est « scientifique », non ? On ne prétend pas en savoir plus que les autres.

ROBIN – Oui, on considère la réalité comme la valeur dominante, plutôt que de chercher à préserver une bonne image. Et tu sais, si le respect de la réalité, de la vérité se perd parfois en science, c'est toujours parce que les personnalités, les « ego » des individus lui font obstacle. Quelqu'un s'attache à une idée et cesse de prêter attention aux réalités premières. Dans ces entreprises, tout encourage les gens à garder l'esprit ouvert, à chercher sans cesse de nouvelles preuves, à revoir constamment leurs idées. Car, alors, ils auront des attentes raisonnables, et ils comprendront la façon la plus raisonnable de réaliser ces attentes.

JOHN – Ce principe s'appliquera manifestement aux organisations saines...

ROBIN – Oui. De fait, il n'y a plus grand-chose à ajouter...

JOHN – Oh, tu vas bien trouver...

ROBIN – ... Je crois qu'il est intéressant de comprendre la façon dont l'organisation en vient à voir le monde si clairement. C'est en s'ouvrant à toutes les informations qu'elle réussit à obtenir cette claire perception de trois choses : d'elle-même, du monde extérieur, et du rapport entre les deux.

JOHN – Eh bien, nous avons assez parlé de la façon dont ces entreprises maximisent le flux d'informations à l'intérieur. *Quid* des informations qui leur parviennent de l'extérieur ?

ROBIN – Je ne te donnerai qu'un exemple. En 1976, le CBI a radicalement changé son point de vue sur la participation des employés, car des travaux prouvaient que cette organisation augmentait la rentabilité.

JOHN – Superbe !

ROBIN – Bien sûr, dans une organisation saine, tout le monde admet le besoin de faire constamment attention au feed-back, mais as-tu constaté à quel point le feed-back y est supérieur à celui qu'on observe dans les entreprises ordinaires ?

JOHN – Tu veux dire parce qu'ils en font beaucoup plus ?

ROBIN – Oui. Ces petits groupes qui font des recherches et des essais agissent comme des groupes de scientifiques se livrant à de plus en plus d'expériences pour mieux connaître le monde. Pour citer Peters, chaque essai est simplement « un test qui vous aide à apprendre quelque chose, comme les expériences de chimie au lycée ».

JOHN – En un sens, ces organisations saines sont entièrement scientifiques ?

ROBIN – Si l'on se réfère à la définition la plus récente de ce qui est « scientifique », oui, sans aucun doute.

JOHN – J'ai fait un film sur l'art de prévoir un budget, et j'ai été frappé par l'attitude profondément scientifique que cela impliquait. Autrefois, le budget était traité de la façon suivante : regarder les chiffres de l'année précédente, estimer un budget, le boucler dans le coffre-fort et l'oublier entièrement ! Mais à présent, on y voit un aspect essentiel du management ! Pour commencer, les chiffres sont estimés avec beaucoup, beaucoup de précautions. Puis, au fur et à mesure que les chiffres de l'exercice rentrent, on les compare sans tarder avec ceux prévus dans le budget. Tout décalage est considéré comme une information cruciale transmise par le monde extérieur : il indique que quelque chose a dérapé et doit être objet de réflexion, afin de changer le comportement de l'entreprise et de la remettre sur les rails. Apparemment, les entreprises malsaines préfèrent se passer de telles informations et font tous leurs efforts pour ne pas les obtenir.

ROBIN – Comme des autruches, la tête dans le sable.

JOHN – C'est ça. Et enfin, dernier point sur notre liste : le changement.

ROBIN – Eh bien, plus j'en ai appris sur les entreprises prospères, plus j'ai été stupéfié par leur capacité à gérer le changement. Toutes le traitent comme une norme, au contraire des organisations malsaines qui le considèrent tout au plus comme une tâche annuelle et désagréable. Tous leurs raisonnements sont axés sur l'innovation, dans leur façon de fonctionner, mais aussi dans la nature de leurs produits et de leurs services — tout en gardant l'œil sur les fluctuations de la demande, qu'il faut satisfaire.

JOHN – Ça en fait des exigences !

ROBIN – Certains experts, comme Peter Drucker et Abraham Maslow, ont noté que cela peut stresser à l'excès les membres faibles de l'organisation. Mais la plupart adorent le changement. Ils se donnent beaucoup de mal pour en obtenir, même s'ils n'arrivent pas toujours à y faire face ensuite ! La majorité d'entre nous avons besoin de prendre des vacances pour cette raison, encore qu'avec nous autres, gens moyens, notre difficulté à gérer le changement transforme souvent nos vacances en période de stress et l'idée de verser notre sueur quotidienne devient un soulagement. Mais les organisations efficaces, tout comme les familles saines, semblent pouvoir faire du changement quelque chose d'agréable et de stimulant. Plusieurs raisons, à mon sens, l'expliquent : les responsables sont vraiment compétents ; les gens se soutiennent mutuellement ; le changement est considéré comme normal et nécessaire, et non comme un interlude déplaisant à éviter autant que possible ; enfin, en s'habituant à faire face au changement, on acquiert plus de confiance en soi et de détente — par conséquent, on s'en accommode mieux.

JOHN – Une autre chose m'intrigue à propos du changement au sein des organisations. Lorsque nous parlions des familles, je considérais leur capacité à gérer le changement comme une sorte de produit dérivé de leur bonne santé. Avec les organisations, je pense que cela marche dans l'autre sens ! C'est le besoin même de gérer le changement qui a forcé ces organisations à acquérir des caractéristiques saines.

ROBIN – Je crois que c'est vrai. On ne peut pas résister au marché. En fin de compte, il nous faut nous ajuster au système supérieur qui nous intègre.

JOHN – La plupart de ces théories sont plutôt récentes, non ? Lorsque j'ai commencé à faire des films pour Video Arts il y a vingt ans, on ne mettait pas vraiment l'accent sur l'écoute prêtée aux gens, sur la délégation des responsabilités, sur la valorisation de tout l'être humain ! Mais à présent, tous nos films traitent de cela.

ROBIN – Cela fait partie d'un changement qui concerne la société tout entière — un changement dans notre façon générale de voir et de penser les choses, qui nous a amené à mieux percevoir la façon dont elles sont *reliées*.

JOHN – Ce n'est pas que les idées elles-mêmes soient nouvelles. La semaine dernière, je lisais un texte écrit en 1961 par un certain R. Likert pour *New Patterns of Management* (« Nouveaux schémas de management »), texte qui portait largement sur les sujets que nous traitons. Mais il y a trente ans, cela n'intéressait pas grand monde. C'est la vitesse impressionnante à laquelle le monde change qui nous a forcé à devenir plus sains...

ROBIN – De fait, nombre des principes essentiels du fonctionnement sain ont été clairement exposés par Mary Parker Follett, qui est morte en 1933 ! Elle était fort en avance sur son temps, et prêchait dans un monde industriel presque entièrement dominé par les hommes, où l'on se concentrait strictement sur la tâche en laissant de côté l'élément humain. Sa sagesse — extraordinaire pour l'époque ! — était clairement liée au décalage de point de vue que lui donnait le fait d'être une femme — mais aussi à son expérience dans le social, qui avait précédé son étude de l'industrie. Cela montre combien il est important que des hommes *et* des femmes contribuent à la politique à un niveau élevé. Aujourd'hui, le simple besoin de survivre dans le monde industriel actuel crée cet équilibre, Dieu merci.

JOHN – ... Quand on y repense, c'est incroyable combien les caractéristiques de ces organisations saines sont liées entre elles...

ROBIN – Eh bien, c'est comme avec une famille : on a affaire à un système, c'est-à-dire à un certain nombre de parties reliées de façon à former un tout. Il s'agit en réalité d'un seul processus interconnecté. Mais en le divisant et en le considérant sous différents points de vue — fondamentalement artificiels ! — on le comprend plus aisément, et, si on le souhaite, on le change.

JOHN – Je vois, mais cette connexion entre éléments est étonnante. Par exemple, la confiance et la faible crainte de commettre des erreurs permettent une communication beaucoup plus libre. Dès lors, l'information est maximisée : les équipes de travail ont une meilleure compréhension de ce qu'elles sont censées faire ; leurs tentatives auront une chance maximale de réussir ; et, par conséquent, le nombre d'erreurs réelles sera réduit — ce qui renforce la confiance initiale.

ROBIN – De même, le respect de l'autonomie du groupe de travail signifie que la direction diminue le nombre de régulateurs ; les groupes de travail ont ainsi davantage l'impression qu'on leur fait confiance ; du coup, ils discutent plus librement avec leurs supérieurs ; les supérieurs, à leur tour, ont tendance à respecter davantage l'autonomie des groupes de travail ; et les groupes de travail acceptent mieux l'autorité de la direction lorsqu'elle s'exerce.

JOHN – Chaque aspect renforce les autres...

ROBIN – Ce qui est excitant à ce propos, c'est que la légère amélioration d'un aspect *se multiplie* en réalité et affecte tous les autres, conduisant ainsi à une amélioration considérable de l'organisation. Tout comme avec les familles, de toutes petites interventions auront de grands résultats, si on s'y prend bien. Il n'a fallu à Izuzu que cinq ans pour réaliser un énorme changement culturel dans l'usine de camions de General Motors à Luton.

JOHN – Malheureusement, ça marche aussi dans l'autre sens. L'arrivée d'un seul manipulateur paranoïaque gonflé à bloc, d'un seul incompétent total peut avoir un effet non moins dévastateur.

ROBIN – Oh, je te trouve un peu pessimiste, là. Tout dépend du niveau de santé du système. Dans une organisation chaotique et plongée dans la confusion par une communication insuffisante, une méfiance généralisée et un manque absolu de confiance en soi ou de partage des responsabilités, ce genre de personne peut certes causer bien des dégâts. Mais plus l'organisation est saine, moins un nouveau membre malsain causera de dégâts. C'est comme la santé physique : plus nous sommes sains, plus nous résistons à l'infection ou au stress, plus vite nous nous remettons d'une blessure. De la même façon, ces principes dont nous avons parlé font qu'une organisation saine sait rapidement résister au stress et aux menaces de toute sorte, et apprend ainsi à devenir encore plus forte !

Après-propos :
Boulot, métro, dodo

JOHN – Je voudrais en savoir un peu plus long sur la valeur du travail. Tu as montré comment il nous incite à nous engager dans un grand système, et les avantages psychologiques qui en résultent.

ROBIN – C'est un effet important du travail.

JOHN – Mais il doit y avoir d'autres façons pour nous d'accéder à ce genre d'expérience. Dans le monde antique où le travail était réservé aux esclaves, je suppose que la politique et l'armée devaient offrir ce genre de défi. Mais reconnaissons-le, pendant la plus grande part des deux derniers millénaires, les gens de statut social élevé refusaient d'entendre parler de ce que toi et moi nommons « travail ». Au début de ce siècle, même les classes moyennes, « les rentiers », ne voyaient pas l'intérêt de travailler. Pourquoi le travail a-t-il pris une telle importance de nos jours ? Pourquoi les gens sont-ils si nombreux à y voir le pivot de leur vie entière, pourquoi les femmes notamment y attachent-elles une telle importance ? Qu'y a-t-il de si comblant dans le travail ?

ROBIN – Eh bien, pour commencer, à l'époque moderne on a davantage fait le lien entre travail et statut social. La division rigide des rôles qui voulait que seuls les hommes travaillent hors du foyer et gagnent l'argent du ménage — et soient, dès lors, considérés comme importants — était une part essentielle de cet excès de pouvoir acquis par les hommes. Un meilleur accès au travail a donc constitué une revendication importante du combat féministe pour obtenir un statut égal.

JOHN – Il y a cent ans, une position hiérarchique était solidement établie, et si elle était raisonnablement élevée on n'avait pas à faire quoi que ce soit pour la justifier. De nos jours, en revanche, le règne des idées méritocratiques fait dépendre le statut social du succès professionnel.

ROBIN – Oui. Ce changement est une conséquence logique du glissement démocratique, qui a fait passer le pouvoir d'une élite aristocratique aux classes moyennes.

JOHN – Mais tu as d'abord parlé du statut. Et le revenu — c'est ce que représente le travail pour beaucoup de gens, non ?

ROBIN – Eh bien, il faut gagner assez pour subvenir à ses besoins et à ses obligations familiales, c'est vrai. Mais ce n'est pas la raison qui détermine le choix d'un métier, ni la satisfaction principale qu'on en tire. Je suis certain que la plupart des gens seraient contents de toucher un peu moins d'argent s'ils obtenaient en échange une satisfaction plus grande, à laquelle viendrait s'adjoindre le bonheur de la vie familiale et des loisirs.

JOHN – Tu crois encore que l'argent n'est pas le souci premier de ce pays, après tous les changements que Mrs Thatcher a apportés dans ce domaine ?

ROBIN – Elle a assurément fait de son mieux pour instaurer une société plus égoïste, plus mercenaire, et je crains qu'elle n'ait passablement réussi. Mais dans mon expérience, les préoccupations financières font plus le malheur des gens que leur bonheur.

JOHN – Comme quelqu'un me l'a rappelé récemment, ce n'est pas l'argent qui est à la racine du mal dans la Bible, mais *l'amour* de l'argent.

ROBIN – Mais tu as gagné beaucoup de sous, non ? Les gens doivent penser que toi, tu aimes l'argent..

JOHN – Peut-être. Au fond, ce n'est pas très difficile de gagner de l'argent quand on sait faire rire les gens. Du coup, je ne me suis jamais vraiment soucié d'en mettre de côté. J'ai toujours réussi à me faire un bon petit magot en jouant dans quelques publicités. Et, le reste du temps, je peux faire ce que j'aime vraiment. Mais, même ainsi, je me retrouve quand même à travailler beaucoup plus que je ne le voulais.

ROBIN – Je veux bien te croire. Le problème en ce moment, c'est que nous sommes *tous* cadenassés dans un système où le travail se voit attribuer une priorité trop grande.

JOHN – Exactement ! Je le ressens très profondément, et c'est pourquoi je veux en savoir plus. Si je regarde ma propre vie, je découvre en général que ses côtés les plus heureux et les plus profondément satisfaisants ne sont pas ceux qui sont reliés au travail. Étudier, parler avec mes amis, méditer, tenir un journal, passer du temps avec ma famille, regarder des tableaux — toutes ces activités sont bien plus comblantes à mes yeux que mes activités professionnelles. J'en suis conscient, et néanmoins je suis toujours débordé. En d'autres termes, la vieille morale protestante du travail m'habite, bien que je la croie sincèrement névrotique par essence. C'est le cas, non ?

ROBIN – Je ne dis pas le contraire. Bien sûr, elle a ses avantages : elle a permis nos grandes réussites scientifiques, artistiques et industrielles, mais elle doit être mise en équilibre avec d'autres valeurs fondées davantage sur les relations humaines, le développement personnel et le goût de la vie. Sinon elle ne sert qu'à légitimer la cupidité et l'égoïsme des riches, et justifie l'exploitation de ceux qui ne le sont pas.

JOHN – Mais d'où vient cette morale du travail ?

ROBIN – De plusieurs sources. Mais je crois que cette importance exagérée du travail se fonde en particulier sur la peur du plaisir et des débouchés du plaisir — comme dit un proverbe anglais, « le diable trouve du travail aux oisifs... »

JOHN – Cela paraît avoir constitué un pôle extraordinairement vital du puritanisme des premiers temps.

ROBIN – C'est exact. Je crois le passage assez connu, mais il vaut la peine de citer ce que Benjamin Franklin écrivait en 1748 : « Rappelez-vous que le temps, c'est de l'argent. Celui qui, en travaillant, peut gagner dix shillings par jour et part à l'étranger, ou reste assis les bras ballants la moitié du jour, quand bien même il ne dépenserait que six pence pour son divertissement ou son loisir, penserait à tort qu'il s'agit de sa seule dépense : en fait, il a dépensé, ou plutôt gaspillé, cinq shilling de plus. »

JOHN – Mais je soupçonne que la dépendance au travail remplit chez nous toutes sortes d'autres fonctions que nous répugnerions à admettre ouvertement. Ainsi, je pense qu'elle procure un but, n'est-ce pas ? J'entends par là que les questions les plus épineuses touchant la vie — pourquoi sommes-nous ici, qui sommes-nous au fond, avons-nous une relation épanouie avec nos proches — sont terriblement obsédantes : n'ayant pas reçu, à notre arrivée sur cette planète, un livret comportant les règles du jeu, ce sont aussi des questions que nous préférons esquiver. Au lieu de quoi, nous préférons nous concentrer sur les bilans quadriannuels des ventes, sur notre future promotion, ou sur une augmentation de salaire. En d'autres termes, le travail peut nous offrir un objectif qui, sans lui, nous ferait défaut.

ROBIN – Tout à fait. Mais le vrai problème, c'est qu'il s'agit d'un objectif étroit et restreint. Il nous enferme dans le mode fermé, nous fait nous concentrer sur un but immédiat en fermant l'esprit à des interrogations et à des intérêts plus larges. C'est comme si nous avions des œillères. Ce n'est que lorsque ces œillères nous sont arrachées par un bouleversement affectif — un divorce, une maladie très grave, la mort d'un enfant — que nous prenons conscience d'avoir gâché toute une partie de notre vie.

JOHN – Le travail nous aide aussi à structurer notre temps, non ? Il nous aide à surmonter l'anxiété que nous ressentons parfois en vacances, lorsque nous n'avons plus rien à faire !

ROBIN – Juste. Et de même, la perte de cette structure explique en premier lieu les difficultés éprouvées par beaucoup de gens qui prennent leur retraite et ne réussissent pas à gérer l'espace, le temps et la liberté que cela leur donne.

JOHN – Au fond, j'ai soupçonné pendant des années qu'un grand nombre de gens très occupés le sont parce qu'ils ne savent pas gérer leur temps libre ! Ils redoutent l'oisiveté. Pour citer Pascal, « tout le malheur des hommes vient d'une seule chose, qui est de ne pas savoir demeurer en repos dans une chambre. »

ROBIN – Je crois qu'il y a une raison simple à cela. Dans la société occidentale, nous ne recevons pas beaucoup d'aide ou de soutien pour nous connaître profondément, pour trouver le sens de la vie, du plaisir, de ce qui compte, notions qui sont mieux comprises et encouragées en Orient. Au lieu de cela, si nous manifestons une soudaine tendance à entretenir ces intéressants sentiments, nos proches nous suggéreront le plus souvent de lire un livre ou d'aller nous promener. On continue tout au long de notre vie à se préserver de ces sentiments, parce qu'on a peur d'entrer davantage en contact avec soi. Il y a une pression sociale très forte, dans nos nations occidentales, pour nous maintenir à la surface de nous-mêmes, où nous flottons en évitant de nous poser des questions vraiment importantes, de vivre des expériences vraiment profondes.

JOHN – Et donc... si l'on excepte le statut et le revenu, et le besoin de se garder une occupation pour ne pas avoir à affronter les questions essentielles, quel est le véritable objet du travail à ton avis ? Quelle est sa valeur première ?

ROBIN – Mis à part les aspects dont nous venons de parler, je crois que le travail nous rend en fait plus *sains*, et pour une raison autre que celles que nous avons énoncées en décrivant l'intégration aux grands systèmes. Je crois qu'un bon travail sert notre adaptation et notre « sentiment de la communauté ».

JOHN – Comment cela ?

ROBIN – Eh bien, je vais te parler d'un contemporain de Sigmund Freud — le psychiatre français Pierre Janet. Par bien des aspects, ses idées ressemblaient à celles de Freud. En fait c'est Janet qui a inventé le mot « subconscient » et il a également précédé Freud en montrant que certains symptômes pouvaient être soignés en ramenant à la conscience des idées et des sentiments profondément enfouis, à travers ce qu'il nommait « l'analyse psychologique ». Mais il était aussi intéressé par la capacité des gens à être *attentifs*, un sujet laissé de côté par tous ses confrères.

JOHN – Tu veux dire la capacité des gens à se concentrer sur quelque chose ?

ROBIN – Oui. Il s'y intéressait car il croyait que les émotions étaient plus facilement distanciées — ou « mises derrière l'écran » comme nous l'avons dit — chez les gens dotés d'un faible pouvoir d'attention, parce que cela signifiait une faible capacité à « conserver plusieurs choses à l'esprit ».

JOHN – Tu veux dire que pour Janet, un faible niveau de santé mentale relève d'une faible aptitude à la concentration ?

ROBIN – Oui, d'une difficulté à soutenir son attention — un état de « rêverie », « vague », « dispersé ». Il croyait que c'était la cause des difficultés éprouvées par les patients à « agir de façon cohérente » et à parvenir à l'équilibre et au contrôle affectif.

JOHN – Où intervient le travail ?

ROBIN – Pour Janet, l'essentiel de la cure consistait à développer la capacité d'attention en aidant le patient à trouver le travail qui lui convenait. Bien que les idées de Janet aient largement précédé celles de Freud, c'est Freud qui a retenu l'attention des professionnels et du grand public. Malheureusement, les travaux de Janet sont restés largement dans l'obscurité. Et cela vaut, à un moindre degré, pour un autre contemporain de Freud — Alfred Adler — qui a souligné le besoin commun, nécessaire à la santé mentale, d'avoir l'impression de jouer un rôle utile dans la communauté. Le travail est une des façons d'éprouver ce sentiment positif, même si, bien sûr, il existe d'autres moyens d'y parvenir. Mais mis à part le statut social, mise à part l'amélioration de notre santé mentale, et mis à part le fait qu'il nous détourne de l'ineffable, le travail comporte un autre avantage. Il y a un grand plaisir à mettre en œuvre un talent, quel qu'il soit — en partie parce qu'il faut être concentré pour bien faire quelque chose. Et prêter une grande attention à ce qu'on fait est un plaisir extrême en soi. Nous l'avons tous éprouvé dans nos loisirs — c'est une partie importante du plaisir que nous prenons aux jeux et aux sports, le ski, la pêche, les fléchettes... Pendant un moment, nous sommes « tout entiers à ce que nous faisons », ensevelis dans le présent, réglés comme un instrument de musique, avec la conscience vivace de ce que nous faisons : bref, nous nous sentons vivre. Si nous accordons une attention semblable à notre travail, nous pouvons le rendre également agréable.

JOHN – Très bien. Ayant exploré la valeur du travail à mon content, je pose maintenant la grande question. Quel est l'équilibre idéal entre le travail et le non-travail ?

ROBIN – Je crois que l'idéal, c'est de les apprécier tous les deux à un tel point qu'on remarque à peine lorsqu'on franchit la frontière qui les sépare.

JOHN – Tu crois vraiment que c'est possible ?

ROBIN – C'est plus facile pour certains que pour d'autres, bien sûr. Mon travail de psy a été si intéressant que je ne l'ai jamais vécu comme une contrainte ; j'aime apprendre à connaître des gens, en savoir davantage sur la vie, que je sois avec un groupe de patients, avec ma famille, ou avec des amis. Ma compagne Josh, qui est peintre, éprouve la même chose — elle donne l'impression de beaucoup s'amuser, qu'elle travaille ou non.

JOHN – Oui, mais vous avez tous les deux la chance d'avoir un travail intéressant. Tout comme moi, d'ailleurs.

ROBIN – Évidemment, c'est plus facile d'accorder toute son attention à son travail si on s'y intéresse. Mais c'est la concentration investie qui est source de plaisir.

JOHN – Alors qu'est-ce que tu dirais à tous ces gens qui n'arrivent qu'à dénicher des boulots répétitifs et sans intérêt ?

ROBIN – C'est vrai, la plupart des gens commencent par avoir un travail très ennuyeux qui ne requiert pas beaucoup de compétences. Mais si quelqu'un fait parfaitement ce qu'il a à faire et y consacre toute l'attention requise, il y a beaucoup plus de chances qu'il évolue vers un travail plus intéressant. Si c'est plus facile pour Josh et moi, rappelle-toi que nous avons tous deux choisi notre carrière délibérément, sans trop nous interroger sur le revenu, que nous avons fait des sacrifices et travaillé dur pour en arriver où nous sommes. Dans ma profession, nombre de postes sont ennuyeux à mourir. J'ai renoncé à beaucoup de choses pour faire ce qui me plaît.

JOHN – Les gens qui choisissent leur travail essentiellement pour des raisons financières — pour avoir un revenu aussi élevé que possible — ont moins de chances d'y trouver du plaisir, et dès lors plus de chances de vivre leur travail comme quelque chose de très différent du non-travail ?

ROBIN – La solution, c'est de pouvoir trouver des façons de créer ce haut niveau d'attention qui fait plaisir. C'est toujours possible si l'on fait de son travail une occasion d'apprentissage et de maturation. De fait, si l'on y parvient, on peut prendre l'habitude d'employer le reste de son temps avec cette même visée positive et plaisante.

JOHN – Très bien. Il y a encore une question concernant l'équilibre entre travail et vie privée qui peut intéresser bien des gens. Crois-tu qu'un couple peut réussir à élever des enfants lorsque les deux partenaires triment pour avancer dans leur carrière respective ? Ou penses-tu qu'une famille ait besoin d'une « fée du logis », que ce soit l'homme ou la femme ?

ROBIN – À mes yeux, cela ne pose pas le moindre problème, du moins quand les enfants sont en âge d'aller à l'école. Les enfants profiteront sans doute de cette impulsion, de cette stimulation et de ce soutien extérieur offerts à leurs parents, car ceux-ci s'en trouveront plus vifs, plus gais, plus intéressants. Ils auront davantage à s'offrir mutuellement, et à donner aux enfants. Comme le montrent les recherches entreprises sur les familles, la relation se passe au mieux lorsqu'il y a autant d'espace pour respirer que d'intimité.

JOHN – Soit, soit. Mais avant que les enfants soient en âge d'aller à l'école ?

ROBIN – Eh bien, lorsque c'est possible, les enfants tirent un bénéfice immense de la présence à leurs côtés d'un des parents pendant, au moins, les deux premières années — ou mieux, les trois premières. Ou les cinq premières... Ce serait peut-être l'idéal.

JOHN – Pourquoi cela ?

ROBIN – Il nous faudrait beaucoup de temps pour examiner tous les témoignages, mais il est établi que les enfants acquièrent davantage de confiance en eux et en autrui s'ils peuvent s'attacher au cours de leurs premières années à une personne sur qui ils peuvent compter, qui se tient à disposition.

JOHN – Et si c'est impossible, ou si les deux personnes tiennent vraiment à leur travail et ne sont tout simplement pas prêtes à rester à la maison pendant les premières années de l'enfant ?

ROBIN – Dans certains cas, un enfant aura plus intérêt à avoir des parents comblés et heureux parce qu'ils travaillent qu'un parent qui reste à la maison tout le temps, et que ça déprime. Je crois que la qualité de la relation entre parents et enfant est plus importante que le nombre d'heures passées auprès de lui. Par ailleurs, même si le temps est limité, il n'y a aucun problème à ce qu'un amour stable et les soins soient prodigués par une autre personne de confiance — une grand-mère, une nounou, une jeune fille au pair, etc. Soit dit en passant, plus il y a de gens pour se partager ce rôle de soutien, en sus du parent, mieux ça vaut. Mais bien sûr, je ne peux que généraliser. J'ai constaté de très bons résultats avec des mères qui travaillaient tout le temps, et de mauvais résultats avec des mères qui restaient tout le temps à la maison.

JOHN – Mis à part le cas de jeunes enfants, personne n'a de vraie raison de rester tout le temps à la maison.

ROBIN – Non, à moins que le couple ne préfère cette solution.

JOHN – Supposons que les deux partenaires aient un métier exigeant ?

ROBIN – Alors j'insisterais sur l'idée qu'ils doivent se partager également la présence à la maison et les soins à l'enfant, sans que l'homme se contente de prêter parfois un coup de main — ni la femme, d'ailleurs. Je peux dire avec plaisir que c'est ce qui se passe de plus en plus aujourd'hui, du moins chez les jeunes couples.

JOHN – Mais ils devront toujours faire face aux exigences contradictoires du travail et du foyer. Comment un couple peut-il réduire les frictions qui en résultent ?

ROBIN – Tout d'abord, si les deux partenaires, et leur famille passent ensemble des moments de *qualité*, il sera facile de gérer les absences et les crises. Le principal, c'est que les partenaires fassent autant que possible passer la famille en premier, acceptent que les exigences professionnelles interfèrent très souvent, et qu'il faille les résoudre. Si je suggère de donner la première place à la famille, c'est parce que les exigences professionnelles tendent à nous faire passer dans le mode fermé de la réflexion, où il est difficile de penser à autre chose. Il faut donc donner priorité à la famille, pour compenser l'empiétement nécessaire du travail sur le temps accordé à la famille.

JOHN – Et lorsque les couples ont décidé qu'un des partenaires reste au foyer, comment l'autre, le « travailleur » peut-il l'aider ?

ROBIN – En donnant à la fée du logis des vacances régulières, et en proposant de s'occuper des enfants pendant une semaine. D'après mon expérience, rien n'enseigne de façon aussi probante ce que représente la tâche de la fée du logis. Même si cela fait d'abord un peu peur, parce que le « travailleur » a peu d'expérience, en général on finit par y prendre goût parce qu'une relation plus profonde se développe avec les enfants. Cela rapproche également le couple, et souvent un mariage passe en vitesse supérieure après l'un de ces épisodes.

JOHN – Mais si la fée du logis, c'est la mère, pensera-t-elle qu'elle peut confier au père l'entière responsabilité des enfants ?

ROBIN – Absolument pas ! Lorsqu'arrive le moment de lui laisser les enfants et de se tirer, la mère répugne en général à prendre sa liberté à bras-le-corps : elle a peur que ses gosses se nourrissent exclusivement de nouilles et regardent les dessins animés à la télé toute la journée. C'est un peu ce qui se passera, bien sûr, et aussi bien des choses que la mère pourrait désapprouver, mais les gosses le feront en compagnie de papa, et ils passeront ensemble un moment fabuleux. Si c'est seulement pour une semaine, ils n'en mourront pas d'avoir mangé trop de pâtes.

JOHN – Ce qui rend plus difficile cet équilibre dans le couple, c'est le peu de propension des employeurs à faire attention à la vie familiale des gens.

ROBIN – Eh bien, comme nous l'avons vu, dans les entreprises saines on traite les gens beaucoup plus comme des individus à part entière, et on prend bien plus en compte l'ensemble de la vie de l'employé. Mais tous les employeurs doivent accorder plus de valeur et de considération à ces aspects. Ce qui signifie que l'employeur idéal est peut-être une femme ! De toute façon, pour en revenir aux aspects pratiques, les entreprises ont besoin de plus de femmes à des positions d'autorité pour répandre ces valeurs plus généreuses sur le lieu de travail. Ainsi, bien sûr, que d'hommes qui les écoutent...

JOHN – Il y a une seule chose qui me tracasse dans tout cela. La Grande-Bretagne a entamé la révolution industrielle ; puis elle a fait le tour de la morale du travail. Si nous adoptons une attitude entièrement saine et équilibrée par rapport au travail, n'y a-t-il pas un risque qu'un groupe de nations encore fragiles, angoissées, surcompétitives et absolument malsaines nous balaie économiquement ?

ROBIN – Si nous devenions moins efficaces, cela pourrait se produire. Mais si nous atteignons un équilibre plus sain parce que nous avons fait nôtres ces traits caractéristiques de la bonne santé mentale, alors, comme les recherches nous l'apprennent, nous deviendrons économiquement plus efficaces, et non l'inverse.

3

Seul dans la foule...

JOHN – Bon, on a considéré des groupes aux dimensions d'une corporation, d'une institution ou d'un hôpital. Quel est le degré suivant sur l'échelle ?

ROBIN – Il faudra nous élever au niveau d'une société.

JOHN – Tu veux dire d'un pays, d'une nation ?

ROBIN – Oui, en gros. Mais aussi des groupes — ethniques, par exemple — au sein des pays. Par « société », j'entends un réseau de familles dont le comportement est relié et coordonné par des idées, des valeurs, des traditions, des institutions et des devoirs communs, qui s'étendent sur toute l'existence. Sa taille peut varier, d'une petite tribu à une grande puissance. Une société inclut toutes sortes de gens, de tout âge, d'intelligence et de santé variables.

JOHN – Quelle proportion du boniment sur les familles saines pourra-t-on appliquer à la société ?

ROBIN – Une vaste proportion ! Bien sûr, chaque société présente en général l'éventail complet des familles, des plus malades aux plus saines, et on s'attendrait à ce que les *sociétés* offrent plus ou moins le même profil mental : ordinaire, moyen. Mais à l'instar des individus et des familles, leur niveau global de santé est affecté par le stress et les tensions externes, ainsi que par leur philosophie de la vie, par les valeurs qui les guident. C'est pourquoi certaines sociétés se montrent plus unies et fraternelles, quand d'autres nourrissent antagonismes et violence. Certaines respectent l'individualité et la différence, d'autres exigent l'uniformité ; certaines encouragent la liberté de parole et le questionnement direct de la politique gouvernementale, d'autres imposent une censure et exécutent les auteurs de ces critiques.

JOHN – Mais nous allons avoir de gros problèmes en comparant les niveaux de santé mentale des diverses sociétés ! Si chaque famille met au point un code moral qui légitime son niveau de santé mentale, et qu'elle tient pour le meilleur possible, débattre des cultures différentes est un projet insensé. Personne n'arrivera jamais à se mettre d'accord sur les critères de jugement.

ROBIN – Peut-être y arriverons-nous, toi et moi ! Et après tout, personne ne possède de réponses décisives là-dessus. Nous n'allons pas dire que nous avons « raison », nous nous contenterons d'espérer que nos connaissances préacquises sur les familles et les organisations pourront s'appliquer à une échelle encore supérieure. Si tout cela suscite d'autres discussions, et que nous pouvons énoncer quelques principes qu'un autre saura expliciter, cela me suffit largement.

JOHN – D'accord ! Quel sera notre point de départ ?

ROBIN – Le plus simple serait peut-être de se mettre d'accord sur l'extrémité la plus malade du spectre. Quelle est, à ton avis, la pire des sociétés possibles ?

JOHN – Sans réfléchir, je dirais l'Allemagne nazie.

ROBIN – Pourquoi ?

JOHN – Eh bien, tout le système était fondé sur la terreur. Aucune forme de différence n'était admise ; l'uniformité était imposée — si le type au sommet levait le bras droit, tous les autres devaient l'imiter sous peine de bastonnade

— toute discussion était interdite, sans parler des critiques. Tout le monde était incité à espionner ses voisins, et les enfants étaient récompensés pour avoir trahi leurs parents. Les plus mal lotis étaient les groupes raciaux, juifs et gitans, systématiquement utilisés comme boucs émissaires, d'abord persécutés puis assassinés par millions — en même temps que d'autres « indésirables » comme les homosexuels et les handicapés mentaux. Les formes de créativité avaient été supprimées dans leur ensemble, et l'art était devenu propagande d'État. Bien sûr, tout pays qui n'avait pas été soumis était traité en ennemi, miné, attaqué, puis incorporé. Bref, les nazis n'ont pas brillé par leur « attitude sociable ».

ROBIN – Quelques traits rédempteurs ?

JOHN – Tiens, voilà une question intéressante. Euh... les trains partaient à l'heure...

ROBIN – Continue.

JOHN – Et je suppose que... dans une société comme celle-là, si l'on fait ce qu'on vous dit de faire, et si l'on évite de fourrer son nez où il ne faut pas, on s'en tire très bien du point de vue matériel. Si on appartient à la bonne race, bien sûr.

ROBIN – Et encore ?

JOHN – Eh bien, maintenant que j'y pense... À condition de ne manifester aucune indépendance intellectuelle, je suppose que les choses sont très bien organisées. Il y a tout ce qu'il faut pour se nourrir, les maisons sont en bon état, le chômage est à zéro et on a la sécurité sociale et la retraite... Et — sans vouloir me convertir au système — d'une certaine façon, leurs prestations militaires furent assez remarquables. À la fin de l'année 1941, ils contrôlaient à peu près toute l'Europe continentale. Et, assurément, leurs troupes se sont comportées avec discipline et efficacité, parfois avec un grand sens du sacrifice. Et bien sûr, leur industrie a fonctionné superbement : la vitesse à laquelle ils pouvaient remettre en marche les usines bombardées était extraordinaire. Et pour les « bons » éléments, ceux qui avaient les cheveux blonds et les yeux bleus, l'identification avec la Patrie était puissante. Je suppose qu'avec ton interrogatoire socratique, tu me fais prendre conscience que bien que l'Allemagne nazie ait été moralement terrifiante, il y avait des endroits où, en vérité, on vivait dans des conditions encore *pires*.

ROBIN – Pas pires d'un point de vue moral, mais pires tout simplement au niveau de la survie. Je veux dire que lorsque la loi et l'ordre se sont totalement effondrés, que des gangs violents se déchaînent, qu'il n'y a pas de stocks de nourriture, d'eau, de médicaments, de matériel électrique, de rien... alors *tout le monde* souffre, et personne ne peut améliorer la situation de quelque façon que ce soit.

JOHN – Oui, c'est évident. Je suppose que le scénario du « chaos complet » ne m'était pas venu à l'esprit parce que je pense automatiquement à l'histoire européenne, où les choses n'en sont pas *encore* à ce niveau d'horreur. Je suppose que ce genre de chaos a existé dans certaines régions d'Allemagne au cours de la guerre de Trente ans, dans certaines régions d'Angleterre au cours de la guerre civile, dans certaines parties de France sous la Terreur... Et dans n'importe quel pays en proie à la guerre, comme dans l'ex-Yougoslavie...

ROBIN – Et aussi, peut-être, pendant les premières années de la République de Weimar, lorsque les gens trimballaient leur argent dans des charrettes parce que l'hyperinflation faisait grimper les prix d'heure en heure. En somme, cela se produit toujours quelque part.

JOHN – Oui, je suis d'accord. Certaines situations de chaos prolongé sont encore pires que la cruauté planifiée. Mais c'était déjà évident pour toi, n'est-ce pas ? Peut-être à cause de ton travail avec les familles ?

ROBIN – Oui, c'est pourquoi je pense presque instinctivement de la sorte. Comme je crois l'avoir déjà dit, on peut considérer que les familles fonctionnent, en gros, sur trois niveaux différents. Ils sont régulièrement décrits dans les études que nous avons mentionnées plus haut, et au cours de mon travail sur la thérapie familiale, j'en suis venu à des conclusions très semblables. Ces niveaux correspondent aux différents stades de développement que l'enfant traverse dans sa croissance. En bas, au niveau de santé des familles les plus malades, les frontières sont très floues, pas nettes, elles se recoupent, et personne ne sait jamais clairement où elles se situent ni qui les incarne. Et puis, un peu au-dessus, mais encore à bas niveau, on trouve un certain ordre et une certaine structure, les membres de la famille savent qui ils sont, mais au prix de très, très rigides frontières, d'une identité figée et bornée. Ces identités sont « protégées » par une distance affective, une hiérarchie stricte, et un contrôle fort, violent, répressif. Si on classait les sociétés sur l'échelle familiale, les nazis occuperaient ce niveau autoritaire, caractérisé par le recours à des boucs émissaires.

JOHN – Et si nous dépassons le niveau autoritaire ?

ROBIN – Eh bien, nous entrons dans les régions moyennes, plus saines, où les gens ont un certain respect et une certaine considération les uns pour les autres, et où les frontières sont plus modulables. Enfin, à des niveaux plus élevés, tu te rappelles combien il est facile pour les parents de déborder leur fonction, d'écouter leurs enfants et de les consulter, de « lâcher la bride » dans une relation affective très ouverte, car ils sont en sécurité et peuvent se passer de ces frontières rigides. Cela signifie que les gens tolèrent plus l'autonomie et la différence. Ces niveaux supérieurs de santé correspondent à une démocratie fonctionnant bien.

JOHN – Tu crois que ces trois niveaux correspondent respectivement aux sociétés chaotiques, totalitaires et démocratiques ?

ROBIN – Oui, je crois qu'il y a similarité. Bien sûr, l'autorité peut être malveillante, comme dans une dictature fasciste, ou relativement bénigne — Cromwell, par exemple — et ça fera toute la différence. Par ailleurs, des sociétés que nous baptiserions « primitives » peuvent fonctionner à un haut degré de santé mentale. Mais fondamentalement, dans des sociétés plus développées, le supplément de choix, de responsabilités, de libertés accordé aux gens tend à favoriser la santé mentale. En même temps, lorsque des nations démocratiques font usage de la CIA et du MI5 pour se conduire comme Big Brother, nous ne devrions pas hésiter à diagnostiquer un comportement de société malade.

JOHN – Tout cela implique-t-il que le type de gouvernement doit être adapté au stade de développement du peuple concerné ?

ROBIN – Bien sûr.

JOHN – Si bien que la démocratie ne représente pas forcément une panacée gouvernementale.

ROBIN – Non. Certaines sociétés devront peut-être passer par un stade transitionnel.

JOHN – C'est un peu choquant !

ROBIN – Eh bien, pour reprendre brièvement l'analogie familiale, si j'ai affaire à une famille chaotique, la première chose à faire est d'y remettre un peu d'ordre pour diminuer l'angoisse extrême, son symptôme principal : or on ne mettra pas d'ordre dans une famille chaotique en lui imposant un fonctionnement plus démocratique ! Donc il faut augmenter l'autorité de la personne la plus désignée pour l'exercer, quelle qu'elle soit. Mais si j'ai affaire à une famille assez stable, alors je peux essayer de la libérer en l'invitant à plus de démocratie, parce qu'elle possède déjà un degré d'ordre suffisant.

JOHN – Cela me rappelle les histoires qu'on racontait il y a quelques années sur des dissidents russes réfugiés aux États-Unis : ils ont découvert qu'ils n'arrivaient pas à faire face à tant de liberté, et ils se sont sentis forcés de rentrer en Russie.

ROBIN – Et rappelle-toi combien il est difficile pour les gens qui sortent de prison de réintégrer la société, et comme ils ont besoin d'une période transitionnelle pour réapprendre l'indépendance — alors que ces gens-là, à leur façon, fonctionnaient dans la société avant leur passage en prison.

JOHN – Il faut donc parfois du temps pour créer les conditions nécessaires à la démocratie...

ROBIN – Oui, et l'on oublie que cela prend du temps. Car les gens énoncent souvent sur la politique et les questions sociales des jugements absolus, comme s'il suffisait de prendre des décisions et de les appliquer, alors qu'en fait nous avons toujours affaire à des processus de développement qui peuvent être très lents, comme des êtres humains en croissance. Pense au nombre de siècles qu'il a fallu pour développer ce que nous appelons aujourd'hui la démocratie occidentale.

JOHN – Les livres d'histoire considèrent que le premier parlement anglais fut celui de Simon de Montfort, qui date de 1265, et les jeunes femmes n'ont obtenu le droit de vote qu'en 1928. Six cent soixante-trois ans pour obtenir un vrai suffrage universel...

ROBIN – Il est intéressant de voir combien le développement a été rapide en Afrique Noire. Les nations européennes ont légué des institutions démocratiques à l'époque de l'indépendance africaine, et la plupart ont vite régressé à l'unipartisme. Mais au cours des deux dernières années, environ dix-sept États africains ont progressé vers une démocratie pluripartite. Cela prend du temps — mais pas tant que cela.

JOHN – Cela explique certainement que les révolutions qui renversent les tyrans tournent si souvent à la tyrannie. Si un peuple n'est pas habitué à un fonctionnement plus démocratique, chasser un dirigeant autoritaire peut créer un vide, que vient remplir un autre totalitarisme. C'est pourquoi Robespierre succède aux Bourbons, Lénine aux Romanov, et Cromwell à Charles Ier.

ROBIN – Oui. Si l'on essaie de progresser trop rapidement vers un système plus ouvert, plus démocratique, le résultat peut être encore plus autoritaire qu'avant.

JOHN – Avant de sortir d'un système autoritaire pour entrer dans un système plus démocratique, les gens ont besoin d'une période de stabilité relative au cours de laquelle les attitudes et les aptitudes démocratiques rudimentaires peuvent s'épanouir ?

ROBIN – Tout juste. Même sur l'échelle réduite des *administrations* dans lesquelles j'ai travaillé, j'ai toujours été intéressé de constater que la transition vers la démocratie ne saurait s'accomplir de façon entièrement démocratique. Il semble que soit requise quelque chose comme une période de dictature bienveillante, sous l'autorité d'une personne qui croit à la démocratie et peut renoncer au pouvoir au bon moment. C'est, je suppose, exactement ce que font tous les bons parents pour aider leurs enfants à grandir.

JOHN – C'est pourquoi la tradition parlementaire anglaise commence à s'épanouir sous Elizabeth et Jacques Ier, est mise au frigo sous Charles Ier et Cromwell, puis renaît pendant les vingt-cinq années relativement calmes du règne de Charles II, si bien qu'à l'époque de la Révolution Glorieuse de 1688, nous nous retrouvons à même de gouverner démocratiquement. Dans la mesure où le roi devait gouverner *via* ses ministres qui, s'ils n'étaient pas exactement élus, ne pouvaient agir sans l'appui et le consentement de parlements réguliers.

ROBIN – Oui, mais nous ne devons pas commettre l'erreur de penser qu'une nation atteint un certain degré de santé mentale, puis se contente de le préserver. Les nations sont comme les individus, dont le niveau de santé mentale connaît des hauts et des bas, selon les circonstances.

JOHN – Tu entends par là que le type de gouvernement variera aussi selon la nécessité ?

ROBIN – Certainement. Exemple évident : la guerre. Personne ne nie que le gouvernement doive obtenir des pouvoirs étendus, car il faut prendre des décisions plus vite, garder les plans secrets, et renforcer les priorités stratégiques. Nous savons qu'il faut sacrifier un certain degré de liberté et d'individualité pour exercer une action unie et disciplinée.

JOHN – Oui. Il serait assez absurde d'accorder à l'ennemi le bénéfice du doute, ou d'autoriser chaque section à voter pour savoir si l'attaque d'un poste d'artillerie s'impose. En temps de guerre, il faut décourager un certain comportement « sain ».

ROBIN – Oui. Cela vaut aussi pour ce que j'ai décrit comme un comportement exceptionnellement sain. Les dictatures se comportent brillamment au début des guerres. Les premières manœuvres sont évidentes : la vitesse d'action et l'efficacité considérables, parce que chacun fait son travail et que nul ne discute les ordres. Mais bien sûr, plus la guerre dure, plus le gouvernement s'avère inefficace, déboussolé, car il s'est coupé des critiques qui lui sont pourtant nécessaires pour réagir de façon appropriée aux circonstances. C'est le refus de Hitler d'admettre l'échec de la campagne de Russie, malgré tous les constats qu'elle était vouée à l'échec dès Stalingrad.

JOHN – Il faut se raccrocher à un certain niveau de santé...

ROBIN – Oui, même en temps de guerre, ça rapporte de demeurer aussi démocratique que possible — de rester ouvert aux informations qui arrivent, et d'écouter les critiques adressées à la politique officielle.

JOHN – Et dès que la guerre est finie, on peut virer les tempéraments autoritaires qui ont été si utiles, et installer des gens dont le tempérament convient plus à un gouvernement démocratique. Comme en 1945 : exit Churchill, bienvenue Attlee.

ROBIN – C'est vrai. Et les nations connaîtront toujours un degré plus ou moins élevé de confiance ou d'angoisse, et le gouvernement devrait en être responsable. Par exemple, je crois que le style autoritaire de Mrs Thatcher a été plébiscité par l'électorat lorsque le sentiment général était que la Grande-Bretagne allait à vau-l'eau, au désastre économique, que les syndicats étaient devenus trop puissants et que l'État-providence et les industries nationalisées n'étaient plus tenus en main.

JOHN – La même chose s'est produite en Amérique : on a voté pour l'ultra-conservateur Ronald Reagan pour remplacer Jimmy Carter qui rendait tout le monde nerveux, notamment lorsqu'il a prétendu avoir été attaqué par un lapin dans son canoë.

ROBIN – De fait, quelque chose d'assez fascinant s'est produit à ce moment. Les professionnels des médias ont d'abord été stupéfiés par l'ignorance et l'incohérence de Reagan lors des conférences de presse. Puis ils ont réalisé que leurs comptes rendus leur faisaient à eux-mêmes mauvaise presse auprès de la nation. On leur reprochait leur manque de patriotisme ! L'Amérique moyenne ne voulait pas entendre quoi que ce soit qui ébranlerait sa confiance en Reagan — à l'époque, la confiance dans les présidents avait été ébranlée par Nixon et par Ford, et par la débâcle des otages sous Carter.

JOHN – Reagan a pu ainsi prétendre incarner des valeurs familiales, quand tous ses enfants avaient coupé les ponts avec lui, et symboliser le retour aux normes traditionnelles, quand plus de deux cents de ses affidés avaient été inculpés de fraude fiscale.

ROBIN – Mais on l'a surnommé le « grand communicateur », et il était brillant lorsqu'il s'agissait de jouer cet aspect particulier du rôle de dirigeant — rassembler les gens en un consensus par son appel à des valeurs et des préoccupations communes — même si une grande partie de ses propos étaient absolument faux.

JOHN – L'époque n'était pas à la dissidence, ni à la remise en question des valeurs. Dans les années 1960, ère de prospérité pour les pays développés, la société pouvait tolérer divers mouvements sociaux qui fleurissaient alors et qui tous remettaient en question l'autorité et la tradition, parce qu'au fond, on avait confiance en l'avenir.

ROBIN – C'est comme les familles. Lorsqu'elles se sentent fortes, elles tolèrent liberté, diversité et contestation ; lorsqu'elles se sentent menacées, ou que les parents sont faibles, elles sont beaucoup plus rigides.

JOHN – Bien que la démocratie ne soit peut-être pas encore la solution appropriée à toutes les sociétés, nous n'en avons pas moins posé que c'est le système le plus souhaitable car c'est le mode de fonctionnement des familles saines. Allons un peu plus loin. Pourquoi est-ce le meilleur système aux yeux des gens qui y vivent ?

ROBIN – Tu te rappelles la découverte d'Isabel Menzies : le département hospitalier fonctionnait mal parce que les fonctions du Sur-moi étaient prises en charge par les infirmières en chef et les infirmières-major, considérées comme strictes et féroces ; le Ça ou les fonctions affectives étaient cantonnées en bas, chez les élèves-infirmières, considérées comme enfantines, irresponsables et instables. Eh bien, ce sont exactement les mêmes principes qui sont à l'œuvre sur une échelle supérieure. Dans un gouvernement autoritaire, le contrôle et la responsabilité sont remis entre les mains des dirigeants. Pour faire perdre aux gens leurs moyens et leur respect de soi, pour exacerber leur crédulité et leur dépendance, il suffit d'organiser un Congrès de Nuremberg.

JOHN – Où le dirigeant est le point de mire, entouré de tous les symboles du pouvoir, et fait face à une foule de gens qui lèvent les yeux sur lui.

ROBIN – Tous les dirigeants totalitaires font ainsi, qu'ils soient fascistes ou communistes. Hitler, Mussolini, Staline, Ceaucescu, Kim Il Sung, Saddam Hussein... Le but est précisément d'encourager le fractionnement des éléments fondamentaux de la personnalité, et le renoncement à certains d'entre eux. Les gens se sentent ainsi de plus en plus comme des enfants impuissants et dépendants ; ils veulent déléguer un pouvoir toujours plus grand au dirigeant ou au groupe dirigeant. Mauvaise nouvelle : plus le groupe est nombreux, plus la tendance est forte !

JOHN – Un dictateur prive délibérément les gens de leur confiance et de leur intelligence.

ROBIN – C'est comme s'ils perdaient leur intelligence, leur conscience, leurs valeurs et leur sens des responsabilités — comme s'ils en faisaient cadeau au dirigeant sans s'en rendre compte, et sans y être forcés. Ils deviennent des zombies à travers ce processus de projection.

JOHN – Mais il n'y a pas besoin d'être un dirigeant totalitaire pour en profiter.

ROBIN – Certes non ! Si le dirigeant sait arranger avec finesse ses rencontres publiques, il peut s'attendre à bénéficier de ce processus de façon quasi automatique, et obliger les gens à lui déléguer davantage de pouvoir. De même que compétence et responsabilité sont projetées vers le haut, les caractéristiques rejetées par le dirigeant sont projetées vers le bas, vers les plus humbles.

JOHN – Ce qui créera ou accentuera les divisions sociales, et attisera haine et rancœur à l'égard des pauvres ou des minorités. Et des persécutions, dans les cas extrêmes.

ROBIN – Exactement. Tout cela fait partie du même processus psychologique.

JOHN – Je pense que ce type de division sociale a été encouragé de façon assez catastrophique pendant la dernière décennie, en Grande-Bretagne et aux États-Unis. Je me demande si Reagan et Thatcher exploitaient ce mécanisme — fût-ce inconsciemment. Tous deux ont maîtrisé rigoureusement leurs contacts avec les médias, et Mrs Thatcher a bien plus été taxée d'autoritarisme que les Premiers ministres précédents. Tous deux ont adopté une nouvelle attitude d'hostilité, voire de répression envers ceux qui figuraient au bas de l'échelle.

ROBIN – Assurément, tous deux *parlaient* comme s'ils ne ressentaient aucune sympathie pour les plus nécessiteux — comme si c'était de leur faute, et qu'ils ne méritaient pas qu'on les aide.

JOHN – C'est la période au cours de laquelle ce qu'on appelle le « prolétariat » a été isolé du reste de la société.

ROBIN – ... Néanmoins, je pense que ce processus de fractionnement est limité en Occident : en démocratie, la distance entre dirigeant et dirigés est, normalement, réduite. On peut voir les hommes politiques à la télévision, les écouter à la radio, et pas seulement dans un contexte idéal où ils pourraient n'exhiber que leurs côtés positifs, mais avec tous leurs défauts — comme lorsqu'ils sont attaqués dans des débats publics qui dénoncent leurs limites. Les journaux présentent un tableau encore moins flatteur en soulignant constamment leur moindre faiblesse, notamment dans les caricatures ! Et il y a aussi un contact plus personnel avec une plus grande partie des gens.

JOHN – C'est ce qui a caractérisé Gorbatchev dans sa tentative de faire évoluer l'Union soviétique vers un modèle plus démocratique. Au lieu de voir de mystérieux personnages saluer la foule le 1er Mai, on le voyait prendre des initiatives, débattre au parlement russe, ou même prendre des bains de foule, malgré les risques.

ROBIN – Ce qui est assez drôle, c'est qu'à mes yeux Gorbatchev est le type même du dirigeant qui n'a pas compris qu'on ne saurait passer directement d'un régime autoritaire à une démocratie. Il a trop essayé d'accélérer la remise du pouvoir entre les mains du peuple ; comme tu t'en souviendras, j'avais prédit que ce ne serait possible que s'il gardait assez de pouvoir pour maintenir le processus en dépit des inévitables conflits personnels. Toutefois, plus un gouvernement délègue les responsabilités et le pouvoir décisionnel — ce que les hommes politiques européens appellent maintenant la « subsidiarité » — plus la population deviendra responsable et compétente.

JOHN – La démocratie nous aide donc à grandir !

ROBIN – Oui, mais son mérite n'est pas seulement d'avoir un tel effet sur chaque individu pris à part. La société tout entière fonctionne au mieux lorsque le plus grand nombre de ses membres sont autonomes — lorsqu'ils se conduisent de façon indépendante, et apportent chacun leur part à l'organisation.

JOHN – Tu veux dire qu'elle est alors le plus efficace.

ROBIN – Oui. Et c'est pour cela que les individus en bénéficient davantage.

JOHN – ... Nous voici revenus au principe qui veut qu'on exploite l'intelligence du système dans son ensemble.

ROBIN – Exactement. Dès lors, une société où les pauvres, ou bien les jeunes, sont traités en enfants immatures, tandis que seuls les riches et les gens d'âge moyen disposent du pouvoir, ne sera pas efficace.

JOHN – Et après tout, le monde communiste s'est écroulé parce qu'on essayait de tout gérer à partir d'un plan centralisé, échafaudé par quelques hauts dignitaires du parti. Mais aucun petit groupe n'est capable de prendre en compte les relations vastes et complexes qui organisent une société de millions de gens.

ROBIN – Au contraire, le système capitaliste, avec son économie de marché, fonde des règles incitant chacun à faire usage de son intelligence dans sa propre sphère, car c'est dans l'intérêt de chacun. Il faut agir intelligemment si l'on veut survivre. C'est ce même principe que nous avons décelé dans les entreprises les plus prospères et les plus saines : l'organisation la plus efficace est *celle qui propose un certain ordre, un certain nombre de règles générales et fondamentales... dans le cadre desquelles chaque individu peut exploiter son intelligence le mieux possible.*

JOHN – À condition que ces règles générales et fondamentales prennent en compte les données sociales ?

ROBIN – Tout à fait d'accord.

JOHN – Mais j'y vois deux problèmes absolument insurmontables.

ROBIN – Quel est le premier ?

JOHN – Nous parlons de la société et les responsables de la société, ce sont les hommes politiques.

ROBIN – Eh bien ?

JOHN – Eh bien... j'ai rencontré plusieurs fois J. B. Priestley et je n'ai jamais oublié son constat : « Le problème avec la démocratie, c'est qu'elle implique que les gens au sommet soient tous avides de pouvoir. La seule façon d'avoir quelqu'un de normal pour chef, c'est la monarchie héréditaire. » J'ai des doutes quant au second point, mais je suis absolument convaincu que le premier est vrai. Les gens qui passent leur vie professionnelle à chercher le pouvoir seront les derniers à accepter d'y renoncer. Leur caractéristique essentielle, sans aucun doute, c'est leur désir de régenter les autres. Mrs Thatcher est devenue Premier ministre en clamant sa foi dans la liberté, mais au moment critique, elle n'aurait permis à personne d'agir d'une façon qu'elle désapprouvait. Aucun homme politique n'accepte que les gens améliorent les choses d'eux-mêmes, selon des principes qui ne figurent pas au programme du parti. Je me rappelle que dans les années 1970, certains de mes amis travaillistes, des types vraiment bien, me disaient que les résultats des examens de l'école mixte qu'ils dirigeaient étaient si mauvais qu'il leur fallait les taire, sans quoi il y aurait eu des pressions pour changer le système. Ce qui nous conduit à un autre aspect de la soif de pouvoir : personne n'aime les critiques, et la vaste majorité des hommes politiques font jouer toute leur influence pour les étouffer. Regarde la façon dont Mrs Thatcher est entrée en conflit avec la BBC. Les hommes politiques seraient sûrement les derniers à renoncer à un pouvoir chèrement acquis pour se fier à l'intelligence de tout un système ?

ROBIN – Rien de surprenant à ce que les gens qui veulent le pouvoir pour le pouvoir ne supportent aucune critique. Tu vois, le problème, c'est que la politique, comme ma profession, attire des tas de gens qui ont eux-mêmes de gros problèmes, mais refusent de les affronter et d'essayer de changer.

JOHN – Mais ce n'est pas seulement dans la sphère politique que les responsables refusent de déléguer le pouvoir... Au sommet des bureaucraties, des groupes de pression, des entreprises, des syndicats, des associations professionnelles, etc., on trouve généralement des individus qui assument et dirigent tout — le genre de personne qui croit devoir se charger de toutes les responsabilités parce qu'elle ne fait confiance à personne pour prendre des décisions et les porter à bien. Sans compter tous les fondamentalistes, chrétiens, islamiques, juifs, hindous, protestants ou adventistes. Tous des obsessionnels qui tentent d'imposer leur système de valeurs aux autres à travers une législation ou, si nécessaire, par la force. Puis il y a ce large groupe qu'on appelle les Parents : presque tous, ils essaient de continuer à régenter leurs enfants des décennies après que ça a cessé d'être utile. Quelqu'un l'a dit un jour, « une mère passe les vingt premières années de la vie de son fils à l'aider à grandir, et le fils passe le reste de sa vie à elle à tenter de la convaincre qu'il est grand ». Je pourrais poursuivre indéfiniment...

ROBIN – J'en suis convaincu. Mais je crois que j'ai compris. Tu vois, ce que tous ces gens ont en commun, c'est qu'ils refusent de changer. Il est beaucoup plus confortable de *changer les autres*, en se disant qu'ils marchent tous à contretemps. C'est pourquoi leur premier souci est de régenter les autres — simplement parce qu'ils n'arrivent pas à se régenter eux-mêmes.

JOHN – Tu veux dire que s'ils se trouvaient au milieu de la foule sans pouvoir chercher à diriger les autres, ils commenceraient à éprouver des sentiments qu'ils ne sauraient trop maîtriser, et que cela les mettrait excessivement mal à l'aise ?

ROBIN – Voilà.

JOHN – C'est pourquoi tout le monde essaie de régenter tout le monde, *surtout* les hommes politiques ?

ROBIN – Pas tout le monde, seulement les gens les moins sains. Les gens sains trouvent plus intéressant de se régenter soi-même.

JOHN – Eh bien, si c'est le cas... quelle chance avons-nous de progresser vers une société plus saine où nous pourrons exploiter l'intelligence du système tout entier ?

ROBIN – Je crois que ce processus est en cours actuellement, lentement mais sûrement. Inévitablement, il est si progressif que nous ne le percevons pas, jusqu'au moment où nous jetons un coup d'œil en arrière : c'est comme si on regardait l'herbe pousser. Depuis ma naissance, des changements énormes sont intervenus : une égalité plus grande, la participation des femmes, la prise de conscience des enjeux internationaux, de l'interconnexion des actions humaines, les conséquences de la pollution et de la négligence à l'égard de l'équilibre naturel, pour ne citer que cela.

JOHN – Je sais qu'il y a du vrai là-dedans, mais en même temps j'ai l'impression que notre seul espoir de voir ces formes plus saines de pensée gagner ceux qui prennent des décisions politiques, vient du monde des affaires. Ce qui est remarquable avec les hommes d'affaires, c'est qu'ils ne sont pas très idéologues — ils sont plutôt pragmatiques. Ils aiment ce qui marche. Et s'ils sont assez nombreux à voir que ces façons saines d'agir marchent en affaires...

ROBIN – ... ils pourront élever ces idées à l'échelle supérieure, celle de la société.

JOHN – Je ne vois pas comment cela pourrait se produire autrement. À moins que tout le monde lise ce livre, fasse exactement ce que nous disons, et cesse d'essayer de régenter tous les autres : nous pourrions alors tous vivre très longtemps et avoir beaucoup d'enfants. Avec les socio-démocrates, bien sûr.

ROBIN – D'accord, mais à condition qu'ils suivent *mes* directives. Bon, tu disais... il y a *deux* problèmes insurmontables pour créer une société où les individus puissent exploiter leur intelligence le plus possible. Quel est le second ?

JOHN – Eh bien, nous nous sommes mis d'accord sur le fait qu'ils ne peuvent le faire que dans un cadre établi par quelques règles fondamentales. Dans une société moderne, on ne persuadera jamais les gens d'adhérer à ces règles quand on entend les fondamentalistes islamiques déclarer que la démocratie, c'est l'athéisme, et les personnes « politiquement correctes » exiger qu'on parle d'une jeune fille comme d'une « pré-femme »...

ROBIN – Mais nous ne sommes pas forcés d'arracher leur consentement. C'est ça qui est bien quand on écrit un livre. Il suffit de voir si nous, nous pouvons nous mettre d'accord.

JOHN – J'avais oublié. Ouf ! Et même alors... je sais que mes préjugés à moi feront irruption. Si tu commences à suggérer que la Grande-Bretagne a besoin d'un peu plus de franchise suisse, ou d'une attitude plus latine face à la corruption, ou d'un regain de joie de vivre à la suédoise — ou que nous devrions apprendre des Français l'art d'être le centre du monde... je dois dire que mon jugement sera enveloppé d'une brume de chauvinisme — un mot emprunté au français, soit dit en passant.

ROBIN – Eh bien, j'allais suggérer que nous considérions divers types de sociétés pour nous aider à déterminer les valeurs que nous préférons, et que nous devrions inclure dans nos règles fondamentales... Peut-être sera-t-il utile de commencer par des sociétés qui ne nous sont pas familières, où nos préjugés ne feront pas systématiquement intrusion.

JOHN – Bonne idée. Commençons par le pire des cas, une fois de plus. Parle-moi d'une société étrangement mauvaise.

ROBIN – L'une d'elles me vient immédiatement à l'esprit : ses valeurs sont devenues, euh... aussi mauvaises qu'on peut l'espérer. Il s'agit d'une tribu africaine, les Iks, étudiée en profondeur par un anthropologue, Colin Turnbull, qui y a vécu et y a partagé son existence un temps. Ils vivent dans les montagnes du nord-est d'Ouganda, près des frontières du Kenya et du Soudan.

JOHN – Peter Brook a mis en scène une pièce à leur sujet, je crois ?

ROBIN – Oui. Comme Turnbull, Brook a eu l'impression que ce qui était arrivé aux Iks comportait une leçon d'intérêt universel.

JOHN – Je suppose donc qu'ils n'étaient pas « mauvais » à l'origine ?

ROBIN – Oh non. À l'origine, c'était une tribu pratiquant la chasse et la cueillette, qui avait toujours été libre de chercher sa nourriture sur un large domaine, à présent divisé entre les trois pays que j'ai cités. À cette époque, les hommes avaient un rôle essentiel dans la chasse, mais les femmes et les enfants se rassemblaient pour rabattre les animaux vers les hommes qui les attrapaient dans leurs filets et les tuaient de leurs armes. Et les femmes s'occupaient de la cueillette. Ils étaient généreux, aimants, honnêtes, pleins de compassion — comme, paraît-il, tous les gens qui ont ce style de vie.

JOHN – Et qu'est-ce qui s'est passé ?

ROBIN – Eh bien, lorsque les colonies africaines sont devenues des nations indépendantes, les frontières sont devenues importantes, et de vastes zones ont été isolées pour former des réserves naturelles, si bien que cette tribu n'a pu poursuivre sa vie nomadique. Les Iks se sont retrouvés confinés dans une région montagneuse aride, où la nourriture, et même l'eau, étaient très difficiles à trouver. Leur mode de vie a changé du tout au tout, et ils n'avaient pas les aptitudes nécessaires pour faire face à ce changement. Leur existence est devenue très difficile, et la disette s'est installée. Évidemment, dans des conditions aussi extrêmes, la structure sociale a changé, elle est devenue de plus en plus négative. Ça a pris une dimension tragique. Par exemple, lorsqu'ils faisaient bonne chasse ou découvraient par hasard une autre source de nourriture, ils n'avaient aucune envie de partager. La moindre bonne fortune était cachée aux autres, car sa diffusion aurait constitué une obligation de partage. Ceux qui tuaient la bête ou découvraient les plantes se contentaient de bâfrer dans leur coin, puis allaient vendre le reste au poste de police local.

JOHN – Ils ne partageaient même pas avec leur famille ?

ROBIN – C'était considéré comme la pire des sottises !

JOHN – Grand Dieu. Je suppose donc que ce refus de partager la nourriture valait dans d'autres domaines...

ROBIN – Je crains que ce ne soit vrai. Devenus plus égoïstes et plus individualistes, leur souci d'autrui et leur désir de s'en occuper se sont complètement effondrés.

JOHN – Ils s'occupaient encore de leurs enfants ?

ROBIN – Pas vraiment. Les parents manifestaient peu d'intérêt pour leur progéniture une fois sevrée. À trois ans, les enfants étaient jetés hors du foyer et devaient se débrouiller tout seuls.

JOHN – On ne les tolérait plus à la maison ?

ROBIN – Non. S'il pleuvait, les parents leur permettaient de s'asseoir sous l'auvent, un point c'est tout. Sinon, il leur fallait se bâtir des abris eux-mêmes.

JOHN – Les enfants étaient-ils capables de coopérer entre eux ?

ROBIN – Ils formaient des groupes d'âges différents pour se protéger contre d'autres groupes d'enfants, puisqu'ils avaient peu de chances de survivre tout seuls. Un peu comme des gangs rivaux dans les grandes villes. La violence augmentait, et les amitiés duraient peu, car les amis finissaient par se battre entre eux.

JOHN – Et les personnes âgées ?

ROBIN – Elles étaient traitées encore plus durement que les enfants. Moins capables d'obtenir de la nourriture, elles mouraient de faim. Pendant que les personnes âgées agonisaient, les autres leur piquaient leurs biens, leurs vêtements, et leur ôtaient littéralement la nourriture de la bouche.

JOHN – Ils avaient perdu tout amour du prochain ?

ROBIN – Presque tous, oui. Tu vois, leur vie était si horrible, il y avait tant de raisons de s'affliger, si peu de plaisirs à connaître, qu'ils avaient appris à réprimer pratiquement tout leur potentiel de sentiments.

JOHN – Dans *Famille*, tu as dit qu'on ne pouvait réprimer une émotion sans les réprimer toutes.

ROBIN – Exact. Turnbull a dit qu'il était difficile de déceler une seule émotion chez les Iks. Il les a appelés « des sans-amours ». Il dit qu'ils se comportaient comme s'il était important de n'aimer personne ; il pensait que ça les protégeait de la douleur et du chagrin qu'ils auraient sinon éprouvés. Pour citer ses propres termes : « J'ai vu peu de témoignages de ce que je pourrais simplement nommer de l'affection. J'ai vu des choses qui me donnaient envie de pleurer... mais je n'ai jamais vu un Ik manifester le moindre symptôme de chagrin, verser la moindre larme, sinon des larmes de fureur, de rancune ou de haine chez les enfants. » Et encore : « Je n'ai noté aucun trait de vie familiale semblable à ceux qu'on trouve presque partout ailleurs dans le monde. Je n'ai rencontré aucun signe d'amour, avec ce que cela suppose de volonté de sacrifice, de volonté d'accepter que nous ne sommes pas complets par nous-mêmes, et avons besoin de nous souder aux autres. »

JOHN – Les Iks ont-ils traité Turnbull comme ils se traitaient mutuellement ?

ROBIN – Et comment ! Rien de surprenant à ce qu'il ait trouvé la vie parmi eux extrêmement douloureuse. La plupart du temps, ils adoraient le frustrer en lui barrant l'accès aux informations qu'il était venu chercher chez eux. Ils parlaient un langage différent pour l'exclure. Une fois, il a passé trois jours près d'un point d'eau avec un groupe d'Iks, et ce dans un silence ininterrompu. En fait, ils lui montraient juste ce que c'était que d'être l'un d'entre eux : rester complètement isolé, chacun de son côté.

JOHN – Et il s'est vraiment senti comme eux ?

ROBIN – Pire encore. Turnbull s'est montré très franc sur ce point et dit avoir, après un temps, découvert non sans inquiétude qu'il commençait à se conduire comme un Ik pour se protéger. Il était sans cesse de mauvaise humeur, il se retirait dans l'isolement et le silence, et, tu ne le croiras peut-être pas, mais il a eu du plaisir à refouler les autres et à manger tout seul.

JOHN – Il s'était vraiment identifié à eux.

ROBIN – Oui. Je crois qu'il serait impossible de résister à cette tentation.

JOHN – Je remarque que tu as employé le mot « plaisir ». C'était le plaisir de donner aux autres le sentiment de valoir moins que soi-même.

ROBIN – Oui. C'est encore un autre aspect. Le peu de plaisir éprouvé par les Iks, c'était de voir les autres connaître des expériences pénibles. Par exemple, quelqu'un tombait, et était trop faible pour se relever : il était raillé et humilié. Les vieilles personnes qui ne se traînaient pas à terre, on les faisait tomber juste pour s'amuser.

JOHN – C'est vrai que c'est marrant...

ROBIN – Je t'en prie ! Turnbull ajoute que plus d'une fois, la tribu a tenté de provoquer sa mort, juste pour s'amuser. Pire que tout, il leur arrivait de regarder un enfant ramper vers le feu sans l'arrêter ni l'avertir : ils guettaient attentivement le moment où il toucherait les flammes, et ils éclataient de rire en le voyant se brûler.

JOHN – Eh bien, je peux tout à fait comprendre la façon dont l'insensibilité se développe. J'observe cela dans ma propre vie : plus je suis stressé, moins je réussis à me préoccuper de ce que ressentent les autres. Mais je ne comprends pas ce que tu viens de me dire : c'est de la cruauté pure et simple. Quel intérêt ?

ROBIN – Plus d'un, sans doute. Tout d'abord, il faut une certaine force de caractère — et une bonne santé — pour endurer l'adversité quand d'autres vivent heureux, sans souhaiter les voir souffrir tout autant. En outre, la tendance naturelle est de diminuer sa douleur en l'étendant aux alentours : plus on se sent mal, plus on veut faire souffrir les autres. Le mieux est de les faire encore *plus* souffrir que soi : le plus facile alors, c'est de s'en prendre aux bébés, aux personnes âgées, à tous ceux qui sont faibles et vulnérables.

JOHN – D'accord. Comment conceptualiserais-tu alors leur code moral ?

ROBIN – « Chacun pour soi. » C'est la forme extrême d'un code de plus en plus répandu dans notre société. Il ne diffère que par son intensité de la « libre entreprise » poussée à ses limites ; ou de situations où ceux qui travaillent ne s'inquiètent pas le moins du monde des masses au chômage et refusent de partager leur travail ou de gagner moins d'argent.

JOHN – On pourrait dire que le comportement des Iks avait un sens, attendu leur situation.

ROBIN – C'est ce qu'a conclu Turnbull. La survie de la *tribu* dépendait de la survie des adultes en bonne santé. Ils étaient les plus capables de s'en tirer, et ils pouvaient toujours avoir plus d'enfants par la suite.

JOHN – Maintenant cite-moi une société qui opère à l'extrême opposé du spectre de la santé mentale.

ROBIN – Eh bien, parlons du Ladakh. Nous y sommes allés récemment, nous avons donc des expériences de première main.

JOHN – Oui, c'est au nord de l'Inde, mais culturellement on y pratique un bouddhisme tibétain. C'est à peu près la seule région où cette culture a survécu puisque les Chinois l'ont éradiquée systématiquement au Tibet même — par un processus assez efficace : ils ont assassiné un million et demi de Tibétains et implanté des Chinois au Tibet pour que leur nombre soit supérieur.

ROBIN – Le Ladakh était également sous la menace des Chinois, si bien que le gouvernement indien l'a aidé à préserver son ancien mode de vie des influences étrangères, jusqu'à ce qu'il soit ouvert aux visiteurs au milieu des années 1960. À cette époque, une chercheuse du nom de Helena Norberg-Hodge a commencé à y séjourner : à l'entendre, les gens y étaient les plus heureux, les plus satisfaits qu'elle eût jamais rencontrés, et leur bonheur n'admettait pas de comparaison. D'autres visiteurs ont découvert la même chose : des gens étonnamment ouverts, gais, honnêtes, souriants, amicaux et serviables, qui semblaient apprécier la vie et posséder le secret de la bonne entente.

Une telle bonne humeur, une telle joie de vivre semblaient naître d'un sentiment profond de paix et de satisfaction.

JOHN – En 1990, toi et moi étions encore très impressionnés par leur grand sens de l'égalité et du respect mutuel.

ROBIN – Bien qu'il y ait une hiérarchie clairement établie, et une aristocratie reconnue de tous.

JOHN – Oui, mais aucune division de classe à proprement parler, n'est-ce pas ?

ROBIN – C'est vrai. Chacun dit son point de vue sans crainte, et est écouté avec respect. Il apparaît clairement que les habitants du Ladakh sont respectés pour ce qu'ils sont, non pour ce qu'ils possèdent ou représentent socialement.

JOHN – Je me rappelle être passé devant une hutte minuscule qui, m'a-t-on appris, était la prison. Il y avait à peine de la place pour quatre joueurs de cartes. Nos hôtes ont expliqué que la prison était vide la plupart du temps, parce que le crime, quel qu'il soit, était très rare, et que le crime violent n'existait pour ainsi dire pas. La prison ne servait en fait qu'à abriter pour une nuit quelqu'un qui aurait trop bu et avait besoin de cuver son vin. Pourquoi le Ladakh fonctionne-t-il si bien, à ton avis ?

ROBIN – Eh bien, ceux qui l'ont étudié avec soin sont d'accord pour attribuer ce bon fonctionnement au juste équilibre entre l'indépendance individuelle et le sens de la responsabilité communale. Un expert a dit que le Ladakh était proche de « l'utopie rurale » de Gandhi.

JOHN – Mais ce qui frappe, c'est leur sens de la coopération plutôt que de la compétition.

ROBIN – Sauf quand ils jouent au polo : pas de quartiers ! Ils *peuvent* donc rivaliser, mais leurs valeurs fondamentales sont orientées vers l'entraide et les bonnes relations. C'est pourquoi leurs disputes se règlent facilement.

JOHN – D'où leur vient, à ton avis, cet esprit coopératif ?

ROBIN – Eh bien, leur système de valeurs est oriental, et profondément influencé par le bouddhisme. Ils fonctionnent donc sur le principe que nous sommes tous interdépendants — que choses et gens sont liés, et que ces relations sont harmonieuses si les gens demeurent ouverts et honnêtes les uns avec les autres. Norberg-Hodge dit qu'elle n'avait jamais rencontré des gens « si sains, si affectivement stables que les habitants du Ladakh... ». Elle pensait que « le facteur le plus important est le sentiment d'appartenir à quelque chose de bien plus vaste et d'être inextricablement relié à ce qui vous entoure ».

JOHN – Alors que notre point de vue occidental sur le monde souligne l'individualité de chaque chose. Nous nous voyons comme des êtres distincts des autres et de la nature.

ROBIN – Et pourtant nous ne nous sentons pas à l'aise et confiants dans ce statut séparé. Nous nous sentons souvent isolés, solitaires, aliénés. Au contraire, Norberg-Hodge dit qu'elle « a trouvé les habitants du Ladakh moins dépendants affectivement que nous ne le sommes dans une société industrielle. L'amour et l'amitié existent, mais ils ne sont pas intenses ni avides, ne passent pas par la possession d'une personne par une autre ». Selon elle, c'est parce qu'ils vivent dans une société saine qui « encourage les liens sociaux et l'indépendance, offrant à chaque individu un soutien affectif inconditionnel ». Et que « dans ce cadre nourricier, les individus se sentent assez en sécurité pour devenir tout à fait libres et indépendants ».

JOHN – Ils ont quelque chose de très rassurant. Mises à part leur bonne humeur, leur cordialité et leur vitalité, ils ont l'air tout à fait *ordinaires* !

ROBIN – Non, ils ne sont pas parfaits, comme nous l'avons vu. John Crook, qui était le chef de notre petit groupe, et qui s'est rendu plusieurs fois au Ladakh, confirme cette vision positive des habitants, mais il a découvert qu'ils ont aussi leur part de stress et de tension, et que parfois les relations se brisent. Simplement, ils semblent s'en tirer mieux que nous dans l'ensemble. De même, l'entraide qui règne dans les villages, et l'aptitude à résoudre les disputes, avec une cordialité chaleureuse et une capacité remarquable à endurer l'adversité, ont un prix. Par exemple, la bonne humeur permanente pourrait dissimuler des tensions sous-jacentes, si bien que les réactions ne seraient pas toujours authentiques. La possibilité même de ne pas pouvoir rendre un acte de générosité les angoissait. Ce qui est intéressant, c'est que cela ressemble au prix que paient les Japonais pour maintenir leur remarquable cohésion sociale. Il était néanmoins très impressionné par leur bonne entente.

JOHN – Oui. Tous ceux qui ont séjourné là-bas s'accordent à dire qu'il s'agit d'une civilisation remarquablement saine. Et lorsqu'on met en parallèle les caractéristiques des familles exceptionnellement saines, on les retrouve à peu près toutes. Ces gens sont hautement sociables, savent travailler en groupe, mais sont aussi très indépendants et respectueux de la personnalité de chacun.

ROBIN – De même, la structure sociale est explicite, mais les relations sont très démocratiques.

JOHN – La communication est bonne : même les voyageurs du XIXe siècle les décrivent comme « un peuple qui dit la vérité ». Ils sont vifs, spontanés, et semblent avoir goût à la vie.

ROBIN – Ils font face avec gaieté aux dures réalités de la vie dans ce désert. Ils acceptent les changements — un décès, par exemple. Ces parallèles sont très frappants...

JOHN – Nous les idéalisons peut-être ?

ROBIN – Non. Les preuves sont là. Les anthropologues ont montré très clairement que la vie « primitive » est souvent beaucoup plus saine que la nôtre, si l'on en juge par les critères de santé mentale que nous avons définis. Ainsi, Turnbull dit : « En termes d'investissement dans les relations humaines à la fois affectives et efficaces, le primitif nous est partout supérieur. » Depuis notre plus tendre enfance, et à tous les stades de la vie, les codes et la compréhension de la vie sociale s'acquièrent à travers un apprentissage social continu. Presque tout — l'éducation scolaire, les événements sociaux, le travail, les jeux, et bien sûr les rituels — contribue à faire acquérir cette compréhension. Turnbull évoque un jeu d'enfant pratiqué dans une tribu très unie, les Mbutis, qui vivent au nord-est du Zaïre. Des enfants grimpent à un jeune arbre encore frêle jusqu'à ce qu'ils soient assez nombreux au sommet pour que leur poids fasse ployer l'arbre, et qu'ils se retrouvent près du sol à nouveau. Le but du jeu, c'est que tout le monde lâche prise simultanément et tombe au sol ensemble. Si l'un d'eux reste suspendu trop longtemps, il sera projeté en l'air au moment où l'arbre se redressera — une erreur qu'il n'aura pas envie de rééditer. Ils comprennent ainsi *la nécessité de jouer leur rôle*, et apprennent à le jouer de la façon la plus efficace possible, pour que tous en bénéficient. Au contraire, en Occident, nous ne faisons presque rien pour susciter cette conscience sociale et cette compréhension de la société comme ensemble, ou pour joindre à l'acquisition d'une compétence ce sentiment d'avoir un rôle et une responsabilité dans la société.

JOHN – Mais tu sais, il y a là une énigme mâtinée de paradoxe. Ces sociétés merveilleuses, simples, heureuses, sans complications — que nous croyons envier — semblent ne jamais pouvoir résister à la corruption matérialiste lorsqu'on lui offre. L'individualisme et le matérialisme occidentaux devraient choquer leur sens profond des valeurs, mais elles s'y plongent jusqu'au cou, même si elles savent au fond qu'elles y perdront la plus grande partie de ce qui leur est spécifique. Peux-tu me citer une seule société saine qui ait choisi de ne pas suivre la voie du matérialisme ?

ROBIN – Pas vraiment. Certainement pas le Ladakh. Depuis que ses habitants ont pris contact avec les Occidentaux, ils se sentent plus pauvres. Leur respect d'eux-mêmes est ébranlé : ils commencent à douter d'eux-mêmes et à se sentir inférieurs. Ils accordent de plus en plus d'importance à l'argent et au gain matériel. Si les visiteurs, à l'époque où la région leur a été ouverte, étaient accueillis dans tous les foyers comme des invités, aujourd'hui on s'intéresse surtout à leur argent. La générosité se perd, les prix augmentent et s'envolent dans les domaines où l'influence occidentale est la plus forte. Quand c'est le cas, les gens commencent à connaître nos tensions et nos instabilités d'Occidentaux : agitation, agressivité, dépression. Il y a même un peu d'alcoolisme, et les habitants ne s'occupent plus des personnes âgées comme avant.

JOHN – Peut-être est-il difficile de résister à l'appât des valeurs occidentales si on ne voit pas où elles mènent...

ROBIN – Eh bien, si nous-mêmes ne savons pas leur résister, malgré tous les maux où elles conduisent — taux de criminalité en hausse constante, agitation et aliénation sociales, divorces de plus en plus nombreux, ruptures familiales, enfants maltraités, forêts détruites par les pluies acides, Tchernobyl et ses retombées mondiales, trous dans la couche d'ozone qui nous obligent à porter chapeaux et lunettes noires au lieu de profiter du soleil, destruction de la vie sauvage, des splendeurs naturelles, voire des arbres qui produisent l'oxygène que nous respirons — si nous, nous n'avons toujours pas capté le message, nous ne saurions blâmer les habitants du Ladakh, qui voient nos montres et nos transistors, mais qu'on n'avertit pas des conséquences funestes de notre civilisation, et qui prennent nos propos à la lettre parce qu'ils restent ouverts et confiants tandis que nous sommes indignes de confiance, incapables même d'admettre la vérité sur nous-mêmes...

JOHN – Tu sais, j'ai soudain été frappé par le fait que nous parlons du « matérialisme occidental » et des « valeurs occidentales » comme si l'Occident avait toujours été comme ça. Mais en fait, l'Occident a subi exactement le même processus que celui que nous décrivons — exactement la même transition d'une société communale et unie à une société individualiste et compétitive.

ROBIN – Continue...

JOHN – Je pense à l'évolution depuis la chrétienté médiévale jusqu'à l'Europe moderne. Parce que ça s'est produit il y a bien longtemps, nous oublions qu'il s'agit du même processus. Si nous remontons au Moyen Âge, nous découvrons une simple culture de l'entraide en Europe.

ROBIN – Comment sais-tu tout cela ?

JOHN – Le sujet a piqué ma curiosité il y a quelques années, et deux ou trois amis historiens m'ont indiqué ce qu'il fallait lire.

ROBIN – Qu'est-ce qui t'intriguait ?

JOHN – La façon dont les gens pensaient au Moyen Âge. Je voulais, par exemple, savoir pourquoi les artistes de l'époque n'étaient pas intéressés par la gloire ou s'ils étaient vraiment hors compétition sur le plan économique...

ROBIN – Et est-ce qu'il semble y avoir un principe explicatif général ?

JOHN – Eh bien, je suppose que tout est basé sur le postulat irréfutable que la société est telle qu'elle est parce que Dieu l'a voulue ainsi. Chacun et chaque chose à sa place. Monter ou descendre dans la hiérarchie, ou tenter de changer les choses n'ont pas de sens !

ROBIN – Ce qui n'est pas exactement une recette pour encourager la compétition...

JOHN – Non : chacun s'identifie à son rôle dans l'ordre social et se considère comme membre d'une guilde, ou chevalier, ou artisan, ou paysan, et non comme un individu qui aurait cette position. On n'a pas même l'idée de changer de rôle. Des règles et des obligations déterminent presque tout. On ne peut même pas s'habiller ou manger comme on veut.

ROBIN – Comment la société est-elle organisée ?

JOHN – Eh bien, la hiérarchie féodale est un réseau d'obligations mutuelles. C'est vrai, le roi est le patron, mais même lui, on s'attend à ce qu'il consulte les seigneurs — ce dont témoigne la Grande Charte *. Quelle que soit ta position sociale, tu as des devoirs envers ton supérieur, mais lui a des obligations bien définies envers toi. C'est pourquoi la terre, seule source véritable de richesses, est très difficile à acheter ou à vendre : chaque parcelle est chargée de droits divers.

ROBIN – Et les affaires ?

JOHN – Oh, personne ne peut vraiment s'enrichir. L'Église fixe un « juste prix » pour tout, et un règlement vous indique où les ventes doivent se faire. Si tu es commerçant, il te faut appartenir à une guilde, qui bloque la compétition interne en obligeant ses membres à mettre en commun leurs secrets de fabrication et l'achat des

* La Grande Charte (Magna Carta) fut imposée par les barons d'Angleterre au roi Jean sans Terre en 1215. Elle garantit les droits féodaux, les libertés de l'Église et des villes contre l'arbitraire royal, et institua le contrôle de l'impôt et les garanties judiciaires. Confirmée par Henri III en 1265, elle devint le symbole de la lutte contre le pouvoir absolu.

matières premières. Qui plus est, l'usure est interdite, afin d'éviter aux plus nécessiteux d'être exploités. Bref, tout repose sur la subordination totale des principes économiques aux besoins humains. Comme l'a dit Richard Twaney, « L'homme a le droit de chercher la somme de biens nécessaires pour vivre. Chercher davantage serait de l'avarice... un péché mortel. »

ROBIN – La morale domine jusqu'aux questions économiques car, pour la plupart des gens, le ciel et l'enfer sont bien réels.

JOHN – Oui, l'Église, qui est au-dessus de la nation, entretient la culpabilité afin de contrôler le peuple. Elle a un pouvoir étonnant. Elle possède un tiers des terres, contrôle la communication, car les sermons sont les informations régionales de l'époque, et insiste sur le fait qu'on ne communique avec Dieu qu'à travers ses représentants. Les offices sont prononcés dans une langue incompréhensible, il est impossible d'accéder à des textes sacrés qu'on pourrait méditer par soi-même. La seule façon d'échapper à la culpabilité, c'est de passer un marché avec un prêtre.

ROBIN – Tout le savoir est contrôlé par l'Église.

JOHN – Et là encore, pas question de penser par soi-même, car toutes les discussions reposent sur des autorités intellectuelles — Aristote de préférence, mais un Père de l'Église fera l'affaire. Ils disent ce qui est, point final. La discussion consiste à échanger des citations et à faire référence au système hiérarchique spirituel.

ROBIN – Les gens n'ont pas l'idée de mettre cette pensée à l'épreuve du réel ?

JOHN – Non, parce que les gens cultivés ne s'intéressent pas beaucoup au monde réel, extérieur : ils ne s'occupent que des questions importantes, théologiques et métaphysiques.

ROBIN – Donc, il n'y a pas de science.

JOHN – Du coup, les innovations techniques prennent des siècles. Même chose en art et en architecture où les gens copient les grands maîtres du passé, qui copiaient eux-mêmes les grands maîtres du passé. Et, bien sûr, personne n'a besoin de signer son œuvre.

ROBIN – Cela signifie-t-il que les gens ne pensent pas beaucoup à eux-mêmes, qu'ils n'essaient pas de s'auto-analyser ?

JOHN – J'ai l'impression que cette idée ne leur viendrait pas à l'esprit. Ils étaient totalement dépourvus du réflexe d'introspection qui nous paraît aller de soi aujourd'hui. Pour citer Erich Fromm : « La conscience du Moi individuel... des autres... et du monde comme entités séparées n'était pas encore venue à terme. » Si on ne se perçoit pas comme distinct du contexte environnant, on ne peut pas vraiment se considérer de façon objective — ni même subjective !

ROBIN – Juste. On ne figure pas à part sur les agendas.

JOHN – Ce que je veux dire, c'est que j'ai souvent remarqué que je me livre à l'introspection lorsque j'ai des incertitudes ou des doutes. Fromm souligne que l'homme médiéval « était ancré dans un tout structuré, et qu'ainsi la vie avait un sens qui ne laissait ni place ni nécessité au doute ».

ROBIN – C'est le bonheur dans le malheur : si les gens manquaient de conscience de soi, ils avaient néanmoins un véritable sens d'appartenance sociale, et de *sécurité*.

JOHN – Cela nous paraît difficile à comprendre aujourd'hui — un peu comme si nous tentions de nous figurer comment les gens regardaient les peintures avant qu'on n'invente la perspective.

ROBIN – Approximativement, à quelle époque situer ce monde médiéval que tu me décris là ?

JOHN – Oh, euh... Eh bien, il y a des discussions sans fin entre les historiens sur ce point. Un groupe d'historiens brillants d'Oxford, dirigé par Alan Macfarlane, assure qu'en 1300 l'Angleterre était une société extraordinairement individualiste ! Mais des historiens respectés, et antérieurs, pensent que ce processus d'individualisation s'est produit deux ou trois cents ans plus tard. En Italie, à l'époque de la Renaissance, l'individualisme ne concernait que les gens très riches : les masses populaires demeuraient assez indifférenciées. En Europe du Nord, au contraire, l'individualisme marquait même la culture des bourgeois. Ce que j'essaie de décrire est une sorte d'image d'Épinal du communautarisme médiéval, qui agacerait tout historien sérieux.

ROBIN – Tu cherches à souligner le contraste avec l'Europe moderne ?

JOHN – Exactement. Et pour illuminer le changement radical qui s'est produit, je dirais que l'Europe moderne est une variante de l'Europe protestante nordique.

ROBIN – Quelle serait l'essence de cette Europe moderne, sans entrer dans les détails ?

JOHN – Eh bien, comme les gens ont davantage conscience d'être des individus, ils se sentent plus distincts du contexte, et le considèrent par conséquent avec une objectivité accrue. Jacob Burkhardt, le grand historien de la Renaissance, dit qu'un voile d'illusion s'est déchiré.

ROBIN – L'essence du monde médiéval, c'était d'être entièrement ordonné par Dieu...

JOHN – Tout juste. Eh bien, en observant le monde plus objectivement, on a trouvé comment il fonctionnait. Après Galilée, Descartes, Newton, on considère que la gloire de Dieu est d'avoir planifié l'univers — en d'autres termes, d'avoir créé les lois de la physique. Il n'exerce plus un contrôle quotidien sur les choses, il est un Dieu inactif. Il n'y a pas d'ordre figé des choses hors de ces lois.

ROBIN – Il n'est donc pas impie de chercher à s'améliorer. Alors que l'Église médiévale étouffait la compétition, ce point de vue en fait pour ainsi dire la pub !

JOHN – Qui plus est, les gens se regardent de façon plus objective, et estiment que nombre de leurs besoins sont valables, et non simplement de l'ordre du péché ! Cela implique qu'il est moral de satisfaire ces besoins — la quête du bonheur n'est plus un péché.

ROBIN – Où est l'Église là-dedans ?

JOHN – Les offices liturgiques et les Saintes Écritures ont été traduits dans la langue de chaque peuple : tout le monde peut donc discuter théologie et se faire sa propre idée sur la question. Le contact direct entre la personne et Dieu est mis en valeur, si bien que chacun répond maintenant directement de lui-même à son Créateur.

ROBIN – La conscience individuelle gagne en importance.

JOHN – Voilà. La morale protestante du travail s'impose, ainsi que l'extraordinaire importance qu'elle attache à l'accumulation d'une fortune personnelle — non pour la dépenser, mais parce qu'elle révèle la capacité de travail, le zèle et l'efficacité. « Le diable trouve du travail aux oisifs » et « Le temps, c'est de l'argent »...

ROBIN – L'Église chrétienne dit par conséquent que le capitalisme est entièrement acceptable, que l'usure est une bonne chose, qu'un prix ne saurait être exorbitant, et qu'un homme a droit de baisser les salaires au maximum.

JOHN – De fait, l'Église est si capitaliste que par la suite, quand la Chambre des Lords a proposé une loi pour limiter le travail des enfants, les *évêques* ont voté contre !

ROBIN – *Quid* des droits que les paysans démunis avaient autrefois sur les terres de leur suzerain ?

JOHN – C'est fini, et ces pauvres gens doivent migrer dans les villes pour trouver du travail : ils deviennent le prolétariat bon marché, nécessaire aux capitalistes. Les propriétaires terriens peuvent maintenant exploiter leur terre avec un profit maximal.

ROBIN – En somme, dans tous les domaines, le comportement économique n'est plus simplement un aspect de la conduite individuelle.

JOHN – Non, c'est vrai. Les lois économiques disposent maintenant d'une puissance propre et anonyme qui les met au-dessus des simples considérations humaines.

ROBIN – Pour la première fois, les gens disent : « Désolé, c'est le business qui veut ça ! »

JOHN – Voilà. Ce comportement individualiste a aussi favorisé une explosion de la créativité. Les scientifiques ne se contentent plus de découvrir, ils innovent. La révolution technologique est stupéfiante. L'art devient de plus en plus inventif et individuel. Il est plus facile de reconnaître le style de l'artiste, et pas un seul ne songerait à laisser son œuvre sans signature !

ROBIN – Et la vie privée ?

JOHN – Eh bien, la migration urbaine a cassé les familles nombreuses. Le mariage devient plus une question individuelle, un peu plus romantique, et un peu moins une question d'intérêts. Par-dessus tout, la vie privée existe ! Les gens choisissent maintenant de consacrer du temps à eux-mêmes : ils lisent, peignent, tiennent des journaux intimes, pensent à leur propre vie.

ROBIN – Comment la vie des gens a-t-elle évolué depuis les temps médiévaux ?

JOHN – Chaque individu a acquis une plus grande conscience de soi, une meilleure connaissance du monde, une plus grande liberté. Et cela au prix d'une terrible perte de sécurité, affective et économique.

ROBIN – En d'autres termes, tous les aspects de la vie médiévale qui pouvaient être envisagés comme des bornes imposées à la liberté étaient en même temps source de lien social et de soutien mutuel.

JOHN – La liberté amène la solitude. Bien, mon cher psy, peut-on faire ici un parallèle avec l'expérience de l'enfant que sa croissance sépare peu à peu de sa famille ?

ROBIN – Oh, que oui ! Le passage de la petite enfance à l'âge adulte — dans les sociétés modernes, du moins — est un processus où l'unité initiale entre la mère et l'enfant est peu à peu remplacée par une autonomie et une indépendance croissantes, mais au prix d'un sentiment de séparation : on se sent seul et on doit prendre soin de soi-même. On le constate notamment chez le jeune enfant qui refuse de faire ce qu'on lui dit et exige de tout faire tout seul. Cette croissance qui diminue la dépendance et la sécurité est pesante à l'adolescence. Tu te rappelles peut-être que dans *Famille*, j'ai dit que le mythe d'Éden — où Adam et Ève désobéissent à Dieu et se font jeter dehors — symbolisait entre autres ce processus de sevrage.

JOHN – Très bien. Eh bien, à présent, j'ai besoin de m'arrêter pour voir où nous en sommes. Nous avons considéré quelques sociétés simples et unies, nous avons remarqué combien l'occidentalisation les a dirigées vers l'individualisme et la compétition. Ensuite... nous avons retracé ce processus en Occident, et montré comment il s'est produit il y a quelques centaines d'années...

ROBIN – Attends un peu. Pourquoi as-tu choisi le début du XIXe siècle ? Est-ce le moment où l'individualisme était à son sommet ?

JOHN – Je crois que c'est à ce moment qu'on en a la vue la plus nette. Ensuite, les gens sont plus conscients de tous les maux produits par le système. Les idées et mouvements politiques commencent à se développer pour contrer le capitalisme rampant. Dans un premier temps, l'amélioration vient surtout de groupes volontaristes, puis l'État prend en charge de plus en plus de choses et les attitudes s'institutionnalisent.

ROBIN – Par conséquent, à mesure que les gens placés au bas de l'échelle sociale acquièrent le droit de vote, le processus s'accélère.

JOHN – Les idées socialistes se concrétisent de deux manières. L'une, c'est le communisme, destiné à remplacer entièrement le capitalisme, mais il s'est révélé tout à fait incapable de faire face aux complexités des marchés modernes...

ROBIN – Comme l'effondrement du Bloc soviétique l'a universellement démontré...

JOHN – ... et parce que sa mise en pratique était moralement répugnante. Je veux dire, l'idée même du communisme a une grande validité morale — elle est très chrétienne par certains aspects. Quand j'entends les gens l'injurier, je repense à la remarque de G. K. Chesterton sur le christianisme : « Le problème, ce n'est pas qu'il a échoué, c'est juste qu'il n'a jamais été mis en œuvre. » Le problème, c'est que la théorie communiste était absolument paranoïaque : « Le prolétariat, c'est bien — la bourgeoisie, c'est mal. » Comme Bertrand Russell l'a souligné un jour, si c'est le cas, pourquoi changer le système et gratifier le prolétariat de tous les avantages qui rendaient la bourgeoisie si mauvaise ? Cette théorie paranoïaque a attiré des paranoïaques toujours plus nombreux que les gens sincèrement communautaristes. Or le pouvoir corrompt, et le communisme unipartiste n'avait pas de contrepoids. En fait, il s'en débarrassait systématiquement. La loyauté envers le parti était la plus grande vertu. Le résultat : le solide parti communiste s'est effondré.

ROBIN – Oui, mais tu as dit qu'il y avait *deux* manifestations du socialisme.

JOHN – Eh bien, lorsque certaines idées socialistes ont été incorporées au système capitaliste, on a fait un grand pas en avant. Personne ne suggérerait avec sérieux aujourd'hui que nous n'avons pas besoin d'un État-providence, comme les conservateurs dans les années 1940, pour lutter contre l'établissement d'une sécurité sociale.

ROBIN – Mais le socialisme s'est avéré impuissant à créer de la richesse, n'est-ce pas ? Les bureaucrates ne peuvent pas assumer une action d'entrepreneur et, pire, tendent à mettre des bâtons dans les roues à ceux qui en sont capables.

JOHN – Je sais que la Corée du Sud et Singapour ne sont pas *vraiment* des parangons de vertu démocratique, mais l'adoption du libre marché semble mener inexorablement à d'autres formes de libertés, sociales et politiques. À présent, comme dit Francis Fukuyama, l'historien américain : « Nous avons du mal à imaginer... un futur qui ne soit pas essentiellement démocratique et capitaliste. »

ROBIN – Eh bien, même si c'est vrai, cela ne veut certainement pas dire que tous les hommes vivent dans le même type de société, n'est-ce pas ? Après tout, deux des démocraties libérales les plus prospères au monde sont aux deux extrêmes du spectre individualiste-communautaire que nous examinons dans ce chapitre.

JOHN – L'Amérique et le Japon ?

ROBIN – Oui. Les États-Unis et leur longue tradition d'individualisme à la dure ; le Japon, qui fonctionne sur une structure éminemment communautaire, sur un mode exceptionnellement consensuel.

JOHN – Tu veux dire que si nous les examinons tour à tour, nous pourrons voir plus clairement quels aspects de l'individualisme nous plaisent, et quels aspects du communautarisme nous préférons : nous pourrons alors voir si un mixte des deux conférerait à notre démocratie libérale les meilleurs traits de ces deux mondes.

ROBIN – Exactement.

JOHN – Eh bien, j'ai passé plus de trois ans de ma vie aux États-Unis, et j'ai toujours eu pour principe d'épouser des Américaines. Je commence ?

ROBIN – Allez, vas-y !

JOHN – Tout d'abord, une réserve. Les gens que j'aime le plus au monde sont les Américains qui ont passé un certain temps en Europe. Ainsi que les Européens qui ont passé un certain temps en Amérique. Je crois que nous avons besoin de nous emprunter mutuellement nos qualités. Mais ce que je vais dire concerne l'Amérique pure et dure.

ROBIN – Lorsque tu y es arrivé, il y a trente ans, qu'est-ce qui t'a frappé en premier ?

JOHN – Leur énergie et leur impolitesse. Mais bien sûr, j'habitais New York. Même alors, j'ai vite perçu combien mon accusation d'« impolitesse » était un jugement culturel. Une grande part de cette impolitesse, je m'en suis rendu compte, était juste une approche directe à laquelle je n'étais pas habitué. Si un Américain veut du sel, il dit : « Le sel, SVP. » Pour un Anglais, c'est bel et bien de l'impolitesse ! Un tantinet rude, voire peu gracieux. Nous avons plus l'habitude de formules comme : « Je suis navré de vous déranger, mais je me demande si je pourrais oser vous demander s'il vous serait loisible — sans vous déranger — de considérer l'éventualité, pour le dire un peu franchement, de me passer le sel — ou de ne pas me le passer, à votre gré. » Je suis certain que c'est dû à ce que nous autres Anglais avons une peur excessive de provoquer la fureur des autres : nous essayons d'écarter la moindre éventualité en nous conduisant de façon absurdement vague, en nous excusant jour et nuit. C'est peut-être que nous sommes serrés comme des sardines sur notre île, et que nous grandissons avec l'impression qu'il vaut mieux ne pas jouer des coudes si l'on veut éviter les bagarres. Un peu comme les Japonais qui, non moins entassés sur leurs îles, ont également développé une courtoisie formelle exagérée.

ROBIN – Mais nous apprécions souvent que nos visiteurs américains fassent preuve d'esprit direct et entament la conversation dans un train, sans quoi nous ferions attention à ne pas faire attention aux autres. Ça nous réveille.

JOHN – Très juste. Et l'énergie des Américains provient, me semble-t-il, de ce qu'ils ne se voient pas comme nous nous voyons : ils estiment avoir de la place, et ne redoutent pas la colère des autres. Parfois au point que le moindre raffinement peut leur paraître décadent ! Un jeune Californien m'a même dit : « Le bon goût, c'est ce qui reste quand on a épuisé toute son énergie ! »

ROBIN – C'est le choix qui guette toute société, non ? Ou nous inhibons nos réactions spontanées pour ne pas déranger les autres, ce qui peut nous rendre passifs et ennuyeux ; ou nous exaltons la vitalité et la liberté, et nous acceptons qu'il y ait plus de conflits sociaux.

JOHN – Parce que la colère ne les met pas fondamentalement mal à l'aise, beaucoup d'Américains s'affirment le plus sainement du monde — amicalement, mais efficacement.

ROBIN – Rappelle-toi : les recherches montraient que les gens sains semblaient plus à l'aise que les autres à l'égard de la compétition et de l'agression. Je dois dire que j'aime et que j'apprécie cette attitude — mais je serais d'un autre avis si, là-bas, quelqu'un tentait de m'attaquer à main armée !

JOHN – Voilà justement le revers de la médaille... Ce manque d'inhibition à l'égard de la colère dégénère facilement en violence. J'entends par là l'éventail tout entier de la violence, depuis la violence propre au parler quotidien du cadre moyen — ils ont un nombre infini d'expressions indiquant ce qu'ils ont l'intention de se faire par derrière — en passant par la violence sans fin qu'on voit à la télévision et dans les films, par le sport national, le football américain, qui est tout simplement le sport le plus violent qu'on ait jamais inventé, jusqu'aux statistiques criminelles qui se dégradent si vite qu'elles sont périmées avant qu'on ait fini les comptes.

ROBIN – Dans ma pratique de la thérapie de couple, où j'ai toujours eu un quart de patients américains, j'ai vu que cela pesait beaucoup sur les hommes : ils pensent devoir assumer ce stéréotype macho. Paradoxalement, cela donne aux femmes un pouvoir considérable, car elles peuvent humilier les hommes en leur disant qu'ils manquent de force et de virilité. J'ai vu que c'était un des facteurs majeurs dans la détérioration des relations de couple.

JOHN – Trois autres aspects de la vie américaine m'ont fasciné lors de ces séjours. Le premier : leur attitude face à l'argent. Je me suis rendu compte qu'avoir de l'argent donnait une véritable envergure morale. Je me rappelle encore quel choc ce fut, parce que j'avais grandi dans l'idée qu'il n'y avait aucun rapport entre les deux. De fait, à supposer qu'il y en eût un, il était plutôt négatif : les gens très riches passaient pour cupides. En Amérique, personne ne se souciait apparemment de savoir si tu avais acquis ton magot par des moyens répréhensibles. Une fois le magot amassé, tu devenais le phare-qui-éclaire-la-voie-aux-autres.

ROBIN – On écoute même avec un grand respect quelqu'un qui a fait beaucoup d'argent parler de choses n'ayant strictement rien à voir avec ses talents pour s'enrichir. Ross Perot, par exemple...

JOHN – Ensuite venait leur antipathie à l'égard de la hiérarchie. Ce n'est pas surprenant, puisque très souvent c'étaient les hiérarchies qui étaient responsables de leur départ d'Europe. Mais les Américains semblent même trouver offensives les hiérarchies de savoir ou d'intelligence. Ils trouvent mauvais qu'une idée ne puisse être immédiatement comprise par un débutant complet. Cela engendre une forme extrême de relativisme qui non seulement mène aux confins du Politiquement Correct, mais aussi au refus de résister à la moindre manifestation de la « culture jeune ». C'est pourquoi la culture américaine glisse sans scrupule dans cette direction.

ROBIN – C'est vrai, leur haine de la hiérarchie est en totale harmonie avec leur développement historique. Et elle a un côté très séduisant, quand on voit par exemple des gens entamer la conversation avec vous sans se préoccuper de « classe » ou de « position sociale » comme ils le feraient en Angleterre. Mais la hiérarchie est une donnée de la vie. On ne peut pas s'en débarrasser, et d'une certaine façon, ils en ont créé des formes encore plus extrêmes, comme l'idée de célébrité et le star-système cinématographique. Au lieu d'avoir des hiérarchies d'excellence, ils ont des hiérarchies basées sur la publicité, les apparences, et la capacité à simplement parler plus fort que tous les autres.

JOHN – La troisième chose, je l'ai remarquée quand j'ai invité des gens à voir un très bon spectacle dans un petit théâtre d'Off-Broadway. Ils ont refusé en disant que ce soir-là, ils voulaient voir un autre spectacle. J'ai dit : « Vous savez que ce n'est pas un très bon spectacle, n'est-ce pas ? » Ils ont répondu : « Oui, mais nous voulons le voir. » J'ai demandé pourquoi. Ils ont dit : « Parce que c'est un grand succès. » C'est à ce moment que j'ai commencé à réaliser à quel point les Américains sont attirés par le « succès » au sens du succès *public* — le succès tel que l'entend un extraverti. Un succès mesuré uniquement par *l'impact* qu'on a sur les autres par sa célébrité, son éclat, sa richesse, etc. Aucun rapport avec le succès tel que l'entend l'introverti, à savoir un accomplissement qui représente une satisfaction personnelle profonde. Ça, c'est bon pour les chiens. À supposer que les Américains y prêtent attention, ça les apitoie presque.

ROBIN – Je ne peux qu'acquiescer, car j'observe la même chose dans ma profession. Dans le travail sur la santé mentale, on voit des modes se développer les unes après les autres. Tout le monde veut attraper le train à la mode, jusqu'à ce qu'un autre attire plus de gens, et là, « tout change ». Impossible de déceler ce qui est vraiment bon, et de le cultiver systématiquement.

JOHN – Par conséquent, en Amérique le meilleur succès est le plus visible. D'où l'obsession des Américains pour le show-business. L'incarnation du rêve américain, c'est de voir à l'écran des gens d'origines sociales très diverses qui ont « réussi ».

ROBIN – Cela fait partie de leur volonté de tenter le coup, de prendre un risque, d'essayer quelque chose de nouveau.

JOHN – Ce qui est le plus sympathique dans l'amour des Américains pour le succès, c'est leur absence remarquable d'envie. Peut-être parce qu'ils donnent toujours l'impression de penser que quand on ne réussit pas *quelque part*... eh bien, on peut toujours partir ailleurs, et y réussir. Il y a un rapport avec leur sens de l'espace, une fois de plus...

ROBIN – Ce qui signifie qu'ils fonctionnent, bien plus que les autres nations, sur une philosophie de l'abondance. C'est très positif, et c'est une cause importante de leur énorme succès.

JOHN – Je ne peux pas m'empêcher de les comparer au Royaume-Uni, une petite île extraordinairement envieuse, où tout le monde essaie de minimiser la stature des autres, à commencer par une horde de héros de la *Schadenfreude* vert émeraude, appelés « journalistes »...

ROBIN – Si l'on veut que les Anglais soient vraiment gentils et compréhensifs avec vous, il faut échouer, ou du moins donner *l'impression* qu'on échoue...

JOHN – Dieu que c'est vrai ! Tombez au bord du gouffre, et tout le monde vous téléphonera pour vous remonter le moral. Ce n'est que justice, puisque vous avez contribué à leur remonter le moral à eux.

ROBIN – Notre célèbre « modestie » britannique est une façon de contrecarrer la forte tendance de nos compatriotes à se montrer envieux de tout ce qui sent le succès.

JOHN – Mais les Américains t'aiment si tu as du succès : c'est *l'échec* qu'ils ne te pardonnent pas.

ROBIN – C'est vrai. Si tu ne réussis pas, personne ne veut savoir qui tu es. Tu n'existes pas...

JOHN – Je suppose que c'est la raison pour laquelle la notion de victoire a acquis une importance quasi démente aux États-Unis. J'ai rassemblé quelques citations merveilleuses. Elles viennent d'entraîneurs sportifs américains. La plus célèbre, c'est : « Gagner n'est pas tout ; le tout, c'est de gagner. » En voici quelques autres : « Les gentils finissent bons derniers. », « Un bon joueur, c'est un joueur bon à refourguer ailleurs. », « Montre-moi un perdant, je te montrerai un crétin. », « Sans vainqueurs, on n'aurait pas cette foutue civilisation. », « La défaite, c'est pire que la mort, parce qu'il faut vivre avec sa défaite. ». J'ai aussi trouvé un livre à New York qui avait pour titre *Manger pour vaincre*. Et une double page de pub dans un magazine de Los Angeles pour un séminaire bouddhiste dont le slogan était : « Le bouddhisme vous donne l'esprit de compétition. »

ROBIN – Nombre d'Américains ne sont pas dupes de l'absurdité inhérente à ce fétichisme de la victoire. Mais ce pays est terriblement compétitif.

JOHN – Un psychanalyste américain m'a parlé d'un de ses patients : il avait fini par découvrir qu'il était impuissant parce que son salaire était trop bas.

ROBIN – Il est évident que cette mise en valeur du gain et de la victoire a des effets sociaux désastreux. Le bas de la hiérarchie n'est pas seulement considéré comme un ensemble de « perdants » ; ces gens se considèrent *eux-mêmes* comme tels. Résultat : ils ne sont plus que des aliénés de cette culture.

JOHN – Oui, mes amis américains m'ont dit qu'un pauvre qui vit dans une grande ville américaine n'a pas l'impression de faire partie de la société — bien que ce soit encore possible dans certaines petites villes ou dans certaines régions agricoles traditionnelles, où le tissu social n'a pas été complètement détruit par la « morale de la victoire ».

ROBIN – Et, inévitablement, ces aliénés de la civilisation, parce qu'ils sont pauvres, cultiveront une attitude antagoniste à son égard, et essaieront parfois de « gagner » en exploitant les règles d'une contre-culture — la criminalité, en général.

JOHN – Là encore, même ceux qui ont réussi subissent une pression énorme pour paraître en permanence optimistes et battants. Un ami new-yorkais qui bosse dans la pub m'a dit qu'il n'y avait qu'une réponse recevable à la question « Comment vas-tu ? », à savoir : « Je ne me suis *jamais* si bien porté ! » Toute réponse plus modeste serait considérée comme du défaitisme, le premier symptôme d'un irréversible déclin.

ROBIN – Cette morale de la victoire explique la popularité de créatures stériles et unidimensionnelles comme Rambo, Superman, Terminator, dont la caractéristique première est d'être imbattables.

JOHN – Je crois que tout le monde, quand il est jeune, apprécie ces héros de bandes dessinées ; mais quand j'ai paru surpris de voir les adultes américains continuer à s'intéresser à ces figures, on m'a dit que je ne pesais pas assez l'influence qu'elles avaient eue sur leur développement culturel. C'est peut-être pourquoi on n'a pas fait attention lorsque Bill Clinton, au cours de sa campagne électorale, a dit qu'avec quelques bons changements, l'Amérique pourrait « devenir le plus grand pays dans le monde et pour toujours ». Tu imagines un dirigeant européen disant cela ?

ROBIN – Et il y a un dernier aspect à cette obsession de la victoire : on ne peut pas émettre de jugement raisonnable si on ne se concentre que sur l'aspect positif de la situation. Ne pas prendre en considération l'aspect négatif est irréaliste ; mais c'est difficile si ta culture t'incite à censurer tout ce qui pourrait être « négatif ».

JOHN – Je crois que les hommes politiques américains considèrent comme quasi impossible d'annoncer de mauvaises nouvelles. Il leur faut entretenir des idées revigorantes : c'est pourquoi ils blâmaient systématiquement les Russes de leurs problèmes ; et lorsque la Russie s'est effondrée, ils ont commencé à critiquer les Japonais !

ROBIN – Oui, il est plus facile d'accuser les Japonais de tricherie que de reconnaître qu'on est moins puissant ou moins efficace qu'avant... ou d'évoquer le déficit budgétaire !

JOHN – Bien sûr, les Anglais sont différents. Pour les mettre mal à l'aise, il faut parler de n'importe quoi qui soit optimiste, plein d'espoir, revigorant. Lorsqu'au début de la Seconde Guerre mondiale, Churchill leur a dit qu'il « n'avait à leur offrir que des larmes, de la sueur et du sang », je crois que la plupart ont été très soulagés. Je vois mal les Américains applaudir à ce genre de slogan...

ROBIN – Eh bien, jusqu'ici nous avons parlé d'énergie, d'affirmation et d'agressivité ; nous avons parlé succès, victoire et optimisme. Tout cela peut avoir des effets positifs, mais est souvent porté à l'extrême, déséquilibrant les affects qui caractérisent une véritable santé mentale. D'autres caractéristiques importantes ?

JOHN – Une encore. Une grande préférence pour la simplicité. Sous toutes ses formes. Pour commencer, les Américains sont les gens les plus directs et les plus ouverts qui soient, parfois jusqu'à la naïveté — ce que je trouve extrêmement plaisant.

ROBIN – Tu préfères ça au cynisme et à la ruse ?

JOHN – Oui, cela fait partie de mes bizarreries. Les Américains ont souvent une absence de ruse qui n'est pas sans charme. Mais, bien sûr, ça les rend un peu crédules, faciles à duper. Leur culture les encourage à accepter les choses sans trop se poser de questions — à montrer de l'enthousiasme pour telle ou telle idée avant même de l'avoir vraiment étudiée. On dirait qu'ils considèrent le scepticisme comme un défaut, quelque chose qui inhiberait l'approche positive de rigueur. Je me suis souvent rendu en Amérique, et j'ai vu les gens s'enflammer facilement pour une idée nouvelle, un comportement nouveau. Lors de ma visite suivante, il n'en était plus question ! Lorsque je demandais ce qu'il en était, les gens me regardaient comme s'ils ne voyaient pas de quoi je parlais.

ROBIN – Ils sont assez sains en ce qu'ils réussissent à gérer les changements ; mais moins sains pour ce qui regarde la stabilité et l'indépendance de leur propre identité, et leur vulnérabilité à l'égard des critiques d'autrui. Ils ont des idées à la mode comme d'autres ont des vêtements à la mode.

JOHN – L'aspect suivant de cette simplicité, c'est leur façon directe de communiquer. Ça peut être génial, parce qu'on va directement au fond des choses, et on les démêle. Mais parfois ce côté direct comporte un aspect « sincère » qui met un peu mal à l'aise, comme s'il y avait là un message caché : « S'il vous plaît, aidez-moi à garder sur toute chose une vision absolument et constamment claire, faute de quoi je vais m'angoisser. » Rien d'étonnant à ce qu'ils aient mis leur Constitution par écrit avant tous les autres...

ROBIN – Ils aiment clouer leurs idées au plancher pour plus de sûreté — jusqu'au moment où ils les abandonnent entièrement pour de nouveaux modèles. Ils n'aiment pas ce qui est complexe ou contradictoire.

JOHN – Toute forme de communication indirecte les met mal à l'aise. L'ambiguïté et le paradoxe ne suscitent pas simplement leur antipathie et leur méfiance, mais leur paraissent tout à fait *superflus* : c'est une attitude qui peut mener à une pensée simpliste, à des émotions simplistes.

ROBIN – Tout détour dans l'expression de la pensée est tabou...

JOHN – Alors que c'est tout ce dont les Anglais sont capables, bien sûr. Nous trouvons délectables toutes les formes de distanciation — déformer sa voix, prononcer une phrase comme si c'était une citation, faire des allusions, laisser une phrase sans conclusion, et par-dessus tout... *l'ironie*. Un discours simple et direct est considéré comme une tare alarmante — comme quelque chose de bourgeois.

ROBIN – Par contraste, l'ironie met les Américains rudement mal à l'aise, non ?

JOHN – Ils s'y sentent complètement perdus, Robin. Pour le dire sans ambages, ça les panique. Pas parmi les combinards new-yorkais que je connais, bien sûr : ceux-là se désolent un peu de voir leurs compatriotes si étanches à l'ironie. Dans *Roxanne*, Darryl Hannah dit quelque chose de sarcastique à Steve Martin, qui ne comprend pas. Elle lui explique qu'elle faisait de l'ironie. « Oh, de l'ironie ! », réplique le personnage joué par Martin. « Nous n'avons pas vu ça dans le coin depuis... oh, depuis 1956, je dirais. »

ROBIN – La communication est donc claire et directe, sans quoi elle suscite l'angoisse.

JOHN – Les Américains « traditionnels » aiment qu'une porte soit ouverte ou fermée. Ce qui les incite à prendre certaines choses à la lettre, notamment dans le domaine religieux. Le fondamentalisme, très répandu en Amérique, me semble fondé sur une interprétation littérale de ce qui devrait être perçu en termes *métaphoriques*.

ROBIN – Cette façon de penser révèle un niveau médiocre de santé mentale, que l'on trouve dans toutes les sociétés. Mais il est sans doute vrai qu'aux États-Unis, le culte de la simplicité pousse plus de gens vers la littéralité.

JOHN – Enfin ce désir de simplicité peut conduire à ne pas tolérer la diversité des opinions. Lorsqu'on désire désespérément que tout s'oriente dans la même direction, on n'aime pas que certaines personnes divergent.

ROBIN – Et si l'on est soi-même angoissé à l'idée d'être différent ou désapprouvé, on se sent plus hostile envers ceux qui ont un comportement différent, suscitant l'angoisse.

JOHN – C'est joliment dit.

ROBIN – Pour résumer... tu caractérises l'Amérique comme un peuple dépensant de grandes réserves d'énergie sans inhibition sociale, quitte à ce qu'elle dégénère en une agressivité excessive ; tu y vois une dimension morale fondée sur la possession de la richesse, et un respect excessif pour le succès, notamment pour le succès visible qui engendre une attitude démente quant à l'importance du gain, et un refus de voir les aspects négatifs d'une situation, même lorsque c'est nécessaire ; enfin, une simplicité enthousiasmante, mais susceptible de dégénérer en une attitude bornée et intolérante. Et bien sûr ces caractéristiques, à un degré plus ou moins fort, sont toutes présentes dans ce que nous avons baptisé les sociétés individualistes. Mais qu'est-ce qui, à ton avis, a fait de l'Amérique cette version extrême de la civilisation individualiste ?

JOHN – Eh bien, les puritains du Mayflower étaient manifestement les dissidents les plus déterminés à fuir ce qu'ils considéraient comme les restrictions étouffantes du Vieux Monde, au point de traverser l'Océan ! La morale protestante du travail a connu une telle prospérité justement parce que les pionniers pouvaient s'en donner à cœur joie du protestantisme, et travailler tout leur content : si une nouvelle institution essayait de les régenter, ils pouvaient reprendre la route jusqu'à la Côte Pacifique. La terre était alors si riche et si déserte qu'il y avait du vrai dans cette idée que la pauvreté n'était qu'un échec personnel, un manque d'esprit d'entreprise. Et bien sûr, les idées de la Révolution française, *Les Droits de l'Homme* de Tom Paine et d'autres ramifications de la pensée politique pouvaient s'ancrer plus vite simplement parce qu'il y avait moins de passé historique à mettre au rebut !

ROBIN – La tradition américaine a été une marche vers l'individualisme. Maintenant, étudions une tradition entièrement différente.

JOHN – Oui, le Japon. Très prospère, mais fondé sur des valeurs complètement différentes, n'est-ce pas ?

ROBIN – Attachez vos ceintures ! Les différences sont extraordinaires, au-delà de tout ce qu'on pourrait imaginer.

C'est pourquoi la comparaison entre l'Amérique et le Japon sert notre démonstration. Elle illustre bien le fait que les nations, comme les familles, n'ont pas de « dénominateur commun » qui expliquerait leur bon fonctionnement, mais toutes sortes de recettes impliquant un grand nombre d'ingrédients communs, et quelques ingrédients particuliers en supplément. Pour commencer, prenons un contraste symbolique. Tu as dit qu'en Amérique, un citadin démuni n'a pas l'impression de faire partie de la société. Au Japon, même les balayeurs des rues ont l'impression de contribuer un peu à la société japonaise. Et pourtant, malgré ce sens de la communauté, les Japonais ont battu la grande société américaine compétitive dans tous les domaines, les uns après les autres. Dans les années 1970, ils détenaient la part du lion sur le marché du motocycle, des appareils de photographie, des biens de consommation électroniques. Au début des années 1980, ils avaient supplanté les États-Unis dans la production d'acier et de voitures, et construisaient la moitié des navires dans le monde. Quelques années plus tard, ils battaient les États-Unis dans la production de semi-conducteurs, et faisaient des micropuces neuf fois plus sûres que les meilleures micropuces américaines. Ce sont maintenant les plus grands banquiers du monde...

JOHN – D'accord, d'accord. Mais que savent-ils que nous ignorions ?

ROBIN – Eh bien, ils ont un grand sens de la cohésion : ils sont comme une grande famille où tout le monde a l'impression qu'il faut se serrer les coudes et s'entraider en mettant au premier plan la « famille » nationale. Ils se définissent eux-mêmes comme « des grains de riz agglutinés ».

JOHN – À quand remonte ce sentiment ?

ROBIN – Pendant très longtemps, ils ont été isolés du reste du monde, d'où un certain nombre d'effets. Tout d'abord, ils sont comme une tribu. À 97 %, ils sont unis par le sang, la culture, la langue, la race. Ils n'ont pas connu de mélange important depuis douze cents ans !

JOHN – On ne trouverait aucune autre nation avancée d'une telle « pureté raciale »...

ROBIN – Rien de tel. De ce point de vue, ils ne sauraient être plus différents des États-Unis. Et culturellement, c'est la même chose. Après 1603, les Shoguns ont coupé tout contact entre le Japon et le monde extérieur, jusqu'à ce que le Commodore américain Perry arrive en 1853 avec ses « navires noirs », et fasse pression pour qu'ils s'ouvrent au commerce.

JOHN – Ils sont culturellement homogènes presqu'au-delà de notre compréhension.

ROBIN – Oh oui. Ils ont un sentiment extrêmement fort d'être radicalement différents de tous les non-Japonais.

JOHN – Ils sont très mal à l'aise d'entendre des étrangers parler couramment japonais.

ROBIN – C'est ce qu'on m'a dit. En plus de cet isolement, les Japonais se sont toujours sentis vaguement menacés. Tout d'abord, ils ont une population nombreuse, tassée dans quelques petites îles, dont la plupart sont montagneuses, si bien qu'il faut toujours faire attention aux réserves de nourriture ; et puis ils ont peu de ressources ou de matières premières, et leur vie a toujours été difficile ; ils ont été victimes de fréquents tremblements de terre, de typhons et autres désastres naturels ; enfin je suppose qu'on ne doit pas se sentir très en sécurité quand on vit à proximité de deux géants, la Chine et la Russie.

JOHN – Et tout groupe d'humains se sentant menacé aura tendance à occulter ses différences, et à nager de concert pour survivre...

ROBIN – C'est pourquoi toutes leurs valeurs soulignent la primauté du groupe sur l'individu. Cela mène à quelque chose qui stupéfie les Occidentaux : les Japonais détestent toute forme de communication claire et directe !

JOHN – Vraiment ! Pourquoi ?

ROBIN – Parce que cela pourrait mener à des confrontations, discussions, et autres difficultés à atteindre un consensus.

JOHN – Oui, d'accord. C'est étrange, mais ça a un sens. Je suppose que si tous les gens du groupe devaient exprimer clairement leur avis, les différences apparaîtraient de façon plus évidente.

ROBIN – Comme les membres d'une famille, les Japonais communiquent à travers des signes non verbaux, ou « ventriloquisme », comme ils disent. De cette façon, ils peuvent évaluer l'attitude d'autrui avant de formuler des propositions claires.

JOHN – Hmm. Ce qui me frappe, c'est que nous agissons ainsi avec les gens très susceptibles...

ROBIN – Mais eux voient dans ce comportement une force, une sensibilité portant sur autrui, voire une forme de *tendresse* menacée par la logique et la raison occidentales, qu'ils considèrent comme « froides », « sèches » et « intolérantes ».

JOHN – Attends un peu. Tu veux dire... que les Japonais n'admettent pas l'idée d'une logique ?

ROBIN – C'est juste. Ils n'en sont guère friands.

JOHN – Nom d'une sardine ! Évidemment... ça doit être plutôt dur de discuter avec eux.

ROBIN – Oui, si tu essaies de bâtir une discussion logique. Citons un exemple célèbre : comme ils n'avaient pas envie d'importer des skis américains, ils ont dit que la neige japonaise était différente de la neige américaine !

JOHN – Il faudrait être très astucieux pour leur démontrer qu'il y aurait à redire dans ce qu'ils font.

ROBIN – Tout juste. Bien sûr, ils ont absorbé bien des schémas occidentaux en matière de sport, de vêtements, de musique, etc. mais ces changements sont assez superficiels. Les Japonais se considèrent comme spéciaux — comme essentiellement différents des autres nations, et ne devant de comptes qu'aux principes généraux de conduite fixés par les Japonais. Ils évitent volontairement d'analyser leur culture. C'est leur culture, un point c'est tout.

JOHN – Au sens où elle est supérieure et impossible à améliorer ?

ROBIN – Oui. Il y a une énorme résistance aux valeurs étrangères qui mettraient en question leur système établi. Il y a quelques années, un sondage ordonné par le gouvernement a établi que les deux tiers de la population ne voulaient pas fréquenter les étrangers, et les évitaient autant que possible. Ceux qui disaient bien vouloir rencontrer des étrangers — 25 % seulement — ne mettaient cette volonté en pratique qu'à hauteur de 4 % !

JOHN – Et ils sont très durs pour les enfants japonais qui reçoivent une partie de leur éducation à l'étranger et retournent ensuite au Japon ?

ROBIN – Oui. Ils sont rejetés et malmenés dans les écoles japonaises, à la fois par les enseignants et par les autres enfants ; on leur fait sentir qu'ils ont été contaminés, et il faut les mettre dans des écoles spéciales pour en faire à nouveau des Japonais acceptables. Le système industriel considère également une éducation à l'étranger comme un handicap, voit dans ce type de candidats des perturbateurs et des faiseurs de troubles potentiels, à qui on refusera souvent des postes.

JOHN – Psychiatriquement parlant, c'est très malsain, non ?

ROBIN – N'oublie pas que nous ne parlons pas d'individus, et qu'on ne saurait découvrir une société aussi saine que ces familles exceptionnelles dont nous avons parlé. Dans l'ensemble, elles sont moyennes. Mais c'est vrai que les Japonais, en tant que groupe, manifestent des caractéristiques présentes, en Occident, chez les familles « engluées » au bas de l'échelle. Takeo Doï, le plus célèbre des psychiatres japonais, a décrit l'état d'esprit des Japonais comme « une conscience de l'impuissance » ! Mais, contrairement à nos familles engluées, les Japonais semblent avoir un sens profond de leur identité individuelle, en dépit de leur conscience de groupe. Et cet aspect négatif du fonctionnement de leur société est contrecarré par d'autres qualités, qui les font paraître plus sains que nous à d'autres égards.

JOHN – Mais, pour parler franchement, n'est-ce pas plutôt paranoïaque — cette appréhension d'une menace, compensée par un complexe de supériorité par rapport à d'autres nations impliquant qu'on ne peut se comparer à elles, ni rien apprendre d'elles ?

ROBIN – C'est plutôt qu'on « ne saurait rien apprendre des étrangers qui améliore *essentiellement* la nature de la société japonaise ». Regarde combien ils ont appris de l'Occident technologiquement. Tu vois, les Japonais ont mieux préservé leurs valeurs que les Européens parce qu'ils ne se sont jamais laissés dominer ni exploiter par l'Occident. Ils ont vu le danger dans les années 1870, et ont immédiatement concentré toute leur énergie à rattraper l'avance technique des Occidentaux. À présent ils ont tous peur que le travailleur japonais ne développe la « maladie anglaise » — une érosion de la morale du travail — que nous devrions peut-être appeler la « maladie américaine », ou, si on se réfère à une époque plus récente, la « maladie allemande ». Ils se plaignent que la vieille confiance, les vieux codes de l'honneur qui régnaient sur la morale des affaires dans le passé disparaissent sous l'influence des valeurs commerciales américaines ! Autant que possible, les informations qui pénètrent au Japon sont sélectionnées de façon à préserver les valeurs sociales établies.

JOHN – Mais ils ne vont quand même pas jusqu'à vérifier que les Japonais ne se marient pas avec des Coréennes ? Explique-moi pourquoi on ne peut parler ici de bonne vieille paranoïa...

ROBIN – Oh, c'est bien de la paranoïa, du moins au sens général du terme. Mais c'est une réaction à la coutume sociale, comme les attitudes paranoïaques qui s'épanouissent dans tout pays en guerre, par exemple. On tient pour acquis que les gens feront une enquête sur le conjoint qu'on leur a proposé, tout comme nous, nous tenons pour acquis que les gens qui se marient doivent être amoureux. Lorsque l'horizon social évoluera, je pense que les gens agiront différemment. Un point intéressant : si une petite partie seulement des Japonais vivent à l'étranger, ils ont des rapports sociaux normaux avec les indigènes. Mais lorsque la communauté hors-frontière atteint une certaine dimension, les gens reviennent à ce comportement exclusif, et s'isolent beaucoup plus de la société du pays d'accueil que les communautés américaines ou européennes vivant à l'étranger.

JOHN – Il n'y a donc dans leur configuration psychologique rien qui les empêche d'apprécier des rapports sociaux normaux avec les non-Japonais ?

ROBIN – Absolument rien.

JOHN – Cette paranoïa est culturelle, et non individuelle...

ROBIN – C'est ce que j'essaie de dire. Mais ne nous concentrons pas trop sur ces aspects négatifs.

JOHN – Comment s'en empêcher, puisque nous les envions tous ? Mais tant pis. Eh bien, je commence à comprendre comment leur histoire les a rendus si isolés, si solidaires. Comment fonctionne donc cette culture communautaire ?

ROBIN – Je te préviens que ça nous paraît étrange, à nous autres Occidentaux individualistes. Mais il y a deux thèmes centraux : le premier, c'est la primauté du groupe sur l'individu, que j'ai mentionnée ; l'autre, c'est la conscience dominante de la hiérarchie.

JOHN – Eh bien, commençons par la subordination de l'individu. Donne-moi un exemple.

ROBIN – Prends l'économie. Si en Occident nous prenons presque automatiquement ce qui avantagera le client, au Japon c'est le contraire : la question, c'est « qu'est-ce qui avantagera le *producteur* japonais ? » En conséquence, bon nombre de leurs marchés est protégé de la compétition étrangère, avec pour résultat que les consommateurs japonais, qui gagnent autant que leurs analogues américains, avaient besoin encore récemment de travailler cinq fois plus pour acheter du riz, neuf fois plus pour acheter du bœuf, trois fois plus pour acheter du pétrole.

JOHN – La puissance de leur économie ne leur donne pas un niveau de vie très élevé ?

ROBIN – Pire encore. Beaucoup de Japonais se sentent très pauvres et on voit facilement pourquoi. Leurs maisons sont la plupart du temps minuscules, et environ un tiers n'ont pas d'égout. Les trains sont bondés. Le système routier est inadéquat, et sans espoir d'amélioration ; Tokyo possède en aires de stationnement un quinzième de ce dont dispose Londres ; artistiquement, ils ne sont pas très créatifs ; ils travaillent si tard qu'une nuit de huit heures est presque un privilège ; ils n'ont droit qu'à deux semaines de vacances, et en général ils n'en prennent qu'une !

JOHN – Cela explique ce que j'ai lu sur une chaîne de télévision japonaise qui produisait un documentaire comparant la vie d'une famille japonaise et celle d'une famille italienne au revenu équivalent. Le projet a été abandonné à mi-parcours : la chaîne a décidé que les téléspectateurs japonais n'accepteraient jamais de croire combien les Italiens jouissaient d'une qualité de vie supérieure.

ROBIN – Ils auraient difficilement pu tomber plus mal qu'avec l'Italie. Il n'est aucun pays où les gens savent mieux apprécier la vie. Ils semblent très sains à cet égard, même si bien d'autres aspects de leur société évoquent le chaos.

JOHN – Pourquoi les Japonais s'en accommodent-ils ? Est-ce parce qu'ils ont un emploi à vie dans leurs entreprises ?

ROBIN – Pas vraiment, car seuls 30 % d'entre eux bénéficient de ce privilège. La grande majorité des Japonais travaille pour de toutes petites compagnies, sans grande sécurité.

JOHN – Eh bien, pourquoi ne choisissent-ils pas quelqu'un qui saura faire du succès économique un mode de vie plus agréable ?

ROBIN – Parce qu'ils ne *raisonnent* pas comme ça ! Comme dans tout système, tous les aspects de la culture japonaise se renforcent mutuellement. Voilà comment le système fonctionne, et il fonctionne ainsi parce que c'est un mode de pensée national. Certes, les idées étrangères apportent quelques changements, mais très lentement car elles se heurtent à tous les autres aspects du système.

JOHN – Ils pensent donc : « C'est ce qui fait la grandeur du Japon, ne changeons rien ? »

ROBIN – En partie, oui, j'en suis certain. Mais rappelle-toi que pendant des siècles, le moindre manquement à l'obéissance absolue pouvait signifier une mort immédiate : il était dangereux de penser tout court. La démocratie à l'occidentale a été introduite il y a moins de cinquante ans, et il faudra sans doute encore une génération pour que les gens ordinaires s'habituent au pouvoir et à la liberté qu'ils ont maintenant.

JOHN – D'accord. Dis-moi donc comment ils produisent les gens qui entretiennent le rythme phénoménal de cette économie.

ROBIN – Eh bien, prépare-toi à sentir vaciller tes préjugés libéraux. Commençons par le système éducatif japonais. Un responsable a dit que son but était de « modeler des générations de travailleurs disciplinés, capables de fournir un travail stable dans un environnement organisationnel rigoureux, hiérarchique et harmonieux ».

JOHN – Qu'est-ce que les fourmis vont être jalouses ! Désolé, mais c'est un peu glaçant.

ROBIN – Apparemment non, si l'on songe au bien commun du Japon. Tu vois, après la Seconde Guerre mondiale, ils ont pris une direction tout à fait différente de celle de bien des pays occidentaux. Ils ont fondé leur système éducationnel sur le mérite. Ils ont conçu un système équivalent à nos lycées d'élite, avec un niveau très élevé. Les établissements entrent en compétition les uns avec les autres pour attirer les meilleurs élèves en avançant leurs résultats d'entrée à l'université. L'égalité ne les intéresse pas : tout vise à établir et à maintenir une hiérarchie du mérite. Les élèves entrent en rivalité pour arriver au sommet, et parents et enseignants les soumettent à une égale, une énorme pression. Les pauvres étudiants confrontés à leurs examens d'université représentent la catégorie la plus angoissée de Japonais ! À ce niveau, ils ne sont pas très sains, j'en ai peur : le taux de suicide chez les adolescents, et même les enfants, relève du problème national.

JOHN – Mais cette échelle du succès est accessible à *tous* ?

ROBIN – En théorie, oui. En pratique... le système est organisé de façon si compacte que seules les meilleures écoles et les meilleures universités garantissent le succès futur, et que les familles pauvres ne peuvent se payer les écoles privées coûteuses qui font accéder les élèves aux meilleures filières.

JOHN – Les riches ont quand même l'avantage ?

ROBIN – Oui, mais quelle que soit l'école, il y a une pression féroce pour faire étudier tous les enfants — même en maternelle. Les journées des cours et les trimestres sont beaucoup plus longs que dans les autres pays ; à la fin du primaire, les enfants japonais ont fait une année scolaire de plus que les enfants occidentaux.

JOHN – Les Japonais investissent donc plus dans l'éducation ?

ROBIN – Pas du tout, c'est là ce qui est surprenant ! Ils y consacrent presque exactement le même pourcentage du PNB qu'en Grande-Bretagne. Et les classes accueillent en moyenne cinquante-cinq élèves, même dans les meilleures écoles !

JOHN – Cinquante-cinq ! Impossible ! Comment diable réussissent-ils dans ces conditions ?

ROBIN – Eh bien, pour commencer, les enseignants sont très respectés dans la société. Mais ce qui est plus important, c'est qu'il y règne la discipline la plus extraordinaire. Le système tout entier tend à supprimer la moindre forme de *spontanéité*. Le résultat, c'est que les enfants deviennent très obéissants, très autodisciplinés.

JOHN – Ils y consentent.

ROBIN – Ils n'ont pas le choix. Et cela reflète toute la société japonaise.

JOHN – Chez eux, les enfants voient leur mère montrer beaucoup de déférence à leur père, n'est-ce pas ?

ROBIN – Oui, c'est un système très traditionnel : la femme est censée servir le mari. Mais la tradition est aussi présente dans le strict partage des rôles. Au-delà de la déférence extérieure, la femme a une forte responsabilité quant à la vie familiale et aux enfants, et c'est elle qui exerce la plus forte pression pour que les enfants aient de bons résultats scolaires. Tu vois, l'éducation à la japonaise ne saurait être plus éloignée de ce que nous appelons éducation : susciter et développer les pouvoirs de l'esprit. La tradition japonaise en matière d'éducation a toujours fait appel au par cœur et au mimétisme. On n'apprend pas aux élèves à penser par eux-mêmes — tout raisonnement spontané est supprimé. Ils apprennent des faits. Un point c'est tout.

JOHN – Mais on leur apprend à *penser*.

ROBIN – Eh bien, on ne leur apprend pas à penser logiquement, comme on pourrait s'y attendre. Ni à poser les bonnes questions. À vrai dire, on leur apprend à ne pas poser de questions du tout. L'originalité n'intéresse pas les Japonais.

JOHN – ... Extraordinaire !

ROBIN – L'un des premiers enseignants étrangers au Japon, un missionnaire américain du nom de William Griffis, a écrit que la vocation de l'enseignant était précisément d'empêcher l'élève de penser par soi-même ! Une enquête menée par la Fédération japonaise des associations d'avocats révèle que dans la plupart des écoles, la façon de marcher, de se tenir, de s'asseoir est spécifiée dans le règlement intérieur. Certains règlements précisent même à quelle hauteur l'élève doit lever la main et à quel angle. Le degré de discipline est vraiment extraordinaire ! Et pourtant le ministère de l'Éducation considère que la plupart des problèmes proviennent de ce qu'elle est *trop* laxiste !

JOHN – Que dire ? Il faut juste que je me rappelle que ce système est entièrement et radicalement différent du nôtre. Et... qu'il marche.

ROBIN – En partie à cause de l'importance reconnue à l'éducation. Si on se réfère à l'assimilation des connaissances, les Japonais sont étonnamment bien éduqués. Le taux d'illettrisme est inférieur à 1 %, comparé aux 7 à 9 % aux États-Unis. Presque tous les Japonais poursuivent leurs études après seize ans — deux fois plus qu'aux États-Unis. Comme le dit Robert Christopher, le système produit « une main d'œuvre alliant l'intelligence et la discipline du travail, à un degré inégalé partout ailleurs dans le monde ». Cela se manifeste autrement : par un intérêt unique pour l'éducation des adultes ; les journaux, à grand tirage, sont de très haut niveau, un peu comme nos « journaux de qualité » occidentaux ; presque tout le monde étudie et apprend aussi dur que possible, à tout âge. Pour citer Christopher : « Le système éducatif japonais entraîne les gens à couvrir le plus de distance possible avec les talents personnels dont ils disposent. »

JOHN – Je trouve surprenant qu'un système qui inhibe la curiosité puisse donner aux gens une éducation aussi efficace.

ROBIN – Je crois qu'il faut comprendre l'attitude des Japonais envers la discipline, dont nous parlerons bientôt.

JOHN – Mais comment peuvent-ils être aussi intelligents si on ne leur apprend pas à *penser* ?

ROBIN – Eh bien, tout d'abord ils n'excluent que certains modes de pensée, propres à certaines formes d'intelligence. J'entends par là une pensée exploratrice, originale, créative, « latérale ». Ensuite, dans l'industrie ils font appel à tous leurs membres et puisent dans l'intelligence du système tout entier.

JOHN – ... Que dire de leur manque de créativité ?

ROBIN – Oh, il fait parler d'eux. Prenons les prix Nobel. Ils n'en ont remporté que cinq, contre soixante-cinq pour les Britanniques, et cent cinquante-trois pour les Américains. Et il est tout à fait vrai que le Japon n'a pas encore inventé de technologies marquantes, de celles qui donnent naissance à de nouvelles industries. Mais rappelle-toi ce que nous avons dit quant au sens des affaires — une grande partie de la réussite tient à ce qu'on met en pratique les moindres améliorations technologiques.

JOHN – La discipline rapporte plus que le flair. C'est bien déprimant. Comment les Japonais réagissent-ils à cette discipline ? Se rebellent-ils à la fin de leurs études ?

ROBIN – Absolument pas. Le Japon est une société extrêmement respectueuse des lois. Elle est très sûre : cent fois moins d'attaques à main armée qu'aux États-Unis, trente fois moins qu'en Grande-Bretagne.

JOHN – Mais la criminalité organisée y règne ?

ROBIN – Ils ont une mafia prospère, les Yakusa, comme ils les appellent. Mais le gouvernement semble l'accepter comme le prix à payer pour limiter et contrôler la criminalité sauvage ! C'est une méthode à l'œuvre depuis le temps des Shoguns, qui avaient donné la responsabilité de maintenir l'ordre sur la route de Tokyo à Kyoto à des organisations chargées de surveiller le jeu et la prostitution. Aujourd'hui, les lois implicites du système permettent aux cent mille Yakusa de monnayer leur protection, de gérer la prostitution et autres affaires illégales du même genre, à seule condition de ne pas porter de revolvers ni de faire de trafic de drogue. Ils ne se donnent même pas la peine de se cacher ; ils ont leurs bureaux et publient des brochures publicitaires !

JOHN – Ainsi les Japonais intègrent le crime dans le système. Ils le socialisent.

ROBIN – Exactement. Mais il faut vraiment souligner à quel point le sentiment d'unité sociale réduit les impulsions criminelles. Par exemple, dans les aéroports, personne ne met ses bagages à la consigne. J'étais là, agrippé à mes bagages à main de toutes mes forces et gardant un pied sur mes achats duty-free, alors que les sacs de mes compagnons de voyage étaient éparpillés sur des chariots partout dans le hall, sans que personne gardât un œil dessus.

JOHN – Comment se comporte la police ?

ROBIN – Eh bien, la tradition est celle de « l'autoritarisme bienveillant ». Elle fait bien sentir son réel pouvoir, mais l'exerce gentiment, avec cordialité et prévenance.

JOHN – Un peu comme le vieil archétype du *bobby* britannique ?

ROBIN – Oui, c'est très similaire, mais ces policiers sont encore davantage intégrés dans le quartier, où ils habitent chacun leur petit koban, ou « kiosque de police ». Ils sont très au courant de ce qui se passe, mais leur attitude est détendue. L'accent est mis sur la prévention du crime plutôt que sa poursuite. En règle générale, les gens sont relaxés s'ils confessent leur méfait et s'excusent avec assez de conviction.

JOHN – Ils pratiquent vraiment la réforme plutôt que le châtiment ?

ROBIN – C'est le principe sous-jacent du système légal dans son ensemble. Ils essaient autant que possible d'éviter la prison aux gens. Mais l'aveu est essentiel, c'est le premier pas vers une solution favorable et une réintégration sociale. Si les gens n'avouent pas, ils peuvent, à ce qu'on dit, être l'objet de méthodes extrêmes, voire de violences, en vue d'obtenir ce résultat.

JOHN – Et s'ils avouent bel et bien...

ROBIN – S'ils montrent clairement qu'ils ne remettent pas le système en question, qu'ils sont honteux d'avoir enfreint les règles, la police a fait son travail. La plupart des accusés ne passent jamais en procès : parmi ceux qui sont jugés coupables, seuls 4 % vont en prison !

JOHN – Grand Dieu ! Et que font-ils aux 96 % du reste ?

ROBIN – Ils recourent aux amendes, au sursis, ou à une forme de liberté surveillée qui semble très bien marcher dans leur société.

JOHN – C'est tout simplement admirable. Mais bien plus facile dans une civilisation homogène.

ROBIN – C'est ce qu'ils cherchent à préserver. Le consensus et la conciliation sont toujours recommandés : on désapprouve les litiges. Résultat : il y a très peu d'avocats et de juges. Les États-Unis ont vingt-cinq fois plus d'avocats que le Japon, la Grande-Bretagne dix fois plus, proportionnellement.

JOHN – D'accord. Nous avons vu comment le système japonais tend fortement à subordonner les individus au groupe. Maintenant, *quid* de l'autre grande idée qui, à t'entendre, étaye le système japonais — la « hiérarchie » ?

ROBIN – Eh bien, les Japonais ont un sens de la hiérarchie difficile à comprendre en Occident.

JOHN – En quoi leur version est-elle si différente ?

ROBIN – En Europe, dans le système féodal, devoirs et loyautés étaient réciproques entre les chefs et les inférieurs — d'accord ?

JOHN – D'accord...

ROBIN – Eh bien, au Japon les devoirs sont à sens unique : l'inférieur doit obéir au chef intégralement, sans contrepartie. À la base, la loyauté a toujours incarné une morale de la *soumission*.

JOHN – ... Le chef n'a pas à faire quoi que ce soit pour la mériter ?

ROBIN – Non. Les Japonais accomplissent leurs devoirs, et sont même reconnaissants à l'égard de leurs supérieurs, sans se préoccuper de ce qu'ils recevront en retour.

JOHN – C'est étrange. Et cela signifie, n'est-ce pas, qu'il n'y a aucune raison de chambouler le système sous prétexte que les supérieurs ne livrent pas leur dû, puisque nul ne compte dessus.

ROBIN – Mais il y a une raison encore plus forte de ne pas chambouler le système. Le sens de la hiérarchie chez les Japonais est si fort qu'il contamine tout — d'une manière qui échappe aux Occidentaux. C'est que les Japonais ne voient pas vraiment d'autre façon de faire les choses.

JOHN – Est-ce parce qu'ils ont été si longtemps isolés des autres civilisations, des autres modèles ?

ROBIN – Exactement. Pour expliquer le point de vue japonais sur la hiérarchie, on peut évoquer le pouvoir du parent dans une famille monoparentale très isolée, où les enfants ne voient jamais d'autre adulte. Même si le parent en question voulait se montrer démocratique et aider ses enfants à se libérer, ceux-ci auraient bien du mal à y parvenir, car ils n'auraient aucun autre modèle dont s'inspirer pour comparer, et critiquer, les valeurs et les façons de faire de leur unique parent. Tu vois, pour la plupart nous accédons à l'indépendance en constatant l'indépendance d'autrui, et — à l'adolescence — en opposant parfois un parent à un autre. Nous faisons alliance avec maman et terrassons papa. Puis, quand nous nous sentons plus égaux avec papa, nous faisons alliance avec lui et terrassons maman. Mais dès le début, nous voyons que ce sont deux personnes distinctes, qu'elles ne sont pas d'accord sur certaines choses, et que ni l'un ni l'autre n'est Dieu, ni n'a toujours absolument raison. Les Japonais, eux, n'ont connu aucun autre pays ou gouvernement pendant des centaines d'années. Ils ne sauraient critiquer leurs dirigeants puisqu'ils n'ont pas d'élément de comparaison. Ils n'ont jamais rien connu de différent.

JOHN – Mais ce n'est pas simplement un sens de la hiérarchie, c'est une acceptation extraordinaire de l'autorité, n'est-ce pas ?

ROBIN – Oui. Je ne peux pas te dire quand cette attitude s'est mise en place. J'essaie juste d'expliquer pourquoi ça a été si dur pour eux d'y échapper.

JOHN – Est-ce la raison pour laquelle il n'y a pas véritablement d'opposition au Japon ? Je veux dire, c'est un État avec un parti unique depuis la guerre, n'est-ce pas ?

ROBIN – Oui, plus ou moins. Le parti libéral-démocrate n'est en vérité qu'une coalition de cliques politiques qui le dirigent tour à tour pour avoir le pouvoir. Mais le reste du monde fait comme si le Japon fonctionnait démocratiquement, alors que du point de vue occidental, c'est un système assez corrompu reposant sur le truquage électoral et les pots-de-vin. Les Japonais cependant ne réfutent pas notre postulat, selon lequel ils ont une démocratie à l'occidentale ; au contraire, ils l'encouragent.

JOHN – Et l'opposition ne fait pas d'objections parce qu'elle ne peut pas vraiment imaginer d'alternative !

ROBIN – Cela met en lumière un autre aspect très important de la société japonaise — sa médiocrité dans les relations internationales.

JOHN – Je ne vois pas comment tu arrives à cette dernière conclusion.

ROBIN – Eh bien, comme je l'ai expliqué, à cause de son isolement le Japon ne semble pas se considérer comme un système parmi d'autres. Il applique automatiquement cette hiérarchie au monde entier...

JOHN – Avec le Japon en haut de l'échelle, tu veux dire ?

ROBIN – Exactement. Ce fut un élément fondamental dans la guerre entre le Japon et les États-Unis. Le jour où ils ont attaqué Pearl Harbor, les Japonais ont envoyé un message au secrétaire d'État américain, disant : « C'est la politique invariable du gouvernement japonais... que de permettre à chaque nation de trouver sa place dans le monde », et c'était exactement ce qu'ils avaient en tête. Toutes les nations disposées sur un bout de terrain, et le Japon jouant les Big Brother. Le jour où ils ont perdu la guerre, ils se sont mis en tête de battre l'Amérique économiquement ! Le gouvernement a rassemblé les patrons et les syndicats, et ils ont commencé à planifier ensemble les choses.

JOHN – Oui. Ils se comportent souvent comme s'ils rechignaient à se joindre à la communauté des nations, n'est-ce pas ?

ROBIN – Ils se rendent compte, sans doute, qu'ils seraient alors contraints de changer et, en ce moment, c'est la dernière chose qu'ils désirent. Une autre raison pour laquelle les autres nations ont du mal à traiter avec le Japon, c'est qu'elles n'arrivent pas à mesurer jusqu'à quel point le système japonais fonctionne, et ne savent pas avec qui traiter.

JOHN – Pourquoi pas tout simplement le Premier ministre ?

ROBIN – Son pouvoir est bien moindre que celui de n'importe quel chef de gouvernement occidental. Les réunions de cabinet sont brèves et relèvent du pur décorum. Elles consistent à officialiser les décisions des hauts fonctionnaires au sommet.

JOHN – Les hauts fonctionnaires !

ROBIN – Oui, ils jouissent d'un très grand prestige et sont tenus pour les rouages centraux du gouvernement japonais.

JOHN – ... et on ne peut savoir à quel bureaucrate s'adresser ?

ROBIN – Non, parce qu'il n'y a pas de structure ou de processus de décision clair. Il existe simplement un équilibre de forces entre des groupes qui essaient de se placer avantageusement et d'avoir du pouvoir.

JOHN – Du coup, on ne voit pas bien qui commande...

ROBIN – Dans *L'Énigme de la puissance japonaise* qui offre une merveilleuse perspective sur le Japon, Karel van Wolferen dit : « Ce système est insaisissable... les Japonais qui y participent ne peuvent le cerner de façon conceptuelle, encore moins le changer. »

JOHN – C'est drôle, mais ça ne me paraît pas absurde.

ROBIN – Comment cela ?

JOHN – Eh bien, il y a une contradiction entre ces deux principes. Si tu mélanges la « hiérarchie » avec la « subordination de l'individu au groupe », qu'arrive-t-il aux gens qui grimpent au sommet du système ? Plus ils prennent du galon, moins ils sont, en apparence, subordonnés au groupe.

ROBIN – Cela explique quelque chose que j'ai lu dans un ouvrage fort perspicace de John Mole intitulé *Mind Your Manners* (« Attention aux bonnes manières »). Écoute ce qu'il dit de l'homme d'affaires japonais : « Plus il monte en grade dans une entreprise, plus il s'efforcera de cacher son talent et son ambition, de crainte d'être considéré comme un chef autoritaire. » Ils ont donc conçu un système pour régler les contradictions inhérentes à leurs valeurs. C'est leur façon de concilier deux impératifs contradictoires. En fait, si on considère l'histoire du Japon, la personne qui a le pouvoir n'a jamais vraiment le pouvoir, mais a toujours derrière elle une éminence grise, et il y a derrière celle-ci une éminence encore plus grise. C'est toujours la même histoire : les « dirigeants » n'ont pas le pouvoir, et personne ne peut dire qui l'a.

JOHN – Qui constitue ces groupes qui, ensemble, gouvernent ?

ROBIN – La classe dirigeante est constituée des bureaucrates, du gratin des affaires, et d'une partie du parti libéral-démocrate. Mais ne les considère pas comme des instances séparées ! Par exemple, les membres du parti les plus puissants sont pour la plupart d'anciens bureaucrates ; et bien des bureaucrates rejoignent le monde des affaires en tant que PDG à la fin de leur vie. Et presque tous ces bureaucrates ont fait leur droit à l'université de Tokyo !

JOHN – Grand Dieu, c'est un réseau d'anciens élèves !

ROBIN – Absolument. En théorie, il est ouvert à tous, mais en pratique il faut commencer sa carrière dans la bonne maternelle ! Ils ont plutôt les mêmes origines familiales, et ils se marient entre eux.

JOHN – Ma foi, ma foi... pile au centre de cette stupéfiante société, on retrouve un bon vieux système institutionnel !

ROBIN – Mais *hautement* éduqué ! Et il marche brillamment, comme un système nerveux. Les informations importantes sont propagées sur tout le réseau littéralement en l'espace d'une heure, par le « téléphone arabe ». Et, bien sûr, le partage des valeurs contribue souvent à adoucir les frictions entre les différentes parties du système.

JOHN – Eh bien, je commence à voir pourquoi il y a un tel degré de consensus sur la manière de garantir le succès de la nation.

ROBIN – Van Wolferen dit : « Ce pays n'a pas de gouvernement fort, mais donne l'impression à l'étranger d'un géant résolu à faire la conquête économique du monde. » Bon... tu crois que tu commences à comprendre fonctionnement ?

JOHN – Non. Mais c'est l'intérêt, non ?

ROBIN – Je crois, oui !

JOHN – Ce que j'ai le plus de mal à comprendre, c'est... comment assument-ils le manque de clarté, comment peuvent-ils mépriser à ce point la logique ?

ROBIN – Tâte un peu de cette nouvelle pensée. Pour les Japonais, la réalité est un bien négociable.

JOHN – ... Excuse-moi un petit moment. Il faut que je m'allonge.

ROBIN – Je répète une fois de plus qu'en Occident, les gens ont toujours été conscients des différentes formes de gouvernement et des différentes façons de faire. Dès lors, ils ont toujours pu comparer différentes méthodes ; et quand on commence à comparer les choses, on s'habitue à conceptualiser des principes généraux permettant de juger différents systèmes. On développe la notion de niveaux objectifs, et on développe la logique comme façon de les appliquer.

JOHN – Continue.

ROBIN – Eh bien, les Japonais n'ont jamais rien eu à comparer avec leur façon de faire. Dans tous les cas, parce qu'ils mettent la cohésion au-dessus de toutes les autres valeurs, les Japonais ne cherchent pas à découvrir une vision adéquate de la réalité ; ils veulent une formule que tous puissent approuver. Le mot *Tateme* renvoie à cette version de la vérité que tous admettent — un fantasme, mais que tout le monde veut bien accepter.

JOHN – Ça commence à rentrer. Ils ajustent leur vue de la réalité à ce qui est socialement désirable. Et la logique est une menace, parce qu'elle mènerait à des différences de point de vue.

ROBIN – Oui.

JOHN – Rien d'étonnant à ce que les Occidentaux deviennent fous à essayer de négocier avec eux.

ROBIN – Eh bien, ils essaient juste de satisfaire les étrangers en leur disant ce qu'ils croient qu'ils aiment entendre ! Je ne serais pas surpris de les entendre donner des prévisions météo variant selon l'interlocuteur — la pluie pour les fermiers, le soleil pour les estivants.

JOHN – Mais que se passe-t-il lorsqu'il y a un décalage visible entre le *Tateme*, la version officielle, et la vraie... euh... la vraie réalité, à défaut d'un meilleur mot ?

ROBIN – Ils l'acceptent, même si l'écart est très grand. Ces décalages ne font pas simplement partie du système, ils sont *essentiels* à son mode de fonctionnement.

JOHN – ... Eh bien, si la vérité est à ce point relative, on comprend que les gens ne s'accrochent pas à des questions de principe.

ROBIN – C'est un autre aspect du système qui limite les désaccords. Tout interdit aux gens de se forger des points de vue séparés. Il n'y a pas de réelle opposition, pas de débat, pas de groupes de pression efficaces, pas d'unions de consommateurs, pas de syndicats, ni même de mouvements féministes comme nous en connaissons en Occident.

JOHN – Mais quand même, il doit y avoir une forme d'opposition...

ROBIN – Oui, et le système la prend très au sérieux. Il se donne beaucoup de peine pour l'absorber ou l'éparpiller.

JOHN – On voit pourquoi la société est si unie. Il est impossible de se rebeller !

ROBIN – Le grand expert du Japon, Edward Seidensticker, dit : « La clef pour comprendre les Japonais, c'est de savoir... qu'ils n'ont jamais appris à dire non. »

JOHN – Mais si tu en viens à dire « non » par hasard, tout le monde t'expliquera que tu n'étais pas vraiment en désaccord, de toute façon. Je vois ce que tu entends par « riz agglutiné ». Le simple fait d'en parler me donne un sentiment d'oppression... comme si je n'étais pas un être singulier... privé d'espace, de liberté... je suppose que c'est exactement ce que ressent un individualiste occidental dans une société très communale.

ROBIN – Oui, en Occident, nous prisons la liberté car notre idéal est de vivre sans contraintes, extérieures ou intérieures. L'attitude japonaise est l'extrême inverse. Pour eux, la vie est un devoir.

JOHN – ... Tu veux dire qu'ils ne pourraient imaginer une existence sans devoirs ?

ROBIN – Oui, les Japonais vivent en accomplissant comme il faut leurs devoirs, au sens trivial — ils investissent un temps et une énergie incroyables à rendre la moindre faveur — et au sens sérieux, — ils ne se reposent pas avant d'avoir accompli toutes leurs charges.

JOHN – Prenons un exemple extrême — l'amour ! En Occident, nous considérons que la quintessence de l'amour est l'amour « sans contraintes ». En fin de compte, nous voulons être aimés pour nous-mêmes plus que pour ce que nous faisons. Qu'en pensent les Japonais ?

ROBIN – Ils trouveraient cela inconcevable, parce qu'ils pensent que l'amour est bel et bien un réseau de devoirs. C'est pourquoi l'article de la Déclaration d'indépendance américaine sur « le droit... de chacun à faire son bonheur » leur paraît incompréhensible.

JOHN – Mais cela signifie-t-il qu'ils ne ressentent pas vraiment ces devoirs comme autant de fardeaux ?

ROBIN – Je sais que c'est très dur pour nous d'adhérer à cette vision, parce qu'en Occident nous considérons d'abord la discipline comme une série de règles imposées aux enfants par la société, et à l'origine par leurs parents. La discipline est donc quelque chose qui frustre les tendances naturelles des enfants, et nous y voyons une source de colère, qui doit alors être réprimée par de nouvelles sanctions sociales.

JOHN – Alors que les Japonais...

ROBIN – ... Ont une vision des choses plus positive ! Ils considèrent la nature humaine — la nature humaine japonaise, du moins ! — comme fondamentalement bonne et bien intentionnée. Ils supposent que les gens se conduiront avec décence et responsabilité si on respecte leur indépendance, à moins que la mécanique ne s'enraye quelque part.

JOHN – ... Ils ne définissent pas la vertu comme une lutte contre les mauvais instincts ?

ROBIN – Pas du tout. Leur vision de la psychologie humaine est orientale. Ils considèrent la pensée, les émotions et le corps comme également importants, également capables d'être responsables, avec chacun une forme différente d'intelligence.

JOHN – L'intellect n'a donc pas besoin d'agir en dictateur pour assurer une bonne conduite.

ROBIN – Voilà. Dès lors, l'important, aux yeux des Japonais, est de coordonner ces diverses parties du Moi, pour éviter qu'une partie n'impose un contrôle rigide et n'embrigade les autres parties.

JOHN – Cela signifie donc qu'ils voient l'autodiscipline comme quelque chose qui *augmente* leur être au lieu de le restreindre.

ROBIN – Oui. Ils considèrent l'autodiscipline comme quelque chose qui accroît leur capacité à vivre pleinement.

JOHN – Dur-dur...

ROBIN – Encore une fois, songe au rapport de l'individu japonais avec son groupe. Tout l'accent est mis sur l'harmonie. Ils disent, et pensent sincèrement : « Le clou qui dépasse doit rentrer dans le mur à coups de marteau. »

JOHN – Il n'y a aucune place dans la société japonaise pour un individu qui professerait un point de vue différent ?

ROBIN – Pas vraiment.

JOHN – Comprendraient-ils ce que nous entendons par « conscience » ?

ROBIN – Non, parce que les Japonais ne sont pas censés obéir à l'incitation d'une voix intérieure : cela implique que leurs principes moraux diffèrent de ceux du groupe auquel ils appartiennent. Il n'est pas surprenant que le grand thème des films japonais soit le sacrifice du désir personnel à une cause supérieure.

JOHN – De fait, un *happy end* mettrait fin à la civilisation telle qu'ils la conçoivent. En somme, si l'on est Japonais, on a plus de facilité à faire son devoir.

ROBIN – Plus que nous, oui, parce que leur civilisation y incite de toutes les manières. Notamment parce que leur civilisation est demeurée beaucoup plus proche de ce que je considérerais comme une tradition spirituelle, véritable et vivace.

JOHN – Comment cela ?

ROBIN – Une tradition profondément enracinée dans les idées bouddhistes et confucéennes, qui irriguent encore la société japonaise et affectent profondément un grand nombre de gens par ailleurs certains de n'avoir aucune croyance religieuse.

JOHN – Tu veux dire qu'ils boivent les valeurs religieuses avec le lait maternel, pour ainsi dire ? Elles ont été acquises plus ou moins inconsciemment.

ROBIN – Oui, en un sens ils vivent d'un capital spirituel. Ils recueillent les bénéfices de la compréhension et de l'observance religieuses des générations précédentes, sans tout à fait réaliser la valeur énorme de cet héritage.

JOHN – De même, en Occident, certaines valeurs protestantes faisaient encore partie de la culture bien après que les croyances elles-mêmes eurent perdu leur prégnance.

ROBIN – Très juste. Les valeurs protestantes d'honnêteté, de travail, d'effort et de persévérance ont joué un grand rôle dans le premier succès industriel de la Grande-Bretagne et de l'Amérique. Mais la culture homogène et unifiée du Japon donne à sa tradition spirituelle une influence plus grande encore. Dans cette tradition spirituelle, les Japonais tiennent pour acquis que la vertu n'est pas simple affaire de désir, pas plus qu'on ne parvient à conduire une voiture ou jouer du piano à force de désir ou d'autopersuasion.

JOHN – À l'encontre des convictions américaines bien connues : on acquerra des compétences pointues en un rien de temps, pour peu que l'on soit enthousiaste.

ROBIN – Eh bien, les Japonais comprennent que ce genre de choses exige un travail ardu et continuel sur soi.

JOHN – Est-ce pour cela que les entreprises envoient régulièrement leurs cadres passer de longs séjours dans des monastères ? Ici, on trouverait cela étonnant.

ROBIN – C'est vrai. Mais les Japonais se rendent compte qu'en étudiant et en s'exerçant convenablement, on peut se connaître mieux soi-même et apprendre l'art complexe d'unir sa pensée, son corps et ses émotions de façon à s'investir tout entier et efficacement dans l'accomplissement de la tâche. Voilà ce qu'ils entendent par « sincérité » — une conception bien différente de la nôtre.

JOHN – Leur talent à collaborer et à travailler en équipe résulte de ce qu'ils passent leur vie à s'entraîner à cela, guidés par toute leur culture.

ROBIN – Ils peuvent ainsi damer le pion à des amateurs tels que nous, qui pensent qu'il suffit de lire des bouquins de management, puis de dire à chacun ce qu'il doit faire, en supposant qu'il fera son boulot.

JOHN – Veux-tu bien !

ROBIN – Nous voyons pourquoi les livres et la connaissance ne suffisent pas. Du moins l'Occident nous réserve-t-il quelques nouvelles un peu réconfortantes. Les choses changent au Japon. Les gens dépensent plus, les importations augmentent, et l'industrie japonaise s'inquiète de ce que leurs jeunes cadres veulent passer plus de temps chez eux avec leurs enfants — une affreuse maladie qu'ils appellent du « domesticisme » ! De plus, les deux tiers des jeunes gens disent maintenant que leur but dans la vie, c'est d'en jouir ! Les Coréens du Sud vont jusqu'à traiter les Japonais de « paresseux » !

JOHN – Nous avons presque toujours parlé des Japonais comme d'une société. Mais en tant qu'individus, à quoi ressemblent-ils ? Ce tabou de l'individualisme limite-t-il la qualité de vie aux yeux d'un Occidental ?

ROBIN – Je crois que oui. Le niveau de contrôle requis ne peut que glacer le plaisir.

JOHN – Ils te paraissent moins heureux que nous ?

ROBIN – Non, ce n'est pas du tout l'impression que j'ai. Ils sont fiers à juste titre de leur système, qui marche certainement bien mieux que le nôtre à maint égard, et leur sentiment de jouer un rôle utile dans une société aussi prospère leur donne des satisfactions qui nous sont inconnues. Ils paraissent donc contents, authentiquement engagés dans ce qu'ils font, et dont ils tirent un grand plaisir, mais... assez retenus et profils bas, comme si, somme toute, ils en bavaient.

JOHN – Tu les trouves cordiaux ?

ROBIN – Très cordiaux, très gentils, très souriants. Je les aime énormément. Mais ils ne sont pas très drôles. C'est qu'ils ne savent pas se laisser aller, s'éclater, lâcher la bonde, jeter leur bonnet par-dessus les moulins. À moins de se saouler complètement la gueule, bien sûr. C'est l'unique façon socialement correcte d'exprimer sa frustration — même si la règle demeure : « Pas un mot de tout cela quand nous aurons récupéré de la cuite. »

JOHN – Peut-être ont-ils peur qu'en « se laissant aller », ils ne deviennent le clou qui dépasse et se prend des coups de marteau.

ROBIN – Oui, en partie. Une autre raison importante, c'est qu'ils sont très soucieux du regard des autres. Toute leur culture est fondée sur ce souci, et ils se surveillent en permanence...

JOHN – Pour ne pas « perdre la face » ?

ROBIN – Oui. Passé un certain âge, si un enfant suscite la désapprobation sociale, ses parents eux-mêmes se joignent aux railleries. Ils ont une peur aiguë de l'échec. C'est pourquoi dans la compétition *individuelle*, ils sont moins bons.

JOHN – Et pourtant ils adorent se mesurer en équipes.

ROBIN – Oui, mais les Américains qui ont joué dans des équipes de base-ball japonaises savent combien les Japonais sont désireux de gagner l'approbation de leurs coéquipiers, et comme ils prennent mal l'échec de l'équipe. Mais ce n'est pas juste par peur de perdre. Ils sont perturbés et déprimés quand ils sont pris en faute, légèrement ou gravement.

JOHN – Malgré tout le soutien qu'ils reçoivent du reste du groupe ?

ROBIN – Ce soutien leur fera défaut dans ce genre de circonstances. Ils vaincront cette peur en se figurant qu'ils peuvent faire tout très bien : ils se figureront par exemple qu'ils parlent anglais à ravir, ce qui n'est absolument pas le cas. Cela saute aux yeux quand on lit le livret explicatif de n'importe quelle pièce détachée japonaise. Chez eux, la nécessité de « sauver la face » naît de la peur du ridicule — peut-être parce que la raillerie joue un grand rôle dans l'éducation des enfants.

JOHN – Et cette peur de l'erreur ou du ridicule implique qu'il leur est très difficile d'être spontané ou ludique.

ROBIN – Oui, ils prennent leurs sports très au sérieux — ils se mettent au golf comme s'ils concevaient une nouvelle Toyota.

JOHN – ... Il est fascinant de voir combien ce gigantesque esprit de coopération recèle d'incertitude insidieuse au niveau de l'individu.

ROBIN – C'est sans doute ce qui glace les plaisirs. Peu après mon retour du Japon, j'ai dîné avec une psychologue écossaise qui avait passé quelques années à Tokyo. Nous étions dans un restaurant italien très animé, où les serveurs sont exubérants, font des blagues et chantonnent, et il y avait plein de familles nombreuses italiennes décidées à passer du bon temps. Nous parlions du Japon au milieu de tout ce vacarme, et je me suis rendu compte que je parlais très fort moi aussi, en gesticulant et en me sentant très espiègle, pétillant de vie et de plaisir — comme libéré après la contrainte générale que j'avais éprouvée au Japon. C'était un sentiment merveilleux : on ne s'attendait plus à ce que je reste enfermé en moi-même — on me laissait un espace physique et affectif pour être merveilleusement expansif. Ma compagne m'a dit ressentir exactement la même chose.

JOHN – Le contraste avec l'Amérique est extraordinaire, n'est-ce pas ? La seule chose que ces deux pays ont plus ou moins en commun, mis à part leur immense succès économique, c'est leur relatif isolement : il leur a permis à tous les deux de s'épanouir de façon étonnamment différente, ce qui explique qu'ils occupent chacun un pôle du spectre individualiste/communautaire. Sinon ce sont deux pôles opposés. Le Japon est hiérarchique ; l'Amérique est consciemment anti-hiérarchique. L'Amérique est une civilisation d'émigrés ; le Japon ne comprendrait littéralement pas la notion même d'immigré. Le Japon est ordonné, inhibé, restreint ; l'Amérique est un peu désordonnée, extravertie, et non conformiste. L'Amérique est très créative et jusqu'au-boutiste ; le Japon est hautement orthodoxe et évite les extrêmes. Le Japon a la sécurité sans le plaisir ; l'Amérique le plaisir, mais certainement pas la sécurité. Les femmes japonaises sont déférentes ; les femmes américaines sont les plus autoritaires du monde. L'Amérique croit à la vérité, et considère que la société est protégée au mieux contre la corruption et la tyrannie lorsque le nombre de gens décidés à trouver la vérité est le plus élevé possible ; les Japonais y voient une menace à l'harmonie. Les Américains ne s'inquiètent pas trop des susceptibilités et sont célèbres pour leur manque de cérémonie ; les Japonais ont peur de la compétition en tant qu'individus. Les Japonais travaillent à établir un consensus ; les Américains prennent pour héros quiconque suit sa conscience contre les diktats de la foule.

ROBIN – Dans un résumé si concis, les différences paraissent encore plus extraordinaires ; les deux cultures pourraient difficilement être plus opposées.

JOHN – Cependant, l'extrême individualisme qui caractérise la société américaine est souvent caché par le conformisme de nombreux Américains — c'est une façon pour eux de faire face à l'angoisse que génère leur singularité individuelle même. Le dimanche matin, on voit des milliers d'individualistes bourrus et légèrement corpulents en jeans, en casquette de base-ball et en chemise à carreaux rouges, enfournant des familles vêtues à l'identique dans des breaks interchangeables. Comme l'a dit Mark Twain : « Dans notre pays, nous avons trois choses indiciblement positives : la liberté de parole ; la liberté de conscience ; et la prudence de ne jamais les mettre en pratique. »

ROBIN – On observe la même contradiction chez les Japonais, mais à l'envers. Beaucoup d'entre eux disent que l'ordre et la sécurité qui fondent leur société leur permettent de ressentir une grande liberté individuelle, et une grande liberté dans le cadre qu'elle institue.

JOHN – Tout comme l'Angleterre poussiéreuse et respectable des Victoriens était renommée pour ses excentriques.

ROBIN – La nature fait en sorte que l'équilibre soit toujours atteint d'une façon ou d'une autre. Mais tu as raison, ces sentiments et attitudes compensatoires cachent la réalité fondamentale — l'une de ces sociétés est hautement individualiste, l'autre est extrêmement communautaire.

JOHN – Bien sûr, nous avons presque entièrement laissé de côté le facteur de la *superficie*, n'est-ce pas ?

ROBIN – C'est vrai. Il n'est pas difficile de comprendre que bien des caractéristiques américaines se sont épanouies parce que les gens avaient un vaste espace à leur disposition ; alors que les caractéristiques des Japonais et des Britanniques dérivent souvent de ce que ces malheureux sont serrés comme des sardines.

JOHN – Mais nous ne pouvons pas y changer grand-chose, lorsque nous essayons de rêver à une société idéale, à moins d'encourager la vigueur tectonique...

ROBIN – Très juste.

JOHN – ... Il est certain que l'une et l'autre culture comprend des aspects très séduisants, n'est-ce pas ? J'aimerais avoir certaines des caractéristiques japonaises, certaines des caractéristiques américaines. Mais je ne sais pas si on peut atteindre un équilibre composé du meilleur des deux.

ROBIN – Et pourtant, ce doit être possible ! Rappelle-toi que les « très sains » combinent singularité et esprit communautaire. De plus, nous avons tous besoin d'un équilibre, car plus ces tendances opposées se radicalisent, plus leurs défauts respectifs émergent. L'extrême du comportement individualiste, ce serait les Iks ; l'extrême du comportement communautaire, ce serait l'échec, au Moyen Âge, de trouver une seule personne pour renchérir sur Aristote.

JOHN – Et nous pensons tous les deux, n'est-ce pas, que l'Amérique serait plus forte si elle pouvait susciter des comportements plus coopératifs et moins compétitifs, et que le Japon serait dans le même cas s'il s'ouvrait à la créativité individuelle et aux valeurs « étrangères ».

ROBIN – Oui. Parlons donc du genre de mixture qui pourrait fonctionner le mieux. Manifestement, elle différera selon les pays, et devra être un compromis acceptable pour chaque culture — plus communautaire en Suède, plus individualiste en Italie. Et nous autres Britanniques, quelle qualité trouvons-nous aux civilisations communautaires ?

JOHN – Eh bien, je suis attiré par le sentiment d'entente très positif que les gens éprouvent dans ce type de société. Il invite à s'investir à la fois pour offrir son soutien et ses services aux autres, mais aussi parce qu'on apprécie de les recevoir en retour. Et c'est séduisant, cette idée d'un donné pour un rendu, d'une collaboration. Par ailleurs je pense que nous apprécierions davantage notre société si elle contenait moins de groupes marginaux — de gens exclus d'une participation réelle à son fonctionnement. Mais je le vois bien, cela impliquerait un surcroît d'exigences de la part de la société, ce que nous risquerions de moins apprécier.

ROBIN – Oui, mais rappelle-toi que dans une société communautaire, ce genre d'exigences seraient accueillies avec moins de difficulté. Les rapports ne paraîtraient pas si compétitifs et dangereux. On aurait donc moins besoin de se tenir à distance. De plus, un engagement commun ferait éprouver à chacun cette satisfaction revitalisante qu'on ressent à coopérer en vue d'un objectif commun. Les exigences pourront être satisfaisantes, gratifiantes. C'est certainement ce que j'ai éprouvé lorsque je me suis engagé dans des entreprises communes, bien que j'ai d'abord rechigné à renoncer à ma liberté pour suivre mes désirs !

JOHN – ... C'est injuste, non ? La paranoïa, ça paie !

ROBIN – Que veux-tu dire ?

JOHN – Eh bien, prenons les Japonais, s'il te plaît. Ils ont une attitude assez paranoïaque envers le reste du monde : ils sont clairement racistes ; ils ne connaissent pas la signification du mot « immigration » et du coup ils se retrouvent avec une société fondée sur des valeurs communes terriblement solides et un minimum de conflit. C'est la même chose en Suisse, ou sur certaines petites îles comme Jersey. Très durs pour les immigrants, socialement très hiérarchiques. Des endroits ravissants à visiter, mais où on ne vous accepterait pas pour résident. Alors que les bons vieux États-Unis se sont constitués comme un *melting-pot*, avec leur ouverture extraordinaire à l'immigration, dont ils paient aujourd'hui un prix très lourd, avec une société très fragmentée.

ROBIN – Mais tu oublies que nous considérons la question de l'équilibre. D'accord, les États-Unis ont bel et bien de gros problèmes, mais regarde leur créativité et leur énergie — leur capacité à résoudre leurs problèmes. Alors que... quels sont les *inconvénient*s des sociétés communautaires ?

JOHN – J'ai du mal à voir. Je sais qu'on se sentirait très différent si on avait été élevé dans une société communautaire. Mais je me sentirais opprimé par le besoin de me conformer, par l'activité de fourmi — et par le fait que la plupart des individus n'ont pas des conditions de vie particulièrement bonnes, simplement pour faire du Japon la plus grosse fourmilière. C'est quoi déjà, cette métaphore inquiétante du clou ?

ROBIN – « Le clou qui dépasse doit être rentré à coups de marteau. »

JOHN – Horrible ! Mais je suppose que plus d'un militaire occidental ne trouverait pas cela si mal. Une réaction si négative à l'individualité — comme une forme virulente d'envie...

ROBIN – Qui, d'une façon ou d'une autre, nous embarrasse. Je n'ai pas eu du tout cette impression en leur compagnie. Mais bien sûr ce serait une structure sociale idéale pour éviter l'envie : chacun occupe sa place dans l'ordre des choses et les différences de statut sont soit occultées et minimisées, soit traditionnelles et immuables. Dans les deux cas, il n'y a pas assez de possibilité de changement pour que l'envie fasse sens.

JOHN – Dans les sociétés communautaires, la vie tend vraiment trop à se réduire à l'accomplissement des obligations sociales. J'admire qu'on ait des égards envers autrui, bien sûr, mais le formalisme avec lequel cela s'exprime les rend assez vides et absurdes à mes yeux — comme si éviter d'offenser l'autre était l'unique but de l'existence !

ROBIN – Et lorsqu'une forme de conformisme social est portée à l'extrême, il peut y avoir une perte d'énergie, d'exubérance et de goût, même si la société dans son ensemble réussit de grandes choses.

JOHN – Oui, ce qui m'ennuie, c'est le sentiment qu'on ne respecte pas les diverses formes de contributions individuelles, reflété dans cette fameuse absence de créativité chez les Japonais. Mes amis dessinateurs me disent qu'ils sont toujours fondamentalement désespérants. Helena Norberg-Hodge, je m'en souviens, a dit que les habitants du Ladakh pèchent par le sens esthétique — ils ne semblent pas tirer de la beauté le même plaisir que nous.

ROBIN – J'ai interrogé récemment une artiste qui avait passé quelques années au Japon sur leur sens esthétique. J'avais toujours pensé qu'il était très développé. Elle m'a dit qu'ils célèbrent, certes, les beautés de la nature — il y a la contemplation annuelle des cerisiers en fleurs — mais que tout cela est plutôt de l'ordre du rituel, c'est « la chose à faire ». Elle m'a raconté qu'elle avait découvert une très jolie petite cerisaie. Lorsqu'elle en a parlé à son hôte japonais, celui-ci a consulté le guide officiel et lui a dit que la cerisaie n'y figurait pas. Cela ne l'intéressait donc pas du tout d'aller la voir !

JOHN – Attends une minute. Tu ne crois pas que nous sommes un peu mesquins, voire un peu envieux, à bêcher comme ça un système aussi prospère simplement parce que ces gens-là sont un peu moins sybarites que nous ?

ROBIN – Non : je pense que nous avons évoqué là les symptômes d'un malaise bien plus profond. Après tout, le système politique japonais est terriblement corrompu. Toutes ces facettes de leur civilisation montrent qu'il est presque impossible pour eux d'y changer quoi que ce soit. À l'automne 1992 a éclaté le quatrième scandale politique important en deux ans, impliquant presque tous les politiciens au sommet, pas seulement pour des pots-de-vin géants, mais pour des accords passés avec la Yakusa — le syndicat organisé du crime ! Cris et hurlements... pendant un certain temps. Et qu'arriva-t-il ensuite ? Une seule démission... et rien d'autre, car il n'y a pas d'alternative ! Cette révélation d'une corruption vraiment alarmante a trouvé dans l'opposition une force encore plus éteinte que d'habitude — presque comme si l'on voulait s'assurer qu'il n'y avait pas d'alternative possible — sans quoi les choses risqueraient bel et bien de changer. Tout le système social est brillamment conçu pour l'empêcher !

JOHN – Mais mon problème de fond, le voilà : je ne peux décrire ce que je n'aime pas dans les civilisations communautaires qu'en parlant de ce que j'aime chez les civilisations individualistes — en termes de manque, donc : manque d'initiative, de curiosité, de créativité, etc.

ROBIN – Très bien, venons-en donc à ce que nous aimons dans les civilisations individuelles.

JOHN – Eh bien, une sorte d'indépendance personnelle, n'est-ce pas ? Cela implique la capacité de penser par soi-même ; ainsi qu'une certaine dureté, une saine indifférence envers la moindre pression de la société en faveur du conformisme, qui nous est également nécessaire si nous voulons vivre selon les principes que nous nous sommes choisis. Sans parler du simple plaisir de créer quelque chose de neuf, et de sortir des sentiers battus.

ROBIN – Tout cela donne à chaque individu une grande liberté de développement et d'épanouissement selon les potentialités de chacun.

JOHN – Et bien sûr, dans une société comme celle-ci, on peut goûter la richesse et la variété de l'environnement. C'est stimulant, intrigant, c'est comme un défi constant — on peut toujours apprendre plus que dans une civilisation conventionnelle.

ROBIN – C'est comme dans une famille ou un mariage sains, où chacun est relativement singulier et indépendant, et dès lors apporte plus de richesse et de diversité au tout. Et puis il y a le plaisir que suscite l'acceptation du défi visant à concilier ces différences.

JOHN – Et le plaisir de pratiquer un sport en essayant de gagner, tout en sachant que perdre n'a aucune importance. Et la grande joie qu'apporte l'expérience de la beauté, naturelle, artistique, *et* personnelle. Et, bien sûr, l'humour, qui désigne une capacité de prendre ses distances vis-à-vis de la société et de voir, depuis cette position détachée, combien elle est en grande partie absurde.

ROBIN – Et c'est ainsi qu'elle s'améliore !... C'est là une représentation juste des avantages d'une société plus individualiste. Et... ses *inconvénients* ?

JOHN – Eh bien, je voudrais revenir à un livre que j'ai déjà mentionné, *The Fear of Freedom* (« La peur de la liberté ») d'Erich Fromm. Tu permets que je te lise mes notes de lecture ? Alors... D'abord, Fromm souligne tous les *bons* aspects du mouvement originel de l'Occident vers un mode de vie plus individualiste. Mais ensuite il s'attache à en analyser les effets négatifs. En gros, il montre qu'au cours de l'Histoire, les gens, se sentant de plus en plus isolés et incertains, ont été en butte à un sentiment croissant d'insécurité et d'angoisse. D'où un certain nombre de caractéristiques qui accompagnèrent le développement du capitalisme : la crainte de « perdre son temps », le remplissage frénétique du temps par des activités, la conception de l'efficacité comme vertu morale, le désir constant d'augmenter son capital sans jamais s'arrêter pour se demander à quoi il sert, un engagement permanent dans la compétition. Tous ces traits, d'après lui, ont contribué au développement de la célèbre morale protestante du travail. Tous, assure-t-il, sont d'abord le fruit de l'angoisse, et donc essentiellement névrotiques, malgré tous les bénéfices qu'ils apportent à la société.

ROBIN – Il y a là quelque chose d'extrêmement profond que nous devrons sonder plus tard, quand nous considérerons les valeurs et le rôle qu'elles jouent dans le fonctionnement de la société. Je dirai juste ici que Fromm parle d'un changement psychologique fondamental survenu lorsque notre société est devenue plus individualiste : nous avons largement perdu le sens profond de notre être qui, lorsque nous l'éprouvons authentiquement, nous donne le sentiment d'être en relation, en communion avec les autres et avec le monde en général. À mesure que nous l'avons perdu, notre conscience s'est tournée vers l'extérieur et s'est cristallisée sur des aspects plus superficiels du Moi. Dès lors, *notre sens de l'identité ne vient plus de ce que nous sommes*, de notre conscience d'être, de notre vie intérieure, du fait que nous existons ! Il vient bien plutôt de ce qui nous est extérieur. Nous commençons à avoir l'impression de n'exister que dans la mesure où les autres nous renvoient notre image : lorsqu'on fait attention à nous, lorsqu'on nous admire, lorsque nous réussissons. En d'autres termes, nous nous mettons à vivre en fonction du regard d'autrui. C'est pourquoi nous en venons à dépendre excessivement de l'opinion de notre entourage.

JOHN – Oui, Fromm dit que dans une société très compétitive, nous ressentons tous une « angoisse latente et constante » ; et que le désagrément que cela nous cause nous incite à toujours nous débarrasser de ce qui nous rend anxieux. Du coup nous nous sentons constamment hostiles envers presque tous ceux qui nous entourent — mais nous réprimons et rationalisons ce sentiment, souvent sous la forme de désapprobation morale !

ROBIN – Il est vrai qu'une menace sur l'image qui nous est renvoyée suscite les réflexes de crainte, de défense et d'hostilité dont tu parles — autant de sentiments qu'il nous faut cacher ! Nous avons décrit cela dans le chapitre 1 comme un comportement moyen typique — la façon dont nous dissimulons tous ce genre de sentiments aux autres (et parfois à nous-mêmes !) sous le couvert des bonnes manières. Nous apprenons à faire semblant de nous inquiéter pour les gens — mais ce n'est pas sincère — et à être « gentils » devant eux pour mieux les critiquer dans leur dos.

JOHN – Et toute cette hostilité vient directement de nos sentiments d'insécurité, n'est-ce pas ?

ROBIN – Oui. En passant d'une forme interne à une forme externe de conscience de soi, on perd une sécurité essentielle. Au passage, les observations de Fromm recoupent la façon dont Colin Turnbull décrit l'absence d'une véritable solidarité dans le monde occidental — manque qui, selon lui, « suscite la division plutôt que l'unité, la fragmentation plutôt que l'intégration, la compétition plutôt que la coopération. On se cristallise sur un certain nombre d'individus particuliers, singuliers plutôt que sur un groupe communautaire unique ».

JOHN – ... Je n'ai guère de mal à l'admettre. Dans mon école privée anglaise, dans les années 1950, on parlait interminablement d'« esprit d'équipe », sans nous montrer pour autant comment travailler en équipe, ni communiquer, sinon de façon rigide et tâcheronne. Discuter de nos sentiments aurait été entièrement hors sujet, et notre coopération se fondait essentiellement sur la télépathie...

ROBIN – C'est typique des sociétés individualistes. On ne s'occupe pas, ou peu, d'aider les enfants et les jeunes gens à comprendre, étape par étape dans leur développement, comment s'intégrer de façon constructive et agréable dans des groupes sociaux, ni passer d'une phase de l'existence à une autre. On les jette dans le grand bassin sans leur apprendre à nager.

JOHN – Oui. Il a fallu que je voie la génération de mes enfants lutter au moment de quitter l'école et d'entrer dans le grand monde pour réaliser à quel point nous les avions laissés tomber.

ROBIN – C'est une lacune extraordinaire dans nos structures sociales — et nous ne réalisons même pas son absence !

JOHN – Pour résumer le côté négatif de l'individualisme, c'est qu'à un niveau profond, les gens se sentent souvent assiégés, et par conséquent haineux. Et en rivalité. Pour le dire autrement, la personne normale ne se sent pas tellement en confiance — comportement adapté, puisque tout le monde partage ce sentiment !

ROBIN – Beaucoup de gens sont donc constamment sur leurs gardes pour s'assurer que nul ne les supplante ; et la plupart du temps, les autres deviennent les simples instruments d'ambitions personnelles. Dans ces circonstances, il est bien plus difficile, évidemment, de maintenir de véritables amitiés ou une vrai complicité. Et comme nous autres humains, nous avons besoin d'un contact affectif, d'un soutien pour nous sentir à l'aise avec nous-mêmes, le comportement que je viens de décrire ne fait qu'alimenter l'insécurité sur laquelle il repose à l'origine.

JOHN – Et si on le considère du point de vue de la société... La solidarité est insuffisante pour permettre de régler vraiment efficacement les problèmes sociaux.

ROBIN – C'est juste.

JOHN – Eh bien, nous avons pas mal insisté sur les inconvénients d'une société trop individualiste...

ROBIN – Uniquement parce qu'elle nous concerne, toi et moi !

JOHN – Exact. Néanmoins... bien qu'il soit peut-être plus facile d'être heureux dans une civilisation communautaire, où l'on se sent très intégré et très soutenu par la société environnante... et bien qu'il soit dès lors plus difficile d'être un peu heureux dans une civilisation individualiste... je ne peux m'empêcher de penser que le mieux serait d'accéder à une véritable satisfaction dans notre société ! Peut-être ce défi ambitieux pourrait-il en fin de compte favoriser une plus grande maturité.

ROBIN – Oui, nous avons « mangé le fruit de l'arbre de connaissance » et nous avons été virés du jardin d'Éden. Mais le côté positif, c'est que nous ne sommes plus des enfants, et que maintenant nous pouvons commencer à grandir. C'est vrai même si, pour atteindre notre *plein* épanouissement, il nous faut guider nos pas vers ce mode de vie plus ouvert, plus confiant que nous avons perdu en grandissant.

JOHN – Eh bien, nous avons circulé entre diverses civilisations, pour voir si nous pouvions nous faire une idée de l'équilibre à atteindre dans notre Démocratie libérale idéale, entre individualisme et communautarisme. Quant à moi, je ne doute pas que nous soyons allés trop loin dans le sens de l'individualisme, que nous ayons perdu trop d'aspects précieux encore à l'œuvre dans les modes de vie plus solidaires...

ROBIN – Je suis d'accord. Nous avons donc atteint notre but !

JOHN – Exact. Bien sûr, nous ne pouvons dire *jusqu'où* nous devrions progresser ! C'est infiniment trop complexe. Du moins sommes-nous certains d'être trop individualistes. Mais voilà le problème. Le monde entier tend vers un individualisme encore plus prononcé. Tous les jours des solidarités traditionnelles se rompent, des cultures communautaires sont mises au panier. Le niveau de tension et d'angoisse augmente, et les gens sont encore plus tentés de se replier dans l'attitude que nous décrivions par la boutade « Tout va bien, Jack, tu peux retirer l'échelle ». Robin, comment inverser cette tendance croissante à l'individualisme, et revenir à un meilleur équilibre ?

ROBIN – J'en traiterai plus longuement dans notre dernier chapitre, qui portera sur le changement. Je me contenterai de ceci : individu, famille, organisation ou communauté... nous ne pouvons pas changer radicalement.

JOHN – Vraiment ? Et pourquoi pas ?

ROBIN – Pour l'instant, disons que la moindre tentative dans cette direction reviendrait à essayer de se soulever en se prenant par les lacets. Ou, pour utiliser une autre image : essayer de changer, pour l'individu ou pour la société, c'est se contenter de brasser toutes les idées et les attitudes responsables des problèmes. En fin de compte, ce sont les *valeurs* qui doivent changer, parce que c'est seulement en changeant les valeurs des gens qu'on changera leur comportement de façon organique et durable.

JOHN – Et tu dis que des changements radicaux de valeurs se produisent... Comment ?

ROBIN – Seulement en recourant à d'autres systèmes, capables de nous transmettre des informations nouvelles se combinant avec celles que nous possédons déjà.

JOHN – Eh bien, nous avons certainement besoin de nouvelles valeurs qui encouragent des sentiments et des comportements plus coopératifs. N'est-ce pas ?

ROBIN – Et cela signifie qu'il faut en trouver deux sortes. D'abord, des valeurs de coopération, d'intégration, comme tu le suggères. Ensuite, des valeurs qui nous conduiront, nous autres Occidentaux, à une plus grande sécurité personnelle, ce qui facilitera cette coopération.

JOHN – ... Je viens d'avoir une idée ! Passons maintenant aux valeurs !

ROBIN – Ton esprit tient parfois du scalpel, non ?

JOHN – C'est tout l'entraînement du clown...

Après-propos : *L'argent fait tourner le monde*

JOHN – J'ai dit que les pays semblent traverser des cycles économiques étroitement liés aux cycles psychologiques.

ROBIN – Comment cela ?

JOHN – Quand tout va bien, ils sont hautains et arrogants — mais, comme nous le savons tous, la Roche Tarpéienne est proche du Capitole. Après la chute, ils se font plus humbles et plus réalistes, se remettent à la tâche et entrent en convalescence. Exactement comme les gens. À ceci près que l'on ne peut parler, quand il s'agit de nations, de début ou de fin du processus, car il se répète, tourne en rond comme la grande roue dans les parcs d'attraction.

ROBIN – Décris-moi ce processus.

JOHN – Eh bien, partons de la phase basse du cycle. Ainsi, la situation des Allemands et des Japonais après la guerre. On assiste à une terrible dépression, à tous les sens du mot. Puis on accepte la situation. Ensuite, on comprend qu'il faut retourner à sa table de travail et reconstruire, seule solution pour survivre. On travaille dur, on consacre toute son énergie à sauver la situation.

Tout est à refaire : du coup, on est très ouvert aux nouvelles idées. Partout émergent des pensées nouvelles, des façons nouvelles d'organiser et de faire les choses, et toutes sortes d'inventions.

ROBIN – C'est peut-être la raison pour laquelle la plupart des grandes inventions industrielles sont apparues en phase basse de cycle, en période de crise économique. De même, en temps de guerre, le désespoir a des effets extraordinaires sur la technologie — moteurs à réaction, fusées, systèmes téléguidés, et puissance nucléaire furent inventés au cours de la dernière guerre, puis appliqués à des fins pacifiques.

JOHN – Une nation qui vient de faire l'expérience du désastre se fait en général peu d'illusions. L'humilité, l'idée qu'il faut travailler dur et faire fonctionner ses méninges, le sens du devoir à l'égard de la société, le sentiment qu'il faut coopérer en vue du bien commun sont des éléments très favorables au succès économique, non ?

ROBIN – Oui, tout cela suscite une atmosphère créative où l'on renonce aux habitudes surannées pour tenter n'importe quoi de nouveau. À cela s'ajoute une détermination générale, ainsi que la volonté de faire des sacrifices pour améliorer les choses. Le coût du travail devient raisonnable, la productivité augmente. C'est précisément la situation du Japon et de l'Allemagne après la Seconde Guerre mondiale.

JOHN – À ce point du cycle, le succès est pour ainsi dire inévitable ! L'économie se relève lentement. La vie est dure, mais les gens commencent à voir le fruit de leurs efforts. La confiance augmente à son tour.

ROBIN – Rien ne saurait arrêter cette progression.

JOHN – Rien. Elle se poursuit. Une décennie ou deux après, on est à mi-chemin de la montée vers le sommet du cycle. L'économie est en pleine expansion, c'est une ère de succès, on entend l'expression « miracle économique ». J'ai le sentiment que c'est l'époque la plus excitante.

ROBIN – Sans aucun doute. À ce stade médian, les gens commencent à goûter les fruits de leur labeur, mais se rappellent encore les temps difficiles. Ils sont satisfaits de ce qu'ils ont, et l'apprécient d'autant plus qu'ils peuvent comparer avec la situation précédente. Ils sont encore réalistes : ils savent que leur bonheur dépend de la poursuite de leurs efforts pour innover, pour travailler dur, pour rester en tête de la compétition. La situation est encore saine.

JOHN – Ils se mettent à critiquer les nations richardes qui sont paresseuses et contentes d'elles.

ROBIN – Eux ne jouent pas encore aux richards, et leur succès se poursuit...

JOHN – Encore et toujours. Au milieu du XIXe siècle, celui de l'Angleterre paraissait irrépressible. Dans *British Traits* (« Caractéristiques britanniques »), Ralph Waldo Emerson parlait de nous comme nous parlons aujourd'hui des Japonais — « Que savent ces gens, que nous ignorions ? » Puis, vint le tour de l'Allemagne, et ensuite de l'Amérique.

ROBIN – À ce stade du cycle, les gens ont du mal à s'imaginer que le succès aura un jour une fin. Et puis, que se passe-t-il ?

JOHN – Tout commence à se détraquer. L'abondance se répand dans la population. Le sacrifice et la lutte, le dur labeur, l'esprit d'épargne et de coopération semblent moins nécessaires. La majorité de la population n'a pas connu les temps difficiles. Seules les personnes âgées, qui ont subi les privations de la dernière crise, peuvent comparer cette nouvelle abondance avec le douloureux échec économique d'antan — et se rappeler le *combat* qu'il a fallu mener pour parvenir à cette abondance.

ROBIN – Et la majorité de ces personnes n'a plus la moindre influence politique ou industrielle.

JOHN – Au sommet du cycle, les gens pensent pour la plupart que l'abondance a toujours existé, ou du moins qu'elle existera *toujours*. Ils ont l'impression que c'est leur droit, que leur situation naturelle est d'avoir ce privilège d'un niveau de vie supérieur à celui de tous les autres. Pour parler crûment, Robin, la nation a « la grosse tête ». Ils pensent qu'ils « savent y faire », et pas les autres — que leur succès est dû à des qualités intrinsèques qui font défaut aux autres nations, aux autres races... et qu'ils continueront à récolter les fruits de leurs efforts passés sans avoir à travailler plus que les autres.

ROBIN – Si l'humeur dominante au bas du cycle était la dépression, on a maintenant l'humeur opposée...

JOHN – ... La manie ?

ROBIN – Oui. L'on est expansif, hyperconfiant en soi, arrogant, méprisant envers les autres. Un ego surgonflé, centré sur son intérêt personnel, sur ses succès et satisfactions à court terme, incapable de tolérer la frustration, se voyant comme le centre de tout, incapable de prendre en considération les besoins des autres ou de s'intégrer dans un groupe, cherchant à obtenir ce qu'il veut au prix de la destruction de l'économie et de la société, voire de soi-même. En un mot, on perd contact avec la réalité.

JOHN – Et quand on perd le contact avec la façon dont le monde évolue, on ne comprend pas les réactions à ces évolutions. L'économie commence à se dégrader, mais personne ne le remarque, parce que tout le monde pense avoir raison. On ne peut imaginer qu'on a des idées dépassées, ou qu'on se trompe.

ROBIN – Une partie du problème réside donc dans le succès passé ! Le déclin commençant est caché par la prospérité présente, et les gens peuvent s'épargner de l'affronter pendant bien des années, parfois des décennies. Même s'il y a des preuves tangibles de ce déclin économique, ceux qui le font remarquer se rendent impopulaires et ne sont pas écoutés. Ce sont ceux qui alimentent les images d'Épinal qui obtiennent l'attention et les postes.

JOHN – Ainsi les conservateurs britanniques, qui ont basé leur campagne de 1992 sur le slogan : « La reprise est au coin de la rue. Ne laissez pas les travaillistes et les sociaux-démocrates tout gâcher. » Et ils ont été élus là-dessus !

ROBIN – Je crois qu'aucun parti n'a fait campagne en annonçant une crise importante destinée à empirer quelle que soit la politique adoptée. Le résultat, c'est que le pays ne comprend pas la situation, et ne s'ajuste pas psychologiquement comme il faut. Et c'est bien naturel — les gens n'aiment pas admettre que les choses vont mal — ça les *inquiète*.

JOHN – Revenons à notre cycle : commençant à décliner, nos nations « aux chevilles enflées » adoptent une attitude condescendante à l'égard des nations qui s'en tirent mieux qu'elles économiquement, ou les accusent de « tricher » d'une façon ou d'une autre — elles se plaignent des pratiques « déloyales » alors que ces pays produisent simplement des biens de meilleure qualité, ou geignent sur les barrières commerciales des Japonais et réclament leur démantèlement.

ROBIN – Tout en espérant, bien illusoirement, retrouver un niveau de vie élevé ! Mais ce comportement stupide a des conséquences de plus en plus douloureuses. L'écart entre leurs attentes et la réalité s'élargit régulièrement. Peu à peu, le malaise et la dépression sous-jacente grandissent. Pendant longtemps, ils ont été couverts par le comportement maniaque, mais peu à peu la nécessité d'un changement s'impose — vers plus d'humilité !

JOHN – En d'autres termes, tout comme une personne moyenne, la nation a besoin d'une crise sévère pour changer. En se rapprochant de la phase basse, la nation retrouve la réalité, et se rend compte qu'il lui faut tout recommencer.

ROBIN – Exactement. Car toutes les nations se situent au milieu de l'échelle de la santé mentale.

JOHN – ... Eh bien, je me demande si, en Grande-Bretagne, nous n'avons pas atteint ce point en 1992. J'ai senti quelque changement lorsque nous sommes sortis du serpent monétaire européen — comme si les dernières illusions sur la validité des attitudes en pratique s'étaient dissipées.

ROBIN – Nous nous rapprochons de ce point, mais je crois que nous n'y sommes pas encore, car les gens continuent à « espérer malgré tout » alors qu'il leur faudrait se préparer au pire. Mais, bien sûr, c'est précisément ce que ta théorie justifie. Je continue à trouver extraordinaire que si peu de dirigeants aient conscience de notre état actuel, car la fluctuation économique à long terme est bien connue, et correspond au schéma que tu as décrit. On l'appelle le « cycle de Kondratieff ». Il dure cinquante à soixante années. La phase basse du cycle la plus récente a correspondu au désastre économique des années 1930. La crise présente vient donc à peu près à l'heure, et nous aurions dû y être préparés — ou du moins nos dirigeants. Davidson et Rees-Mog, dans leur ouvrage récent intitulé *The Great Reckoning* (« Le grand bilan ») ont dressé un tableau très clair de ce qu'il fallait prévoir.

JOHN – Eh bien, espérons que ma description du cycle est juste. Si c'est le cas, nous avons la bonne attitude psychologique pour commencer la longue remontée de la pente.

ROBIN – Ce serait chouette. Nous ne saisissons pas le cycle économique parce qu'il ressemble au cycle de l'existence humaine : au moment où la dépression suivante approche, les gens capables de se rappeler la dernière sont déjà des citoyens d'âge mûr, ou n'occupent plus les positions de pouvoir et d'influence. Ils sont, dans tous les cas, une minorité.

JOHN – Eh bien, peut-être saurons-nous cette fois conserver plus longtemps ces vertus fondamentales que nous ne cessons de réapprendre à chaque dépression, à savoir être heureux de ce que nous avons, nous montrer moins égoïstes, moins cupides, penser plus aux autres, et commencer à y mettre du nôtre.

ROBIN – Espérons-le, mais pour que ce soit possible il faudrait trouver une façon de transmettre ce savoir à la génération suivante, qui ne peut pas se le rappeler et répugne à en entendre parler.

JOHN – Ce cycle me rappelle celui que traversent les individus. Une tendance, à la fin de la vingtaine et au début de la trentaine, à croire qu'on a tout évalué et compris, suivie par quelques désastres à la mi-trentaine qui vous rendent bien plus gentil. Puis une tendance à s'ossifier dans l'âge moyen, parce qu'on croit encore une fois tout connaître. On cesse d'intégrer de nouvelles idées et on commence à regarder en arrière plutôt qu'en avant. C'est le moment où l'on commence à décliner. Si l'on a de la chance, une nouvelle crise personnelle nous secoue, renverse toutes nos certitudes, et relance la machine intellectuelle.

ROBIN – On décolle à nouveau.

JOHN – Et ainsi... le moment le plus dangereux, c'est le sommet, lorsque nous nous en sortons le mieux ! C'est le moment où nous pensons le plus souvent avoir « tout compris ».

ROBIN – La question est donc : lorsque nous sommes dans cette humeur maniaque, au sommet du cycle, pouvons-nous imaginer une façon de nous rappeler le danger qui rôde, pour revenir sur terre et réagir comme il faut ? Connaissant l'état maniaque, je ne crois pas que cela soit possible. Dans cette humeur, on ne veut rien entendre. Dès lors, je crois qu'il faut plutôt chercher le moyen *d'éviter* cet état maniaque — et d'avoir une trop haute opinion de soi-même — en dépit du succès. Cela peut être une fonction des systèmes de valeurs, dont nous parlerons au chapitre suivant.

JOHN – Ce cycle paraît si évident, si propre à rendre compte du fonctionnement des gens, que je suis très étonné lorsque j'observe des situations où il n'opère pas ! Notamment, dans le cas où les relations économiques paraissent gelées, comme entre le monde industrialisé et le tiers monde.

ROBIN – Eh bien, cette relation est gelée parce que le tiers monde dépend de nous économiquement ; et dès lors il dépend de notre cycle, comme la lune de l'orbite terrestre. Résultat : les pays les moins développés du monde deviennent les plus pauvres. Par exemple, en 1990, dans plus de quarante nations, le revenu moyen par personne était inférieur à celui de 1980. Le revenu moyen des Sud-Américains avait chuté de 9 %, celui des Africains de 25 %. Et l'espérance de vie a chuté dans neuf pays africains. Au cours de cette période, des sommes colossales ont été prêtées par les pays riches au tiers monde, à des taux d'intérêt élevés qu'ils ne pouvaient tout simplement pas assumer. Le flot d'argent du Nord au Sud a fini par s'inverser : il est remonté pour ainsi dire du Sud au Nord, des pauvres aux riches ! À présent le tiers monde nous doit plus d'un trillion de dollars. Le système bancaire est en crise, parce que les nations débitrices ne peuvent rembourser — c'est aussi fou que de s'attendre à voir un malade en phase terminale dans un hôpital donner son sang à son médecin ! À cause de sa dette, le tiers monde est incapable d'assurer une vie décente à ses habitants, ce qui alimente des systèmes de valeurs très malsains et destructeurs, qui représentent un danger pour le monde industrialisé. Si bien que *chacun* est menacé.

JOHN – Tout le monde agit de manière contre-productive à l'égard des intérêts à long terme de chacun. Sérieusement, pourquoi les gens éprouvent-ils un blocage intellectuel dès qu'ils essaient de trouver une solution à ce problème ?

ROBIN – Eh bien, nous avons tous les deux eu ce blocage lorsque nous avons abordé le sujet pour la première fois. Tu te rappelles : pour mieux comprendre le problème, nous avions fait un jeu de rôles. Tu défendais le problème du point de vue des pays sous-développés, et je prenais le parti des pays développés. Et ce qui se produit entre les deux intéressés a commencé à se produire entre nous. J'ai ici la bande enregistrée de la conversation, je vais en passer un extrait pour nous rafraîchir la mémoire.

(La bande démarre.)

VOIX DE JOHN – Si tu es le pays riche et que je suis le pays pauvre, aussi longtemps que je continue à te rembourser les intérêts, je peux considérer que nous sommes des partenaires égaux dans cet accord financier. Si je suis un pays du tiers monde émergeant, ce que je veux avant tout, c'est avoir l'impression que les pays développés me traitent en égal — sans quoi je considère ce rapport comme un rapport colonial, d'inférieur à supérieur, d'enfant à parent. Parce que je veux que tu me respectes et que tu me traites en égal, il me faut dénier mes faiblesses et continuer à payer les intérêts. Je ne peux pas les payer, mais ne pas les payer serait admettre ma position d'inférieur.

VOIX DE ROBIN – Eh bien, comme citoyen parmi les plus éclairés d'un pays développé, je dois admettre que vous avez été exploités de la façon la plus inique par mes compatriotes et ceux des autres nations « développées ». Et que vous continuez d'être exploités, que nous continuons à tirer profit de vous. Nous vous avons dépouillés pendant la période coloniale, et maintenant nous vous prêtons en retour l'argent que nous avons gagné en utilisant les matières premières et la main d'œuvre bon marché que vous nous avez procurées, et dans le commerce que vous avez dû mener avec nous. Nous vous permettons à présent d'utiliser cet argent, mais à des taux d'intérêt usuriers : il me faut donc admettre que nous vous volons une seconde fois.

VOIX DE JOHN – C'est à peine mieux que l'esclavage...

VOIX DE ROBIN – Oui, la situation est à peu près la même qu'au temps de l'esclavage, mais par bien des aspects nous y avons plus de profit. Nous avons maintenant beaucoup moins de scrupules face à l'inégalité économique car nous pouvons nier que nous abusons de vous. Nous pouvons nous flatter de vous traiter comme des êtres humains égaux à nous sous tous respects, car cette extorsion est déguisée en échange commercial. Vous n'êtes pas chargés de fer et fouettés pour travailler plus vite, mais nous avons conservé notre pouvoir sur vous. Sauf que nous nous montrons plus rusés. Dans le passé, nous avions tout pouvoir sur vos corps, mais vos esprits étaient encore concentrés sur la liberté. Vous saviez que vous agissiez sous la contrainte, et vous pouviez dire : « Je suis un homme libre réduit en esclavage. » Vous étiez libres de voir l'injustice, de nous mépriser et de nous haïr, d'attendre en secret le jour où vous pourriez nous échapper ou nous renverser.

Mais à présent, nous vous avons en quelque sorte persuadés d'adopter notre façon de voir, et de croire que pour devenir nos égaux, il fallait vous faire les esclaves de nos valeurs. Vous êtes pris dans un double esclavage. Dans le sens ancien, vous êtes à notre pouvoir, financièrement et matériellement ; dans un sens plus profond, vous admettez notre rationalisation de ces extorsions, au point de croire qu'en nous permettant de vous pressurer vous obtenez une carte de membre dans un club sélect, que vous vous rapprochez des étages supérieurs où vous croyez que nous habitons. Vous êtes rentrés dans cette logique double qui nous permet de vous exploiter sans admettre cette réalité. Nous pouvons nous sentir tout à fait justifiés de vous voler, en pensant vous aider à apprendre les choses de la vie économique. Et vous continuerez à nous passer le blé, pour préserver cette image de vous-mêmes comme nos égaux.

VOIX DE JOHN – Eh bien, lorsque vous étiez des puissances impérialistes et que nous étions vos colonies, à nos yeux vous étiez plutôt les parents et nous les enfants, si bien que nous avons accepté votre système de valeurs comme un système de valeurs parental, adulte.

(Pause.)

VOIX DE ROBIN – Dis-moi un peu, John. Qu'est-ce que ça te fait d'être là-bas, de ton côté de la table, dans le tiers monde ?

VOIX DE JOHN – C'est très étrange... je me sens perdu... quelque chose s'est produit chez moi psychologiquement... j'ai atteint un point où je ne peux plus penser... j'ai ce drôle de sentiment que c'est ton problème, à toi... je me sens complètement impuissant. Et le plus bizarre, c'est que je ne me rappelle pas avoir jamais ressenti cela avant, depuis le temps que nous rédigeons ce livre à deux.

(Fin de la bande.)

JOHN – C'était extraordinaire. J'avais tout simplement l'impression qu'il n'y avait rien que je puisse faire, que c'était entièrement à toi de trouver la solution. Et pourtant c'était moi qui étais dans la panade...

ROBIN – Et moi, je ressentais le contraire. Tu avais coupé le son, mais je ne pouvais pas m'arrêter de parler et j'ai continué à te sermonner sans te donner une chance de me répondre. Et ça a continué comme ça, chacun interprétant un rôle qui ne lui ressemblait plus du tout, pendant plus d'une heure.

JOHN – Qu'est-ce qui se passait en réalité ? Pourquoi étions-nous ainsi coincés dans nos rôles ?

ROBIN – Je crois que la cause apparaît très clairement dans mon exposé. Les puissances impériales justifiaient leurs conquêtes et leur droit à régir leurs dominions en se persuadant de la supériorité de leurs savoirs, valeurs et vertus — plus « civilisés » — dès lors, leur devoir était d'administrer et d'éduquer les populations coloniales. En d'autres termes, ils se voyaient dans le rôle du parent, et la population indigène tenait le rôle de l'enfant. C'était leur responsabilité de prendre les choses en main, de dire aux « autochtones » quoi faire, et de décider combien d'argent de poche on leur laisserait. Devant des armes plus puissantes et une autre technologie, les peuples colonisés intégrèrent l'idée. Lorsqu'ils recouvrèrent enfin leur liberté, ils continuèrent du coup à traiter bien des valeurs occidentales comme des valeurs supérieures, et tentèrent de nous copier en tout et partout plutôt que de retourner à ce qui était bien — et souvent mieux — dans leurs propres cultures traditionnelles.

JOHN – À t'entendre, on reconnaît le bon vieux clivage entre la partie « enfant » et la partie « parent » de notre personnalité ?

ROBIN – Oui. En tant que colonisateurs, nous projetions tous *nos* éléments enfantins sur eux, pour dire ensuite qu'ils étaient « paresseux », « irresponsables », « propres à rien », « ignorants », « indignes de confiance », et « uniquement préoccupés de jouir de la vie... »... tandis que nous autres, dans les pays développés, assumions le rôle correspondant de l'adulte je-sais-tout, en les sermonnant et en les admonestant, en portant noblement ce que nous appelions « le fardeau de l'homme blanc ». Et il leur a fallu peu de temps pour avaler une bonne dose de ces opinions !

JOHN – ... Je viens de réaliser quelque chose de très évident. Ce clivage de la personnalité doit être le même *entre les riches et les pauvres* au sein d'une nation. Les riches ont tendance à penser qu'ils ont droit à leur richesse parce qu'ils sont plus adultes, et que les pauvres sont responsables de leur pauvreté : ils disent qu'ils sont infantiles, irresponsables, rétifs à la besogne. Les pauvres ont tendance à accepter un peu ce rôle et s'attendent à ce que quelqu'un d'autre résolve leurs problèmes et leur fasse des cadeaux, comme les enfants.

ROBIN – Oui, s'ils ne voient pas la situation avec lucidité, ils s'enferment dans ces rôles contraires. Tu vois, une fois que ce clivage de la personnalité s'est produit entre les pays riches et pauvres, mais aussi entre la population riche et la population pauvre d'un même pays... la psychologie des individus reflète le problème même qu'ils tentent de résoudre.

JOHN – Notamment en Grande-Bretagne, n'est-ce pas, où on a un système de classes puissant qui reflète ce clivage, avec une classe moyenne qui y voit un système adulte, quand tant de gens issus du prolétariat finissent par se sentir impuissants à améliorer leur condition ?

ROBIN – Une structure magnifiée et perpétuée par nos deux systèmes éducatifs, le public et le privé.

JOHN – Ainsi, selon toi, c'est ce clivage psychologique parent/enfant qui empêche véritablement les progrès économiques nécessaires — à un niveau national et international ?

ROBIN – Oui, c'est bien cela. Cette idée n'est agréable ni pour les riches ni pour les pauvres, parce qu'elle leur attribue — à raison, je crois — une part égale de responsabilité dans le problème, et suggère qu'il leur faudra également changer pour trouver une solution. Malheureusement, il est plus facile d'accuser que d'accepter la responsabilité, malgré les coûts énormes que cela entraîne !

JOHN – Mais, voyons, est-ce qu'il n'y a pas par ailleurs un problème économique fondamental ? Dans tout système de libre-marché, à moins que nous ne combattions ce mécanisme de toutes nos forces, les riches s'enrichissent et les pauvres s'appauvrissent. Plus les riches gagnent d'argent, plus ils ont de pouvoir, plus ils accaparent tout ce qui prospère. Ils accumulent de plus en plus de biens, et plus ils les accumulent, moins ils peuvent les utiliser, parce qu'ils ne peuvent acheter plus d'heures qu'il n'y en a dans une journée, ni manger plus qu'à satiété. Et pourtant ils ne semblent pas capables de s'arrêter. Ne faudrait-il pas réintroduire une forme de redistribution ? N'y vois aucune justification morale. Je pense à deux raisons qui ne relèvent que de la *Realpolitik*. D'une part, si les pauvres s'appauvrissent, ils deviendront si démunis, si désespérés qu'il leur faudra recourir à la force. Et dans une démocratie moderne, on ne peut recourir à l'oppression comme au siècle dernier. D'autre part, si cela ne suscite aucune révolte, cela peut du moins créer une classe inférieure si aliénée qu'il sera impossible de l'intégrer de nouveau socialement, ce qui coûtera beaucoup plus cher à la société que la redistribution en question n'aurait coûté — sans compter la nécessité pour les riches d'investir une bonne partie de leurs déductions fiscales en équipements de sécurité. Tout ce que j'ai dit s'applique à la pelle au clivage Nord-Sud. Aussi... que pouvons-nous faire ?

ROBIN – Une forme de redistribution est essentielle, c'est vrai. Toutes les sociétés dans lesquelles on aime vivre ont déjà organisé cette redistribution, au moins dans une certaine mesure ; et lorsque les gouvernements essaient de briser ce système, la bipolarisation et l'aliénation dont tu parles augmentent. À moins que les gouvernements et leurs conseillers n'en comprennent l'aspect *psychologique*, la redistribution peut avoir des conséquences négatives imprévues, et n'être pas soutenue. Aux États-Unis, par exemple, en ce moment, même les démocrates s'inquiètent de voir que les mesures de l'État-providence conçues pour combattre la liberté, ont créé une culture de la dépendance, perpétuant la pauvreté et l'aliénation ; et que cela, en retour, a éveillé ressentiment et résistance bien compréhensibles chez ceux qui doivent payer la note. Une approche de la redistribution plus constructive, plus durable exige qu'on accorde beaucoup plus d'attention à la compréhension et à la modification de l'aspect psychologique de cette relation. Ce n'est plus une simple question d'augmentation ou de diminution des allocations.

JOHN – Tu veux dire que la redistribution est nécessaire, mais que l'obtenir par la force ou par l'aumône est une mauvaise chose, et renforce la dépendance parent/enfant. Ce dont on a besoin, c'est de notre vieille copine, l'égalité des chances ?

ROBIN – Exactement, et pas seulement comme slogan. C'est seulement dans une société authentiquement équitable, où chacun a un accès égal aux avantages éducatifs et autres, que les *bonnes* inégalités — comme l'émergence de créateurs de richesses méritants, qui créeront à leur tour du boulot pour les autres — pourront apparaître.

4

Le prix et la valeur

JOHN – Tout notre propos nous amène à la question des *valeurs* — ces idées qui nous font comprendre le sens de la vie, ce qui compte le plus, ce qui est bon ou mauvais. Je présume que nous allons maintenant faire le lien entre les systèmes de valeurs et les niveaux de santé mentale ?

ROBIN – Oui. Mais pour commencer, une question. D'après ce que nous avons dit jusqu'ici, quels sont pour toi les indices essentiels de la véritable santé mentale ?

JOHN – De prime abord, j'en verrais deux. Indiscutablement, la santé mentale est fonction du degré auquel on affronte, perçoit et accepte le réel. Sur le même plan, je mettrais la tendance à intégrer les autres, les idées neuves, à ses propres perceptions et sentiments, plutôt qu'à les exclure. Mais je pense que c'est une autre façon d'affronter le réel — car elle suppose qu'on l'intègre, en somme !

ROBIN – Eh bien, examinons de plus près cette notion de « réel ». L'homme doit ses plus grandes réussites à son extraordinaire capacité d'abstraction. Sans elle, nous n'aurions ni science, ni art, ni littérature, ni philosophie. C'est ce don d'abstraction qui favorise nos plus belles réalisations, car il nous permet de simplifier les choses en sélectionnant certains aspects du réel sur lesquels nous souhaitons nous concentrer, en laissant de côté les autres et en faisant comme s'ils n'existaient pas.

JOHN – Et, bien sûr, toutes nos valeurs sont également des abstractions.

ROBIN – Oui. Elles sont forgées par notre expérience de la réalité, même si nous ne savons pas toujours quelles valeurs adopter. Mais... le hic, c'est que nos plus grands travers sont également issus de cette faculté d'abstraction.

JOHN – Qu'entends-tu par « travers » ?

ROBIN – La folie, le crime, le mal — tout ce qui est malsain. Tout cela apparaît lorsque nous adoptons de mauvaises idées — en d'autres termes, lorsque notre pouvoir d'abstraction se fourvoie, lorsque nos simplifications laissent de côté certains aspects essentiels des choses.

JOHN – Ton idée est donc celle-ci : notre capacité d'abstraction est entièrement à double tranchant.

ROBIN – Entièrement, oui.

JOHN – Comment savoir si nous en faisons un usage positif ou négatif ?

ROBIN – Le plus simple est de considérer la méthode scientifique. Un scientifique observe certains faits à sa portée puis en « abstrait » une théorie concordante. Il se livre ensuite à de nouvelles expériences pour mettre la théorie à l'épreuve. Si elle tient, il la considère comme « véridique », mais seulement au sens où elle constitue « la plus récente » explication et prédiction de ce qui se produit. Lorsqu'il observe un nouveau fait dont la théorie ne rendait pas compte, il doit revenir au tableau noir pour essayer de concocter une nouvelle théorie justifiant tous les faits anciens, mais aussi le fait nouveau qui l'embête. En d'autres termes, la science fonctionne lorsqu'on met constamment la théorie à l'épreuve de la réalité, et que celle-ci la corrige.

JOHN – D'accord. Et ensuite ?

ROBIN – Le trait essentiel de l'approche scientifique, c'est que les faits viennent en premier. Les théories s'ajustent aux faits, et non l'inverse. C'est la même chose avec les cartes. Si on regarde une carte, puis la parcelle de territoire que celle-ci est censée représenter, et que ce territoire comprend une rivière qui n'apparaît pas sur la carte... à qui se fier ?

JOHN – Je déchirerais le territoire. Oups ! Pardon, j'ai paniqué...

ROBIN – Mieux vaut laisser tomber la carte — si on ne veut pas tomber dans la vraie rivière et se noyer ! Adoptons pour principe de ne jamais confondre carte et territoire. La carte n'est qu'une abstraction, une approximation. Elle ne montre que ce qui est d'un intérêt particulier pour qui l'utilise. Et même encore, elle n'en donne qu'une représentation grossière, et exclut la plupart des détails.

JOHN – Surtout les sens uniques.

ROBIN – Eux surtout. Mais elle ne saurait tout prendre en compte. Si une carte incluait *tous* les détails, ce serait le territoire lui-même.

JOHN – Comme l'a dit un jour Michael Frayn, une histoire vraiment complète de la guerre de Cent ans, ce serait la guerre de Cent ans.

ROBIN – Laquelle prendrait à nouveau cent ans ! Aussi... il nous faut simplifier les choses, et donc abstraire.

JOHN – Rien à redire à cela.

ROBIN – Mais le problème surgit lorsqu'il nous faut passer des cartes ordinaires à nos fameuses « cartes mentales ». Elles nous sont nécessaires : nous ne saurions fonctionner dans le monde sans elles. Nous ne saurions que faire : elles nous aident à voir comment le monde fonctionne, comment nous fonctionnons, et quel est notre rapport au monde. Bien sûr, elles aussi sont des abstractions. Elles ne sont jamais exhaustives, et parfois elles sont en partie erronées. Elles ne sont pas la réalité.

JOHN – Je pressens quelque chose d'intéressant.

ROBIN – Voici. Pour répondre à ta question : l'usage bon ou mauvais que nous faisons de nos capacités d'abstraction... dépend de ce que nous mettons au premier plan, la réalité ou la carte.

JOHN – ... Ah !

ROBIN – Tout dépend de cela. Je ne dis pas que le rapport entre la réalité et nos abstractions ne marche pas dans les deux sens. Elles agissent mutuellement l'une sur l'autre — notre perception de la réalité dépend des notions que nous en avons. Mais nous pouvons les améliorer par une correction progressive. Si tu es constamment ouvert à la « réalité », si tu vérifies constamment ta carte mentale, ta perception de la « réalité » gagnera en précision. Mais tout dépend de ton orientation fondamentale, de la primauté que tu accordes à la réalité, à ton expérience.

JOHN – Si garder le contact avec la réalité est un critère de santé mentale, cela signifie que les gens au bas de l'échelle préfèrent leur carte au monde réel. En d'autres termes, ils sont dominés par leur système de valeurs, et ne voient plus l'intérêt de le soumettre à la réalité. Ils rejettent les moindres parcelles de réalité qui font intrusion.

ROBIN – Oui, ces gens ont perdu tout contact avec la réalité. Ils se sont enfermés dans leur fantasme — le genre de folie qu'on trouve dans les asiles psychiatriques, ou dans l'Allemagne nazie, où une idée particulièrement cinglée a engendré l'annihilation de millions d'êtres humains.

JOHN – Exact. Alors qu'au niveau supérieur... peut-on dire que les gens les plus sains portent sur leur propre vie un regard scientifique ?

ROBIN – Cela paraît un peu bizarre, non ? Mais c'est juste. Les gens très sains cherchent sans arrêt à ajuster leur carte à la réalité, à mettre leurs idées à l'épreuve. Attitude « scientifique ». C'est pourquoi ils ont plus de contact avec la vie.

JOHN – Très bien. Affaire classée. Parlons de *nous*. Où figurons-nous, nous les moyens ? Quelque part entre la physique et le fantasme ?

ROBIN – Exactement. Nous sommes répartis le long d'un spectre étalonné de « degrés de contact avec la réalité » — certains plus hauts que d'autres. À bien des égards, nous pouvons être très pragmatiques, très efficaces. Mais au fond de tout cela, il y a une tentative fondamentalement égocentrique de dominer et de contraindre les autres pour ajuster le monde à nos désirs.

JOHN – Nous sommes plus *égoïstes* que les gens vraiment sains.

ROBIN – Oui, ou plus égotistes.

JOHN – Mais nous avons tout de même besoin d'un certain degré d'égoïsme, non ? Nous avons besoin de nous valoriser, de nous estimer et de nous respecter si nous voulons fonctionner raisonnablement bien, et par extension être utiles à la société.

ROBIN – Certes, l'« Ego » est nécessaire. L'« égotisme » pourrait vouloir dire qu'on est conscient de soi et qu'on accorde une validité à cette forme de conscience. Mais l'égotisme signifie *normalement* qu'on n'accorde pas une importance égale à la perspective dans son ensemble — celle qu'on rencontre dès que l'on cesse de se focaliser sur soi-même pour se considérer dans un contexte élargi, comme partie intégrante de la communauté.

JOHN – Si bien que dans une perspective plus vaste, l'ego est toujours là, mais il prend sa position propre et limitée parmi les autres egos.

ROBIN – Et une fois qu'on a cette vision équilibrée de la réalité, il est beaucoup plus difficile de revenir à son ancien égotisme. Cela n'aurait absolument aucun sens ! Ce serait absolument ridicule !

JOHN – ... Tout cela veut-il dire que notre problème à nous autres, gens moyens, est que notre égotisme bloque notre perception de la réalité ?

ROBIN – Tout juste. Par ignorance, ou parce qu'on restreint délibérément notre conscience d'autrui — en oblitérant les informations qui contredisent notre carte du monde. C'est ce qui nous rend égotistes à un degré plus ou moins élevé. Comparés aux très sains, s'entend...

JOHN – Mais, bien sûr, cela nous paraît normal parce que la majorité de la population nous ressemble.

ROBIN – Exactement. C'est pourquoi il est « normal » de constater un tel taux d'égotisme nuisible : de la cupidité et l'ambition qui nous jettent dans la course aux honneurs, jusqu'aux pratiques commerciales peu scrupuleuses et à la destruction de l'environnement, ou, plus bas encore, à la véritable criminalité, à la véritable violence.

JOHN – Pour résumer : plus la réalité nous semble essentielle, plus nos cartes mentales sont précises, plus nous sommes sains.

ROBIN – Tout juste.

JOHN – Où placer les « valeurs » ? Font-elles partie intégrante de nos cartes mentales ?

ROBIN – Bien sûr. Passons à l'édification des systèmes de valeurs qui nous guident — en d'autres termes, à l'élaboration de nos cartes mentales. Quels sont les matériaux de base, à ton idée ?

JOHN – Oh, d'abord, notre expérience. C'est notre meilleur guide. Nous n'avons jamais assez d'expériences par nous-mêmes, et nous devons combler nos lacunes en faisant appel aux conseils des autres, fondés sur leurs propres expériences. Mais ce n'est pas la même chose, n'est-ce pas ? Nous accorderons toujours plus de poids à notre expérience.

ROBIN – Oui, c'est le lien le plus direct qui nous rattache à la réalité, et nous nous en remettons à elle plus qu'à tout conseil extérieur. L'expérience personnelle a plus d'influence aussi parce qu'elle est toujours imprégnée de nos sentiments. Nous ne comprenons pas seulement les choses avec notre tête, mais de tout notre être, et cela suscite une conviction particulière.

JOHN – Cela fait-il de l'expérience personnelle le meilleur des guides pour dessiner des cartes mentales ?

ROBIN – Eh bien, jusqu'à ce que nous ayons *assez* d'expérience, d'autres personnes peuvent en savoir plus, sans pour autant créer de totales certitudes. En fin de compte, on acquiert des certitudes après vérification personnelle.

JOHN – Prenons la fidélité. Je sais que c'est une valeur à laquelle tu es très attaché, mais tu penses par ailleurs qu'il est bon d'avoir des expériences sexuelles avant le mariage, n'est-ce pas ?

ROBIN – Je ne le préconise pas, bien sûr : à chacun de prendre sa décision et ses responsabilités. Mais mon expérience en fait de thérapie de couple montre bel et bien que l'engagement des gens sera plus fort, et leurs rapports sexuels plus épanouis après le mariage s'ils ont eu d'autres rapports sexuels auparavant. À moins, bien sûr, que ce ne soit contraire à leurs convictions religieuses.

JOHN – Pourquoi donc ?

ROBIN – Eh bien, si les gens sont fidèles à leur partenaire simplement parce que quelqu'un — fût-ce une autorité religieuse — le leur a enjoint, ils auront toujours à lutter contre la tentation.

JOHN – Une partie d'eux-mêmes se demandera toujours comment ça serait, sinon ? Si ça ne serait pas assez génial, encore que très mal, bien sûr.

ROBIN – Oui, c'est un fantasme presque inévitable.

JOHN – Ces gens dépenseront donc une bonne partie de leur énergie à essayer de réprimer leurs fantasmes.

ROBIN – Exactement. La fidélité ne sera jamais acceptée « de bon cœur ». Il se produira un clivage. J'ai toujours constaté que ces personnes redoutent d'épanouir entièrement leur sexualité, même avec leur partenaire officiel, parce qu'elles ont peur, en se laissant aller, de ne plus pouvoir se contrôler face à quelqu'un d'attirant. Par souci de sécurité, elles gardent le pied sur le frein tout le temps, ce qui, évidemment, limite leur capacité à avoir une relation épanouie avec leur conjoint.

JOHN – Ainsi, une parcelle d'elles-mêmes demeure insatisfaite, et cela alimente leurs fantasmes.

ROBIN – Alors que... si l'on sait d'expérience que mener deux relations amoureuses de front tourne rapidement au vaudeville...

JOHN – Et qu'au bout d'un certain temps, le vaudeville tourne à la tragédie à force de retenue, à cause de tous les mensonges qu'il garde présents à l'esprit...

ROBIN – ... Que ce n'est pas seulement un boulot difficile et compliqué, mais qu'il peut entraîner toutes sortes de conséquences désagréables, quoique prévisibles, et ruiner toute possibilité de relation véritablement positive avec *l'une et l'autre* personne impliquée... eh bien, si l'on a appris tout cela, on cesse de rêver de relations extraconjugales, car on a compris pourquoi elles ne marchent pas...

JOHN – En d'autres termes, on est fidèle à son partenaire parce qu'on le *désire* du fond du cœur !

ROBIN – On ne perd plus son temps à imaginer des relations extra-conjugales, car on est définitivement guéri de l'idée qu'elles sont « jouissives ». Du coup, l'engagement à l'égard du conjoint est bien plus fort, et n'est plus le résultat d'une lutte contre la tentation. Il se fonde sur une vraie compréhension. On peut se laisser aller sexuellement avec son partenaire sans craindre d'ouvrir la boîte de Pandore.

JOHN – D'après toi, les partenaires fidèles par « soumission aux ordres » n'investissent que la meilleure part d'eux-mêmes, la plus « morale », et non leur part animale et « corsée ». Ils n'en auront que plus de peine à se conformer aux valeurs qu'ils ont épousées en prononçant le Oui sacramentel.

ROBIN – L'expérience, elle, permet de les *intégrer* davantage. On donne davantage à la relation, étant davantage convaincu que l'idée est bonne !

JOHN – Je veux bien croire que ce genre d'expérience offre une meilleure compréhension. Mais il est également des expériences influençant puissamment le système de valeurs, et limitant la compréhension des choses. Si un douanier belge t'insulte, cela peut affecter ton regard sur ses compatriotes. Pire : une agression sexuelle vécue en bas âge peut dégoûter quelqu'un à vie de la sexualité.

ROBIN – En effet. Mais dans tes exemples, une personne a une seule mauvaise expérience, et évite d'en avoir d'autres qui pourraient rééquilibrer la balance. Moi, je dis simplement qu'une personne qui a eu plusieurs expériences sexuelles a plus de chances de découvrir que les charmes de la nouveauté s'épuisent vite, que les histoires sexuelles sont superficielles et insatisfaisantes comparées à une sexualité vécue à long terme.

JOHN – Oui. D'accord, c'est cohérent. Mais un corollaire m'est venu à l'esprit il y a quelques années. Le voici. Quand on essaie de comprendre pourquoi une règle morale donnée existe... je ne crois pas qu'on puisse vraiment y parvenir, à moins d'avoir bel et bien eu une expérience qui y était reliée. On ne saurait imaginer toutes les conséquences pernicieuses que la règle morale cherche à éviter si elle ne résonne que comme un slogan.

ROBIN – Un bon principe à observer : tant que vous n'aurez pas eu assez d'expériences personnelles, soyez attentifs aux injonctions !

JOHN – Ah ! Tu veux dire, n'y contrevenez qu'après y avoir sérieusement réfléchi ?

ROBIN – Oui. Ne supposez pas qu'il n'y a derrière les règles morales aucune raison profonde. Mais il faut savoir, à mesure qu'on grandit, qu'accepter simplement une injonction sans la remettre en question peut poser problème. En fin de compte, ce ne sont que des conseils pratiques à explorer pour meilleure compréhension.

JOHN – C'est comme un échafaudage, une structure d'appoint sur laquelle on peut bâtir quelque chose de plus solide et de plus utile. D'accord. Notre expérience est donc le matériau le plus stable pour élaborer notre comportement, et les conseils et injonctions sont moins convaincants.

ROBIN – Néanmoins, notre expérience personnelle est toujours insuffisante pour nous construire une carte mentale. Elle comportera toujours de grandes lacunes. À quoi pouvons-nous recourir encore ?

JOHN – Eh bien, à part les conseils et l'attention à ce qui arrive aux autres et à leur comportement — il y a les livres, les pièces de théâtre, les romans, les journaux, la télé, les conférences, séminaires, cours... C'est comme cela que les informations nous parviennent. Le contenu lui-même est... sans fin. Je ne pourrais trouver un mot qui le recouvre tout entier.

ROBIN – Il n'y en a pas, c'est bien le problème. Ou du moins il n'y en avait pas. C'est pourquoi j'aime bien l'idée avancée par une psychologue grecque, Charis Katakis. Elle a choisi un terme familier — « mythe » — et a élargi sa signification. En gros, elle désigne par là les idées et les histoires qui permettent aux êtres humains de coopérer et de travailler ensemble comme société.

JOHN – Quoi ? Tout ce qui est à même d'aider les gens à vivre plus harmonieusement ?

ROBIN – Oui, cela peut inclure toute forme d'abstraction remplissant cette fonction, des Dix Commandements aux comptines enfantines. C'est un concept extraordinairement vaste.

JOHN – Vaste, c'est le moins qu'on puisse dire. Mais est-ce que cela comprend les mythes ordinaires, comme le vol du feu par Prométhée ?

ROBIN – Absolument. Ce que Katakis entend par « mythe » comprend : toute idée constitutive d'un système éthique, religieux et non religieux ; toute information sur notre mode d'organisation, comme les lois et règles, la politique, la socio-psychologie, les études de gestion, et même les manuels de savoir-vivre ; ainsi que les idées de moindre envergure qui nous rassemblent, comme les proverbes, les légendes et les contes de fées. Le mythe, selon Katakis, embrasse tout ce qui oriente notre comportement social, nous informe sur l'art de vivre ensemble, de concilier nos besoins et ceux de notre société. Bien sûr, je simplifie ses idées et les interprète plus largement pour les appliquer à nos objectifs.

JOHN – En essayant de construire nos cartes mentales, nous utilisons en premier lieu notre expérience, puis nous y ajoutons des informations tirées de ce que Katakis appelle les mythes. Nous aurons ainsi une carte raisonnablement complète, propre à nous indiquer le meilleur moyen de nous accorder avec autrui.

ROBIN – Et d'avoir une vie heureuse et comblante.

JOHN – Hélas ! Est-ce que ce ne sont pas là deux choses bien distinctes ? L'une concernant la société, l'autre l'individu ?

ROBIN – Oui, mais elles sont très étroitement liées. Nous sommes d'accord pour dire qu'une société saine est celle qui permet le développement d'individus sains. Qui plus est, plus les gens se développent individuellement, plus la société en profite en retour. Les mythes de Katakis comportent deux aspects : ils offrent une structure sociale de base favorisant coopération et harmonie entre les gens ; ils permettent une compréhension de soi et une éthique de vie plus harmonieuses.

JOHN – Ça paraît raisonnable. Mais ces fameux mythes... ils sont censés tout recouvrir, de la connaissance scientifique aux contes de fées. Peut-on véritablement traiter de « mythe » la connaissance scientifique ?

ROBIN – Elle s'inscrit entièrement dans cette définition — des abstractions qui permettent à des gens de collaborer à une tâche commune. Bien que la connaissance scientifique soit exprimée de façon aussi univoque que possible, afin qu'un nombre maximal de personnes s'accordent sur sa signification, les épistémologues ont montré très clairement qu'une bonne partie de cet accord repose sur des habitudes de perception communes, qui rendent « évidents » ou « de bon sens » certains postulats, et sur des habitudes culturelles, parfois profondément ancrées et associées à des sensations puissantes.

JOHN – Oui, j'avais oublié. Les gens les défendent avec la même passion que leur langue maternelle.

ROBIN – C'est pourquoi toute innovation radicale dans le domaine des sciences se heurte à une résistance irrationnelle et émotionnelle, semblable à celle que le croyant orthodoxe oppose aux déviances religieuses.

JOHN – Soit. Mais il y a quand même une énorme différence entre l'information que propose une théorie scientifique et celle que propose une parabole.

ROBIN – Oui, mais nous vivons notre existence à des niveaux différents. La plus grande partie de notre vie se passe à un niveau relativement mondain où nous nommons un chat un chat, et où nous n'exploitons que les aspects factuels et scientifiques des mythes de Katakis. Mais certains de ces mythes concernent la maturation individuelle. Plus nous nous rapprochons de la psychologie et de la spiritualité, plus un mode symbolique de communication s'impose — recourant à un matériau mythique au sens ordinaire, car lui seul traduit la nature complexe, paradoxale, ambivalente de la réalité qui nous intéresse.

JOHN – Très bien. Je vois que nous avons besoin de l'ensemble des mythes. Mais voici la grande question. Comment savons-nous si ces mythes seront bons et utiles, ou non ? Quel est le critère de *valeur* qu'on peut leur appliquer ?

ROBIN – Cela dépend de leur efficacité à aider un individu à adopter tel ou tel comportement humain.

JOHN – C'est-à-dire à lui faire adopter un comportement socialement admis, et à aider les groupes à collaborer davantage entre eux ?

ROBIN – Oui, de leur efficacité à ces deux niveaux. Cela comporte deux aspects. Tout d'abord : à quel point le mythe est-il *inclusif* ? Aide-t-il simplement certaines personnes à mieux s'intégrer et à mieux coopérer, en excluant les autres ? Pour Katakis, plus un mythe est inclusif, mieux c'est. C'est justement la qualité que nous avons définie comme un critère de santé chez l'individu.

JOHN – Et le second aspect ?

ROBIN – Le second, c'est : à quel point lc mythe est-il *persuasif* ? À quel point affecte-t-il véritablement le comportement des gens ? Plus c'est le cas, évidemment, plus le mythe a de valeur.

JOHN – Suivant Katakis, donc, un mode d'organisation sociale incluant tout le monde vaut mieux qu'un mode ne fédérant qu'un petit groupe compact d'assoiffés de pouvoir, c'est bien ça ?

ROBIN – Oui. Tu vois, *Mein Kampf* serait bien considéré comme un mythe par Katakis, mais il serait tout au bas de l'échelle. C'est un mythe, parce qu'il contient certains principes organisationnels, ce qui vaut mieux, comme nous l'avons vu au chapitre 3, que le chaos absolu, l'absence totale de mythe. Mais sa valeur est très très basse, parce qu'il fédère seulement les membres du parti nazi, excluant et faisant un tort immense à d'autres membres de cette société, sans parler des autres sociétés. Les nazis étaient les seuls à être « intégrés ».

JOHN – Tout système fondé sur une forme de suprématie raciale, tribale ou sociale — y compris le machisme ou le féminisme à outrance — aurait une faible valeur. Plus un mythe est ouvert, plus sa valeur est élevée...

ROBIN – Songe à la parabole du Christ sur le bon samaritain. Il a choisi volontairement pour héros un membre du groupe envers lequel ses auditeurs nourrissaient des préjugés, pour souligner combien sa conception du groupe avec qui entretenir des rapports de bon voisinage était étendue. Katakis accorderait une très haute valeur à ce mythe.

JOHN – Très bien. Maintenant, regardons l'autre aspect — l'influence du mythe sur le comportement des gens.

ROBIN – Manifestement, à des degrés très différents, tous ces mythes sont convaincants. Certains peuvent véritablement affecter notre comportement. Mais nous haussons les épaules, ou nous les oublions pour la plupart, car ils n'ont aucun impact sur nous.

JOHN – Qu'est-ce qui fait la différence ?

ROBIN – Eh bien, rappelle-toi que ce qui nous influence le plus, c'est notre expérience, car elle est imprégnée d'*affectivité*. Bien que les mythes ne puissent jamais être aussi convaincants que l'expérience, plus ils engagent nos sentiments, plus ils nous affectent. C'est pourquoi, notamment dans la religion, on compte tant de mythes qui recourent à nos sentiments familiaux de base. En faisant reposer une grande partie de leur information sur le père, la mère, les frères et les sœurs, ils éveillent des émotions profondes et puissantes, ancrées en nous lorsque nous étions tout petits et très dépendants.

JOHN – Lorsque nous parlons de « Notre Père », cela suscite en nous automatiquement des émotions liées à ce que nous attendons d'un parent.

ROBIN – Oui, qu'il nous aime, qu'il aime aussi nos frères et nos sœurs ! Et si nous croyons que Dieu aime des gens dont nous ne raffolons pas à l'ordinaire, cela peut nous aider à essayer d'être plus gentils envers eux.

JOHN – Oui, je vois. Mais quand même, seule une petite part des mythes suscite ces sentiments familiaux ?

ROBIN – Si tu y réfléchis, ils sont nombreux dans ce cas. Pense à la forte charge émotive contenue dans l'idée de la « terre maternelle », d'une « patrie ». Les socialistes s'appellent mutuellement « frère » et « sœur »...

JOHN – C'est vrai. Et les groupes parlent souvent d'eux-mêmes comme d'une « famille »...

ROBIN – Mais au-delà de l'éveil des sentiments familiaux... les mythes qui retiennent notre attention le plus efficacement sont ceux qui nous parviennent sous la forme d'*histoires*.

JOHN – Ah ! De même qu'en apprenant quelque chose d'un roman, d'un film, d'un poème, nous en sommes plus marqués que si nous l'apprenions d'un livre de philosophie ou de psychologie ? Parce que cela n'est pas aussi « sec », que cela implique davantage nos sentiments ?

ROBIN – Oui. Après tout, l'enseignement à travers les histoires est ce que le monde peut nous offrir de plus proche de l'expérience concrète. Nous nous investissons dans les personnages. Nous nous absorbons dans les situations. Nous attendons le dénouement avec impatience. Nous pouvons nous identifier avec un personnage, nous sentons que nous pourrions être celui qui cherche à atteindre son but sans savoir comment sortir des situations difficiles, en rencontrant l'échec, puis, finalement, en réussissant. À la fin, l'histoire nous a fait éprouver certains des sentiments que nous aurions eus si nous avions vécu l'expérience décrite, et cela peut nous inciter à relever à notre tour un défi similaire.

JOHN – Vingt ans durant, mes réalisations de films pour Video Arts se sont fondées sur cette façon de penser. Nous avons toujours soutenu qu'un film est nul pour faire passer des informations ordinaires, mais excellent pour changer le comportement des gens — à travers la comédie ou le drame, qui implique l'auditoire et peut le saisir aux entrailles, là où le comportement est ancré. De fait, notre

PDG, Peter Robinson, citait constamment le vieux proverbe chinois : « Dis-le moi, et je l'oublierai. Montre-le moi, et je le comprendrai. »

ROBIN – Très joli ! De fait, la meilleure façon de transmettre un « message » comporte une sorte de paradoxe, n'est-ce pas ? Soit le plus clair des messages, une simple instruction par exemple : l'auditeur n'a pas du tout l'impression d'en faire « l'expérience », et elle a peu d'impact sur lui. Lorsqu'il est enrobé dans une histoire beaucoup moins explicite, il peut faire une impression beaucoup plus forte.

JOHN – Est-ce parce qu'avec une histoire, le comportement est lié à ses conséquences, si bien que l'auditeur peut juger par lui-même si ce comportement est valable ?

ROBIN – Exactement. C'est à l'auditeur de décider, lorsqu'il a digéré toutes les conséquences. Le Christ conclut bon nombre de ses paraboles avec une question du genre « Que valait-il mieux ? »

JOHN – Ainsi, une histoire qui nous laisse tout loisir de méditer nous affectera plus profondément qu'une injonction.

ROBIN – Et comment ! Si on nous laisse le temps d'intégrer les faits, de faire notre propre choix, elle aura un effet beaucoup plus puissant que n'importe quelle contrainte. Ce choix aura été plus profond, et plus durable. C'est notre choix à nous.

JOHN – Il est davantage de l'ordre de l'expérience.

ROBIN – Exactement. Il nous affecte pareillement.

JOHN – À l'inverse, quelqu'un qui nous dit ce qu'il faut faire ou se contente d'assertions, — vraies ou fausses — nous mettra sur nos gardes et suscitera notre résistance.

ROBIN – Très juste. Mais tout le monde aime les histoires, et les informations qu'elles véhiculent peuvent forcer nos doutes et nos défenses.

JOHN – Qui peut le plus peut le moins, comme on dit. Ce n'est pas une technique très en vogue chez les hommes politiques.

ROBIN – Encore heureux — ils auraient encore plus de pouvoir sur nous !

JOHN – Tu sais, tout ce que tu dis m'évoque mes expériences thérapeutiques ! Les psys ne te disent pas ce qu'il faut faire. Ils peuvent poser des questions qui aident le patient à clarifier ses sentiments sur un point précis, ou sur un comportement donné, mais n'expriment jamais une préférence personnelle. Ils laissent toujours le choix.

ROBIN – C'est le sens de leur formation, en principe. Les décisions viennent du patient, non du thérapeute.

JOHN – Et même s'ils perçoivent soudain quelque chose dans ton comportement — s'ils font un rapport qui t'est encore invisible — ils ne te l'expliquent pas ! Ils attendent que tu fasses le rapport tout seul. L'impact n'en est que plus grand.

ROBIN – Et s'ils livrent au patient certaines informations avant que celui-ci ne soit prêt à les recevoir, ils ne font qu'éveiller ses défenses, et émousser sa propre lucidité.

JOHN – Oui... nous avons commencé en parlant des effets puissants de certains mythes, nous parlions aussi des principes bien plus généraux sur le mode de transmission de ces informations aux gens pour qu'ils puissent vraiment les intégrer.

ROBIN – Oui, et notamment dans le cas où ces informations se heurtent à des réflexes et des résistances émotionnelles bien ancrés. Bien sûr, plus ces informations sont intellectuelles, moins il y a besoin de faire appel aux sentiments pour les transmettre.

JOHN – D'accord. Pour résumer, nous parlons de ce qui fait qu'un mythe — au sens où l'entend Katakis — est convaincant. C'est le second des deux aspects qui définit la valeur d'un mythe — le premier, c'est sa capacité inclusive.

ROBIN – Voilà.

JOHN – Robin, une petite chose vient de me frapper l'esprit. Pourquoi tout cela fonctionne-t-il si *mal* ?

ROBIN – Tu peux répéter ?

JOHN – Permets que je développe mes arguments. Je pense que la plupart des gens essaient de fonder leur comportement sur leurs valeurs. Je ne veux pas dire qu'ils en sont toujours très conscients — mais néanmoins les gens ne veulent pas faire ce qu'ils tiennent pour « mauvais ». Ils aiment pouvoir justifier leur comportement et sentir que ce qu'ils ont fait est « juste ».

ROBIN – Soit.

JOHN – Eh bien, nous tirons nos valeurs de ce que Katakis appelle des mythes. Je sais qu'il y a quelques mythes pervers qui préconisent d'exclure des gens de races, cultures, classes différentes, etc. et de les traiter moins bien que d'autres. Mais à mon avis, la plupart des mythes que nous rencontrons sont sacrément inclusifs — en d'autres termes, les plus grands penseurs, artistes, autorités spirituelles du monde ne sont pas franchement bigots. On pourrait me répondre que la plupart des valeurs occidentales dérivent du christianisme, et quoi de plus inclusif que les paroles de Jésus-Christ ? Et pourtant, malgré ces mythes, Robin, le monde n'est pas très harmonieux ni coopératif ; il me semble caractérisé par d'incessantes chamailleries, même lorsqu'il n'y a pas véritablement de violence.

ROBIN – Ah ! Cela nous amène à un point assez important, peut-être le plus important que j'aie eu à exposer dans ce chapitre : les gens interprètent chaque mythe suivant leur niveau de santé mentale.

JOHN – ... Soyons clairs. Tu dis qu'un mythe sera compris de façon différente selon les gens ?

ROBIN – C'est comme cela qu'il fonctionne, à mon avis.

JOHN – Ce n'est pas qu'une personne fasse mauvais usage d'une idée saine, consciemment et cyniquement, pour justifier son comportement malsain ?

ROBIN – Non : on croit sincèrement que le mythe justifie son comportement. Tu vois, même si les gens pouvaient voir que d'autres interprétations sont possibles, la seule qui leur paraîtrait « juste » serait celle qui conviendrait à toutes leurs autres valeurs et attitudes.

JOHN – Dans le chapitre 1, tu disais que chaque niveau de santé mentale se considère comme le meilleur qui soit.

ROBIN – Oui, c'est juste. C'est la même idée, exprimée différemment.

JOHN – Que je ne me trompe pas : un individu moins sain prendra une idée saine et en fera quelque chose de moins sain ?

ROBIN – Absolument. Et vice versa. Une personne saine, élevée dans une société staliniste, se comportera d'une façon plus saine que la norme.

JOHN – Je suppose que tout cela est évident... mais je ne l'ai jamais entendu expliquer de cette façon. Certes, j'ai réalisé il y a des années qu'aucune idée n'est incorruptible — nous savons tous ce qu'on a fait au nom du christianisme...

ROBIN – Prenons la politique. L'un des livres les plus influents de tous les temps, c'est *La République* de Platon, qui s'interroge sur la nature de la justice et affirme que c'est le devoir de l'État que de la rendre. Et pourtant Karl Popper a montré que Platon *peut* être considéré comme le fondateur de la tradition qui a mené au fascisme ! Comme l'a dit quelqu'un, « une idée n'est pas responsable des gens qui la professent ! »

JOHN – On voit clairement pourquoi des valeurs qui paraissaient absolues et évidentes, comme la liberté et la démocratie, ont été tant décrites et discutées. Chaque position reflète un certain niveau de santé mentale.

ROBIN – Nous commençons à voir pourquoi il y a de telles divergences d'opinion dans le monde !

JOHN – Là, je suis intrigué. Je veux explorer tout cela. Prenons quelques mythes et voyons quelle interprétation en donnerait chaque niveau de la santé mentale.

ROBIN – Plutôt que de considérer un mythe en particulier, examinons une valeur fondamentale qui a généré tout un tas de mythes.

JOHN – Très bien. Commençons par une valeur qui est au centre de l'objectif de collaboration des mythes de Katakis — la loyauté envers le groupe.

ROBIN – D'accord. Chaque personne exploite son propre comportement et ses propres sentiments familiaux pour interpréter les mythes concernant la loyauté. Si l'on vient d'une famille très malsaine, on a l'impression que tous les membres du groupe devraient avoir des opinions quasi identiques et que tous ceux qui remettent ces opinions en question sont des « fauteurs de troubles », des gens « déloyaux ». L'on se sent hostile à l'égard des autres groupes extérieurs, et on ne prend pas leurs droits en considération. L'on ressent une dépendance intense et exigeante envers tous les autres membres du groupe.

JOHN – Dès lors, inévitablement, toute idée relative à la loyauté vient conforter un comportement de base.

ROBIN – Oui.

JOHN – En d'autres termes, la loyauté des gens malsains n'est autre qu'une paranoïa déguisée et réétiquetée.

ROBIN – Cela revient à cela, oui, vu de la position mentale supérieure. Rappelle-toi que la mafia exige le silence sur les crimes, et y voit l'*omertà* — l'honneur ! Et bien sûr, ce niveau de santé mentale est supérieur à la déloyauté — où tous les membres d'une société se trahissent mutuellement. C'est juste que ce n'est pas très inclusif, c'est une menace pour tous les gens extérieurs à ce petit groupe de personnes qui, du moins, sont loyales les unes avec les autres.

JOHN – Là, je m'étonne. Les membres des familles saines interpréteront la « loyauté » comme l'octroi aux gens d'un droit presque absolu à la singularité et à la différence. Ils seront fondamentalement positifs, et feront confiance aux gens extérieurs au groupe. Cela signifie-t-il qu'à leurs yeux, le concept de « loyauté » n'est pas si important que cela ?

ROBIN – Eh bien, cela dépend de ce que tu entends par « loyauté » ! Bien sûr, ils seront plus liés affectivement aux membres du groupe, et seront prêts par conséquent à leur donner plus de temps et d'énergie. Mais ils ne verront pas de distinction rigide entre ceux qui constituent leur groupe et ceux qui y sont extérieurs. Leur loyauté sera plus inclusive : entre les membres et les non-membres de la famille, elle variera selon d'infimes degrés. Et ils toléreront bien plus facilement les critiques à l'intérieur du groupe, et accueilleront mieux les idées visant à changer son fonctionnement.

JOHN – Je n'avais jamais vu auparavant combien ils risquent de paraître « déloyaux » aux yeux des paranoïaques !

ROBIN – Bien sûr...

JOHN – Je pense par ailleurs à une forme particulière de loyauté baptisée « patriotisme ».

ROBIN – Il faut l'interpréter exactement de la même façon. À ceci près que dans un groupe de la taille d'une nation, un des aspects du comportement malsain devient encore plus manifeste. Le patriotisme « malsain » n'implique pas seulement une hostilité à l'égard des étrangers, mais un même degré d'hostilité envers tous les compatriotes qui ne partagent pas cette xénophobie ! Sans quoi, une grande variété d'opinions serait permise, ce qui leur semblerait très malsain.

JOHN – Cela me rappelle le slogan qu'on voyait il y a quelques années : *America — Love it or Leave it* (« L'Amérique — aimez-la ou quittez-la »). Dans un sens, c'était une manipulation verbale très futée : on ne voit pas tout de suite que par « l'Amérique », les auteurs du slogan ne désignent qu'eux-mêmes. Les conservateurs déploient toujours le pavillon britannique lors de leurs meetings, exactement dans le même but.

ROBIN – Lorsque les gens très paranoïaques parlent de « patriotisme », ils utilisent ce terme pour décrire le processus dans lequel ils dénient chez eux-mêmes les éléments qu'ils trouvent inacceptables, pour les projeter sur tous les « étrangers », ou sur ceux de leurs compatriotes qu'il jugent « mauvais patriotes ».

JOHN – ... C'est étrange, mais il y a un problème, là. C'est que la loyauté saine est moins passionnée. Tu comprends, bien sûr, que les gens sains et loyaux iront *faire du bien* à l'extérieur, tandis que les « loyalistes » passionnés se contenteront de *se sentir bien*.

ROBIN – Lorsque tu dis « moins passionnée », je crois que tu t'en tiens aux apparences. Une personne dont les émotions sont très polarisées et très partisanes peut paraître bourrée d'affects. Mais cette émotion est crue, véhémente, et la personne qui la génère peut être incapable de sentiments plus subtils et plus variés. Les gens sains sentent plus de choses, et non moins, au sens où ils réagissent à un éventail plus large de sentiments plus complexes. C'est comme s'ils n'avaient pas à monter le volume affectif jusqu'à s'assourdir pour entendre vraiment quelque chose.

JOHN – Passons à une autre valeur que presque tout le monde considère comme bonne — l'honnêteté.

ROBIN – Elle revêt des formes infiniment variées !

JOHN – C'est vrai. Eh bien, prenons le fait de « dire la vérité » et de « tenir ses promesses ». Comment peut-on les interpréter différemment ?

ROBIN – Eh bien, avant de pouvoir dire la vérité, il faut savoir ce qu'elle est ! Les gens sains ont clairement l'avantage, ici, puisque leur vision de ce qui se passe autour d'eux et de ce qu'ils sont eux-mêmes est plus réaliste. De plus, ils « croient » vraiment à l'honnêteté : ils pensent que l'ouverture d'esprit paie, que ce n'est pas dangereux, que c'est même profitable. Les gens sains interpréteront donc un mythe du style « l'honnêteté est la meilleure des politiques », non comme une injonction, mais comme un simple fait qui, d'expérience, leur paraît évident, et qui les encourage à dire la vérité de façon plus générale et plus ouverte, sur un plus grand nombre de sujets.

JOHN – Cela a un sens. Et les types moins sains ?

ROBIN – Eh bien, il leur est plus difficile de dire la vérité au sens objectif du terme : pour commencer, ils ont tendance à projeter toutes leurs failles sur les autres, et à blâmer tout le monde sauf eux pour tout ce qui va mal. Au contraire des gens sains, ils ne sauront même pas ce qu'est la vérité. Et de plus, parce qu'ils considèrent le monde extérieur comme fondamentalement hostile, ils se sentiront moralement justifiés à « doser » la vérité pour défendre leurs intérêts contre toutes ces forces ennemies. Même avec leurs proches, ils tendront à nier une faute dont ils sont pourtant bien conscients, car ils croiront devoir présenter une façade impeccable pour se faire accepter. Enfin, ils auraient également beaucoup de mal à adresser des critiques sincères et utiles à leurs proches, parce qu'ils trouveraient cela « méchant » et « déloyal ».

JOHN – Dans un grand nombre de cas, les gens malsains ne trouveront pas sûr ou « juste » de dire la vérité.

ROBIN – Exactement. En principe, ils sont d'accord avec bien des mythes encourageant à dire la vérité, mais si on les presse davantage, ils les soumettront à une longue liste de conditions qui ôte tout son sens à ce principe.

JOHN – Et nous autres gens du milieu, où figurons-nous ? À quel point trouvons-nous « juste » de dire la vérité ?

ROBIN – Eh bien, cela dépend du degré de dissimulation auquel nous sommes parvenus — et que nous défendrons à coup sûr. Nous serons sans doute assez honnêtes avec ceux auxquels nous faisons confiance — sans renier notre attitude fondamentalement moyenne, égoïste, manipulatrice ! Cela nous mènera souvent à « économiser la vérité » tout en évitant avec soin les mensonges directs, qui mettraient la plupart d'entre nous vraiment mal à l'aise.

JOHN – La plupart du temps, nous nous en tiendrons pour la grande majorité d'entre nous à un niveau de vérité digne d'un directeur de cabinet.

ROBIN – Et à un niveau légèrement inférieur, lorsque nous remplissons nos demandes de remboursement auprès de nos assurances. Mais rassurons-nous : c'est normal...

JOHN – D'accord. Et pour ce qui est de tenir ses promesses, ou de respecter « le caractère sacré du contrat », comme disent les notaires et les vendeurs des rues ?

ROBIN – Les attitudes à ce sujet expliquent pourquoi nous disons des gens à qui nous pouvons faire confiance qu'ils sont « intègres ».

JOHN – Comment cela ?

ROBIN – Les gens sains sont plus « intègres » parce qu'ils sont plus intégrés psychologiquement — ils ont intériorisé plus d'« éléments » d'eux-mêmes ; ils ne les ont ni déniés, ni clivés.

JOHN – C'est pourquoi les moins sains échouent davantage à tenir leurs promesses ?

ROBIN – Prenons un exemple. Pourquoi n'as-tu pas envie de tenir certaines promesses ?

JOHN – Parce que... je n'ai pas l'impression que je les ai faites sérieusement... ou ce sont les circonstances qui ont changé... ou ça ne faisait pas vraiment partie d'un accord, c'était un compromis que je regrette maintenant parce que ça ne m'arrange plus du tout...

ROBIN – Voilà. Le problème tient généralement à ce qu'une partie de nous-mêmes fait une promesse et qu'une autre partie doit la remplir.

JOHN – Développe.

ROBIN – Eh bien, suppose que nous désirons quelque chose. N'importe quoi : emprunter de l'argent, nous donner l'impression fugitive d'être un saint. Nous faisons une promesse — de rembourser l'argent bientôt, de rendre un service particulier à quelqu'un. Mais quelques jours plus tard, lorsqu'il s'agit de tenir cette promesse, nous avons changé d'humeur. La question d'argent ne nous angoisse plus — maintenant que nous l'avons ! Et nous n'avons plus besoin d'avoir bonne conscience, parce que nous nous sommes offert ce sentiment fugace au moment de la promesse. Et pourtant, il y a ce satané engagement que nous avons pris — alors que nous n'avons pas vraiment le sentiment de l'avoir pris ! Pas exactement, du moins, c'était un peu plus vague — beaucoup plus vague, à bien y réfléchir !

JOHN – Un changement d'humeur modifie du tout au tout nos sentiments sur la promesse.

ROBIN – Oui. Alors qu'une personne plus intégrée aura davantage conscience de ce à quoi elle s'engage au moment de faire une promesse. On pourrait dire que la part d'elle-même qui fait l'acte de promettre est plus intégrée au restant de la psyché, qui comporte la part qui va trouver la promesse difficile à accomplir. Elle prend en compte la résistance à venir et l'envie de se défiler, et lorsque vient le temps de tenir la promesse, elle se sent bien plus concernée.

JOHN – C'est vrai. J'ai observé ce processus chez moi, il y a quelques années, lorsque j'ai commencé à mettre un peu d'argent de côté et à prêter des sommes rondelettes à quelques personnes. C'était vraiment étonnant, combien on me remboursait peu ! Et on pouvait suivre le changement d'humeur à la trace. Au début, le besoin d'argent créait un certain désespoir ; puis venait, pendant les quelques jours qui suivaient le prêt, une gratitude débordante ; ensuite, la gratitude tiédissait un peu, mais il y avait encore beaucoup de chaleur ; alors un changement soudain intervenait — l'argent leur apparaissait davantage comme le leur, et je sentais qu'ils prenaient un peu leurs distances avec moi, en partie à cause de l'embarras que leur causait leur situation d'origine, et surtout parce qu'ils anticipaient les ennuis du remboursement, et enfin venait l'étape où c'était devenu leur argent. Je n'étais plus que le rappel irritant de quelque vague obligation qui ne ferait que gâcher leur vie ! Étant si anglais, j'étais moi-même trop embarrassé pour ramener le sujet sur le tapis ; bien fait pour moi — j'ai récupéré moins de 10 % de ce que j'avais prêté. Mais voir ce schéma se répéter chez différentes personnes a fait mon éducation.

ROBIN – Eh bien, voilà un bon exemple pour illustrer l'autre pan de l'équation. Bien que tu te sois montré très généreux, c'est toi qui n'as pas anticipé ni prévu le fait qu'ils pourraient, eux, ne pas prévoir leur résistance, et se comporter comme ils l'ont fait. Et si tu as l'impression qu'ils ne remplissent pas leur part du contrat, mais que tu ne le leur dis pas ouvertement et honnêtement, le malentendu peut s'installer, et n'être jamais débrouillé. Tu les aurais aidés une seconde fois, et tu aurais peut-être sauvé votre relation, en leur disant de cracher l'argent !

JOHN – Mais tout cela signifie-t-il qu'une personne moins saine, moins intégrée interprétera le simple mythe « on devrait toujours essayer de tenir sa promesse » de façon beaucoup plus étroite, en y mettant beaucoup plus de conditions, comme pour « dire la vérité » ? Ou cette « interprétation » n'apparaît-elle véritablement que dans l'acte lui-même — ou plutôt son absence ?

ROBIN – À moins que l'emprunteur ne soit décidé à faire faux bond — à commettre un abus de confiance — il s'agit plutôt d'une question d'un manque de conscience de soi, d'une incapacité à être honnête avec soi-même : on est décidé à rembourser, mais peu à peu, on « réécrit le scénario » de façon à se convaincre que le contrat original ne stipulait pas le remboursement, ou pas pour tout de suite, ou seulement sur demande — et tu ne demandais rien — ou seulement si tu avais été un peu moins riche, puisque ce prêt signifiait sans doute que tu n'en avais pas vraiment besoin. Mais chez une personne saine, les valeurs professées et le passage à l'acte seront plus intégrés. Son comportement sera plus proche de la réalité de l'accord passé.

JOHN – Très bien. Jusqu'ici nous avons parlé de valeurs relativement vagues, quoique héroïques, comme l'« honnêteté » et la « loyauté ». Mais que penser de tous les principes organisationnels mondains que Katakis pourrait inclure dans la catégorie du « mythe » — comme les règlements de circulation. Un panneau « Interdiction de tourner à gauche » peut-il être interprété de différentes façons ?

ROBIN – Eh bien, manifestement, plus les instructions données par les mythes sont détaillées, moins les réactions y sont diverses. Pour ce qui est des règles de la circulation, les gens les moins sains ont tendance à les interpréter à la lettre : ils considéreront qu'une limitation de vitesse à 50 km/h les autorise à conduire à cette vitesse dans une zone très fréquentée où il serait plus raisonnable de conduire à 30 km/h. Ils auront tendance à démarrer sur les chapeaux de roue dès que le feu passera au vert, même si c'est dangereux, sous le prétexte qu'ils ont le « droit ».

JOHN – Un conducteur plus sain fera preuve de plus de souplesse et obéira à l'esprit de la loi ?

ROBIN – Oui, il comprendra que le sens des règles est de réduire les accidents, ou de réguler le flux de la circulation routière.

JOHN – Mais un conducteur plus sain pourrait enfreindre une règle avec meilleure conscience si cette infraction était sans danger et ne gênait pas les autres conducteurs ?

ROBIN – Sans doute. De même, un agent de police sain fera preuve d'entendement, réprimant les conducteurs qui ne songent pas à la sécurité des autres, mais fermant l'œil sur les transgressions triviales. Un officier de police moins sain, à l'inverse, pourrait considérer la plus petite infraction comme un effondrement de l'ordre moral, ou se conduire comme un « petit Hitler » qui utiliserait la loi pour renforcer son autorité personnelle et se sentir mieux dans sa peau.

JOHN – C'est peut-être aussi qu'ils veulent rentrer à la maison, mais n'ont pas assez de victimes à leur tableau de chasse pour satisfaire au quota fixé par un supérieur malsain.

ROBIN – Oui. Le niveau de santé mentale de chaque intervenant dans la hiérarchie sociale influencera le comportement de ses inférieurs.

JOHN – Le comportement sain consiste donc à prendre en considération la logique cachée derrière la règle ; le comportement moins sain, consiste à interpréter la loi à la lettre, de façon inflexible. Voilà qui me paraît être un principe général de santé mentale.

ROBIN – C'est l'essentiel du principe.

JOHN – Comment tout cela s'applique-t-il au monde du sport, où « l'esprit sportif » est la première valeur — et signifie qu'il faut vaincre l'adversaire « dans les règles » ? C'est une formule qui admet plusieurs interprétations...

ROBIN – Eh bien, je dirais que l'attitude saine à l'égard du sport, si l'on excepte le pur plaisir de l'activité physique, et de la mise en œuvre de ses talents consiste à rivaliser avec un adversaire de valeur, qui te stimule parce qu'il est « de ta taille ». L'attitude malsaine et paranoïaque consiste à considérer l'adversaire comme un ennemi à vaincre, si possible, à humilier et annihiler.

JOHN – Fondamentalement, plus on se polarise sur la victoire qui est au bout du tunnel, moins on est sain ?

ROBIN – Fondamentalement, oui. La victoire à tout prix est une valeur joliment exclusive !

JOHN – Plus ils sont malsains, plus les joueurs observent les règles de façon cynique, allant jusqu'à excuser la tricherie.

ROBIN – Tu vois, quelqu'un de ce niveau qui perd a l'impression d'être lui-même annihilé, exterminé. Il ne voit pas qu'il prendra plus de plaisir à jouer si le jeu se déroule dans un autre esprit — avec beaucoup moins d'anxiété et de peur !

JOHN – Nous sommes revenus à la question de l'intégrité.

ROBIN – Oui. Une personne plus saine sait que le résultat de la partie n'est qu'une part de l'activité. Elle veille à adopter un comportement qui reflète ses propres valeurs, qui conserve son amitié à ses adversaires, et cela lui permet de s'amuser pleinement !

JOHN – Là encore, c'est l'attitude sociable qui est en jeu, non ? Quelques expériences parmi les plus touchantes de ma vie ont été des moments de grand esprit sportif. Tu sais quelle décharge d'électricité cela suscite lorsqu'au cours d'une partie importante, quelqu'un montre soudain qu'il est conscient que le *fair play* est plus important que la victoire. Ce respect des règles signale que les joueurs ont une culture commune. Il rappelle à tous que ce qui sépare les joueurs est moins important que ce qui les unit. Et lorsqu'un joueur en fait la démonstration, le changement d'humeur qui se produit dans la foule est un spectacle extraordinaire. Dans le stade, l'atmosphère change du tout au tout. Toute l'angoisse mesquine, partisane s'en va, et la foule hurle ses encouragements de façon plus chaleureuse, plus entière, plus généreuse. Certes, chacun veut toujours voir son équipe gagner, mais sait en même temps que les adversaires sont « des gens bien », et qu'en fin de compte c'est le jeu qui est important.

ROBIN – Une fois la paranoïa évacuée, on a beaucoup plus de plaisir ! Malheureusement, cette obsession de la victoire a contaminé tous les sports. Je pense que les joueurs de tennis de la fin des années 1970 et du début des années 1980 étaient les pionniers de ce mouvement.

JOHN – J'ai toujours été frappé par le fait qu'on considère certains joueurs clés comme excitants à regarder avant tout parce qu'ils partagent les foules — on les adore, ou on les hait. Une bonne chose, commercialement, mais une mauvaise chose pour tous ces jeunes gens qui se cherchent des modèles, parce que cette polarisation paranoïaque des foules me paraît refléter un clivage similaire dans les esprits des joueurs impliqués.

ROBIN – Et, bien sûr, c'est un cercle vicieux. Si les joueurs sont suffisamment divisés psychologiquement pour partager la foule comme cela, celle-ci encourage à son tour ce clivage : elle sera déçue si les joueurs se comportent décemment et oublient d'insulter l'arbitre. Il est de plus en plus difficile d'échapper au schéma paranoïaque, et, comme tu dis, les jeunes finissent par y voir une « norme » à copier. Je crois que les sports étaient beaucoup plus sains pour les gens lorsqu'on attachait à la victoire un intérêt tout relatif. Les bons vieux concepts britanniques du *fair play* et du « bon perdant » étaient admirables en tout point, et émanaient d'une philosophie de la vie beaucoup plus mûre et beaucoup plus intégrée.

JOHN – Je m'aperçois soudain que nous avons discuté de tout cela sans dire qu'une victoire, aujourd'hui, vaut au vainqueur une somme d'argent beaucoup plus considérable. C'est peut-être sur « l'argent », plus que sur les autres valeurs que je devrais t'interroger aujourd'hui ! C'est un énorme appoint à la collaboration sociale, et pourtant, contrairement aux autres valeurs et mythes évoqués jusqu'ici, il me semble fondamentalement neutre comme valeur morale. J'entends par là qu'il facilite l'échange des biens sans être lui-même bon ou mauvais. Et pourtant il a généré des millions de mythes, et une énorme quantité des valeurs et comportements des gens sont déterminés par lui. Comment mobiliser les divers niveaux de la santé mentale pour interpréter ce bon vieil argent et son amoralité ?

ROBIN – C'est un vaste sujet. Mais examinons-le à la lumière des trois critères de santé que nous avons définis. Pour commencer, les gens exceptionnellement sains ont une vision très claire et réaliste du monde. Ils verront donc plus précisément ce qu'est l'argent — un moyen d'obtenir ce dont on a besoin pour avoir le style de vie dont on a décidé qu'il vous satisferait le plus. Et les gens sains ont une idée plus claire de ce qui est véritablement satisfaisant : ils auront une idée assez nette des sommes d'argent dont ils auront besoin. Et ils ne perdront sans doute pas leur temps à essayer d'en gagner plus que cela !

JOHN – Les gens n'ont pas un comportement sain lorsqu'ils gaspillent leur temps à gagner plus d'argent qu'ils n'en ont vraiment besoin.

ROBIN – Non.

JOHN – ... Eh bien, si c'est le cas, c'est sans doute à cause de la valeur symbolique qu'ils prêtent à l'argent.

ROBIN – C'est juste. Pour certaines personnes, l'argent est d'abord un symbole de leur pouvoir ou de leur statut — de leur position dans la hiérarchie. Pour d'autres, notamment un type de puritains, sa possession correspond à de véritables valeurs scoutes ; et pour ceux qui ont souffert de la pauvreté à leurs débuts, il symbolise la sécurité qui les protège d'un retour à la pauvreté. Et ce n'est pas juste une question de pauvreté financière. Beaucoup de gens qui ont été privés d'amour et de sécurité affective dans leur enfance font de l'argent un substitut, une source de sécurité et de satisfaction sur laquelle ils auront un contrôle total. C'est pour cela que beaucoup de gens ont l'impression de n'avoir jamais assez d'argent : il ne comble en fait jamais le véritable besoin, le manque affectif.

JOHN – Y a-t-il des aperçus psychiatriques spécifiques concernant l'accumulation compulsive d'argent que tu aies trouvés particulièrement intéressants ?

ROBIN – Tout ce que je puis dire, c'est que je n'ai jamais rencontré une seule personne heureuse parmi ces individus !

JOHN – Peut-on dire sans se tromper que plus la quête d'argent est compulsive, et fondée sur une signification symbolique inconsciente, plus le niveau de santé mentale que cela révèle est bas ?

ROBIN – Oui, ça me paraît acceptable.

JOHN – C'était l'argent vu sous un aspect de la santé morale — la perception réaliste. Quel est le second aspect du Lucre ?

ROBIN – Notre vieille amie l'« intégrité ». Tout simplement, les gens sains appliqueront les mêmes valeurs à la partie de leur vie consacrée à gagner de l'argent qu'à la partie privée ; ils n'en feront pas des compartiments étanches.

JOHN – L'attitude cynique, style « Les affaires c'est les affaires », ne marchera pas ici ?

ROBIN – Non, même si le bureau leur paraît parfois un peu féroce, les gens sains essaieront de coller à leurs valeurs.

JOHN – Mais il y a toujours un petit nombre de gros méchants qui rôdent dans le monde des affaires, non ? Personnellement, j'en ai rencontré deux...

ROBIN – Il y en a plein. Mais rappelle-toi que les gens « sains » sont réalistes. Ils prendront toutes les précautions nécessaires s'il leur faut traiter avec quelqu'un qu'ils considèrent comme dénué de scrupules — et cela vaudra également pour le reste de leur vie.

JOHN – C'est chouette de penser que certaines attitudes médiévales parmi les meilleures sont encore de mise. Et quelle est la troisième mesure sanitaire qui illumine nos attitudes à l'égard de l'argent ?

ROBIN – La plus évidente — l'attitude sociable. Les gens sains sont généreux avec leurs économies, le répandent de la même façon qu'ils répandent leur chaleur, leur cordialité, leur bonne volonté.

JOHN – Intéressant, n'est-ce pas, que l'on déteste autant le type qui, dans le bar, ne paie pas sa tournée comme les autres ! Je suppose que les gens sentent intuitivement que cela révèle l'attitude profonde de la personne envers ses amis.

ROBIN – Ce genre de comportement reflète d'habitude une tendance globale. Si elle persiste, elle apparaîtra sans doute dans d'autres aspects du comportement. On hésiterait probablement à entrer en relation financière avec quelqu'un qui ne fait pas de remarque dans un magasin quand on lui rend plus que la monnaie due.

JOHN – Il y a un dernier aspect de « l'argent-comme-valeur » que je veux examiner — le matérialisme. Je n'arrive pas à le cerner tout à fait, malgré mes propres tendances matérialistes ! Permets-moi une anecdote. David Puttnam m'a raconté un jour que les trois premières personnes avec qui il ait déjeuné après avoir pris le contrôle de la Columbia avaient chacune trouvé le moyen de lui dire qu'elles valaient plus d'une centaine de millions de dollars. Il y a beaucoup réfléchi, et a conclu qu'elles n'essayaient pas juste de l'impressionner avec leur pouvoir ; il a eu l'impression qu'elles tentaient d'établir avec lui une échelle de valeur, et que l'argent était le seul moyen pour elles de le faire. Bien sûr, un corollaire à cette idée est que ces gens ont pu sentir, dans une certaine mesure, qu'ils dégringoleraient les échelons de la hiérarchie si leur valeur était établie par un autre critère ! Qu'est-ce qui, à ton avis, fait que les gens essaient de fonder leur estime d'eux-mêmes sur leurs possessions matérielles ?

ROBIN – Eh bien, comme tu le dis, ils doivent se sentir pauvres d'autres qualités pour étaler à ce point leur comptes bancaires. Encore que Puttnam et toi parliez ici des États-Unis, de Los Angeles et de l'industrie du cinéma plus spécifiquement. Parmi les gens concentrés à ces endroits, nous le savons, l'argent est le critère universellement admis pour définir un statut social, pour des raisons que nous avons évoquées au chapitre 3.

JOHN – Les gens sont-ils conduits à gagner de l'argent parce qu'ils sont vraiment incapables de voir l'importance des autres valeurs ?

ROBIN – Pas forcément. Certains peuvent acquérir de l'argent pour avoir la liberté et les ressources de faire autre chose — pour leur propre épanouissement, ou celui des autres. Mais si ce qui les intéresse, c'est seulement de faire de l'argent, je m'attends à une grande pauvreté dans d'autres domaines. Et à un manque de conscience de cette pauvreté générale.

JOHN – En mémoire d'Oscar Wilde, disons qu'un matérialiste est quelqu'un qui connaît le prix de tout... et la valeur de rien !

ROBIN – Tout en ignorant combien de choses il ignore !

JOHN – Tu dirais donc que le matérialisme est un aspect de l'esprit littéral et étroit qui caractérise une approche moins saine des valeurs ?

ROBIN – Oui. Une vision limitée où on ne voit que l'arbre, pas la forêt.

JOHN – Eh bien, je tenterai une grossière récapitulation. Nous avons considéré l'idée que chacun interprète le monde suivant son niveau de santé mentale. Il me semble que plus nous sommes malsains, plus nous interprétons la loi à la lettre, pour ainsi dire ; plus nous sommes sains, à l'inverse, plus nous sommes influencés par l'idée plus générale qui sous-tend la formulation spécifique du mythe que nous interprétons.

ROBIN – Tu as bien saisi l'essence de la chose.

JOHN – ... Quelque chose me frappe à l'instant. Les gens n'arrêtent pas de dire que les valeurs changent, non ? Tu sais, du style « Avant, les gens croyaient au..., et plus maintenant. » Ou encore, « Avant les gens ne se souciaient pas de..., et maintenant ça les perturbe. » Mais ce n'est pas tellement que la valeur en soi change, n'est-ce pas ? Personne n'a jamais dit que la loyauté était « mauvaise » ou que l'oppression était « bonne », n'est-ce pas ? C'est en fait *l'interprétation* de la valeur qui change au cours du temps, non ?

ROBIN – Je crois qu'il y a deux choses à voir ici. Tout d'abord, ces valeurs qui se perdent, à entendre les lamentations des gens, n'ont pas fondamentalement changé : elles sont restées les mêmes tout au long de l'Histoire. Et tout au long de l'Histoire, je n'en doute pas, les gens ont déploré leur déclin. La seconde chose, c'est qu'il y a bel et bien des variations dans le respect que nous leur accordons, dans le degré de littéralité ou de subtilité, d'étroitesse ou de généralité avec lequel nous les comprenons à un moment donné. Cela correspond aux variations de l'équilibre social, entre des attitudes qui préconisent une approche plus étroite, plus égoïste, à plus court terme de la vie, et des valeurs « traditionnelles » plus inclusives, qui voient la société comme un tout et prennent en considération le bien-être de toutes les classes et des générations futures.

JOHN – Maintenant, il n'y a plus qu'une chose que je veux te demander sur les valeurs. Et c'est énorme ! Ou pas tant que ça, peut-être...

ROBIN – De quoi parles-tu ?

JOHN – Le mot, là, en R...

ROBIN – Religion ?

JOHN – Oui.

ROBIN – Pourquoi tant de chichis ?

JOHN – Eh bien, si nous nous lançons dans une discussion vraiment sérieuse sur la religion, la plupart de nos lecteurs vont directement jeter le livre à la poubelle, non ? Je veux dire, on n'autorise personne à en parler sérieusement de nos jours. Même un intérêt diffus pour ces questions attire le soupçon, à moins qu'on ne tente de s'élever dans la hiérarchie du parti conservateur...

ROBIN – Les choses ont énormément changé depuis les années 1960. Dans les années 1950, lorsque j'étais en formation, je me rappelle avoir bavardé avec un groupe de psychiatres à la cantine, et avoir eu la plus franche, la plus détaillée des discussions au sujet des perversions sexuelles — ce qui, à l'époque, aurait causé un traumatisme atroce dans un milieu plus mélangé. J'ai alors pensé que mes collègues connaîtraient ce même traumatisme si quelqu'un se mettait à parler de façon tout aussi ouverte de ses expériences spirituelles ! Mais depuis, j'en suis sûr, on s'est un peu ouvert, et on accepte davantage. Personne ne rigole sous cape si quelqu'un commence à parler de méditation ou de retraite. Je pense que tu as un train de retard, là !

JOHN – Peut-être. J'espère que tu as raison parce que je veux t'interroger sur les valeurs religieuses. Je pense que la plupart des gens sont d'accord pour dire que nos valeurs laïques en dérivent directement, ou sont largement influencées par elles. Encore qu'à la vérité, c'est juste une excuse pour découvrir si cette théorie selon laquelle « les-interprétations-diffèrent-suivant-les-niveaux-de-santé-mentale » s'applique aussi à la religion.

ROBIN – Pourquoi explorer ce domaine particulier ?

JOHN – Eh bien, je me suis assez intéressé à la religion ces derniers temps, et bien sûr ça m'embarrasse. La plupart des gens me pardonnent d'avoir été en analyse, mais si je commence à avouer que je m'intéresse sérieusement à la religion, ils penseront que je suis vraiment fêlé.

ROBIN – Je sais qu'il s'agit là d'une exagération comique, mais...

JOHN – Mais non ! Pas tant que ça, du moins. Tu dois bien voir ce que je veux dire, Robin. Tu as fait mention à un dîner entre Anglais d'une « force » cosmique : dès que les gens pigent qu'il ne s'agit pas de la gravité, leurs sourires se figent et leurs paupières clignent plus rapidement.

ROBIN – Tu crois que les gens sont mal à l'aise avec les idées religieuses ?

JOHN – Je ne le crois pas, j'en suis sûr. La plupart des Anglais pensent que les diverses croyances sur le marché n'ont pas beaucoup d'intérêt pour les gens sensés. Et si cela heurte les Églises, je tiens à souligner deux points. D'une part, la vérité de mon propos est illustrée par le petit nombre de gens qui se rendent à l'Église à une époque où tant de gens sont en quête de sens ; d'autre part, je ne parle pas des individus dans l'Église — je les trouve en général ouverts et prêts à s'investir et à se battre d'une façon que j'admire — mais des institutions elles-mêmes, de leurs doctrines partisanes, de ce mélange de platitudes et de baragouin qu'elles agitent sous nos yeux comme un bâton.

ROBIN – Ça a l'air de rudement t'agacer.

JOHN – Oui, il faut croire. Maintenant que je sais qu'il y a là-dessous un substrat très précieux, oui, ça m'énerve vraiment de voir que tant de propos des sources religieuses orthodoxes ne paraissent pas d'un grand intérêt à la plupart des gens. C'est pourquoi tous mes copains et moi-même en avons été dégoûtés à l'école. Ce qu'on nous enseignait n'avait aucun sens à nos yeux. Et ce qui était intelligible n'était pas intelligent. Les paroles de l'Évangile résonnaient étrangement, c'est vrai, mais personne ne savait en parler de façon à nous y faire adhérer, à nous les faire appliquer à nos vies !

ROBIN – Tu as été confirmé ?

JOHN – Oui, comme j'ai intégré le peloton de préparation militaire par la suite. Lors de ma préparation à la confirmation, on m'a parlé de dogmes comme le fait que le Christ était le fils de Dieu, ou la rémission des péchés, ou la vie éternelle ; et j'étais censé, après un examen décent de conscience de deux jours environ, confesser ma foi en eux, bien qu'ils n'eussent aucun sens pour moi. Et pendant tout ce temps, nous autres malheureux adolescents écoutions tous les dimanches des sermons d'une imbécillité à vous couper le souffle, qui n'appelaient en réaction que la lecture en cachette, la sieste ou la provocation. Lorsque j'ai quitté l'école, il ne m'est jamais venu à l'esprit de rentrer dans une église. Sinon pour les mariages, bien sûr. De fait, mon image de la religion est restée bien des années l'image d'un mariage d'ami, à la fin des années 1960. J'étais sur un banc près de Martin Feldman, cerné par de grosses femmes sûres d'elles-mêmes sous d'étranges chapeaux à fleurs, qui donnaient la réplique au prêtre avant tout le monde, histoire de prouver qu'elles étaient des habituées, et qui tenaient la note finale des cantiques plus longtemps que le reste de la congrégation pour affirmer leur supériorité. Tandis qu'elles susurraient quelque chose sur les troupes de Midien qui rôdent après la tombée du jour, les larmes me roulaient sur le visage, et j'étais si affaibli par le rire que j'aurais vraiment pu rouler à terre à tout moment. « Debout, Chrétien, abats-les ! », gazouillaient-elles avec férocité, « Abats-les par la Vertu du Jeûne. » Ce qui me mettait dans cet état, ce n'était pas juste le côté loufoque de tout cela, c'était, bien plus encore, l'idée que tous ces braves gens pouvaient croire que leur attitude plaisait à Dieu. Un Dieu, pensais-je, qui approuverait sérieusement ce qui se passait dans cette église devait avoir perdu l'Esprit... saint.

ROBIN – Et tu pensais que ce genre de truc était la seule option à ta disposition.

JOHN – Oui, dans mon ignorance je le pensais. Mais voilà bien l'ironie : c'est seulement lorsque j'ai commencé, avec les autres Monty Python, à faire quelques lectures de fond avant d'écrire le scénario de *La Vie de Brian*, que j'ai découvert des trucs vraiment fascinants. À partir de ce moment, j'ai été amené à rencontrer de plus en plus de gens, à lire des textes de plus en plus passionnants qui m'ont indiqué des voies intéressantes. J'espère que tu sauras par tes propos convaincre certains de mes amis hautement intellos qu'il y a des approches de la religion un peu plus gratifiantes que celles que j'ai décrites !

ROBIN – Eh bien, tout d'abord, les idées religieuses sont interprétées différemment selon le niveau de santé mentale — comme toutes les autres valeurs ou « mythes » dont nous avons parlé. Toutes les grandes religions du monde semblent construites de façon remarquable, comme si elles étaient conçues pour aider les gens quels que soient leur niveau de santé mentale et leur capacité de compréhension.

JOHN – Une idée religieuse sera interprétée de façon à s'accorder au mieux à la psychologie de chacun ?

ROBIN – Oui, et cette idée optimisera le comportement de la personne.

JOHN – Très bien. Attaquons-nous aux divers niveaux de santé mentale, et voyons quelles attitudes religieuses fondamentales leur correspondent.

ROBIN – Eh bien, prenons les gens les moins sains pour commencer. Ils voient dans la religion un assortiment de règles, de récompenses et de punitions, de menaces et de promesses, toutes imposées par un Dieu puissant et effrayant.

JOHN – Le genre de pensée radicale, en noir et blanc, qu'on observe chez les jeunes enfants ?

ROBIN – Très exactement. La pensée s'est engluée à ce niveau : normale chez un jeune enfant, elle est manifestement malsaine chez un adulte.

JOHN – Assez paranoïaque, pour tout dire.

ROBIN – Oh oui. Tout à fait radicale, violente et répressive.

JOHN – Et comment considèrent-ils Dieu ?

ROBIN – Ils le voient comme un dictateur terrifiant, un tyran mal luné, qui exige de chacun qu'il passe tout son temps à l'admirer et à lui répéter comme il est merveilleux.

JOHN – Une version éthérée de Saddam Hussein.

ROBIN – On n'en est pas si loin, d'une certaine façon. Évidemment, ceux qui ont cette opinion pensent qu'il leur faut faire toutes sortes de choses pour entretenir sa bonne humeur, de crainte qu'Il ne les châtie en leur dépêchant Ses foudres, ou des maladies de peau, ou des rivières de sang.

JOHN – Un peu comme la congrégation pastorale dans *Le Sens de la vie*. Invitée à louer Dieu, elle entonne en chœur : « Ooooh, comme Tu es grand », « Tu es si brave, si fort que Tu triompherais de n'importe qui, surtout du Diable » et « Nous sommes tous impressionnés ici-bas » avant de chanter l'hymne 42, « Oh Seigneur, épargne-nous Tes foudres ». À neuf ans déjà, je pensais que Dieu ne pouvait être stupide au point de se laisser prendre à des flatteries aussi grossières.

ROBIN – Bien sûr, l'idée, dans la louange, ce n'est pas que Dieu en a besoin ou que c'est bon pour Lui — chose ridicule, je l'admets — mais que nous avons, nous, besoin de la prodiguer et que c'est bon pour nous. Tu vois, notre rapport à l'univers, pour être juste, implique que nous percevions combien nous sommes dépendants de lui, combien nous sommes minuscules et impuissants en comparaison. C'est alors que nous aurons un sain respect de Lui, qui nous incitera à prendre soin du monde vivant au lieu d'exploiter et de détruire l'environnement comme il nous est coutumier. En d'autres termes, nous cherchons un sentiment de respect, d'émerveillement, d'amour pour la création... que nous pourrons alors louer, comme un amant sa bien-aimée.

JOHN – Soit. Mais à ce niveau inférieur, la louange n'est-elle pas considérée comme une flatterie : entretenir le narcissisme de Dieu pour le mettre de bonne humeur ?

ROBIN – C'est un peu ça. Et même pris sous un aspect positif, il sera une espèce de proviseur à une distribution des prix cosmique, accordant les auréoles et les tickets d'entrée au Ciel à ceux qui ont fait leur devoir et qu'on n'a pas surpris à fumer dans les toilettes.

JOHN – D'accord. Passons au niveau moyen, notre lot à nous. Comment nous y prenons-nous dans ce domaine ?

ROBIN – Certes, nous ne présentons pas ces attitudes extrêmes. Notre perspective est bien plus équilibrée. Dieu nous apparaît comme un être fondamentalement plus bénin et plus compatissant. Mais nous continuerons à voir dans la religion une série de règlements. Pour les gens comme nous, la religion est comme un cadre qui permet de vivre avec un minimum de confusion et d'angoisse.

JOHN – Un peu comme le mariage au niveau moyen : un arrangement qui nous case en lieu sûr, et confirme nos perspectives plus qu'il ne nous force à les réexaminer ?

ROBIN – Exactement. À notre niveau, le plus important sera de croire aux dogmes.

JOHN – Et Dieu demeure une figure d'autorité conventionnelle.

ROBIN – Oui, quelqu'un qui institue le règlement et juge les gens selon leur aptitude à le respecter.

JOHN – Un peu comme le ferait un être humain s'il était promu Dieu !

ROBIN – Oui. Comme un père sévère et distant, quoique aimant. Lorsqu'on monte un peu plus dans le niveau moyen — assez vaste, tu t'en souviens — Dieu est de plus en plus considéré comme l'essence de l'amour, un ami et guide qui est là lorsque nous cherchons à entrer en contact avec lui, mais exige que notre engagement soit le fruit d'une liberté totale. Ce qui implique un engagement émanant de notre être tout entier, et pas juste de la partie qui redoute l'autorité, ou qui veut qu'on l'approuve.

JOHN – Dieu est considéré comme l'essence de tout ce à quoi nous accordons une valeur, mais toujours comme une personne.

ROBIN – Oui, quelqu'un qui se soucie de nous un peu comme un parent, et avec qui nous pouvons entretenir une relation.

JOHN – Et à présent — le moment tant attendu ! Parle-nous du troisième niveau — les gens au sommet de l'échelle de santé mentale.

ROBIN – Comme nous appartenons tous les deux au niveau moyen, essayer de répondre à cette question, c'est un peu comme essayer d'imaginer, à mi-course, le panorama vu du haut de la montagne... Mais dans la mesure où j'ai parfois entrevu ce que c'est que d'être plus sain, et que je suis peut-être même devenu moi-même plus sain en comprenant les idées dont nous avons parlé, je crois que j'en ai une certaine idée... Je crois que les gens vraiment sains entendent les mythes religieux non comme des règles ou des ordres, mais plutôt comme des informations, comme une sorte de livret d'instructions qui aide les gens dans leur réflexion et leur épanouissement spirituel.

JOHN – Tu veux dire... que les doctrines religieuses indiquent aux gens où ils en sont spirituellement, et ce qu'ils doivent faire pour progresser ?

ROBIN – Oui, avec pour but premier de les aider à se sentir davantage liés à tout ce qui les entoure.

JOHN – Liés aux autres, ou liés avec tout ce qui peut être « là-haut » ?

ROBIN – Les deux. Liés avec l'univers dont nous faisons tous partie.

JOHN – Pour les « très sains », les mythes sont des informations, et non des ordres. Presque des suggestions qu'on leur offre, et qu'ils utiliseront ensuite à leur gré ?

ROBIN – Qu'ils expérimenteront, disons. Pour voir si la mise en application de ces idées aide à vivre des expériences fructueuses.

JOHN – Comme à l'université, quand on vous laisse la liberté d'explorer et de prendre vos décisions tout seul, au lieu de vous contraindre uniquement à respecter le règlement ?

ROBIN – Oui, je crois. On a un rapport plus mûr avec la religion lorsqu'elle vous traite en jeune adulte, plutôt qu'en enfant.

JOHN – L'accent est mis sur la découverte et la compréhension plutôt que sur une obéissance aveugle.

ROBIN – Oui.

JOHN – Et comment considèrent-ils Dieu à ce niveau ?

ROBIN – Eh bien, mettons que Dieu ne leur apparaît pas vraiment comme une personne, mais plutôt comme un sentiment, une conscience directe que l'univers est ordonné et signifiant. Nous avons dit au chapitre 1 que les « très sains » ont la plupart du temps le sentiment d'être en contact avec l'univers. Dans les moments où ce sentiment est vécu avec le plus d'intensité, ils sentent qu'ils font bel et bien partie de cet ordre. Les gens qui ont pu connaître cette impression d'un contact en sont absolument comblés. On n'a besoin de rien d'autre.

JOHN – Eh bien, voilà qui, à mes yeux, donne déjà sens à quelques éléments. Et me permet d'expliquer beaucoup plus clairement tout le propos de *La Vie de Brian*. Tu te rappelles que ce film a été attaqué par divers groupes religieux sous prétexte que nous nous moquions de la religion, et même du Christ !

ROBIN – Les protestations ont été particulièrement fortes aux États-Unis, n'est-ce pas ?

JOHN – Oui. À New York, nous avons été condamnés par des groupes juifs-orthodoxes, juifs-libéraux, catholiques, luthériens et calvinistes. Comme l'a dit Eric Idle, nous avions au moins réussi une chose — nous leur avions fourni leur unique consensus depuis deux mille ans. Mais notre argument sérieux, c'était que nous ne nous moquions pas de la religion elle-même, mais seulement de la façon dont certaines personnes *vivent* la religion. Mais nos critiques paraissaient tout à fait incapables de distinguer entre l'idée de l'enseignement christique comme valeur suprême et l'idée que certaines personnes pourraient mal l'interpréter.

ROBIN – S'ils relevaient d'un niveau inférieur de santé mentale, ils étaient effectivement incapables d'admettre l'idée d'une pluralité d'interprétations.

JOHN – J'explique aujourd'hui notre position en ces termes : il y a différentes façons de suivre le Christ, correspondant à différents niveaux de santé mentale — et dès lors il est tout à fait légitime de se moquer des façons les moins saines, ne serait-ce que parce qu'elles *s'opposent* en fait à ses enseignements ! L'Inquisition n'était pas vraiment un exemple de « Bienheureux les doux »...

ROBIN – Peut-être, mais pour voir le film de ton point de vue, tes détracteurs auraient été forcés de se reconnaître comme malsains. Et, comme je l'ai souligné, la réaction malsaine face aux vérités gênantes, c'est de se défendre par l'attaque. Ils se sont montrés sous leur vrai jour, et ils t'ont attaqué, te donnant ainsi raison. Tu as prouvé que tu avais raison, ou plutôt ils l'ont prouvé pour toi. Tu ne peux pas t'attendre à ce qu'ils l'admettent.

JOHN – Soit. Mais aurions-nous pu nous y prendre autrement, et présenter cette idée de manière plus acceptable ?

ROBIN – Tu ne peux t'attendre à la voir acceptée par ses détracteurs. Tu ne l'as pas fait pour eux, mais pour les gens plus sains. Les attaques mêmes ont été salutaires car elles ont montré que ta critique, dans le film, de la foule grégaire, touchait au vif l'attitude de ces gens ! Tu n'as pas à te plaindre. Pour désirer que tout le monde fasse semblant d'être d'accord avec soi, il faut être Hitler !

JOHN – Ah ! Je vois où tu veux en venir. Je révèle le faible niveau de ma santé mentale en souhaitant leur *accord* ! Touché. Revenons à la vraie religion — qui, pour la majorité, ne tient pas seulement à la doctrine et au dogme, mais à leur mise en pratique : réunions dans un saint lieu, prières, cantiques, observance de rituels, etc. Comment les différents niveaux envisagent-ils la pratique religieuse ?

ROBIN – Eh bien, à un certain niveau, les rituels peuvent être assimilés à de nombreux comportements collectifs, qui renforcent l'identité d'une communauté par le port d'un badge, ou d'un uniforme, par des règlements de groupes, des chants à l'unisson, etc. Ces pratiques, régulières et familières à qui les observe, ont un « effet-doudou ». Quant à l'aspect proprement religieux, repartons du niveau le plus bas. Comme nous venons de le dire, pour les moins sains, la religion est fondée sur des mécanismes de pensée typiques des très jeunes enfants. Et les jeunes enfants ont du mal à distinguer leur imagination de la réalité, leurs désirs des actes. À ce niveau, la religion équivaut à la magie — c'est un moyen de réaliser ses désirs, sans avoir à reconnaître les lois scientifiques et les relations de cause à effet.

JOHN – Tu veux dire qu'à ce niveau, on considère qu'il suffit de répéter une prière d'incantation, ou d'accomplir toute autre routine pour que le monde se plie à nos désirs.

ROBIN – Oui, et dans cette perspective, l'accomplissement du vœu semble ne dépendre que de la force de croyance qu'on investit dans l'acte !

JOHN – Là encore, les vœux ont un caractère hautement personnel, n'est-ce pas ? On ne prend pas beaucoup en considération leurs effets sur les autres, s'ils étaient accordés par Dieu.

ROBIN – C'est juste. Lorsque la religion est utilisée à ces fins, les vœux sont toujours très partisans — on demande qu'Il envoie de la pluie pour le jardin, même si la pluie doit gâcher le plaisir des estivants sur la plage. Ou bien qu'Il fasse gagner la coupe du monde.

JOHN – Mon père m'a raconté qu'une journée nationale de prière fut organisée au cours de la Seconde Guerre mondiale, et qu'elle coïncida avec un grand désastre militaire. Du coup, ils n'ont pas réédité l'expérience.

ROBIN – Ce qui montre au moins un contact admirable, quoiqu'un peu tardif, avec la réalité ! Un autre usage commun, c'est de prier pour être absous de toutes les méchancetés commises le jour même, pour effacer l'ardoise et recommencer le lendemain.

JOHN – Dit de cette façon, cela ressemble vraiment aux religions animistes primitives, non ?

ROBIN – Oui, mais toutes les formes de la connaissance religieuse sont exploitées de cette façon par les gens qui appartiennent à ce niveau de santé mentale. Peut-être les religions primitives se prêtent-elles tout spécialement à ce genre de raisonnement, et ne peuvent-elles être utilisées qu'à cet effet. Mais toutes les grandes religions du monde sont également traitées comme cela, parce que certaines personnes ne peuvent les comprendre autrement ; dans un sens, elles n'ont pas *besoin* de les comprendre autrement.

JOHN – Cette approche magique de la religion signifie-t-elle qu'il n'y a pas besoin de faire d'efforts pour obtenir le résultat souhaité, sinon réitérer l'incantation ?

ROBIN – Si, il faut y *croire* profondément, par ailleurs. Ce qui explique pourquoi la « magie » opère dans certains cas où la « suggestion » a de puissants effets — une maladie psychosomatique, par exemple.

JOHN – D'accord. Et maintenant, en quoi cette approche magique diffère-t-elle de la façon dont les gens moyens envisagent la pratique religieuse ?

ROBIN – Certes, nous participons un peu de ce genre de pensée magique, mais les gens moyens perçoivent davantage que l'accomplissement de leurs vœux est tributaire de leurs propres efforts.

JOHN – Comme l'ancien cri de bataille puritain : « Faites confiance au Seigneur, et gardez vos munitions au sec ! »

ROBIN – Exactement. Dans les situations ordinaires, les gens moyens croient au travail ardu et à la planification. Mais dans les moments de crise...

JOHN – Ah oui ! Ces moments où l'effort ne fait rien à l'affaire, comme lorsqu'on attend le résultat d'un dépistage du cancer. C'est alors que nous — et nous, c'est moi — devenons beaucoup plus puérils. On veut influencer le monde physique grâce à la magie, et on passe des accords avec Dieu.

ROBIN – Si cela nous aide à affronter un moment difficile où notre niveau de santé a momentanément chuté, pourquoi pas ? Ce peut être la solution appropriée dans ce cas.

JOHN – ... Merci.

ROBIN – Parfois, il nous faut être cléments avec nous-mêmes !

JOHN – Et maintenant... *quid* des *happy few*, des dingos de la santé mentale, des palmes d'or de la psyché ? Quelle attitude envers Dieu règne au sommet des montagnes ?

ROBIN – J'imagine qu'elle consiste essentiellement à viser une compréhension plus étendue. Après tout, le niveau élevé de santé — qui suppose une attitude authentiquement religieuse — cherche toujours à comprendre. Et rappelle-toi ce que ce mot signifie en vérité — « prendre ensemble », se voir comme une partie de quelque chose de beaucoup plus grand, d'infiniment plus important que soi.

JOHN – Et cela s'oppose à... ?

ROBIN – Eh bien, le reste du temps, nous sommes fondamentalement égocentriques — nous essayons de dominer les autres pour imposer nos choix, d'assouvir nos désirs personnels, de nous imposer.

JOHN – C'est un comportement moyen typique ?

ROBIN – Oui. Là, ce serait « puiser dans l'ensemble » ! On n'est intéressé que par un gain à court terme, par un avantage immédiat, car on ne prête aucune attention aux intérêts des autres, et on méconnaît la plupart des conséquences de ses actions tout en faisant comme si on pouvait les contrôler ! Par exemple, si on cherche à s'enrichir, on ne voit pas toutes les complications qu'on va créer en construisant des centrales atomiques ou en déboisant massivement la forêt amazonienne. Mais les résultats finiront par te retomber dessus par effet de boomerang, pour venir te frapper, au creux de la nuque, toi ou tes enfants.

JOHN – La plus grande valeur de la religion, aux yeux des gens très sains, c'est qu'elle augmente leur compréhension. Mais *comment* ?

ROBIN – Eh bien, voilà le mot clé : ils étudient les enseignements de la religion en les traitant, non pas comme des ordres, mais comme des informations psychologiques.

JOHN – Là, j'ai besoin d'un exemple. Prenons la plus fondamentale des valeurs religieuses, le Bien.

ROBIN – D'accord. Partons de l'attitude normale. Comment notre lot, les gens moyens, envisagent-ils l'idée du Bien ?

JOHN – Eh bien, l'idée majeure est que Dieu juge les gens selon leur obéissance à ses décrets. Inévitablement, ils se surveilleront, eux et les autres, et jugeront chaque pensée, chaque sentiment à l'aune de ces décrets, pour voir s'ils sont « mauvais ».

ROBIN – Il n'y aura pas beaucoup de spontanéité, beaucoup de joie et de plaisir là-dedans. Si les gens envisagent la religion avec ce parti pris régulateur, leur principe fondamental devient inévitablement : débarrassons-nous de ce qui est « mauvais » — insistons sur ce qui est « bon ». Du coup, ils essaieront en permanence de dénier les sentiments négatifs qui sont notre lot à tous — la colère, l'envie, la jalousie, etc. Beaucoup d'entre eux se sentiront débarrassés en bloc de ces sentiments négatifs ! Bien sûr, en réalité, ils auront fait *semblant* de les chasser — mais les auront seulement cachés à tous, y compris à eux-mêmes. Comme nous l'avons dit dans notre premier ouvrage, ils ont mis ces émotions « derrière l'écran », et tu sais ce qui se passe ensuite !

JOHN – J'observe souvent ce processus chez moi. J'ai tendance à juger — moi-même et les autres. J'essaie de le combattre, mais il semble profondément ancré. Tu dis qu'il apparaît, sous une forme ou une autre, chez tous les gens de santé mentale ordinaire ?

ROBIN – Oui, bien qu'il devienne moins intense à mesure qu'on gravit l'échelle. Pour donner un tableau général : au niveau du bas, on a les gens qui ne veulent pas seulement juger les autres ; ils veulent les persécuter et les punir, et il se peut même qu'ils y prennent un grand plaisir ! À mesure qu'on monte, et qu'on devient plus sain, le sentiment envers l'autre passe de la haine au soupçon et au ressentiment, puis à la désapprobation morale, et enfin à un désir de « sauver » l'autre. Enfin, à l'extrémité supérieure du segment moyen, les gens ne sont que bonté et compassion, tentent d'être conscients de leurs propres fautes, et de les combattre de façon à les pardonner sincèrement aux autres.

JOHN – C'est ainsi qu'ils évitent de juger les autres ?

ROBIN – Ils font de leur mieux pour s'en garder, du moins. Après tout, les textes saints ne manquent pas de mises en garde ! Songe à « Ne jugez pas pour n'être pas jugés ». On ne saurait suggérer plus explicitement que les fautes condamnées chez autrui sont également présentes en soi !

JOHN – Et cette autre parole de Jésus, « Qu'as-tu à regarder la paille qui est dans l'œil de ton frère, et la poutre qui est dans ton œil, tu ne la remarques pas ! »

ROBIN – Tu vois, les notions de déni et de projection existaient bien avant la psychologie moderne ! Et ces mêmes notions apparaissent dans toutes les anecdotes du Nouveau Testament qui ont trait aux Pharisiens. Ils incarnent tous ceux qui dénient leurs éléments mauvais pour pouvoir se sentir « mieux » que les autres. Mais il est dit clairement que ceux qui peuvent « entrer au royaume des cieux » sont ceux qui sont prêts à reconnaître leurs fautes et à se voir en toute lucidité. Comme dans la parabole du Publicain collaborant avec l'occupant romain tout en volant son propre peuple, et du Pharisien honnête. Tous deux se rendent au temple pour prier. Le Pharisien se félicite publiquement de sa conduite méritante, tandis que le Publicain bat sa coulpe en déclarant : « Seigneur, aie pitié de moi, pauvre pécheur. » Le Christ déclare que le « mauvais » Publicain est bon, et que le « bon » Pharisien est mauvais.

JOHN – En somme, il prêche un comportement familial sain, non ? Il nous incite à reconnaître nos défauts et à accepter nos sentiments ambivalents — à mettre au jour ce qu'on tenait derrière l'écran en cessant de le projeter sur les autres ! Tout cela contrarie la tendance à diviser toute chose entre « bon » et « mauvais ».

ROBIN – C'est tout le bénéfice de la compréhension !

JOHN – Oui, tout cela concorde avec une observation que j'ai faite. Je pensais que les gens vraiment bons passaient immensément de temps à s'assurer qu'ils étaient « dans le bien ». À présent que j'en ai rencontré quelques-uns, il est clair qu'ils ne pensent pas de cette façon. C'est tout le contraire — ce sont les gens les plus détendus et les plus tolérants qui soient...

ROBIN – Très juste. Ils ne ressentent pas tant que cela le besoin de juger et vérifier... Regarde les sociétés heureuses, satisfaites, joyeuses. Elles se préoccupent bien moins de démarcations morales rigides que les sociétés crispées. Il suffit de comparer le Ladakh avec la Genève de Calvin.

JOHN – Eh bien, approfondissons un peu l'argument en parlant du comportement des gens les uns avec les autres. Prenons la valeur que la plupart d'entre nous considérons comme la plus haute à cet égard : « Aime ton prochain comme toi-même. » Comment « l'entendront » les plus sains ?

ROBIN – Et les moins sains, comment l'interpréteront-ils ?

JOHN – Comme un commandement, j'imagine : « Aime ton prochain comme toi-même, ou qu'est-ce que tu vas te prendre. » Le genre d'interprétation qui ne va pas régler en une nuit le problème des Balkans...

ROBIN – Non. Mais s'il est compris comme l'ordre d'accorder aux autres autant de considération qu'à soi, il peut contribuer à l'harmonisation d'une société.

JOHN – Est-ce si certain ? Tout d'abord, aimer son prochain autant que soi est rudement difficile — carrément impossible, dirais-je même. Autant ordonner : « Tu t'envoleras » ou « Tu remonteras le temps ».

ROBIN – Soit. Mais le simple fait d'essayer, et de découvrir combien c'est difficile, peut nous surprendre. Et ce choc peut nous convaincre de redoubler d'efforts — de lutter pour réussir le changement personnel et atteindre la connaissance de soi, qui le rendraient possible.

JOHN – Oui, mais il nous faudrait gravir un échelon supplémentaire sur l'échelle de la santé mentale pour penser ainsi, non ? Entre-temps, si j'essaie d'aimer mon prochain comme moi-même, et que j'échoue lamentablement, je risque de l'avoir mauvaise et de blâmer le prochain, qui pourrait tout de même être plus aimable. Pris comme un ordre, ça risque de faire plus de mal que de bien, non ?

ROBIN – Bien sûr, ce commandement peut être mal compris, comme dans la blague sur le scout qui arrive en retard à sa réunion. Il s'excuse en disant qu'on lui a dit que les scouts devaient aider les gens, et qu'il a donc aidé une vieille dame à traverser la rue. Le chef scout lui répond : « Mais tu es très en retard ! », et le garçon réplique : « Oui, chef, mais elle n'avait pas vraiment envie de traverser ! »

JOHN – Bon, dis-moi à présent comment les gens « très sains » interpréteront ce commandement. Y verront-ils une *information* ?

ROBIN – Ils le regarderont comme une loi de la psychologie humaine.

JOHN – ... Quelle loi ?

ROBIN – En gros : si on affronte et accepte sa propre psychologie, y compris ses faiblesses et ses défauts... on pourra accepter et aimer les autres. Et vice versa : en aimant les autres, on pourra s'aimer soi-même.

JOHN – ... Oui, ça me paraît juste. Même si la version originale était plus corsée. Si les familles saines ont un comportement généreux envers les autres, ce n'est pas parce qu'elles font un effort énorme pour être bonnes moralement, mais par générosité naturelle : elles acceptent tous les aspects qui les composent. D'accord.

ROBIN – Si on comprend « Aime ton prochain » sous ce jour psychologique, on reçoit certaines informations sur la façon d'y parvenir — lesquelles ne sont pas disponibles ailleurs. On apprend que s'aimer soi-même, c'est accepter ses éléments « mauvais » ; que si on les accepte chez soi, on les acceptera chez les autres ; et qu'alors on aura plus de chances de pouvoir aimer les autres.

JOHN – Bien sûr, si on le prend simplement comme un ordre, ça vous donne du moins une excuse : « Non, je n'aime pas mon prochain, mais heureusement je me déteste également. J'ai rempli la loi morale, et suis dès lors irréprochable. » Pardon, c'était une digression.

ROBIN – Tu vois, si tu fais partie de la catégorie moyenne, et que, dès lors, tu n'as pas accepté tous tes défauts, il est probable que tu les dénieras en les projetant sur ces prochains que tu es censé aimer — en instaurant une *différence* entre eux et toi. Ce qui rend impossible tout amour sincère à leur égard. Tu peux, certes, ressentir quelque chose pour eux — de la tolérance, de la pitié — mais non de l'*amour*. Si tu prends l'injonction « Aime ton prochain » comme une information psychologique, tu peux tenter de la mettre en pratique. Et en découvrant qu'elle est juste, tu évolues d'une façon positive qui permet à ton amour du prochain d'augmenter régulièrement.

JOHN – Ces cinq petits mots recèlent-ils d'autres conseils psychologiques ?

ROBIN – Oui, justement. Ils affirment clairement que l'essentiel est de tenter d'aimer son prochain comme soi-même — et pas forcément davantage !

JOHN – Bon conseil. C'est étrange, n'est-ce pas, mais nous avons tendance à penser qu'il faut *plus* qu'un simple équilibre de la balance...

ROBIN – C'est important : quand on a compris cela et qu'on commence à affronter ses propres limites, on peut vraiment se mettre à prêter aux autres une valeur égale à celle qu'on se prête à soi-même. On sent véritablement qu'ils sont aussi importants que soi. C'est alors qu'on peut

« aimer son prochain comme soi-même » — et c'est tout ce que le commandement suggère.

JOHN – Oui... et sans ces informations et les changements qu'elles peuvent amener, « Aime ton prochain » peut n'être qu'une aspiration, touchant aux bonnes manières et au self-control.

ROBIN – Ce qui, bien sûr, vaut mieux que de mauvaises manières et une absence totale de self-control ! Mais dans ce cas, si courtoise soit la personne, ou quelque effort qu'elle fasse, elle ne réussira pas à aimer son prochain comme il faut, et ne verra pas ce qui fait obstacle.

JOHN – Je trouve tout ceci étrangement convaincant. Mais prenons « Tu ne tueras pas ». Peux-tu interpréter une valeur comme celle-ci en termes d'informations psychologiques ?

ROBIN – Au niveau littéral, factuel, ça dit bien ce que ça veut dire. Mais là encore, on peut le comprendre de diverses façons. Un jaïn qui se respecte époussettera la chaise sur laquelle il s'apprête à s'asseoir, de crainte d'écraser un insecte et couvrira sa bouche pour éviter d'en avaler un en respirant. À l'autre extrémité, dans certaines religions, il est parfaitement admis de tuer des incroyants lors de croisades ou de « guerres saintes ». Au milieu, la plupart d'entre nous sommes d'accord pour dire que le commandement renvoie au meurtre, mais ne vaut pas lorsqu'il s'agit de tuer pour défendre son pays, sa famille, ou soi-même contre les agressions. Psychologiquement, la signification est en fait plus simple et plus limpide. Elle renvoie à la vérité suivante : si nous haïssons et faisons du mal aux autres en pensée et en sentiment, cela empoisonnera inévitablement notre état affectif tout entier.

JOHN – Tout entier ? Pas juste nos sentiments à leur égard ?

ROBIN – Tout entier.

JOHN – Tu veux dire qu'on ne saurait entretenir une pensée négative, déplaisante, sans qu'elle en suscite d'autres ?

ROBIN – C'est cela. Quand on examine avec soin son monde intérieur, on voit que si on y introduit une seule sensation intense de haine et d'auto-apitoiement intense — et si on la cultive — on finit par contaminer son atmosphère intérieure pour le restant de la journée.

JOHN – Je vois ce que tu veux dire. L'impression que quelqu'un s'est mal conduit à notre égard, ou la remarque cinglante d'un automobiliste peuvent nous tourmenter jusqu'à nous dominer — si bénin cela soit-il — et pendant les minutes, voire les heures qui suivent, notre vision du monde s'en imprègne tout entière...

ROBIN – Un seul automobiliste nous irrite, et nous commençons à faire payer tous les autres !

JOHN – ... Mais nous pouvons empêcher les pensées agressives ou le sentiment d'auto-apitoiement d'envahir notre cerveau, non ?

ROBIN – Non. Mais on peut décider de les traiter à la légère, ou de les chérir et de les cultiver, de les laisser croître jusqu'à ce qu'ils soient vraiment massifs.

JOHN – Nous parlons de « cultiver » ce genre de sentiments — comme si c'étaient des navets de concours agricole ! Du style « Oh regardez, le mien est énorme ! »...

ROBIN – Exactement. C'est ainsi que nous pouvons « tuer » mentalement. Et si nous prenons l'habitude d'entretenir ces sentiments destructeurs, nous nous laisserons peu à peu dominer par eux. Qui plus est, nous aurons sur nos proches un effet vénéneux, même si ces attitudes négatives ne sont jamais consciemment exprimées ou réalisées.

JOHN – Tu veux dire qu'en les alimentant, tout en essayant de les dissimuler, nous les exprimerons *malgré tout*, de façon inconsciente.

ROBIN – Et les autres les enregistreront à un certain niveau, seront affectés par eux, et ne pourront sans doute s'empêcher de réagir d'une façon ou d'une autre, enclenchant ainsi un cercle vicieux de sentiments négatifs.

JOHN – Oui, je vois. Mais si on prend « Tu ne tueras point » comme une information psychologique, on pourra enrayer le cercle vicieux avant même qu'il ne s'enclenche.

ROBIN – Exactement. Le plus facile, c'est de l'arrêter au point de départ. C'est pourquoi il faut rejeter immédiatement la plus petite pensée destructrice car elle peut croître en puissance.

JOHN – Pour revenir à notre idée générale : les gens qui sont au sommet de la santé mentale considèrent les mythes comme des informations psychologiques parce qu'ils leur apportent ce à quoi ils attachent le plus de prix : une compréhension profonde de leurs propres mécanismes psychiques, qui leur permet de mettre en pratique la valeur présente dans le mythe. Alors que dans la catégorie du milieu, nous prenons plutôt les mythes comme des règlements qui mettent en relief les notions de Bien et de Mal : cela peut nous amener à tenter de nous débarrasser des émotions « négatives » en les déniant, et en les projetant sur d'autres personnes ou d'autres groupes.

ROBIN – Tu as fait le tour de la question.

JOHN – Ce qui ne donne pas une image très positive du fondamentalisme, n'est-ce pas ?

ROBIN – Qu'entends-tu par là ?

JOHN – Eh bien, d'après tout ce que tu as dit, le fondamentalisme relève d'un niveau assez bas de santé mentale. Tout d'abord, les fondamentalistes se livrent à une interprétation littérale des Écritures, et comme nous l'avons vu à propos des valeurs séculières, c'est un trait malsain que se polariser sur la lettre de la loi. De plus, les gens sages ont rarement l'esprit littéral, et l'on ne saurait dire que les grands guides spirituels se placent sur ce terrain. Encore une fois, que nous parlions du christianisme, de l'islam, du judaïsme ou de l'hindouisme, les valeurs fondamentalistes semblent viser à faire se sentir mieux ceux qui les pratiquent car ils projettent tous leurs affects destructeurs et négatifs sur les gens de croyance différente, et se délectent en conséquence du halo doré de leur propre vertu.

ROBIN – Peut-être. Mais il faut opposer cet état de fait non seulement au niveau supérieur de croyance religieuse, mais aussi aux valeurs du niveau inférieur. Tout comme un système totalitaire offre un certain ordre et une certaine stabilité à une société tombée dans le chaos total, de même un système de valeurs fondamentaliste peut améliorer une société naguère entièrement corrompue, et qui a perdu toute notion de décence humaine, d'honnêteté et de respect. Le fondamentalisme religieux tend à apparaître dans ce genre de situations extrêmes où la morale est absente ou dégénérée, et où seule une correction extrême et rigide peut restaurer un certain ordre.

JOHN – Je peux admettre cela dans le cas de certaines régions du Moyen-Orient, attendu les niveaux de pauvreté et de désespoir qu'on y trouve. Mais que penser de la *Bible Belt* * aux États-Unis ?

ROBIN – Les attitudes fondamentalistes sont présentes dans n'importe quelle société, parce qu'il y a toujours une partie des gens qui fonctionne à ce niveau de santé. Cela nous frappe davantage dans le cas des États-Unis, car à d'autres endroits de ce pays on trouve des attitudes diamétralement opposées, préconisant un relâchement et un assouvissement total — la permissivité. Lors d'un de mes séjours au Texas, un habitant m'a expliqué que beaucoup de gens se rendaient régulièrement à l'église pour, disait-il, « faire obstacle à la californication ». Et vraiment, j'ai apprécié ce séjour. J'ai trouvé la Californie excitante, mais également inquiétante. Bien des gens semblaient complètement déments ! Il n'y avait aucun sens de la stabilité et les valeurs étaient purement superficielles. À l'inverse, j'ai découvert que les gens ordinaires du Texas étaient encore très influencés par les valeurs traditionnelles — qu'ils étaient sociables, cordiaux, directs et droits !

JOHN – Bon, j'admets que ça vaut mieux que rien ! Mais on ne peut y voir la *meilleure* interprétation de l'enseignement christique, si ? Tu connais la comparaison : « Aussi rare qu'un fondamentaliste qui aime son ennemi ».

---

* Région du sud des États-Unis, caractérisée par son fondamentalisme puritain.

ROBIN – Je ne crois pas qu'on puisse dire d'un niveau particulier d'interprétation qu'il est le « meilleur »... Psychologiquement, cela n'a pas beaucoup de sens.

JOHN – Ah non ? Écoute... l'Inquisition n'a pas vraiment pigé l'idée d'aimer son prochain, si ? Brûler les hérétiques, ce n'est pas « pire » que se montrer tolérant envers eux ? Ou y vois-tu une interprétation authentique et valide de l'enseignement du Christ ?

ROBIN – Tu retombes dans la même erreur. La façon dont les gens voient le « pire » et le « meilleur » dépend de leur niveau de santé mentale. Je suis sûr que nombre d'inquisiteurs s'étaient convaincus qu'ils torturaient les gens pour le bien de leur âme. Tout comme le proviseur de mon école privée, un homme vraiment merveilleux à bien des égards, estimait sans doute nécessaire de battre les élèves qui se conduisaient mal — et les autres proviseurs pensaient de même. Je ne crois pas qu'il y prenait grand plaisir.

JOHN – Je ne suis pas sûr que les victimes de l'Inquisition aient été aussi convaincues. Les conséquences étaient sans doute « pires », de leur point de vue...

ROBIN – Je ne dis pas que j'excuse ce genre de choses. C'était une mésinterprétation totale du message chrétien, et de la psychologie humaine. Mais je crois que tu oublies que ces différentes façons de comprendre un système de valeurs sont la conséquence « naturelle », inévitable, du niveau de santé mentale de chacun.

JOHN – ... Tu n'as pas l'impression qu'on peut parler d'un « meilleur » niveau d'interprétation ? Est-ce que ce n'est pas « mieux » d'être « plus sain » ?

ROBIN – Non. Autant dire que ce serait mieux si chacun gagnait les Jeux olympiques. Ton point de vue n'aurait de sens que si tout le monde était exactement pareil, et ce n'est pas ainsi que le monde fonctionne. Chacun interprète la religion ou le mythe dominants à sa façon — c'est la meilleure compréhension qu'il puisse atteindre.

JOHN – ... et tu dis aussi que quel que soit son niveau, chacun trouve son profit dans ce mythe ou cette religion.

ROBIN – Je crois vraiment que c'est le cas.

JOHN – ... Tu me rappelles combien l'Inquisition aurait pu être pire, si elle n'avait été chrétienne !

ROBIN – Eh bien, réfléchis sur ce point. Dans des conditions sociales véritablement chaotiques, les suzerains locaux font enchaîner des gens à des arbres, chaque membre étant attaché à un arbre plié jusqu'à terre, de façon à les écarteler — et pour le plaisir ! On rapporte, de nos jours, que les barons de la drogue sud-américains envoient régulièrement leurs bourreaux capturer des adolescentes pour les violer au cours de réjouissances nocturnes ! Mais le point sur lequel je veux insister est le suivant : à un niveau supérieur de santé mentale, les gens sont assez mûrs pour supporter l'incertitude, pour penser pour eux-mêmes et assumer plus de responsabilités dans leur existence, et du coup ils considéreront les idées religieuses de la manière que nous avons décrite. Mais si les autres ne sont pas à l'aise avec ces mêmes incertitudes, ils comprendront les informations comme des ordres auxquels il faut obéir, parce qu'ils fonctionnent mieux de cette façon et se sentent plus heureux lorsqu'il y a quelqu'un pour leur dire quoi faire. De même, les enfants ont besoin de directives claires, de limites fermes en deçà desquelles ils peuvent sentir que leurs affects s'inscrivent dans un cadre sûr. Il est préférable que ce genre de personnes comprennent les mythes comme un soutien pour encadrer leurs émotions. Et, bien sûr, si, par la suite, leur santé mentale progresse, leur compréhension évoluera à l'avenant.

JOHN – ... Bien sûr, je viens de réaliser ce que j'ai fait.

ROBIN – Je me demandais quand ça ferait tilt.

JOHN – Sale vieux psy ! Tu attendais que je m'y retrouve tout seul, hein ?

ROBIN – Je pensais que c'était une bonne illustration des points que je soulignais.

JOHN – J'étais là à *juger* les fondamentalistes ! Commettant à leur égard l'erreur que je les accusais de commettre envers autrui...

ROBIN – C'est juste. Pour mettre les points sur les i, juger et condamner ceux qui utilisent les idées religieuses pour juger et condamner les autres n'a pas de sens — ce faisant, tu te mets de leur côté et tu mésinterprètes les idées religieuses à leur image. Les critiquer, les attaquer, ou simplement se moquer d'eux peut soulager momentanément, mais cela ne fait que les conforter dans leur attitude paranoïaque et manichéenne. Au long terme, ils ne peuvent que changer, et nous ne pouvons que les aider — et nous-mêmes avec — à changer à force de compréhension. Ce qui signifie qu'on se change soi-même, et qu'on s'aperçoit qu'à certains égards, on leur ressemble.

JOHN – Et c'était mon autre erreur. Prétendre que toute l'intolérance était chez eux, et éviter ainsi de voir que c'était moi l'intolérant. Oublier totalement ton explication sur « Aimer son prochain... ». Oh Seigneur, je n'irai jamais au Ciel. Je ferais mieux de récapituler. Tous ces gens très sains voient leur enseignement religieux comme des informations psychologiques — un livret d'instruction, pour te citer. De cette façon, ils se comprennent mieux eux-mêmes, et, en conséquence, commencent à mieux se conduire envers les autres.

ROBIN – Ce qui améliore peu à peu le niveau de santé mentale de leurs proches.

JOHN – Mais ce n'est pas le seul objectif de cette approche, n'est-ce pas ? Sans doute y a-t-il aussi un but qui touche davantage au « spirituel » — qui serait un but plus élevé, une valeur plus haute encore pour ceux qui croient en cette force.

ROBIN – Bonne question. Eh bien, je vais devoir faire un petit saut. Il me faut revenir à ce que nous disions sur les gens les plus sains : qu'ils ont un sens profond de leur rapport au cosmos.

JOHN – Tu disais qu'ils s'y sentaient comme « branchés ».

ROBIN – Oui. Bien sûr, nous ne pouvons nous empêcher de faire partie de l'univers : c'est le cas, que cela nous plaise ou non !

JOHN – D'accord. Nous n'avons pas vraiment le choix.

ROBIN – Non, mais le choix intervient lorsqu'il s'agit d'*admettre* ce fait, et d'avoir l'impression que nous en faisons partie — d'avoir ce sentiment de connexion, d'appartenance.

JOHN – La plupart des gens ne l'ont pas, n'est-ce pas ? Moi, je ne l'ai pas, et je l'admets en tant que porte-parole des gens de santé moyenne.

ROBIN – La majorité d'entre nous ne ressentons pas cette connexion que les gens très sains éprouvent plus pleinement : un sentiment affectif profond d'implication dans la structure cosmique tout entière, d'une relation harmonieuse et plaisante.

JOHN – Tu as parlé d'un « sens de l'univers comme d'un sentiment de soutien gigantesque ». Maintenant tu dis que ce sentiment est quelque chose que les « plus sains » éprouvent la plupart du temps.

ROBIN – Oui. Et, bien sûr, cela affecte leur façon de *penser*.

JOHN – Tu suggères donc que ce sentiment est une forme d'expérience spirituelle ?

ROBIN – Je crois que c'en est la forme la plus fondamentale, oui.

JOHN – ... Est-ce que tu as eu ce genre d'expérience spirituelle toi-même ?

ROBIN – Oui. Une telle prise de conscience s'est lentement épanouie au fil des ans. À certains moments, elle a paru s'approfondir.

JOHN – Tu peux décrire ?

ROBIN – C'est extraordinairement difficile d'en parler à quelqu'un qui n'a pas fait ce genre d'expérience.

JOHN – L'ineffable est ineffable, hein ? Tu peux au moins essayer...

ROBIN – D'accord, mais prépare-toi à une chute. C'est un sentiment profond du contact qui existe entre les choses, impossible à définir verbalement parce que ce n'est pas la conscience de quelque chose de nouveau ; on réalise juste qu'il y a plus de sens dans ce qu'on voyait depuis toujours. Mais, bien sûr, cela ne signifiera rien pour quelqu'un qui voit les éléments séparés, et non leur schéma constitutif, le sens qu'ils prennent en tant que totalité.

JOHN – Je ne te suis pas.

ROBIN – Rappelle-toi l'histoire des aveugles qui explorent par le toucher différentes parties d'un éléphant. Ils ne peuvent pas voir la bête tout entière ; chacun d'eux pense qu'il a un animal différent sous les doigts et spécule sur la nature de ces divers animaux. Maintenant, si un type retrouve soudain la vue, il voit l'éléphant, et il comprend que sa perception limitée l'avait empêché de le reconnaître.

JOHN – Ah oui ! Et s'il dit alors aux autres sa découverte, ils ne le croiront pas. Ils diront : « Nous ne voyons pas d'éléphant. Tu l'imagines. Tu manques d'esprit scientifique en allant au-delà des faits. »

ROBIN – Oui. C'est justement la difficulté quand on aborde ce sujet. Pour utiliser une autre analogie, c'est comme si nous avions des œillères, à la façon d'un cheval, qui nous interdiraient de voir les choses entièrement. Imagine que nous regardions tout le temps à travers des petits tubes : toi et moi pouvons voir des petits bouts de cette chambre où nous sommes, mais jamais la chambre tout entière, son dessin, et sa forme, ou les rapports d'une chose à une autre. Dans l'expérience spirituelle, c'est comme si les œillères tombaient. Le monde produit une impression fondamentalement différente, mais si on tente de l'expliquer à quelqu'un qui a encore ses œillères, on ne peut que mentionner des détails qu'il perçoit déjà, et il ne voit pas de quoi on parle. On finit par parler de la clarté et de la vivacité des impressions reçues, mais on échoue à transmettre la nouveauté, « le tableau complet ». Lorsque je me suis ouvert à ce genre d'expérience la première fois, j'ai demandé à quelqu'un de noter le récit de ma prise de contact avec les profondeurs cosmiques. Le lendemain, j'ai découvert que j'avais dit : « Tout est comme il est, mais davantage ! » Ce qui est une très bonne description d'un état de conscience supérieur, mais assez inutile à ceux qui n'en ont pas fait l'expérience !

JOHN – Veux-tu dire que tu ne « voyais » rien d'inhabituel — des anges, des éléphants roses ? C'est juste ta *perception* qui était remarquable par sa vivacité...

ROBIN – Et par la connexion qu'elle établissait. Voir le tableau tout entier donnait un sens à tous les éléments dont il était composé, à des éléments assez absurdes quand on les prenait séparément. Ce que j'entends par fragments, c'est l'état ordinaire de conscience ; par « tableau tout entier », je veux dire la façon dont on voit toutes les parties se relier lorsqu'on vit cet état de conscience que les gens appellent une « expérience spirituelle ».

JOHN – Par la suite, qu'as-tu réussi à en conserver ?

ROBIN – Je ne pouvais pas, bien sûr, continuer à expérimenter le monde de cette façon aiguë et « connectée », mais je peux me rappeler avoir eu cette expérience et en avoir eu d'autres, similaires, depuis. Et je n'ai jamais perdu la certitude que le monde est bel et bien conforme à ce qu'il doit être. Je sais qu'il est « bien » même lorsque moi, je ne me sens pas très bien.

JOHN – Un grand nombre de gens sont très sceptiques quant à ce genre de choses, et estiment que ces expériences sont en partie imaginaires ou relèvent de l'hallucination véritable, et que le « sentiment de connexion » que tu décris est une illusion. Que peux-tu leur dire ?

ROBIN – Rien, en fait. Si tu parviens à avoir cette conscience profonde, tu sais que tout cela est réel, comme je le sais maintenant. La force de l'expérience est, comme nous l'avons dit plus tôt, la plus persuasive ici. Freud appelait cela le sentiment « océanique », et y voyait une réminiscence affective de l'expérience de l'enfant avant sa séparation psychologique d'avec sa mère. C'est comme s'il regrettait un peu de ne l'avoir pas éprouvé lui-même. Et avant de l'éprouver moi-même, j'avais eu des discussions avec des gens qui l'avaient expérimenté, au cours desquelles je tentais de me prouver que je ne manquais rien d'extraordinaire. Il faut juste raconter sa propre expérience et s'en tenir là, laisser les gens y venir le moment voulu et espérer qu'ils auront cette chance.

JOHN – Très bien. Maintenant, explique-moi quelque chose. Quelle est l'exacte *valeur* de ce genre d'expérience ?

ROBIN – Bonne, car on y puise une grande confiance et le sentiment qu'il y a un sens.

JOHN – Ah. Dis-m'en un peu plus sur le « sens ».

ROBIN – Eh bien, voir le « sens », c'est juste comprendre comment les choses sont reliées les unes aux autres, quels rapports elles ont. C'est voir où on est, où on se situe, comment les choses s'emboîtent les unes aux autres. Et ce sentiment débordant de connexion livre une compréhension plus profonde du monde où nous vivons : on ressent son ordre, sa structure en tant que tout, sa signification.

JOHN – Même si on ne peut exprimer celle-ci par des mots ?

ROBIN – Eh bien, toutes les grandes doctrines spirituelles le font. C'est exactement ce qu'elles essaient de transmettre. Mais, comme je l'ai dit, on ne peut se fier à ces idées à grande échelle que lorsqu'on les a *vues* soi-même, lorsqu'on est dans un état éveillé de conscience.

JOHN – Vu la façon dont tu parles de ce genre d'expérience, il est difficile de voir en quoi elle diffère de la connaissance scientifique.

ROBIN – Elle n'en diffère pas réellement. Sinon que les scientifiques examinent des petits morceaux — la physique, la chimie, la biologie, etc. — et ne voient pas le tableau entier, tout l'éléphant. Pour le reste, c'est vrai, il s'agit de découvrir et de tester les choses par expérience.

JOHN – Tu sembles tenir pour acquis que l'univers a un ordre, une signification, une structure. Tu le penses depuis ces expériences ?

ROBIN – Oui, mais jusqu'à ce que je m'en aperçoive par moi-même, cela n'avait aucun sens à mes yeux. Maintenant je vois que tout est d'une pièce, un peu comme ces bâtons de sucre d'orge à l'intérieur desquels est gravé, tout le long, le nom de la ville où on les a faits. En ce sens, la vraie structure de la société, la façon dont elle doit fonctionner pour promouvoir le bien-être public le plus grand, relève d'un ordre de l'univers. Si nous pouvions percevoir cet ordre de façon plus directe, et nous connecter à cette structure en en faisant l'expérience directe, nous verrions ce qu'il nous faut faire, comme membres de la société, pour que celle-ci fonctionne au mieux. Et bien sûr, notre seule motivation serait de suivre ce schéma magnifique en nous passant, contrairement à nos habitudes, de règlements, de récompenses et de punitions.

JOHN – Attends un peu. Je vois ce que tu voulais dire par « faire un saut » ! Tu veux vraiment dire que la structure du monde, le sens de la vie, la façon la plus harmonieuse pour nous de fonctionner... nous crève les yeux... mais que nous ne pouvons pas la voir parce que nous avons des œillères, sauf lorsque nous avons ces « expériences » ?

ROBIN – Oui, c'est bien ce que je veux dire. Ou, pour le formuler autrement, en recourant à un langage informatisé...

JOHN – Quitte à perdre la moitié de tes lecteurs, moi compris...

ROBIN – Puis-je te rappeler que tu parles de t'initier à l'informatique depuis des années, et que ce grand jour est mystérieusement repoussé, d'année en année ?

JOHN – J'ai décidé que les ordinateurs étaient contre-nature. Néanmoins, je les explorerai après ma prochaine incarnation. Poursuis, de grâce, en t'exprimant dans ce ravissant langage informatique. Ma fille me le traduira quand elle sera revenue de colonie.

ROBIN – Eh bien, pour faire usage de cette analogie, je crois que nous possédons bel et bien le « hardware » pour percevoir cette structure et cet ordre profonds de l'univers. Toutefois, je crois également que cet élément particulier de notre équipement mental est presque toujours « débranché » ; il n'est « branché » qu'à des moments d'intense émotion et de choc, comme à l'occasion d'une naissance, ou d'un autre événement important.

JOHN – Je pense que je vois ce que tu veux dire. À des moments comme ceux-ci, je peux ressentir que mon sens des priorités se déplace, et que je deviens bien plus conscient de ce qui importe véritablement. Et peu de temps après, je reviens à mes valeurs quotidiennes et trouve étonnamment difficile de ressaisir cette perception différente des priorités réelles dans ma vie.

ROBIN – C'est exactement ce que j'essaie de décrire.

JOHN – Mais attends. Tu viens d'utiliser l'expression « branché ». Cela suggère que l'expérience est tout ou rien. Mais tu ne veux pas dire cela, n'est-ce pas ? Ces expériences peuvent être plus ou moins fortes. Ces maudits « super-sains » semblent en avoir une version atténuée en permanence, et nous autres, gens moyens, pouvons très occasionnellement en goûter une cuillerée, si nous avons de la chance. Mais tous, nous ne faisons que recevoir le reflet passager de quelque chose de vraiment énorme, non ?

ROBIN – Et je suis sûr que tout ce dont j'ai fait l'expérience n'est qu'une ombre fragile de ce qui est possible. Mais même cela peut transformer ta vie.

JOHN – Allez, vieux, cartes sur table !

ROBIN – Ma première expérience a été le résultat d'une participation à une étude de recherche, au cours de ma formation psychiatrique.

JOHN – Quel type de recherche ?

ROBIN – Sur le LSD !

JOHN – ... Tu es en train de me dire, Robin, que ta première expérience spirituelle s'est faite sous l'emprise de la *drogue* !

ROBIN – Le LSD était utilisé aux États-Unis comme traitement expérimental et l'un des médecins en chef voulait le tester sur des gens ordinaires avant de le donner aux patients. Je me suis porté volontaire avec quelques autres étudiants pour jouer les cobayes, et rapporter les effets qu'il produisait sur ma personne. J'avais des œillères si massives à cette époque que je ne me serais certes pas autorisé la moindre expérience spirituelle sans un peu de « dynamite chimique » pour les faire sauter. La drogue m'a momentanément débarrassé de mes œillères, et m'a encouragé à prendre ce côté de la vie plus sérieusement, à l'explorer.

JOHN – Cela t'a donné envie de recommencer ?

ROBIN – Non. Pour moi, c'était comme apercevoir un pays lointain et merveilleux du sommet d'une montagne. On sait que même en refaisant plusieurs fois l'ascension pour le revoir, on ne réussira pas à s'en approcher *davantage*. Pour y parvenir, il faudrait redescendre et progresser à travers la plaine, ce que j'ai essayé de faire depuis. Je suis donc extrêmement reconnaissant à la drogue de m'avoir donné un aperçu de ce qui était possible !

JOHN – Les expériences qui ont suivi n'étaient plus le fait de drogues ?

ROBIN – Non.

JOHN – Étaient-elles très différentes ?

ROBIN – La première expérience était différente de toutes celles qui ont suivi, parce qu'il y avait en premier lieu l'effet de la drogue — les couleurs brillantes, étincelantes, l'impression que tout oscillait — et puis le fait que la drogue me donnait à voir le monde sans œillères. Depuis, j'ai eu à plusieurs reprises la seconde forme d'expérience, mais pas la première, puisque je n'ai plus jamais repris de drogue de ce type.

JOHN – Raconte-m'en une autre.

ROBIN – C'est dommage que j'ai dû commencer par prendre de la drogue pour m'ouvrir à une perception plus profonde, parce que je crois que ça t'amène à espérer des visions étranges. Comme si tu voulais savoir si j'ai vu des OVNIS récemment. Mais la vérité est beaucoup plus simple, beaucoup plus « ordinaire ». De fait, une fois qu'on s'est aperçu qu'on regardait le monde avec des œillères, et qu'il est possible de le voir plus clairement, l'intérêt se tourne naturellement dans cette direction, et on commence à remarquer des choses qu'on ignorait auparavant. Comme si, en se rendant à des cours de peinture, on commençait à faire plus attention aux formes et aux couleurs, et à leur rapport. Elles étaient sous nos yeux, mais on ne les voyait pas avant parce qu'on n'y faisait pas beaucoup attention. De même, avec cet intérêt « spirituel », une fois qu'on a vu qu'on manquait quelque chose d'important, l'intérêt s'installe pour de bon et on regarde davantage à l'intérieur de soi-même. Degré par degré, on réalise combien les grandes doctrines religieuses décrivent ce qu'on peut désormais voir. Par exemple, on voit *par soi-même* qu'en haïssant les autres, on s'empoisonne soi ; et en observant ses propres défauts, on prend ceux des autres en compassion. Quand on voit davantage ces vérités par soi-même, le monde prend de plus en plus de sens.

JOHN – Tout cela semble assez banal.

ROBIN – Oui et non. Rappelle-toi ma découverte sur « le secret de l'univers » : « Tout est exactement comme il est, mais davantage ! » L'expérience est ordinaire au sens où « tout est exactement comme il est... », à savoir que les détails du monde ne changent en rien. Mais l'élément « davantage » change tout. Dans un sens plus immédiatement physique, elle se présente comme une prise de conscience plus intense de tout ce qui est autour de nous — la beauté des arbres, des fleurs, du ciel, des autres, et de soi — un sens vif et immédiat d'être très vivant : on fait l'expérience de soi tout en faisant l'expérience de ce qui vous entoure. Tout cela, au moment de l'expérience, est source d'une joie intense.

JOHN – Tu le ressens tout le temps, ou de façon intermittente ?

ROBIN – Les deux ! Je vais essayer de l'expliquer. Au cours des années, ce genre de prise de conscience plus profonde et ce sentiment de connexion ont augmenté, si bien que dans une certaine mesure ils ont fini par se manifester plus fréquemment — ils sont devenus « normaux » et « ordinaires ». Mais ils fluctuent. Il y a des moments où ils semblent plus proches, plus faciles, plus riches et plus intenses. Entre ces moments, ils peuvent sembler plus lointains, plus difficiles à atteindre, même si on s'en sent plus proche que par le passé. Si on médite régulièrement, si l'intérêt qu'on y porte attire davantage l'esprit dans cette direction, les moments de conscience accrue deviennent plus puissants, et on est plus sensible à leur proximité dans l'entre-deux.

JOHN – Qu'est-ce qui peut aider à susciter ces moments ?

ROBIN – On peut lire les livres qui en parlent, mais on les oubliera facilement et on ne poursuivra pas sa recherche, de même qu'il est difficile de coller à un régime ou de prendre régulièrement de l'exercice ou des loisirs. Cela induit en erreur : très vite, on interprète mal quelque chose et on se retrouve à faire l'effort opposé de celui qu'il faudrait. Il faut un guide, un conseiller spirituel qui joue les entraîneurs — quelqu'un qui a déjà atteint ce qu'on vise et peut voir ce qu'on a besoin de faire par la suite, et où l'on se trompe. En général on s'intègre à un groupe pour avoir cet appui : non seulement le travail en groupe rend l'objectif plus présent et le travail plus aisé, mais il semble générer davantage d'énergie nécessaire à ce genre de quête. À coup sûr, mes expériences les plus intenses de conscience supérieure, « d'être là », ont eu lieu au cours de séances de méditation et de travail communs, ce qui vaut surtout lorsque le groupe vous aide à fournir un effort particulier sur une longue période. Par exemple, à accomplir une activité physique — construire quelque chose, jour et nuit. À ces moments, un calme et une quiétude extraordinaires peuvent te gagner, te communiquant momentanément la conscience profonde d'être vivant, dans un univers vivant. Bien sûr, il y a beaucoup de sentiers pour faire l'ascension de la montagne, et d'autres gens trouveront plus d'appui dans la prière, ou d'autres activités.

JOHN – Est-ce que ça implique un changement de perspective, comme en psychothérapie ?

ROBIN – Eh bien, oui. Cette perception plus directe de la nature du cosmos est presque toujours accompagnée d'une perception beaucoup plus claire de soi, de sa propre nature.

JOHN – Ah, je vois. On ne peut voir le monde sous ce jour plus profond sans se voir soi-même de façon plus objective.

ROBIN – Voilà. Au cours de cette première expérience avec le LSD, un collègue qui ne participait pas à l'expérience est entré dans la pièce : ce fut comme si je pouvais voir en lui, au sens psychologique. Je voyais tous ses défauts, toutes ses limites — et je me les rappelle encore — mais je ne me sentais absolument aucun esprit *critique*. De fait, je ressentais pour lui une grande affection, puisque je le voyais exactement tel qu'en lui-même. En même temps, il me semblait que je perdais toutes mes défenses et toutes mes nécessaires illusions sur moi-même, si bien que je voyais mes propres défauts clairement et que je m'acceptais malgré tout. Cela semble être une expérience assez commune — bien d'autres expériences de ce genre ont été rapportées par le grand psychologue William James dans son ouvrage *L'Expérience religieuse*.

JOHN – Et si on perçoit soudain des choses sur soi-même qui sont normalement tenues derrière écran, ce n'est pas douloureux ?

ROBIN – Parfois. Il y a des moments où ta compréhension change de vitesse, pour ainsi dire. On se sent englué un moment, et soudain toutes sortes d'observations « se nouent », donnant à ressentir comme une vision fraîche des choses. Mais si on y réfléchit, on réalise souvent que cette vision nouvelle était en voie d'élaboration depuis longtemps, mais qu'elle ne pouvait être complète avant l'ultime aperçu, la pièce finale du puzzle. L'aperçu clé, c'est en général un fait touchant à sa propre personnalité qui contredit l'image qu'on a de soi-même — chose douloureuse à voir. Parfois, cette illumination ne se donne que dans une émotion forte ou un stress intense, ou avec l'aide de quelqu'un qui vous comprend bien plus que vous-même.

JOHN – Tu peux me décrire une occasion de ce genre ?

ROBIN – Pour moi, l'une d'elles, très profonde, a été une « retraite » où le responsable m'a fait pour ainsi dire réaliser que je ne prenais pas en considération les effets de mes actes sur les autres. Il le remarqua clairement, sans me donner le sentiment que j'étais jugé ou condamné. Au contraire, j'ai senti un immense soutien. C'était très douloureux, un cours d'instruction accéléré de connaissance de soi désagréable. Mais c'était également merveilleux ; je me suis senti aimé et pris en charge comme jamais auparavant.

JOHN – Je crois que j'ai une petite idée de ce que tu m'as décrit. Mais une chose me déconcerte. À quel point cette expérience était-elle « spirituelle » ?

ROBIN – Dans la prise de conscience exacerbée, et notamment le sentiment de *connexion*. J'ai vu avec une clarté inéluctable combien tout ce que nous faisons affecte les autres, combien j'étais peu conscient des effets, et combien cette inconscience pouvait faire du mal aux autres. La précision de ces aperçus et de ces chaînes causales partant dans toutes les directions à partir de mes actions inconsidérées, ainsi que la façon compatissante et pourtant impitoyable dont j'ai été amené à voir tout cela, étaient une démonstration claire de tout ce que j'avais lu sur les grandes traditions religieuses. J'ai été amené à éprouver ce dont elles parlaient toutes.

JOHN – C'était donc une profonde prise de conscience de la façon dont chaque chose affecte chaque chose. Un peu comme les théories bouddhistes selon lesquelles tout, dans l'univers, est connecté par le « karma », rapport de cause et d'effet.

ROBIN – Exactement. Et cela a eu un effet profond sur moi. Je ne l'ai jamais oublié, et j'y ai puisé une force plus grande pour affronter ce qu'on me montrait.

JOHN – Pour résumer, ces perceptions claires et directes de la façon dont le cosmos opère ont la valeur suivante. Tout d'abord, elles sont extraordinairement convaincantes : quiconque en fait l'expérience « sait » qu'elles sont authentiques. Elles donnent l'impression qu'il existe un sens, et procurent dès lors un sentiment de sécurité. Ensuite, pour une personne attirée par la religion, elles permettent un sentiment de relation directe avec la force spirituelle du cosmos, ce qui doit être, bien sûr, la valeur la plus élevée possible à son sens. Elles donnent aussi un sens profond de connexion à travers un réseau infini de causes et d'effets, livrant par là même une compréhension plus profonde de la façon dont nous pourrions nous comporter envers les autres. Et enfin, elles sont disponibles à un prix très raisonnable chez Harrods, au rayon des farces et attrapes spirituelles... Oups, pardon. Non, sérieusement... quel effet cette expérience produit-elle généralement sur les gens ? Les change-t-elle de façon notable ?

ROBIN – Il n'y a pas forcément de bouleversement immédiat, mais les aperçus qu'on y a gagnés ne peuvent s'oublier, et l'expérience semble orienter les gens vers un changement, vers une direction de vie plus saine. Non que ce soit aisé, bien sûr ! Le combat est souvent difficile pour mettre en pratique la nouvelle connaissance et vivre en accord avec elle.

JOHN – Tu crois que c'est ce qu'on entend par l'« étape de la conversion », au sens religieux classique ?

ROBIN – Parfois. À la décision de s'élever à une nouvelle philosophie de la vie — ou du moins à l'éveil d'un désir débordant de le faire — correspond habituellement une ouverture soudaine à sa vérité. Nous avons résisté à cette idée longtemps, mais les nouvelles informations que nous obtenons ébranlent peu à peu notre attachement à notre ancienne vision du monde. Un jour vient où nous ne pouvons plus conserver nos vieilles idées face aux témoignages qui s'accumulent. C'est alors qu'elles s'effondrent, en révélant les nouvelles idées qui s'étaient élaborées entre-temps. Oui, c'est ce que les gens religieux appellent souvent une conversion, un éveil, une renaissance.

JOHN – En lisant l'ouvrage de James, j'ai été frappé de voir le combat qui précède en général l'instant de la révélation. Les gens ont décrit leur sentiment de stress croissant, qui devenait tout à fait insupportable, et qu'ils n'arrivaient plus à gérer en recourant aux comportements passés. C'est à ce moment qu'ils avaient l'impression d'un soudain « renoncement » ! Et c'est alors qu'ils vivaient cette expérience extraordinaire.

ROBIN – Ce qui illustre joliment le fait que ce qui fait obstacle à une compréhension plus profonde des choses n'est pas une absence de connaissance, mais une incapacité — ou plutôt un refus — de voir ce qui est sous nos yeux.

JOHN – Mais ce qui « renonce » ou « lâche prise », en fait, c'est l'Ego, n'est-ce pas ? Notre ego normal, quotidien — qui limite notre perception de la réalité en mettant derrière écran les éléments de nous-mêmes que nous refusons d'admettre. Et nous ne pouvons mettre ces éléments derrière écran sans y ajouter une large proportion du reste des informations qui nous parviennent de l'univers. C'est notre ego qui laisse débranché le « hardware ».

ROBIN – De fait. Aussi ces expériences ont-elles moins de chance de se produire si nous dénions nos défauts en scotchant pour ainsi dire derrière l'écran les affects qui y sont liés. Si nous portons des œillères pour éviter tout examen scrupuleux de nous-mêmes, ces mêmes œillères nous cachent la réalité profonde du monde où nous vivons. Du coup, nous sommes plus ouverts à cette conscience plus profonde du monde — en admettant que nous soyons prêts à accepter d'autres perspectives — lorsque nos défenses sont déconnectées.

JOHN – D'accord. Mais ces expériences signifient qu'on se voit plus clairement, et moins on est sain, plus on en met derrière l'écran, plus la révélation sera douloureuse.

ROBIN – C'est vrai. Si les gens sont très malsains, une révélation de ce genre peut les « abasourdir » jusqu'à les rendre fous, ou leur faire perdre contact avec la réalité, parce qu'ils ne sont tout simplement pas prêts à supporter autant de vérité sur eux-mêmes. S'ils ne volent pas en éclats, les informations qu'ils recevront risquent d'être mal interprétées dans leur esprit, parfois d'une façon nuisible ou dangereuse — comme lorsque quelqu'un se met à penser qu'il est un messager de Dieu, ayant reçu mission de dégommer ceux qui ne sont pas de son avis.

JOHN – Et comment cette sorte d'expérience spirituelle affectera-t-elle notre groupe du milieu ?

ROBIN – Je suis certain que la majorité des gens qui font l'expérience de ce contact profond appartiennent à ce groupe du milieu, car ce sont les plus nombreux. Mais cela peut être douloureux : cela dépend de la quantité d'éléments que nous avons fourrés derrière l'écran.

JOHN – Moi, j'ai eu une expérience de ce genre. Pendant quelques secondes, j'ai eu le sentiment de comprendre ce que je faisais et pourquoi je le faisais avec une étonnante clarté. J'étais beaucoup plus conscient de ce que je pensais qu'en temps normal. C'est alors que j'ai compris qu'une bonne partie de mon comportement visait à influencer l'opinion que les autres avaient de moi. Je ne l'ai jamais oublié depuis.

ROBIN – Je crois que c'est le bouleversement qui compte — ce qui perturbe nos attitudes ordinaires.

JOHN – Et nos copains, les types du plus haut niveau de santé mentale ? Je suppose que ces expériences leur sont moins douloureuses et plus fréquentes ?

ROBIN – Je crois que oui. Encore que, comme je l'ai dit, ces expériences profondes peuvent arriver à tout un chacun. La règle générale est : une santé mentale exceptionnelle va de pair avec une capacité à connaître, au moins à un certain degré, ce sentiment profond de connexion. Toutes choses égales par ailleurs, il est probable qu'ils verront plus, et qu'ils verront plus souvent. Et comme ils sont plus conscients de leurs défauts et de leurs limites, cela leur sera moins douloureux.

JOHN – ... Je me demande si nos lecteurs s'irritent de nous entendre tous deux bavarder gravement sur le mysticisme.

ROBIN – Non, ces « états altérés de la conscience » ont été décrits partout dans le monde, par des milliers de gens qui en ont fait l'expérience.

JOHN – Y compris de respectables classiques d'anthologie comme Tennyson, Wordsworth, Coleridge — ah non, lui c'était un camé — Chesterton et Yeats. Et Blake, bien sûr.

ROBIN – Et toutes ces descriptions concordent de façon remarquable, c'est bien ce qui est surprenant.

JOHN – Et pourtant, dans ma propre éducation chrétienne, on ne mentionnait rien de tel. On se polarisait sur la théologie — sur la carte, pourrait-on dire, plutôt que sur le territoire.

ROBIN – Eh bien, les croyances théologiques servent souvent de substitut à l'expérience spirituelle, voire lui font obstacle.

JOHN – Ça m'a énormément aidé de découvrir, il y a quelques années, la description par Aldous Huxley des deux approches de la religion. Il parle tout d'abord de « la religion de l'expérience immédiate » — qui fait « entendre la voix de Dieu se promenant dans le jardin à la tombée du jour », pour citer la Genèse : la religion qui vous met en contact direct avec le divin.

ROBIN – Merveilleux !

JOHN – Ça donne des frissons, non ? Puis Huxley met cela en contraste avec l'approche occidentale ordinaire, ce qu'il appelle « la religion des symboles », qui impose un ordre et un sens au monde à travers des systèmes verbaux ou non verbaux et leur manipulation ; la religion qui porte sur la connaissance du divin plutôt qu'elle ne met en contact directement avec lui.

ROBIN – Continue.

JOHN – Eh bien, ces mots d'Huxley m'ont donné la confiance nécessaire pour poursuivre une réflexion qui allait à l'encontre de ma culture. Je l'ai modernisée en ces termes : j'ai un chat nommé Bernie. Nos rapports sont des plus affectueux, mais, en toute brutalité, je dois dire que je suis beaucoup plus intelligent que lui. Je pourrais même dire que mon chat ne me comprend pas vraiment. Son opinion de mon but dans la vie doit être, franchement, assez douteuse — pire que les tabloïds londoniens. Ça m'ennuierait beaucoup que les gens se fient aux idées de Bernie sur « mon être profond ».

ROBIN – Il ne projette pas d'écrire une biographie de toi ?

JOHN – Pas encore. Bon, venons-en au fait. Si j'emploie le mot Dieu pour désigner « tout ce qui se passe vraiment »... je parie que l'absence de compréhension mutuelle entre Dieu et moi surpasse celle qui existe entre moi et Bernie. Je ne vois pas honnêtement où est l'intérêt de le décrire tel qu'Il est vraiment, ou de dire quelles sont Ses intentions, parce que, franchement, on ne joue pas dans la même catégorie. Je ne puis pas Le sonder. Bernie, lui, j'en suis sûr, pense que mon but dans la vie, c'est d'attraper des souris. Néanmoins, je peux imaginer avoir une expérience, une forme très atténuée de contact, un peu comme un tapotement divin sur la tête, d'un grand prix à mes yeux. Mais la Trinité !... Qu'en penses-tu, Bernie ?

ROBIN – Il ne t'écoute pas, apparemment.

JOHN – Pour revenir à l'expérience du monde plus profonde, plus « connectée » dont tu parlais, elle ne semble pas beaucoup intervenir dans la religion occidentale. C'est la religion orientale qui semble lui donner priorité.

ROBIN – Il est vrai que les expériences dont nous avons parlé ne paraîtraient pas du tout étranges aux gens venus d'autres parties du globe — pas même aux chrétiens orthodoxes grecs ou russes. C'est juste qu'en Occident, cette approche de la religion — souvent appelée « mystique », et parfois « ésotérique » — intéressée par la signification « intérieure » a été pour ainsi dire mise à l'écart. Mais elle existe bel et bien dans des écrits qui vont de l'Évangile de saint Jean à Maître Eckhart et l'auteur anonyme du *Nuage d'inconnaissance*, en passant par Julienne de Norwich et Saint Jean de la Croix, et se poursuivent chez nos contemporains Thomas Merton et Bede Griffith.

JOHN – Si elle est aussi fructueuse, pourquoi n'attire-t-elle pas davantage de gens ?

ROBIN – Parce qu'il y a un gros obstacle dès le départ. Cette approche mystique, ésotérique, des doctrines religieuses considère notre état éveillé ordinaire comme un effet d'imagination, plutôt comme une sorte de rêve éveillé où nous voyons les autres selon nos attentes et nos préjugés et non comme ils sont vraiment. Le problème, c'est que nos existences ne nous apparaissent pas comme un rêve ; nous nous considérons comme pleinement conscients, et nous ne réalisons pas que nous menons la plupart du temps une vie de l'imagination, jusqu'à ce qu'une stimulation ou un choc nous mette dans un état plus éveillé et plus attentif, comme nous le constatons dans les expériences évoquées ci-dessus. À ce moment, nous sommes véritablement éveillés, et nous voyons les choses de façon plus objective. Mais très vite nous sommes de retour dans le rêve, et *imaginons* que nous sommes encore plus attentifs ! Il est extraordinairement difficile d'échapper à cette auto-illusion, à moins qu'un individu plus éveillé ne nous fasse sortir de ces rêves en nous administrant une sorte de choc émotionnel, ou nous assigne certaines tâches qui nous amènent à cette prise de conscience dès lors que nous ne pouvons pas les accomplir.

JOHN – Tu crois que c'est ce dont parle Platon dans son mythe, sur ces gens dans la caverne, dont le cou est enchaîné si bien qu'ils ne peuvent pas le tourner, et qui croient voir le monde réel mais regardent en fait les ombres jetées sur les murs de la caverne par le feu qui est derrière ?

ROBIN – Je crois que oui. La même idée est exprimée de différentes façons dans les différentes traditions. Par exemple, le Christ parle de façon très directe du fait que nous vivons habituellement dans cet état, qu'il appelle une sorte de mort où nous ne sommes qu'à moitié éveillés, et dit qu'il vient nous éveiller « à la vie dans toute sa plénitude ». Les Hindous parlent de la « maya », les Bouddhistes d'« expérience sensorielle » comme de l'obstacle à une claire perception.

JOHN – Et une partie de ce « rêve éveillé » dont tu parles est une idée fausse de nous-mêmes, une façon de rester aveugles à ce que nous sommes *en réalité* ?

ROBIN – Oui, c'est la base même du rêve ! Et plus nous sommes malsains, plus nous polissons constamment notre image de nous-mêmes, en nous attachant aux éléments que nous aimons et en repoussant ceux que nous n'aimons pas. Pour nous garder « en forme », nous passons beaucoup de temps à « revoir le scénario » après toutes les circonstances où nous ne nous sommes pas conduits conformément à notre fantasme sur nous-mêmes. Cette auto-illusion interfère avec notre capacité de voir en toute lucidité le monde extérieur et notre place dans ce monde. Jusqu'à ce que quelqu'un nous en tire par un choc, nous ne pouvons même pas commencer à changer de voie.

JOHN – Je ne saurais trouver à redire sur ce point. Depuis plusieurs années, je crois qu'un but fondamental de la religion devrait être de nous aider à rejeter des morceaux de notre ego — « Bénis les pauvres d'esprit ». Cela parce que je ne peux tout simplement pas croire que nous puissions éprouver quelque chose d'important tout en prétendant être quelqu'un que nous ne sommes pas ! Comme le disent les chrétiens, nous avons besoin d'être « comme les petits enfants ».

ROBIN – Au sens où les jeunes enfants n'ont pas encore appris à participer à l'auto-illusion que nous avons tous intégrée à l'âge adulte. Comme dans le conte d'Andersen, *Les Habits neufs de l'Empereur*, où le petit garçon est le seul à voir et à dire la vérité sans détours.

JOHN – Et cet état enfantin rend ces « expériences » plus probables ? Et vice versa ?

ROBIN – C'est un processus circulaire, je crois. Bien que ces sentiments puissent gagner les gens, quel que soit leur niveau de santé mentale, je pense que le sentiment supérieur de connexion qu'ils suscitent améliore la santé mentale, avec le temps, rend les gens plus adéquats à eux-mêmes, moins aveuglés. Et vice versa : plus nous devenons mentalement sains et ouverts à la vérité, plus il nous est possible d'avoir cette expérience de connexion avec tout, du moins de façon très élémentaire... Malheureusement, les études sur les familles exceptionnellement saines ne donnent pas beaucoup de détails quant à la nature du « système de valeurs transcendantes » qui est censé les faire fonctionner, à ceci près que les gens trouvent le « sens de la vie » dans quelque chose qui se situe au-delà d'eux-mêmes et de leurs familles. Mon impression personnelle est que les chercheurs eux-mêmes ont des attitudes très diverses quant à cet aspect et ne les explorent pas très profondément. Après tout, ils ne prétendent pas être eux-mêmes d'une santé mentale exceptionnelle, si bien que leurs propres valeurs affectent sans doute leur jugement. Et à l'époque où une grande partie de cette recherche était faite, une polarisation excessive sur l'aspect « religieux » aurait amené beaucoup de leurs collègues à rejeter leurs découvertes en bloc.

JOHN – Les chercheurs ont-ils avancé une opinion personnelle à ce sujet ?

ROBIN – Tu te rappelles avoir rencontré Bob Beavers, l'un des principaux chercheurs de Timberlawn, devenu par la suite président de l'Association américaine pour la thérapie conjugale et familiale. Il s'est intéressé à ce domaine, et a dit récemment : « Pendant les années où j'ai étudié les schémas familiaux, j'ai fini par être impressionné par un talent particulier des familles optimales, que jusqu'ici je n'ai pas cité en public. Ce talent est le suivant : connaître ses propres limites très précisément, et opérer en conséquence... puis être capable de dépasser ces frontières et de s'affranchir — des limites de son propre corps, des limites de l'âge et de la mort... une personne doit renoncer à son Ego, son Moi, et participer d'une identité plus large pour dépasser la simple identité biologique et linéaire... Les membres des familles optimales peuvent passer d'une identité à une autre, en s'identifiant de façon flexible avec le monde en général à certains moments, puis en revenant de façon très claire à une identité individuelle. »

JOHN – Très bien. Voyons si j'ai tout compris. Tu dis que le haut du panier mental est plus probablement attiré par la compréhension dite « ésotérique » des grandes religions. La tradition ésotérique permet de devenir plus conscient de son Moi véritable, d'acquérir la connaissance de soi qui augmente une probabilité supérieure d'avoir ces expériences dont nous parlons, souvent décrites comme mystiques, mais dont tu dis qu'elles sont des perceptions plus claires du monde.

ROBIN – Oui, je pense que c'est sans doute le cas. Mais comme je l'ai dit, je ne fonde pas simplement cette idée sur les découvertes des chercheurs, encore éparses, mais sur la combinaison de ce qui existe, de mon expérience professionnelle, qui m'indique ce qui se produit lorsque les gens deviennent plus sains, et de mon expérience personnelle du rapport entre santé mentale et compréhension spirituelle. Tu crées un lien entre santé mentale et expérience spirituelle avec une radicalité qui me dérange. Je ne doute pas que la bonne santé mentale et un sentiment véritable de la connexion spirituelle soient liés. Ils se favorisent mutuellement. Les gens plus sains semblent ressentir plus fortement leur connexion avec l'univers et leur appartenance à celui-ci, et ce sentiment de la signification et de la connexion est un élément vital de la santé. Mais je pense qu'il faut *quelque chose d'autre* pour qu'une personne choisisse de consacrer sa vie de façon substantielle à la quête d'une compréhension spirituelle plus profonde. Il faut sans doute une vocation, une volonté de sacrifier bien des choses à cette quête. Et plus on gagne — y compris en santé et en bonheur — plus il faut perdre ! Bien sûr, il est possible qu'on tienne là la plus haute forme de santé qui soit. Mais je ne pense pas que nous puissions faire cette réponse en nous fondant sur ton savoir ou le mien. J'ai déjà dit que pour les gens moyens comme nous, la simple tentative de comprendre la santé optimale, c'est comme essayer d'imaginer à mi-parcours le panorama qu'on observe du sommet. Parler d'un haut développement spirituel, dans notre cas, c'est comme essayer d'imaginer le panorama au sommet du mont

Everest depuis le campement situé au pied de la montagne.

JOHN – D'accord. Et ce dont on ne peut parler, il faut le taire. Oublions la « spiritualité », et parlons des aspects purement laïques de la religion. Comment résumerais-tu les bénéfices purement *psychologiques* de la pratique religieuse au niveau de santé le plus élevé ?

ROBIN – Il me semble qu'un but essentiel de toutes les grandes traditions spirituelles est de nous aider à être plus complets, plus adéquats à nous-mêmes, et à la société où nous vivons.

JOHN – En d'autres termes, son but est l'intégration ?

ROBIN – Oui. C'est même dans le langage. Les mots « entier » (*whole*), « sain » (*healthy*) et « saint » (*holy*) ont la même racine. Ils expriment la même idée.

JOHN – Eh bien, tout ce chapitre a porté sur l'élaboration de l'idée de Valeur, et nous avons appris que plus un mythe est inclusif, plus il a de valeur. Que nous parlions de fatrasie religieuse ou de bon sens séculier, nous en revenons à l'intégration. Comme à la fin de chaque chapitre ! À la fin du chapitre 1, tu as dit combien il était important pour nous d'intégrer notre partie parentale, adulte, et enfantine — notre Sur-Moi, notre Moi, et notre Ça — pour qu'ils nous soient tous disponibles. À la fin du chapitre 2, tu as souligné que les organisations les plus saines délèguent autant de pouvoir décisionnel que possible à la chaîne de commandement, encourageant chaque employé à épanouir son autonomie, en le traitant comme un individu à part entière, en maximisant ses chances de s'intégrer personnellement — et en intégrant tous les éléments de l'organisation avec une attention presque obsessionnelle à la communication. Et à la fin du chapitre 3, tu as exposé le même principe à propos d'une société très saine. Rien de surprenant à ce que nous y revenions maintenant. Mais pourquoi l'intégration semble-t-elle être la valeur ultime, la plus haute expression de la santé mentale ?

ROBIN – Parce que c'est l'opposé de la désintégration, qui est l'expression de la *mauvaise* santé mentale. Dans *Famille*, j'ai dit que la santé mentale, comme la santé physique, est une question d'équilibre, de fonctionnement harmonieux des différents éléments qui nous constituent. La maladie et le désordre signifient que l'équilibre est perturbé et que certains éléments ont une influence trop grande, d'autres une influence trop faible. Par exemple, si nos émotions sont déséquilibrées dans une direction, nous devenons trop excités, trop assertifs — c'est la manie. Dans l'autre direction, nous sommes trop abattus, et manquons d'énergie — c'est la dépression. La santé est un équilibre entre ces extrêmes. Mais si une partie de nous est détachée, déniée, égarée... adieu la santé.

JOHN – Nous sommes déséquilibrés, désintégrés.

ROBIN – Rappelle-toi que diable vient de « diabolos » — celui qui divise et fragmente. L'intégration apporte illumination et compréhension. La désintégration apporte l'obscurité et le non-sens.

JOHN – Cela signifie-t-il que notre propension à faire le mal est proportionnelle à notre degré de fragmentation ?

ROBIN – Non, c'est un peu plus compliqué que ça ! Ce n'est pas la fragmentation en soi qui produit le mal. Elle suscite des problèmes, soit, mais pas le mal. C'est *le déni* et *l'esquive* de la vérité de cette fragmentation — constituant d'ailleurs une étape supplémentaire dans la fragmentation — qui créent le mal. Si on repère la fragmentation en soi, on est déjà en contact avec le problème, on en est conscient, et on progresse vers l'intégration.

JOHN – Ce qui explique pourquoi les gens plus sains ont plus conscience de leur fragmentation que les gens moins sains ?

ROBIN – Exactement. Ou pour le dire d'une autre façon, une fois qu'on voit le mal en soi comme un mal, il devient difficile de le nourrir. Cette reconnaissance est le premier pas vers la guérison, parce qu'elle se connecte avec d'autres sentiments qui s'y opposent et veulent le changer.

JOHN – Le mal, c'est éviter de voir qu'on est fragmenté, divisé, malade ?

ROBIN – Oui. Et pour cette raison, si nous voulons rester méchants, il nous faut détruire tout ce qui est bon, intégralement ! Parce que son existence nous rappellerait par contraste notre propre mal — et ce serait une étape vers l'intégration et la santé ! Le véritable Mal tente d'éradiquer tout ce qui est bon, car le Bien finira par englober, équilibrer et intégrer la caractéristique qui, isolée, suscite le Mal. Pense aux camps de concentration où les gardiens nazis non seulement insultaient les prisonniers mais les incitaient à mal agir, pour les rabaisser à leur niveau.

JOHN – ... Tout ce qu'il nous faut, pour augmenter notre santé, c'est devenir plus conscients de nous-mêmes.

ROBIN – Et la même chose vaut pour la santé de tous les groupes auxquels nous appartenons — tous, il nous faut développer une meilleure conscience de groupe.

JOHN – C'est pourquoi Katakis dit que « l'inclusion » donne au mythe sa valeur optimale ?

ROBIN – Tout juste.

JOHN – ... et que pouvons-nous faire pour augmenter notre degré d'intégration ?

ROBIN – Tiens-toi tranquille.

JOHN – Je bouge trop ?

ROBIN – Non, c'est la réponse à ta question. Tiens-toi tranquille.

JOHN – Oh... et c'est tout ?

ROBIN – Eh bien, tu peux méditer ou contempler les « mythes » religieux, ou prier, mais se tenir tranquille est le mieux pour commencer ! J'en dirai plus au chapitre 5, lorsque nous aborderons en détail ce que les gens font pour changer leur niveau de santé mentale. Pour l'instant, je dirais que « se tenir tranquille » nous aide à être plus unis, plus entiers. À plusieurs reprises j'ai dit que la plupart de nos problèmes psychologiques viennent du déni, du fait que nous n'affrontons pas la vérité sur nous-mêmes.

JOHN – Il me semble me rappeler quelque chose de ce genre, en effet.

ROBIN – Eh bien, rappelle-toi qu'éviter la vérité est un processus hautement actif. Par exemple, nous nous occupons et nous nous bourrons le crâne de toutes sortes de choses pour tenir à distance les affects et les souvenirs douloureux. Alors que si nous restons tranquillement assis, relaxés, laissons nos émotions s'apaiser et libérons nos pensées, cette politique de l'esquive ne saurait se poursuivre. Pendant un moment, l'espace et l'ouverture s'instaurent, et nous prenons conscience des éléments de nous-mêmes que nous dénions. Mais parce que nous sommes détendus et calmes, nous pouvons affronter ce que nous évitions auparavant sans nous agiter ni nous troubler. Nous pouvons être plus intégrés, plus complets.

JOHN – Ce face à face avec la réalité recoupe les autres mesures de la santé mentale, n'est-ce pas ?

ROBIN – Comment cela ?

JOHN – Eh bien, le territoire est plus important que la carte, n'est-ce pas ? Tu dis que la meilleure chose que nous puissions faire pour nous intégrer est « d'étudier le territoire » — d'affronter notre propre expérience, sans nous laisser distraire.

ROBIN – Oui... et de laisser les informations nous guérir.

Après-propos :
... Est-ce la fin ?

JOHN – Tu te rends compte que nous avons réussi à parler de la religion sans même évoquer la mort ! Et pourtant, pour beaucoup de gens, la religion concerne essentiellement l'après-vie, et n'a aucun sens sinon...

ROBIN – Mais nous sommes en bonne compagnie. Dans les conférences que William James a données entre 1901 et 1902, et qui constituent son ouvrage *L'Expérience religieuse* — qui reste le meilleur livre sur le sujet ! —, l'auteur s'excuse en conclusion de l'avoir entièrement omise !

JOHN – Mais pour les chrétiens et les juifs, l'idée de résurrection est quand même fondamentale. Les hindouistes et les bouddhistes croient, eux, en la réincarnation...

ROBIN – Oui, on s'intéresse de plus en plus à ces sujets. Surtout qu'il y a eu récemment beaucoup de témoignages de gens tenus pour morts suivant les critères ordinaires, mais revenus ensuite à la vie, ce qui m'a certainement incité à réfléchir sur une forme de survie après la mort. Mais d'abord, il nous faut parler de la mort, et du rôle qu'elle joue dans nos vies, avant d'aborder en détail l'essence même de la mort.

JOHN – Tu veux dire notre conscience-tout-au-long-de-la-vie-qu'un-jour-ou-l'autre-on-y-passera ?

ROBIN – Oui, la façon dont nous envisageons le fait que notre temps ici-bas est limité.

JOHN – Je t'écoute.

ROBIN – Eh bien, lorsque j'ai commencé à travailler avec des groupes de patients, au cours de ma formation, j'ai remarqué qu'après un an ou presque, la différence la plus importante entre ceux qui allaient mieux et les autres renvoyait aux sentiments et attitudes dits « spirituels ».

JOHN – Au sens large...

ROBIN – Oui, rien à voir avec la croyance religieuse orthodoxe ou conventionnelle. De fait, l'avènement de cette attitude plus « spirituelle » impliquait souvent une rupture avec les marottes religieuses auxquelles ils s'accrochaient jusque-là...

JOHN – ... avec la façon dont les gens moins sains, à t'entendre, utilisent la religion ?

ROBIN – Voilà. Certains de ceux qui ont évolué ont certainement cessé de penser qu'il suffisait de croire à une idée ou d'observer des rituels pour améliorer leur vie comme par magie. Ce genre d'attitude était remplacé par le sentiment réel de faire partie d'un dessein plus grand.

JOHN – Le « sentiment de la connexion » que nous avons martelé *ad nauseam* dans le dernier chapitre ?

ROBIN – Oui. À mesure que les gens développaient ce sentiment, d'autres choses se produisaient. Ils devenaient plus satisfaits, plus heureux, plus à même de s'impliquer — de s'engager envers les autres, leur travail et leur vie en général. Ils y prenaient plus de plaisir, développaient des relations plus profondes et plus satisfaisantes, et commençaient à vivre pleinement. Pendant ce temps, les symptômes pour lesquels ils étaient venus consulter — essentiellement liés au fait qu'ils étaient malheureux, incapables de nouer des relations, ne trouvaient pas de sens à la vie ou en étaient déconnectés — tous ces sentiments épineux s'effaçaient comme des figures sur le sable, que la vague recouvre et efface.

JOHN – Quel était le lien entre tout cela et leur attitude envers la mort ?

ROBIN – Leur peur de la mort s'estompait. Tu vois, les gens sains, qui sont pleinement vivants, entièrement impliqués, entièrement engagés, n'ont pas peur de la mort. Ils sont trop occupés à tirer le maximum de la vie, trop remplis pour perdre leur temps à y réfléchir, sinon d'un point de vue pratique, quand il s'agit de faire leur testament, de prendre une assurance pour leur famille ou de se demander comment ils aimeraient employer le peu de temps qui leur reste.

JOHN – Mais est-il vraiment très sain de vivre avec la conscience que nous allons mourir, et de méditer parfois à ce sujet ?

ROBIN – Certainement. Le maître bouddhiste Padmasambhva a dit : « Ceux qui pensent avoir beaucoup de temps ne s'apprêtent qu'au moment de mourir. C'est alors qu'ils sont ravagés par le regret. N'est-ce pas trop tard ? »

JOHN – Ceux de tes patients qui ont développé ce sens de la connexion étaient capables de s'intéresser à leur vie présente plus qu'à leur mort à venir. Ils voyaient le verre comme à demi plein, et non à demi vide.

ROBIN – Oui. Et plus encore. Si nous sommes pleins de joie de vivre et profondément impliqués dans nos rapports avec les autres, nous ne sommes pas à demi pleins, mais bel et bien pleins d'expériences positives, que nous soyons âgés de sept ou soixante-dix ans. Mais si nous nous faisons du souci à l'idée de perdre ce que nous avons, nous limiterons notre engagement et notre plaisir pour atténuer notre douleur quand cette perte se produira. C'est alors que nous alimentons des sentiments de vide et de perte, et notre verre ne nous paraît pas même *à demi* plein.

JOHN – C'est un peu comme jeter son dîner pour s'épargner le traumatisme de découvrir, après l'avoir mangé, qu'on l'a fini !

ROBIN – Exactement. C'est fou ! Mais tous, nous faisons cela.

JOHN – Et tu dis que les gens qui, dans tes groupes, ne développaient pas ce sentiment de « connexion » ne progressaient pas comme les autres.

ROBIN – Pas au même degré. Je me rappelle quelqu'un qui incarnait, de façon caricaturale, les gens qui stagnent. Il avait une crainte terrible des espaces ouverts et de la mort. Il passait la plupart de son temps dans le groupe à essayer de convaincre tout le monde que la religion, c'était des bêtises, mais avec une sorte de désespoir. Quoi qu'il en soit, son hostilité envers la religion et son besoin de l'attaquer, comme s'il avait peur d'être contaminé ou dévoré tout cru s'il s'approchait trop, occupaient la majeure partie de son attention. Cela lui semblait plus important que ses inhibitions.

JOHN – Comment expliques-tu cela ?

ROBIN – Il avait peur de perdre le contrôle, ce qui allait de pair avec la crainte de s'engager envers les autres, de dépendre d'eux, d'être contrôlé par eux. Tout sentiment de connexion spirituelle avec l'univers le terrorisait parce que cela aurait signifié une totale dépendance — l'univers l'aurait pour ainsi dire mis sous sa coupe.

JOHN – En s'isolant, il « sentait » qu'il avait le contrôle de tout...

ROBIN – Exactement. Aussi longtemps qu'il se comportait ainsi, il pouvait conserver son fantasme d'indépendance absolue — d'être l'ultime étranger, le dieu créateur, le maître de tout ce qu'il observait. Et il développait cette idée *ad absurdum* : il craignait de s'investir dans sa vie, car elle pouvait lui être retirée, et il lui faudrait accepter la réalité de la mort.

JOHN – ... Ne plus être vivant, c'était pour lui une manière de contrôler la mort ?

ROBIN – Exactement. Ça ne fait pas sens du tout quand c'est vu par un autre, de l'extérieur. Mais pour quelqu'un piégé à l'intérieur de ce genre de raisonnement, ça paraît tout à fait logique. Pour eux, éviter de vivre sa vie à fond fait sens : on a moins mal quand on la perd.

JOHN – Comme si on gardait le pied sur le frein de la voiture pour réduire les dégâts en cas de collision.

ROBIN – C'est le genre de raisonnement qui fonde ce comportement, oui.

JOHN – Et bien sûr, cette attitude style « arrêtez-le-monde-je-veux-descendre » interdit à quiconque de tirer profit de son existence.

ROBIN – C'est juste. Ceux qui craignent la mort craignent de vivre pleinement. Ils sont déjà à moitié morts de leur propre chef. Et leur terreur à l'idée de perdre la vie est paradoxalement une terreur à l'idée de mourir avant d'avoir décidé de commencer à vivre ! Ce qu'ils craignent de faire, bien sûr, parce qu'ils craignent de devoir en venir à perdre la vie.

JOHN – Muriel Volestrangler n'aurait pu mieux parler. C'est une impasse... à la *Catch 22* *.

ROBIN – C'est un raisonnement si absurde que je dois toujours me le répéter plusieurs fois avant d'en faire le tour ! Mais une fois qu'on comprend ce que c'est, on peut le rompre et commencer à vivre.

JOHN – Et *comment* s'y prend-on pour le « rompre » ?

---

* *Catch 22* : roman antimilitariste de Joseph Heller, publié en 1961. Le titre renvoie à l'article fictif 22, introduit par l'état-major pour décourager les tire-au-flanc, notamment les soldats qui prétendent souffrir de troubles mentaux : « Quiconque veut se faire dispenser de l'obligation d'aller au feu révèle un esprit conséquent : étant sain d'esprit, il n'a dès lors plus droit à aucune dispense. »

ROBIN – C'est comme l'acte de marcher.

JOHN – Marcher...

ROBIN – Explique-moi comment tu fais pour marcher. Quels mouvements ?

JOHN – On met un pied en avant, puis l'autre, et c'est parti.

ROBIN – Oh non ! Ce serait marquer le temps, faire du pas de l'oie sur place. On n'avancerait pas.

JOHN – ... là, je suis coincé. Je croyais pourtant maîtriser la chose.

ROBIN – On *tombe*.

JOHN – Oh oui ! tout à fait ! Oui ! Je le savais bien...

ROBIN – Si on observe ce qui se passe quand on marche, on voit qu'on commence par se pencher en avant. On se laisse tomber, en fait — c'est comme ça qu'on fait un mouvement en avant. Puis on se rétablit en avançant un pied sous le nouveau centre de gravité. On réitère ce mouvement, mais toujours en se laissant tomber en avant, jusqu'à ce qu'on décide de s'arrêter et qu'on se penche en arrière pour mettre fin à la chute. Essaie. C'est plus facile de ressentir cet effet de chute si on marche à reculons, ce qui est moins habituel : on remarque plus facilement chaque mouvement singulier.

JOHN – Évidemment qu'on tombe. Tout le monde sait ça. Et quel rapport avec la mort ?

ROBIN – Eh bien, vivre implique le même type de mouvement que marcher, mais au sens psychologique.

JOHN – ... Tu veux dire, ne pas avoir peur de tomber en avant dans le futur ? Tout lâcher, plutôt que de tenter de contrôler les choses en se retenant ?

ROBIN – Exactement. Suivre le courant. Accepter ce qui vient, être entièrement vivant et conscient à chaque moment. Ne pas essayer de s'accrocher au passé. C'est alors qu'il n'y a pas de crainte, on embrasse la vie avec une attitude « le tout pour le tout » et on en extrait la moindre parcelle d'expérience et de plaisir. Mais bien sûr, c'est accepter de tomber en avant vers sa propre mort.

JOHN – Ce qu'on fait de toute façon. Refuser de l'admettre ne ralentit pas le cours des choses.

ROBIN – Non. Et pourtant les attitudes craintives, hésitantes, garder-le-pied-sur-le-frein, reviennent à tenter, illusoirement, d'arrêter le temps. Et ce que j'essaie de montrer à travers cette image de la marche, c'est l'attitude qui peut mener à une façon de vivre véritablement excitante, heureuse, productive. La vie devrait être une addition permanente du passé. Bien sûr, nous conservons nos souvenirs — même nos chers défunts continuent à vivre en nous après leur perte — mais seulement si nous cessons de nous accrocher au passé, et que nous laissons entièrement aller ce qui est achevé en ce bas monde.

JOHN – La plupart d'entre nous résistons au changement en nous accrochant à toutes sortes de choses — les gens, notre groupe social, un lieu ou une époque particuliers, des routines, des attitudes, des opinions, voire des images de nous-mêmes...

ROBIN – ... oui, à tout ce que nous pouvons trouver. Comme un bébé s'accroche à son ours en peluche.

JOHN – Bon, tu as expliqué la façon dont nous sommes affectés au cours de notre existence par le fait que nous sommes mortels. Progressons... En vieillissant, nous devenons de plus en plus conscients que la mort se rapproche, que notre court délai se raccourcit encore...

ROBIN – Oui. On ne pense pas beaucoup à la mort, en général, quand on a vingt ans, mais vers la fin de la trentaine et au début de la quarantaine, on réalise soudain qu'on est à mi-parcours. Si on a géré convenablement sa profession, et qu'on a raisonnablement réussi, on pense que tout va bien, mais on commence à trouver la vie un peu vide. Tout ce qui comptait jusqu'ici — les possessions matérielles, l'opinion d'autrui — semble moins important.

JOHN – Je connais un médecin qui dit qu'il n'a encore jamais entendu personne déclarer sur son lit de mort : « Si seulement j'avais passé plus de temps au bureau. »

ROBIN – Magnifique ! Vers cet âge, nous commençons à sentir qu'il doit y avoir quelque chose de plus, mais nous ne pouvons voir ce que c'est.

JOHN – Et c'est l'essence de la « crise à mi-parcours » ? La première moitié de notre existence ne nous a pas paru si longue ; on a l'impression d'avoir gâché pas mal de temps ; on n'est pas très satisfait de ce qu'on fait à présent non plus. La vie paraît soudain très courte, et on ne sait pas trop quoi *faire* contre ça...

ROBIN – C'est pourquoi on se sent déprimé. C'est une réaction saine, un signe que nous re-dessinons notre carte du monde, changeons nos valeurs. Et si tout va bien à ce stade, notre désillusion à l'égard des valeurs conventionnelles et stéréotypées sur lesquelles nous avons fonctionné mène à un retour vers l'univers intérieur et les satisfactions plus profondes et constantes de la vie : on explore plus profondément ses relations avec les gens, on fait plus attention à la nature, à la beauté, à l'art ; on s'intéresse davantage aux doctrines spirituelles et à ce qu'elles nous apprennent sur le sens et le but de la vie. Bien sûr, nous ne perdons pas ce qui est réel dans notre éducation et notre expérience ! Nos connaissances, nos talents, nos compétences sociales et notre capacité à fournir un travail utile et à gagner notre vie demeurent *utiles* ! Mais nous en revenons de plus en plus à une vie intérieure forte, où nous nous attachons à explorer des éléments et des parties de nous-mêmes que nous avions négligés jusqu'à maintenant. Nous commençons à faire des choses auxquelles nous sommes personnellement attachés plutôt que des choses dont nous pensons qu'il est de notre devoir de les faire !

JOHN – C'est exactement ce qui m'est arrivé. Des projets que j'aurais poursuivis presque sans réflexion il y a quelques années me paraissent fort peu attrayants — et même vains, comme si j'avais « déjà fait ça » et que ça ne m'apportait rien. À l'inverse, le plaisir que je tire de choses simples, sans rapport avec le succès, est si énorme que la vie en semble infiniment plus riche.

ROBIN – C'est ce qui se produit, à condition que cet abandon des ambitions précédentes au profit de la vie intérieure ne se voie pas opposer de résistance. La vie devient vraiment de plus en plus riche et agréable à mesure qu'on progresse en âge. En termes de « comment se sent-on », c'est comme si on vieillissait jusqu'à la quarantaine, puis qu'on avait ensuite l'impression de rajeunir.

JOHN – Je me sens certainement plus jeune *psychologiquement*. Cela a donc à voir avec l'idée d'une « seconde enfance » ?

ROBIN – Absolument. Bien sûr, certaines personnes trouvent ce changement négatif — parce qu'on devient moins conventionnel, moins âpre à la tâche, plus irresponsable. Mais d'autres voient cette étape comme quelque chose de bien plus intéressant — la vie est plus heureuse, plus détendue, plus agréable, plus drôle.

JOHN – ... et plus *ludique*.

ROBIN – Voilà ! L'idée d'une seconde enfance implique qu'après quarante ans, nous commençons à redécouvrir quelque chose que nous avions enfant, mais que nous avons perdu à vingt ans — l'esprit de jeu ! Tu vois, à notre naissance, nous commençons par être entièrement nous-mêmes, et pas encore affectés par d'autres gens, leurs attitudes et leurs problèmes. Nous sommes réels, spontanés, naturels, et pleinement vivants. Dans nos premières années, la vie est un *jeu* pour nous.

JOHN – Nous nous amusons et nous découvrons des choses pour elles-mêmes, parce qu'elles nous intéressent. Tout cela se fait naturellement.

ROBIN – Oui. Nous sommes fidèles à nous-mêmes, parce que nous ne connaissons pas d'autre façon de fonctionner. Mais très tôt, nous apprenons ce que notre famille approuve, désapprouve, ou dénie. À l'âge de quatre ans, nous commençons à copier, à imiter, à nous initier au rôle d'adulte. Un charme, à cet âge, c'est le mélange des deux, la façon dont les enfants *jouent aux adultes*, en portant les chaussures à hauts talons de maman et le chapeau feutre de papa.

JOHN – Et se font louer d'être plus « adultes » lorsqu'ils apprennent à occuper leur place.

ROBIN – Cette période est le commencement de la fin des premiers temps, où nous étions authentiquement nous-mêmes, où nous vivions selon notre essence. À partir de là, la pression des attitudes familiales, puis l'école, la socialisation en général, puis le monde du travail et la réussite sociale enterrent de plus en plus cette partie fraîche et essentielle. Nous perdons le contact avec elle en passant sous le contrôle d'autres influences.

JOHN – Et nous en venons à vivre en nous comparant aux autres ; chaque personne cesse d'être unique, est évaluée par les autres, et apprend à s'évaluer soi-même selon un étalon commun. Tout le monde finit par porter des jeans, ou des chapeaux melon, et se demande avec préoccupation s'il est « de son temps » ou s'il « retarde ».

ROBIN – Oui. Et en ensevelissant la partie originale et spontanée, cette aliénation par rapport à notre Moi essentiel atteint son sommet entre la vingtaine et la trentaine. Il suffit de regarder quelques pubs pour la bière pour comprendre ce que je veux dire...

JOHN – Ce monde du travail, de la réussite, où on « se prouve à soi-même qu'on est quelqu'un »... tu crois qu'il peut nous nuire ?

ROBIN – Pas du tout. On peut certes trouver assez ennuyeux de fréquenter des gens de cet âge, ou se rappeler qu'on était comme eux mais que nos intérêts ont changé. Mais c'est une partie normale et nécessaire du processus de croissance. Il nous faut y passer. Il nous faut apprendre à faire face au monde, à gagner notre vie, à jouer un rôle utile dans la vie. Mais nous perdons néanmoins quelque chose d'immensément précieux lorsque nous perdons contact avec la partie enfantine, spontanée, essentielle qui sait *jouer*.

JOHN – Et tu dis que nous nous y reconnectons lorsque nous réalisons peu à peu que notre bail sur cette planète arrive à terme ?

ROBIN – Nous nous reconnectons, et nous y prenons un plaisir d'autant plus vif que nous l'avions perdu momentanément.

JOHN – Très bien. Mais je viens de réaliser quelque chose. Nous parlons joyeusement de jeu... et je ne suis pas bien sûr de comprendre ce que tu entends par ce mot.

ROBIN – Johan Huizinga a écrit un ouvrage fabuleux à ce sujet, intitulé *Homo Ludens*, qui semble en explorer chaque facette. Mais les aspects que je sélectionnerai sont les suivants : a) il faut que ce soit involontaire, l'impulsion doit venir du dedans — il faut choisir de jouer ; b) bien que dans un certain sens ce ne soit pas « sérieux », ça l'est dans la mesure où c'est entièrement absorbant, et que nous y consacrons une attention intense ; c) nous nous y livrons sans nos réserves ou nos calculs habituels. Nous sommes désintéressés, affranchis des ambitions ou préoccupations de « succès », parce qu'il n'y a aucun profit ni avantage pratiques ; d) c'est lié à la découverte, à la création d'un ordre, à la compréhension ; e) nous ressentons également de l'incertitude et de la tension quand nous y sommes engagés. Le fait que c'est spontané nous fait prendre un risque, notamment celui de nous découvrir plus pleinement. Enfin, comme Platon, Huizinga voit le jeu comme quelque chose qui permet d'atteindre ce niveau profond où on trouve la compréhension religieuse.

JOHN – Tout cela sonne juste, mais ça devient trop compliqué ! Peux-tu le simplifier ?

ROBIN – Lorsque nous jouons, nous entrons plus profondément en contact avec la partie la plus essentielle, réelle et unique de nous-mêmes, que nous vivons à fond. La relaxation et la ludicité qui vont en augmentant dans la seconde partie de la vie et l'intérêt croissant pour les relations, la nature, les questions spirituelles qui l'accompagne, relèvent de la même chose.

JOHN – Et cela dure jusqu'à la fin ?

ROBIN – Oui, pour autant que je puisse voir, du moins chez ces personnes âgées que j'ai connues en bonne santé et en pleine forme. Je ne peux que parler pour moi-même, et dire que la vie est devenue régulièrement plus agréable pour moi. Je me suis senti gagner en liberté, en détente, et devenir plus ludique à mesure que je vieillissais, si je me réfère aux souvenirs que j'ai de moi avant la cinquantaine. C'est pourquoi je pense que le mouvement vers un esprit plus ludique, un plus grand plaisir doit se poursuivre et s'accélérer jusqu'à la mort, parce que la conscience d'un délai limité « fait des prodiges pour la concentration », pour citer le Dr Johnson à propos de la pendaison, et donne une conviction toujours plus grande que rien d'autre n'a d'importance. La dernière partie de l'existence peut être la plus remplie et la plus heureuse, voire compenser les malheurs passés. Après tout, quand on voit finalement la vérité, le temps pendant lequel on n'a pas su la reconnaître n'importe pas.

JOHN – C'est vrai ?

ROBIN – Bien sûr. Par exemple, si à travers un malentendu on vient à penser que quelqu'un à qui on fait confiance vous trahit, et que par la suite on découvre soudain que ce n'est pas le cas et que c'était une erreur, ce moment de vérité abolit tout le malheur passé, lorsqu'on craignait le pire. On a maintenant un ami qui a toujours été digne de confiance, et non pas un ami qui était indigne et a cessé de l'être. Non seulement le présent est changé, mais le registre du passé est rectifié, et on peut se réjouir des deux. Je suppose qu'on se ficherait des claques pour s'être trompé, mais ça, c'est autre chose.

JOHN – Ainsi, l'approche à distance de la Faucheuse est en fait cause de réjouissance, puisqu'elle nous amène à réévaluer nos vies, à rejeter celles de nos attitudes qui nous brident, si bien qu'on peut aborder une phase bien plus agréable, épanouissante et ludique de notre vie.

ROBIN – La prise de conscience peut avoir cet effet positif, oui.

JOHN – Néanmoins... tandis que nous rédigions cet ouvrage, je me rappelle combien nous avons ressassé l'idée que la mort était au centre de notre propos — et puis, nous l'avons oubliée pendant des mois, jusqu'à ce que nous nous apercevions de l'omission.

ROBIN – C'est parce qu'elle est imprégnée d'angoisse, et qu'elle nous affecte comme tout un chacun.

JOHN – Je vois. Hum... bon... maintenant nous avons, de fait, atteint le thème de... euh, l'essence de la mort. Nous ne pouvons pas différer plus longtemps...

ROBIN – Oh, nous n'y sommes pas *encore* tout à fait.

JOHN – Ooouf !

ROBIN – Je sais que tu vas penser que je change de sujet, mais il nous faut parler de la période qui précède la mort, cette partie de notre vie où nous savons que nous n'avons plus qu'un temps limité à vivre.

JOHN – Que savons-nous là-dessus ?

ROBIN – En revenant aux principes fondamentaux de ce que nous avons dit sur le changement, le fait de savoir que nous allons définitivement mourir dans un délai limité signifie que nous faisons face à un changement massif, une dramatique perte d'espoir. La carte de notre monde devient soudain inutile, et à moins que nous n'ayons affronté l'idée de la mort et que nous nous y soyons préparés plus tôt dans la vie, il nous faut presque repartir de zéro. C'est un énorme stress, et après le choc initial qui nous engourdit, nous ressentons l'immense tristesse, que suscite une perte si essentielle...

JOHN – Et si on en fait l'économie, cela amènera un gel des affects — et donc une dépression ?

ROBIN – Correct. Comme nous l'avons dit en détail dans *Famille*, la dépression est un refus de changer, une façon de s'accrocher à des espérances passées, à la vieille carte. Et le gel des sentiments douloureux signifie simplement qu'on ne les gère pas, quoiqu'ils soient là, souterrainement. Ils peuvent dès lors s'exprimer dans une maladie psychologique ou physique. Que ce soit la mort proche d'un être cher, ou notre propre fin, tout ce qui se produit à ce moment dépend de la façon dont la perte est envisagée. Ce processus a été étudié par un certain nombre de gens, mais Elizabeth Kübler-Ross, qui a pour vocation d'aider la profession médicale à comprendre la mort, a noté une série de réactions différentes qui semblent fréquemment se suivre, encore qu'elles puissent aussi se recouper.

JOHN – Qu'est-ce qui vient en premier ?

ROBIN – Tout d'abord, comme nous l'avons dit, il y a le choc, l'engourdissement. Les gens tendent à se cacher à eux-mêmes que la sentence de mort est tombée. Lorsque le choc s'efface, vient la colère...

JOHN – « Pourquoi moi ? »

ROBIN – Oui. Et moins la personne est terre à terre, plus il est probable qu'elle se répandra en imprécations contre le sort, blâmera les médecins, ou le premier venu... ou soi-même, en se sentant infiniment coupable, ce qui revient au même...

JOHN – ... On a le sentiment qu'on devrait pouvoir contrôler le monde, et arrêter tout ce qui se produit contre son gré ?

ROBIN – Je crois que c'est bien cela. Et cela mène à une phase que Kübler-Ross nomme « le marchandage », qui est encore un espoir de contrôler la situation, à travers une forme de marché, et non une simple revendication indignée pour que le monde se plie à ses désirs.

JOHN – Je ne comprends pas. Avec qui marchandent-ils — le Destin ?

ROBIN – Ou Dieu, ou qui que ce soit. Lorsque les gens réagissent comme ça, ils exploitent l'élément fondamental de leur personnalité que nous appelons l'« Enfant », et bien entendu ils requièrent un « Parent » pour améliorer les choses. Mais peu à peu, à force d'affronter la réalité et de redessiner la carte mentale, viennent la tristesse, le deuil, qui, comme tu l'as dit, peuvent être bloqués et mener à la dépression. Mais si on fait face à la douleur, la carte est peu à peu redessinée de façon à intégrer les ajustations massives devenues nécessaires, puis vient l'étape finale de l'acceptation. Il y a de la place pour des sentiments positifs : l'amour, la gratitude, le plaisir de la vie peuvent revenir.

JOHN – Et cette phase se produit vraiment ?

ROBIN – Oh oui, si la personne finit par renoncer à son désir de contrôler le plus incontrôlable des événements. Si tu visites un hospice, tu verras à quel point cela peut être positif.

JOHN – ... Et enfin, on devient « feu Moi ».

ROBIN – Inutile de te dire que personne ne sait vraiment ce qui se passe ! Ou si c'est le cas — les gens qui affirment avoir vécu des vies antérieures, et s'être réincarnés, par exemple — les témoignages sont admis par certains, et réfutés par d'autres. Bien sûr, chaque civilisation croit en la survie, d'une façon ou d'une autre. Cela fait partie du mythe particulier qui les fonde. Mais comme les mythes sont différents, ils ne peuvent pas tous être vrais, ou constituer la vérité tout entière. La question est donc encore ouverte.

JOHN – Superbe baratin. Mais toi, qu'en penses-tu ?

ROBIN – Eh bien, j'ai longtemps estimé que tout prenait fin à la mort, et cela ne me perturbait pas. Je ne voyais pas pourquoi je vaudrais la peine d'être préservé, et j'étais heureux de goûter ma vie présente, notamment mes rapports avec les autres, de développer mes talents et de mûrir à travers mes expériences. Mais ces dernières années, j'ai commencé à m'inquiéter de l'éventualité d'une vie après la mort...

JOHN – T'inquiéter ! Pourquoi ?

ROBIN – Parce que, je suppose, cela implique une révision massive de ma carte mentale — comme la *perte* de la croyance en une vie après la mort chez quelqu'un qui a toujours pensé que c'est vrai.

JOHN – Qu'est-ce qui t'a fait changer d'avis ?

ROBIN – Eh bien, tout d'abord, l'univers étant l'endroit le plus étonnamment efficace qui soit, il serait très étrange que notre partie essentielle, spirituelle, dont je suis pleinement conscient, ne fût pas recyclée et réutilisée. Ensuite, j'ai commencé à découvrir qu'il y avait un tas de témoignages étranges sur la réincarnation, difficiles à rejeter ou à expliquer différemment. Je ne veux pas dire qu'il existe des faits qui tranchent, mais il faut prendre en compte l'étendue des recherches sur le sujet. Cela m'a ouvert l'esprit sur une telle possibilité. Certains des cas examinés par le Professeur Ian Stevenson de l'université de Virginie sont extraordinairement convaincants. Néanmoins, pour moi les témoignages les plus convaincants qu'il y a quelque chose après la mort, ce sont les documents sur ce qu'on appelle les expériences de mort approchée.

JOHN – Ces gens qu'on a crus morts, qui présentaient des symptômes trop proches de la mort pour laisser espérer une rémission, et qui reviennent à la vie, et peuvent se rappeler ce qui s'est passé au moment de mourir.

ROBIN – Oui. Certains des premiers comptes rendus ont été rapportés au Club suisse-alpin par un professeur de géologie, Albert Heim. Féru d'alpinisme, il a eu lui-même quelques accidents quasi fatals, et a été surpris par ses réactions. Il a trouvé bien d'autres montagnards qui avaient connu des expériences similaires lorsqu'ils avaient affronté la mort, et a examiné ce phénomène de plus près.

JOHN – Qu'a-t-il découvert ?

ROBIN – La première chose, c'est que la contemplation d'une mort proche ne suscitait ni douleur, ni angoisse, ni chagrin, ni désespoir. Au contraire, les personnes avaient toutes accepté leur situation périlleuse calmement : la perception était très claire ; et le temps passait comme si une seconde devenait une minute, une minute devenait une heure — comme s'il y avait tout le temps de réagir, et du coup les réactions avaient la vitesse de l'éclair.

JOHN – Ce pourrait être des trucs répondant à une évolution normale. L'engourdissement qu'on ressent après un choc sévère, et l'efficacité plus grande de la réaction seraient autant de réflexes de conservation.

ROBIN – D'accord. Mais les autres faits découverts par Heim ne sont pas si faciles à expliquer. Par exemple, il y avait souvent un rapide passage en revue de sa vie.

JOHN – Comme l'idée traditionnelle d'une série de flashbacks, une espèce de « Morceaux choisis de ma vie » ?

ROBIN – Oui. Ils disaient aussi avoir entendu de la musique et vu des scènes d'une beauté transcendante. Certains avaient aperçu une silhouette venir à leur rencontre.

JOHN – Oui, mais Darwin verrait dans tout cela des points de focalisation offerts à l'esprit par l'inconscient pour le détourner de l'expérience présente.

ROBIN – L'opposé de ce qu'était l'explication ici ? Cela dit, je ne mentionne Heim que pour l'apéritif. Bien d'autres chercheurs ont maintenant examiné ces expériences de mort approchée à travers des centaines et des centaines de cas. Tous les gens qu'ils ont interrogés ont décrit des expériences très similaires.

JOHN – Telles que... ?

ROBIN – Ils ont dit habituellement que les moments où le personnel médical les considérait comme mourants — ou vraiment morts suivant les critères médicaux — étaient en général très positifs. Il s'installait un sentiment de paix et de bien-être, de beauté, de joie, d'amour. Quand les signes médicaux indiquaient la « mort du cerveau », la moitié des gens interrogés ont rapporté qu'ils quittaient leur corps et le voyaient d'en haut, comme s'ils étaient les spectateurs de leur propre mort.

JOHN – Sans éprouver douleur ni angoisse ?

ROBIN – Sans éprouver de douleur, à coup sûr. C'était comme si leur souffrance physique était à son terme. Ils étaient souvent surpris et se demandaient ce qui allait leur arriver ensuite.

JOHN – Et alors ?...

ROBIN – Ils avaient l'impression de se déplacer à une très grande vitesse à travers un espace noir, souvent décrit comme un tunnel sombre. Mais ils s'apercevaient qu'il y avait une lumière à l'autre extrémité, qui devenait de plus en plus brillante à mesure qu'ils l'approchaient. Puis ils se sentaient pénétrer dans le monde d'où venait cette lumière. Ce qu'ils éprouvaient à ce moment semble indescriptible. La plupart parlaient d'une grande brillance, d'une beauté ineffable. Et ils sentaient une sorte de présence — un « être de lumière » qui irradiait l'amour et la compassion, et les enveloppait de sa chaleur. Certains ont même dit de cet être qu'il avait le sens de l'humour !

JOHN – Ça, ça me plaît ! Un chauffeur de salles aux portes du Ciel... Mais je suis confus — cette « présence » était une personne ?

ROBIN – Les gens éprouvaient cela différemment. Pour certains, qui appartenaient à une grande religion, ce guide pouvait être Dieu, Bouddha, ou Jésus. Pour d'autres, il ne semblait pas avoir une forme identifiable.

JOHN – C'était donc une entité que certains identifiaient selon leurs références religieuses. Bien... et que ressentaient-ils de commun ?

ROBIN – Tout cela était si positif qu'ils voulaient rester, et non plus retourner à leur vie sur terre.

JOHN – Ils s'attendaient à y retourner ?

ROBIN – Non. Ils étaient heureux d'être dans ce monde nouveau. Mais ensuite, on leur a dit que leur temps n'était pas venu de mourir, et qu'il leur fallait revenir sur terre achever leur vie.

JOHN – On leur a dit pourquoi ?

ROBIN – Oui. Les motifs invoqués étaient que d'autres avaient encore besoin d'eux — leurs enfants, par exemple — ou qu'il y avait des choses dans leur vie qu'il leur fallait mener à terme, quelque chose qu'ils devaient apprendre, qui restait inachevé.

JOHN – Et ces raisons étaient trop bonnes pour être discutées ?

ROBIN – Oui, systématiquement ils admettaient qu'il leur fallait rentrer et tirer leur peine jusqu'au bout ! Mais l'important, c'est que leur motif de retour était habituellement désintéressé, c'était comme un service rendu à une cause plus élevée.

JOHN – Quel a été l'effet à long terme de ces expériences de mort approchée quand ces gens ont repris leur vie ?

ROBIN – Il paraît que ça a été très positif. Ils disent que leurs sentiments s'en sont trouvés comme renouvelés, qu'ils ont comme recommencé la vie. Ils semblent être devenus plus ouverts, plus aimants, plus compatissants. Les questions matérielles sont devenues moins importantes à leurs yeux.

JOHN – Autre chose ?

ROBIN – Ils se sentaient le devoir d'épanouir leurs dons et leurs talents laissés en friche, notamment pour aider les autres. Et ils revenaient désireux d'une compréhension plus profonde de la vie, d'un but et d'un sens. Leur vision de la religion était habituellement changée ; ils avaient le sentiment d'un contact plus direct avec une puissance supérieure. Mais cela s'accompagnait d'une attitude plus relâchée à l'égard des formalités religieuses, comme si elles étaient moins importantes que l'expérience intérieure dont ils avaient eu un avant-goût direct.

JOHN – Une grande proportion de ces expériences a suscité un intérêt accru pour les questions spirituelles.

ROBIN – De fait. Un psychologue nommé David Rosen a étudié récemment le cas de personnes qui avaient tenté de se suicider en sautant du Golden Gate Bridge de San Francisco, et s'étaient ratées.

JOHN – Elles avaient raté le sol ?

ROBIN – J'imagine que la plupart visaient la mer ; cela dit, elles ont relativement bien atterri.

JOHN – Et elles ont survécu pour raconter quoi ?

ROBIN – Tout le monde a dit avoir ressenti pendant et après le saut « un sentiment de renaissance spirituelle et d'unité avec les autres, l'univers et Dieu ». Résultat, nombre d'entre elles se sont converties.

JOHN – Peut-être l'Église anglicane ferait-elle bien d'introduire une forme de saut à l'élastique dans ses messes du matin. Bon... comment l'expérience d'un coup d'essai comme celui-ci change-t-elle la vision de la mort ?

ROBIN – C'est l'un des effets les plus saisissants. Les gens qui ont survécu à l'expérience semblent perdre leur peur de la mort, et en ressortent avec une conviction raffermie d'une vie après la mort.

JOHN – Tout cela est très positif. Un docteur Pangloss comme toi doit être satisfait. Mais personne n'a eu une expérience de mort approchée négative ?

ROBIN – Certains, si. Ils semblent être une minorité, même si on peut se demander si d'autres n'ont pas eu une expérience négative qu'ils auraient ensuite oubliée. Cependant, même dans ces cas, les gens ont encore le sentiment d'une *continuité de la vie*. Mais au lieu d'éprouver des sensations de quiétude et d'assentiment, ils sont pris de panique, comme s'ils étaient entrés dans un environnement maléfique, infernal.

JOHN – Quelle est la différence entre les gens dont l'expérience a été négative et ceux dont l'expérience a été positive ?

ROBIN – Les comptes rendus ne sont pas très clairs là-dessus. Mais je suppose qu'il s'agit de gens qui ont éprouvé des émotions négatives puissantes. Grof et Halifax ont mené des recherches très intéressantes sur les expériences de patients atteints de cancer à qui on a donné une drogue hallucinogène, le LSD. Nombre de patients ont eu des expériences positives semblables par certains aspects à celles des gens qui ont approché la mort. Il y avait un sens vivace d'émerveillement, de respect, de signification profonde et une conscience aiguë de la nature, et souvent le sentiment religieux du genre « océanique » dont j'ai parlé. Cela pouvait passer par une rétrospective de leur vie, ou même dans certains cas de vies antérieures. Comme chez ceux émergeant d'expériences de mort approchée, leur angoisse de la mort disparaissait parce qu'ils n'y voyaient plus la fin de tout mais une forme de transition de conscience. Certains des patients, cependant, avaient des impressions très négatives, infernales, accompagnées d'une forte douleur. C'étaient plutôt des gens qui avaient eu une vie très malheureuse, qui avaient été rejetés et traités cruellement dans leur enfance, et qui par la suite avaient ressassé une grande animosité, une grande amertume, ou d'autres sentiments négatifs.

JOHN – Tu soupçonnes donc que le type d'expérience de mort approchée se laisse définir par la tonalité affective sous-jacente à la façade psychologique.

ROBIN – Elle s'en imprègne, certes.

JOHN – Inévitablement, elle comporte des échos d'idées religieuses sur le ciel et l'enfer.

ROBIN – Oui. Mais, bien sûr, ces idées sont comprises différemment suivant le niveau de santé mentale. À un niveau bas, où la réflexion est très primitive et concrète, et où le sentiment est généralement négatif, les doctrines religieuses sur le « ciel » et l'« enfer » seront souvent prises au sens littéral, comme des lieux géographiques hors de soi, où l'on est assigné à sa mort selon sa conduite dans la vie. Ceux qui sont plus sains y verront plutôt des états mentaux. Si nous décidons de cultiver nos affects négatifs, ils gagneront peu à peu en puissance, et à la fin nous nous retrouverons à vivre dans un enfer intérieur de notre invention, où nous serons à la merci de nos sentiments les plus violents et les plus destructeurs. Alors que si nous nous abstenons de satisfaire immédiatement à ces affects, et luttons plutôt pour nous relier aux autres de façon plus sociable, les affects positifs seront développés, les affects négatifs perdront peu à peu leur force, et la vie ressemblera davantage aux descriptions du « paradis ». Dans certains systèmes religieux comme le bouddhisme, ce genre d'interprétation du « ciel » et de l'« enfer » est tout à fait explicite. Et tout cela fait absolument sens en matière de maladie mentale. Même les expériences négatives de cette minorité de patients atteints de cancer ou des rescapés de la mort approchée ont eu un effet positif. Nombreux sont ceux qui sont revenus de leur « trip » avec la vision que les événements affreux de la vie, que notre entendement limité nous peint comme injustes, font partie d'un dessein supérieur où les choses s'équilibrent, et tout leur a semblé juste au bout du compte.

JOHN – L'impression que les choses sont *finalement* « justes » et ont un sens est une caractéristique des expériences « mystiques »...

ROBIN – Vrai.

JOHN – Je dois dire que j'aime bien tous ces trucs sur les expériences de mort approchée. Ça rend l'affaire plus incertaine et plus intéressante. Mais c'est aussi ce que je pense du monstre du Loch Ness...

ROBIN – Eh bien, ce qui est vraiment chic, c'est... que nous n'ayons pas à persuader qui que ce soit là-dessus !

5

À mon commandement... changez !

JOHN – Jusqu'ici, nous avons évoqué les caractéristiques d'un comportement exceptionnellement sain chez les individus et les familles, les organisations et les sociétés, les systèmes de valeurs. À présent, je veux te poser un autre type de question. Si nous admettons une partie de ces caractéristiques, comment faire pour améliorer notre niveau de santé mentale ?

ROBIN – Comme individus, tu veux dire ?

JOHN – Oui, et comment pouvons-nous par ailleurs contribuer à l'amélioration de nos familles, des organisations auxquelles nous appartenons, de la société dans laquelle nous vivons. Tout ça.

ROBIN – Eh bien, tout d'abord il nous faut être clairs sur un point. La santé mentale des gens évolue toujours et partout. Dans un sens et dans l'autre. Un surcroît de stress nous rendra moins sains. Mais après trois semaines de vacances, lorsque nos rapports avec notre famille seront revenus au beau fixe, nous fonctionnerons de nouveau à un niveau plus sain.

JOHN – De même que l'esprit d'une équipe de football dégénère à l'occasion d'une série de défaites ? Puis, si les victoires reviennent, la confiance revient aussi, et l'équipe adopte une attitude plus positive, plus saine, plus coopérative.

ROBIN – Et de même, les employés d'une entreprise se conduiront de façon moins saine s'ils redoutent que la firme ne capote, leur faisant perdre leur travail. Même chose avec une société où les gens se sentent très menacés parce que le chômage est élevé, ou que la loi et l'ordre se sont effondrés... aucun des chapitres précédents ne prétend que le niveau de santé mentale reste constant.

JOHN – Pigé. Dis-moi maintenant quelles mesures nous pouvons prendre pour devenir plus sains.

ROBIN – Commençons par quelques principes élémentaires sur le changement. Nous changeons constamment, au sens biologique. Notre environnement immédiat change, au sens où nous sommes régulièrement confrontés à de nouvelles étapes de notre développement : le sevrage, la fin de l'école, le mariage, l'éducation des enfants, les responsabilités professionnelles, qui vont en s'alourdissant, l'organisation de la retraite, etc. Qui plus est, le monde tout entier évolue. Nous aussi, nous devons changer et réviser continuellement nos connaissances, attitudes et sentiments — nos « cartes du monde », celles que nous avons en tête.

JOHN – Comment fait-on, alors ?

ROBIN – Voici ma proposition de base. Prêt ?

JOHN – Prêt.

ROBIN – Si nous vivons dans la réalité, et communiquons clairement et ouvertement, la vie nous changera automatiquement !

JOHN – ... sans que nous ayons à lever le petit doigt ?

ROBIN – Oui, car les informations nécessaires à notre mode de vie nous parviennent continuellement. Si nous y sommes ouverts, et que nous nous laissons affecter par elles, nous changeons intérieurement pour nous adapter continuellement aux changements extérieurs.

JOHN – Tu veux dire qu'en restant en contact avec la réalité, laquelle change constamment, nous maintiendrons notre niveau de santé mentale au lieu d'être à la traîne, de prendre du retard.

ROBIN – Nous ferons plus que le maintenir. Nous l'améliorerons.

JOHN – Pourquoi ?

ROBIN – Tu te rappelles ce que j'ai dit dans *Famille* — que, normalement, tout problème se résout à moins qu'on prétende ne pas l'avoir ?

JOHN – Une minute. Tu disais qu'à chaque étape du développement, un enfant doit apprendre certaines leçons — comment aimer et faire confiance, puis comment s'intégrer, puis comment partager avec les autres, etc. Que, normalement, les parents aideront l'enfant à apprendre ces leçons. Que s'ils ne le font pas, l'enfant peut toujours rattraper ces leçons par la suite, en se cherchant une « expérience affective de substitution » chez quelqu'un d'autre — par exemple, si le père meurt, c'est un grand-père qui lui offrira un soutien aimant, ou un oncle, ou un enseignant, chez qui il cherchera un substitut du père.

ROBIN – L'enfant cherchera automatiquement ces expériences de substitution, à condition de ne pas nier qu'il en a besoin.

JOHN – Soit.

ROBIN – Étape suivante : rappelle-toi l'une des découvertes des chercheurs de Harvard : parmi les étudiants ayant atteint cinquante ans, on avait du mal à détecter les effets pervers d'une enfance difficile...

JOHN – Ces hommes avaient réglé un tas de problèmes issus de leur enfance à travers des expériences de substitution ?

ROBIN – Et dans une proportion surprenante. À cinquante ans ils avaient, semble-t-il, eu toutes les occasions pour obtenir tout ce qu'ils avaient raté, et « rattrapé » leur retard.

JOHN – Et ils recherchaient ces expériences, car ils pouvaient admettre qu'ils en avaient besoin.

ROBIN – Oui, car une bonne part d'entre eux étaient particulièrement sains. Ils étaient sans doute plus à même que les autres d'accepter leurs limites. C'est tout l'intérêt. Ces hommes montrent bien la façon dont la vie nous amène à une santé plus grande *si* nous sommes ouverts à toutes ces expériences. Devenir sain est un processus normal !

JOHN – Mais seulement si on est assez sain pour admettre qu'on a des problèmes !

ROBIN – Mettons que plus on est sain, plus on trouve facile d'admettre que quelque chose cloche chez soi. Moins on est sain, plus on a de mal à affronter ses problèmes, à moins que la vie ne mette une telle pression qu'il n'y ait pas d'autre alternative.

JOHN – Pour résumer : nous devenons plus sains en rattrapant les leçons que nous n'avons pu apprendre dans l'enfance ?

ROBIN – Encore une fois, je pense que c'est plus que ça. Tu vois, en grandissant nous passons en permanence d'un système à un autre, toujours plus grand. Par là, nous avons toujours davantage l'occasion de percevoir une information fraîche, une nouvelle façon de voir les choses, différente des attitudes auxquelles nous limitaient nos familles. Si nous abordons chaque nouveau système forts de ce que nous a enseigné notre expérience dans le précédent système, et pouvons dès lors faire face au surcroît de stress impliqué, chaque passage de ce type élargit notre perspective, nous apporte une vision du monde plus inclusive et une meilleure santé mentale.

JOHN – Plus la perspective est large, plus la santé est grande. C'est forcément juste, non ?

ROBIN – Bien sûr, ça ne signifie pas qu'il soit facile de devenir plus sain ! Aucun des membres du groupe sain de Harvard n'est parvenu à la cinquantaine sans quelques crises ni quelques périodes difficiles. Mais, et c'est l'idée centrale que je ne saurais trop répéter... *si nous réussissons à garder le contact avec la réalité, la vérité nous guérira*.

JOHN – Pensée étonnamment optimiste... bien, prenons les choses depuis l'extrémité malsaine du spectre. Si je ne deviens pas plus sain, c'est que j'ai perdu le contact d'une façon ou d'une autre avec la réalité.

ROBIN – Exact.

JOHN – Et pourquoi ?

ROBIN – Tu t'es englué dans une attitude rigide, un schéma comportemental figé. C'est ce qui empêche les informations livrées par le monde — la vérité — de parvenir jusqu'à toi.

JOHN – Et comment en suis-je venu à m'isoler ainsi ?

ROBIN – Prenons quelques exemples quotidiens. Et pour commencer, un changement que nous connaissons tous les deux : le vieillissement.

JOHN – ... vas-tu me dire que c'est un domaine où je pourrais devenir « plus sain » ?

ROBIN – Oui. Parce que de toutes les leçons que j'ai apprises, c'est la plus claire. Assurément, pour moi la vie a évolué dans le bon sens depuis mes dix-huit mois — le plus tôt que je puisse me rappeler — jusqu'à ce jour où, tu le sais, je viens de fêter mes soixante-dix ans. Je dois dire que je ne m'y attendais pas, et que j'ai été surpris de constater ce phénomène à chaque fin de décennie. Bien sûr, nous connaissons nécessairement des pertes, mais nous faisons certains gains qui les compensent largement. On perd la grosse joie de boire huit pintes de Carling Black Label et de les vomir dans le parking, mais on gagne le plaisir de goûter certains bons crus en meilleure compagnie. On ressent moins l'envie d'avoir des relations sexuelles, mais on y prend bien plus de plaisir parce qu'elles s'accompagnent, l'âge venant, d'une grande profondeur affective. En principe, la vie se montre plus riche et plus agréable dans l'ensemble, surtout parce qu'on a gagné en sagesse, qu'on a davantage le contrôle de sa vie et de soi-même. On se soucie de moins en moins de l'opinion d'autrui. En vivant de plus en plus selon ses propres valeurs, on devient plus libre, plus spontané dans l'expression de ses sentiments, et l'établissement de ses relations. Bien sûr, cela suppose qu'on continue à se montrer ouvert — idéalement, il faudrait devenir plus ouvert — et à apprendre, à grandir. En d'autres termes, cela suppose qu'on « lâche prise » sur le passé pour se laisser en permanence « tomber en avant dans l'avenir », comme je l'ai dit à propos de la mort.

JOHN – ... Moi, je ne crois pas que tout le monde devienne plus sage et plus heureux en vieillissant. C'est comme si on se retrouvait à la croisée des chemins quelque part vers la fin de la quarantaine, et que l'on prenait tantôt la voie du bonheur et de la sagesse, tantôt celle qui semble mener au pays des déceptions, du ressentiment, de l'amertume.

ROBIN – Je crois que c'est la vérité.

JOHN – Comment expliquer cette différence ?

ROBIN – Eh bien, nous faisons toutes sortes d'erreurs dans la vie. Mais nous pouvons à chaque fois le cacher et le nier et, du coup, blâmer les autres... ou bien le reconnaître. Et quand on est vraiment capable d'assumer ses erreurs, d'en endosser la responsabilité personnellement, c'est comme si cette attitude permettait de les annuler, d'effacer l'ardoise. De sorte qu'une fois libérés de ce poids, nous pouvons de nouveau repartir. Dans l'ensemble, tu es quand même plus heureux, non ?

JOHN – Certes, mais parfois les grincements du corps vous distraient des petits bonheurs de la sénilité.

ROBIN – D'où les crises que nous connaissons à mi-parcours de la vie.

JOHN – Crises hebdomadaires.

ROBIN – Tu vois, les crises de la cinquantaine se produisent lorsqu'on s'accroche à des raisonnements propres à un âge plus jeune, et que la vie les bouscule un peu pour te faire lâcher prise. C'est alors qu'on peut commencer à apprécier d'autres plaisirs.

JOHN – Comme celui de retrouver régulièrement ses potes aux enterrements... bon, bon. C'était donc là un exemple de la façon dont on peut se couper des informations offertes par le monde en se crispant sur des raisonnements passés de mode.

ROBIN – Voici un autre exemple — pris à l'autre extrémité de la vie ! Comment un bébé manifeste-t-il son désir qu'on le change ?

JOHN – Il envoie des plaintes en crescendo.

ROBIN – C'est ainsi qu'un bébé envoie des signaux, oui.

JOHN – Des signaux ?

ROBIN – Pour faire connaître ses besoins. Avant qu'il ne sache utiliser des mots. Les bruits signalent : « Je veux qu'on change quelque chose. » Le quelque chose peut être la nourriture, le chauffage, une couche, du réconfort — à la mère de découvrir de quoi il s'agit. Ce qui peut prendre un certain temps.

JOHN – Comme nous l'avons tous remarqué en avion. Eh bien ?

ROBIN – L'important, c'est que cette façon de faire connaître nos désirs au monde est normale et adéquate avant de savoir parler. C'est du « parler de bébé », soit. Mais un bébé n'a pas le choix.

JOHN – C'est très gentil à toi de te faire le défenseur des bébés, Robin.

ROBIN – Puis ils apprennent à parler.

JOHN – Et peuvent dès lors exprimer leurs besoins pour une meilleure compréhension maternelle.

ROBIN – Oui, les mots nous aident à expliciter nos désirs. Et si nous ne sommes pas immédiatement exaucés, nous pouvons négocier, sans avoir besoin d'envoyer davantage de signaux de détresse.

JOHN – Le stade des plaintes a été dépassé.

ROBIN – En principe, elles devraient disparaître. Mais souvent ce n'est pas le cas, n'est-ce pas ?

JOHN – ... Comment cela ?

ROBIN – Bien que les gens puissent exprimer facilement leurs besoins, certains y restent accrochés et continuent à employer des signaux de bébé.

JOHN – Tu fais allusion aux adultes qui pleurnichent beaucoup, envoient des messages geignards, revendicateurs et culpabilisants pour obtenir ce qu'ils veulent ?

ROBIN – Ou qui continuent à grommeler longtemps après avoir *échoué* à obtenir ce qu'ils voulaient — et qui continuent à envoyer des signaux de détresse même sans raison. Dans ce cas, cette manipulation affective de style bébé domine la personne de façon aveugle, automatique, entièrement inintelligente.

JOHN – Lorsque nous pleurnichons, nous nous accrochons à la façon dont nous exprimions nos besoins en tant que bébé.

ROBIN – Exactement.

JOHN – D'accord. Tu as donné deux exemples de la façon dont on se crispe sur un comportement ringard et inadéquat. Question suivante : *pourquoi* s'englue-t-on ? Qu'est-ce qui nous empêche d'accéder à cette ouverture au monde qui aurait favorisé notre évolution ?

ROBIN – Élargissons un peu cette question. Tous les problèmes affectifs sont provoqués par notre engluement dans un comportement naguère approprié, mais qui a cessé de l'être. Bien des fois, nous avons évoqué la façon dont une personne peut mettre certaines émotions « derrière l'écran ». Tu te souviens de ce processus ?

JOHN – Eh bien, la plupart des familles se sentent en difficulté ou mal à l'aise avec certaines émotions. Lorsqu'un enfant, en grandissant, apprend à ne pas manifester telle ou telle émotion, sous peine de la voir désapprouvée par la famille. Dès lors, il apprend à la cacher à sa famille — et finit, hélas, par se la cacher à lui-même. En d'autres termes, l'enfant apprend à ne pas faire attention lorsque quelque chose suscite cette émotion en lui ; il a mis cette émotion « derrière l'écran ». Après cela, il n'a plus conscience de cette émotion, ni du problème qu'elle constitue.

ROBIN – Très juste. Cacher telle ou telle émotion à sa famille était *a priori* un comportement entièrement adéquat, car aucun enfant ne veut attirer sur lui la désapprobation de sa famille. Le problème surgit lorsque cette inhibition se prolonge. Par exemple, un enfant dont la famille n'admet pas la colère, et qui a mis cette émotion derrière l'écran, ne pourra y recourir à l'école lorsqu'il devra se défendre tout seul contre une brute.

JOHN – Robin, nous avons élargi à loisir la question « Pourquoi s'englue-t-on ? », j'en suis certain. Aurais-tu maintenant l'obligeance d'y répondre ?

ROBIN – Je vois deux raisons à cela. Nous baptiserons l'une le « déni », l'autre le « biscuit Fido ».

JOHN – Le « déni », c'est... ?

ROBIN – Comme je l'ai déjà dit à plusieurs reprises, une émotion ne devient un vrai problème que lorsqu'on l'a mise derrière l'écran. Dans ce cas, si nous l'éprouvons, si les gens la manifestent autour de nous, ou s'ils se mettent simplement à en parler, cela nous met très mal à l'aise. Et cela aura une influence croissante sur notre comportement. Nous choisirons des amis et éventuellement des conjoints qui nous permettront de maintenir cette émotion à l'écart — des gens qui ne nous mettront pas au défi dans ce domaine — parce qu'ils l'auront eux-mêmes refoulée !

JOHN – Nous devenons comme ces gens que lie la nécessité de cacher un secret à la désapprobation d'autrui. Comme les alcooliques, ou les drogués.

ROBIN – Oui, à ceci près que nous ne pouvons nous avouer à nous-mêmes qu'il y a bel et bien un secret, parce que nous nous le sommes caché à nous-mêmes de surcroît. Si l'émotion déniée fait vraiment son apparition, elle est appelée d'un autre nom. Une faiblesse est transformée en vertu.

JOHN – Je n'y suis plus.

ROBIN – Permets-moi un exemple personnel. Dans ma famille, on racontait souvent l'histoire d'arrière-grands-pères qui jetaient le gigot du dimanche par la fenêtre s'il arrivait trop tard sur la table, ou n'était pas cuit à point. Nous écoutions ces histoires avec un mélange de respect et d'admiration, comme s'il s'agissait d'hommes merveilleusement forts qui dominaient les autres et obtenaient ce qu'ils désiraient. Je me rappelle avoir pensé que je serais un vrai homme si j'arrivais à me comporter ainsi, et que je n'étais pour l'instant pas tout à fait à la hauteur. Je ne me suis rendu compte que bien plus tard que ces fameux ancêtres se conduisaient comme de grands bébés.

JOHN – ... tu veux dire que ta famille déniait que ce comportement fût infantile en le réinterprétant comme une valeur machiste. Qu'est-ce qui se serait passé si quelqu'un s'était mis à remettre en question la virilité de ces ancêtres ?

ROBIN – Des signaux de forte désapprobation auraient été émis avec une intensité croissante, jusqu'à abandon du sujet. C'est ainsi qu'on contrôle l'expression d'une émotion interdite, par des signaux non verbaux que les membres de la famille s'envoient mutuellement. Si la colère est taboue, tout le monde se montrera mal à l'aise et très mécontent si quelqu'un manifeste sa contrariété, à moins qu'il ne le fasse en douceur, avec des gants. Si la sexualité est interdite et déniée, tout individu assez indiscret pour l'aborder dans la conversation en sera dissuadé sans qu'on ait besoin de prononcer un mot. Maman rougira et changera de sujet ; papa pincera les lèvres et se redressera sur sa chaise, ou agitera son journal ; si cela ne suffit pas, tante Agathe laissera tomber le plateau à thé. Les enfants apprennent à reconnaître ces signaux assez tôt dans la vie, au point que le symptôme le plus infime suffit, dès le début, à les aiguiller sur un sujet moins dangereux. Tout ceci se produit de façon si rapide, si imperceptible, que ni les membres de la famille qui envoient les signaux, ni ceux à qui ils s'adressent n'en sont conscients.

JOHN – Tout se produit, comme on dit, « en deçà du seuil de conscience » ?

ROBIN – Oui. Si bien que personne ne reconnaît les signaux, même s'ils ont un effet. Nous autres thérapeutes ne les avons pas vus jusqu'à ce que, observant des familles, nous nous fassions à notre tour observer par d'autres thérapeutes, cachés derrière des miroirs sans tain. Ils observaient avec tant d'acuité qu'ils pouvaient intercepter tous ces petits changements d'expression et d'attitude, et dire aux thérapeutes restés dans la salle avec la famille ce qui se passait ! Une aide décisive a été apportée par les enregistrements vidéos nous permettant de nous repasser des fragments de comportement familial, y compris au ralenti, jusqu'à ce que le système signalétique nous apparaisse plus clairement.

JOHN – Du coup, les membres des familles s'empêchent mutuellement d'exprimer une émotion interdite, mais en sont entièrement inconscients. Ils n'évitent pas seulement de partager cette émotion ; ils évitent de percevoir la façon dont ils l'évitent !

ROBIN – Ils sont vraiment coincés. Ils ont cadenassé l'émotion et jeté la clef du cadenas.

JOHN – Et choisi des conjoints et des amis qui ont également jeté la clef.

ROBIN – Si bien qu'ils ne peuvent s'entraider. Une fois mis en place ce système de contrôle entièrement automatique, si une seule personne tente, ne serait-ce qu'un peu, de s'affranchir de ce schéma négatif, les autres accentueront automatiquement leurs signaux non verbaux pour ramener cette personne dans la bonne voie. Jusqu'à ce qu'elle s'inscrive de nouveau dans la dissimulation ou le déni. Alors les signaux avertisseurs pourront s'interrompre, l'« atmosphère » de malaise — c'est là ce qu'on entend par « atmosphère émotionnelle » — disparaîtra, et tout le monde se sentira de nouveau à l'aise. Le système signalétique maintient tout un chacun à l'écart de l'émotion négative déniée, tout comme le thermostat d'un système de chauffage central maintient une maison à une température constante.

JOHN – C'est ainsi que le « déni » opère pour nous maintenir englués dans un type de comportement qui n'est plus adéquat. Et le second truc — le « biscuit Fido » ?

ROBIN – J'entends par là la façon dont nous apprenons à un chien à quémander. Chaque fois qu'il le fait, nous lui donnons un biscuit ; du coup, il recommence, parce que ça lui permet d'obtenir le biscuit. De la même façon, nous pouvons nous accrocher à un comportement infantile inadéquat parce que celui-ci a été récompensé dans le passé, et que même dans le présent il nous vaut encore une forme de salaire. Nous nous y ancrons.

JOHN – Et si notre comportement enfantin ne nous apportait aucun salaire, cela nous forcerait à changer ?

ROBIN – Forcer, non. Mais si nous cessions d'être récompensés pour cette réaction particulière, au bout d'un certain temps la réaction s'estomperait jusqu'à disparaître.

JOHN – Tout comme le chien finirait par cesser de mendier si nous ne lui donnions plus de biscuit.

ROBIN – Oui. Si on nous a appris dans notre enfance à considérer la manipulation affective comme seul rapport possible aux autres, en grandissant, nous n'aurons aucune raison de changer de comportement si celui-ci marche toujours.

JOHN – Un moment. Qu'entends-tu par « marche » ?

ROBIN – Je veux dire qu'aussi longtemps que les gens nous permettent de leur extorquer la réaction souhaitée, notre manipulation est récompensée, et cela nous tient englués.

JOHN – Et comment nous sommes-nous englués à l'origine ?

ROBIN – Manifestement, nous l'avons appris dans notre famille. Tout d'abord, l'enfant a eu ses raisons pour persévérer dans son comportement ; puis les parents ont eu leurs raisons pour prolonger la distribution de biscuits.

JOHN – Commençons par celles de l'enfant.

ROBIN – Nous sommes d'accord pour dire qu'envoyer des signaux de détresse est tout ce dont un bébé est capable. Mais supposons, après qu'il eut appris à parler, qu'il découvre que ses signaux de détresse marchent *toujours* ?

JOHN – Tu veux dire que s'il découvre qu'il peut « manipuler » ses parents, ruser de façon à leur faire faire ses quatre volontés — en poussant des hurlements, en pleurant, en laissant ses yeux s'emplir de larmes — pourquoi diable irait-il renoncer à un moyen de marchandage aussi efficace ?

ROBIN – Tout à fait. L'enfant ne voit pas pourquoi il devrait abandonner.

JOHN – ... et cette raison ?

ROBIN – Il apprend à devenir un adulte malheureux.

JOHN – Tu peux répéter ?

ROBIN – Eh bien, tu vois, le bébé n'a pas décidé brusquement de jouer les malheureux pour manipuler ses parents ! C'était une réaction naturelle. Une fois qu'il peut utiliser les mots pour exprimer ses besoins, si ses parents continuent à se laisser entièrement manipuler par ses signaux de détresse puérils — au lieu d'aider l'enfant à intégrer peu à peu le fait que ses désirs ne sauraient être automatiquement comblés — il ne saura trouver façon plus mûre de faire face à sa frustration.

JOHN – Tu veux dire qu'en récompensant l'enfant par un biscuit Fido affectif à chaque occasion de détresse, les parents l'incitent à recourir derechef à ce genre d'émotion négative ?

ROBIN – Exactement. *Sans s'en rendre compte*, bien sûr. L'enfant continue à croire qu'il doit être malheureux pour obtenir ce qu'il veut. Et finalement, cela devient une habitude ancrée — un élément fondamental de sa personnalité.

JOHN – Tu veux dire qu'il devient une personne malheureuse par habitude ?

ROBIN – Oui.

JOHN – ... Mais qu'est-ce que ça lui rapporte, à présent, d'être malheureux ? Où est le biscuit Fido ?

ROBIN – En grandissant, il continue de réagir par la dépression. Et tout un tas de gens — la famille, et par la suite les amis, docteurs, collègues de travail et autres — lui fournissent *assez* de biscuits Fido — sympathie, souci, attention, culpabilité à l'idée qu'ils ne l'aident pas assez — pour entretenir cette habitude.

JOHN – Je vois.

ROBIN – Quelque chose d'autre se produit. À un niveau *plus profond*, la personne déprimée pense que renoncer à ces émotions enfantines — par exemple, au sentiment auto-apitoyé d'avoir été maltraité, ou à la colère de n'avoir pas été assez aimé par ses parents — serait renoncer à réclamer ce que les parents n'ont pas su lui donner — à son idée, du moins.

JOHN – ... Intéressant. Ce serait comme déchirer une reconnaissance de dette et admettre que les parents sont quittes ?

ROBIN – Exactement, ce serait comme effacer la dette affective. Cesser d'être malheureux reviendrait à dire aux parents : « Je vais bien maintenant, vous pouvez m'oublier ; vous êtes libres d'aller vous amuser ailleurs. »

JOHN – ... Et du coup ils demeurent malheureux pour que leurs parents — ou d'autres — continuent à se sentir responsables d'eux ?

ROBIN – Quelque chose dans ce genre. Bien sûr, l'avantage qu'il y aurait à renoncer à ces revendications, aux problèmes affectifs qui justifient la revendication, serait très supérieur aux pertes imaginaires que la personne endurerait. Aussi longtemps qu'un enfant — ou un tempérament enfantin — reste inadapté et malheureux pour contraindre les autres à prendre soin de lui, il perd en fait tous les bénéfices de la liberté et de l'indépendance, et ne peut que continuer à se sentir déprimé !

JOHN – Quelle que soit la cause qui a faussé l'éducation parentale, elle est reproduite à l'infini ?

ROBIN – S'il n'y a vraiment rien à tirer des parents, l'enfant passera le reste de sa vie à essayer désespérément de leur extirper quelque chose qu'ils n'ont pas donné dans le passé, et ne seront pas capables de donner dans l'avenir ! Et même s'ils ont changé et sont devenus capables de donner quelque chose, l'individu infantile ne s'en rendra pas compte, et n'en tirera pas profit...

JOHN – ... car il se sera enfermé dans son rôle de victime de parents indignes.

ROBIN – Exactement. Parents qu'il continuera à considérer comme des cas désespérés, même s'ils s'améliorent.

JOHN – Et s'ils n'étaient pas des cas désespérés au départ ?

ROBIN – Même chose. Ce genre d'individu ne pourrait pas accepter ce qu'ils ont à offrir, car cela impliquerait un changement total dans sa façon d'aborder la vie. En restant inadaptée à la vie, la personne peut continuer à dire « je suis engluée, et c'est de votre faute ».

JOHN – Elle ne *peut* pas changer ?

ROBIN – Non, à moins qu'une personne qui ne soit pas sous l'emprise du tabou familial — un membre de la famille qui en est réchappé, ou quelqu'un d'extérieur — ne brise la situation insoluble et n'engage le changement.

JOHN – En refusant de donner le biscuit ?

ROBIN – Voilà. En ne tentant pas systématiquement de sauver la personne, en ne lui prodiguant pas des flots de sympathie, ou en ne se sentant pas coupable de ne pas en faire assez pour elle.

JOHN – D'accord. Pigé. C'était le « biscuit Fido » du point de vue de l'enfant. Passons au point de vue des parents sur la question : pourquoi donnent-ils le biscuit ?

ROBIN – C'est généralement parce qu'au cours de leur propre éducation, ils ont eu une difficulté à l'égard de l'émotion particulière par laquelle leur enfant les manipule.

JOHN – Ah. Ils ont peut-être le sentiment qu'ils auraient dû, eux, recevoir plus de soutien de la part de leurs parents. Ils sont donc particulièrement réceptifs ou vulnérables à ce même sentiment chez leurs propres enfants ?

ROBIN – C'est généralement ce qui se passe, bien que la réaction des parents soit plus *mêlée*. Si leurs propres parents leur ont dénié leur amour, cela aura sur eux un certain nombre d'effets. Tout d'abord, leurs propres malheurs d'enfants les rendront particulièrement angoissés, sensibles, susceptibles même devant la question de savoir s'ils sont eux-mêmes de bons parents. Ils s'inquiéteront trop de leur propre attitude pour apprécier leur enfant de façon chaleureuse et détendue, et seront vulnérables à toute critique ou insinuation d'échec, surtout si elle vient de l'enfant. Et puis, ils auront sans doute du mal à donner à leurs propres enfants ce qu'ils n'ont jamais éprouvé eux-mêmes ; ils feront les gestes, mais en « suivant les instructions », sans y mettre de véritable sentiment. Ils peuvent aussi penser qu'ils donnent véritablement, mais ils le font sous conditions, en exigeant que leurs enfants les aiment et compensent leur enfance malheureuse. Troisièmement, ils peuvent gâcher ce qu'ils donnent en enviant leurs enfants qui ont ce qu'eux-mêmes n'ont pas eu. Bien qu'ils fassent souvent des efforts désespérés pour mieux s'en tirer avec leurs enfants que leurs parents ne l'ont fait avec eux, ça ne marche pas comme ils l'espéraient.

JOHN – L'enfant recourt à un comportement puérile dont le parent devrait le sevrer ; mais la sensibilité du parent fait qu'il est manipulé ; l'enfant s'en trouve rétribué, et s'englue dans le processus ; tout cela se fait plus ou moins automatiquement.

ROBIN – C'est bien résumer les choses. Bien sûr les parents sont conscients du fait que l'enfant n'est pas heureux, mais ils ne voient pas en quoi ils contribuent à son malheur.

JOHN – Parce qu'en tentant de remédier à la chose, ils ne font que la prolonger ?

ROBIN – Et c'est la première chose qui nous frappait, nous autres thérapeutes familiaux, lorsqu'une famille tout entière venait nous voir et nous parler. Nous réalisions que la solution au traitement de la famille n'était pas « Où est l'origine du problème ? », mais « Qu'est-ce qui fait que ça ne s'améliore pas naturellement ? » Du coup nous tentions de voir ce que la famille faisait, dans le temps présent, qui perpétuait le problème.

JOHN – Et lorsque tu avais trouvé, tu pouvais les aider à cesser d'« aider » la personne de cette façon.

ROBIN – Généralement, on les persuadait de « ranger les biscuits Fido ».

JOHN – Récapitulons. Tu m'as dit les deux raisons pour lesquelles nous pouvons nous engluer dans des schémas de comportement puérils. L'un est le processus du « déni » : notre famille nous enseigne à mettre certaines émotions taboues derrière l'écran. L'autre est le processus du « biscuit Fido » où un comportement hors de mise se maintient parce qu'il continue à être rétribué. D'accord ?

ROBIN – D'accord.

JOHN – Maintenant... ce qui m'embrouille, c'est le *rapport* entre les deux processus. Est-ce que ce sont deux façons de voir la même chose, se recoupent-ils, sont-ils distincts, ou quoi ?

ROBIN – Comme tu sauras l'apprécier, j'essaie de traduire dans un langage ordinaire des idées qui sont fondamentalement simples une fois qu'on les a saisies, mais dont la compréhension se heurte au jargon psychologique compliqué dans lequel elles sont exprimées en général. Mais ce que j'appelle le « déni » et le « biscuit Fido » sont en fait deux processus entièrement distincts. Le « biscuit Fido » est simplement un système de récompense et de punition qui influence tout apprentissage et suscite tous les problèmes — parce qu'il nous amène à éviter d'affronter la réalité et à vivre dans le fantasme. Mais ces deux processus entrent en contact pour susciter les problèmes psychologiques dont nous parlons. Voici comment. Si une famille a dénié quelque chose, tout membre qui dénonce la vérité sera puni ; ceux qui essaient de l'éviter seront récompensés. Une fois ce schéma établi, il n'y a pas moyen d'y couper — sans une aide de l'extérieur — parce que même la perception du déni sera déniée et punie à son tour. C'est comme une école démente — on est récompensé quand on donne la mauvaise réponse, puni quand on a raison. Laisse-moi te donner un exemple des deux processus en action, et de la façon dont ils entrent en contact, exemple tiré de mon expérience personnelle. D'autant plus personnelle que l'enfant, c'était moi !

JOHN – Tu le décris de ton point de vue, ou de celui de tes parents ?

ROBIN – Tout d'abord, examinons à la fois le « déni » et le « biscuit Fido » du point de vue de ma mère. Elle avait souffert la perte la plus douloureuse qui soit : sa propre mère était morte quand elle avait quatre ans, et on ne l'avait pas vraiment aidée à affronter sa détresse. Du coup elle n'avait jamais totalement fait le deuil de sa mère, mais avait appris à cacher, et finalement à dénier la tristesse elle-même. En conséquence, elle était devenue exagérément sensible à ces sentiments chez les autres, et réagissait avec excès au malheur des autres. Elle voyait beaucoup plus de détresse qu'il n'y en avait, elle prodiguait trop de compassion.

JOHN – Elle donnait aux autres ce dont elle avait elle-même le plus besoin.

ROBIN – Voici la situation de mon point de vue. J'étais l'aîné des enfants, et dès lors « fils unique » jusqu'à ce que mon frère cadet naisse lorsque j'avais quatre ans — âge auquel ma mère avait connu son deuil. J'ai connu une détresse bien naturelle à son arrivée — j'ai exprimé jalousie, malaise, difficulté. Mais au lieu de me prodiguer une portion raisonnable de soutien et de réconfort, au lieu de me laisser traverser ma douleur pour la surmonter, elle essayait trop de soulager ma détresse. Du coup la réaction de détresse normale que tous les enfants de cet âge connaissent à la naissance d'un autre enfant était *surré-compensée* ; j'étais englué dans ma tendance à la bouderie et à l'auto-apitoiement.

JOHN – Elle te donnait trop de biscuits Fido.

ROBIN – Trop de biscuits, trop longtemps...

JOHN – Comment le « déni » intervient-il ici, de ton point de vue ?

ROBIN – L'excès d'indulgence de ma mère à mon égard était le résultat du déni de son malheur à l'occasion de la mort de sa propre mère, lorsqu'elle était enfant. Elle avait mis cela derrière l'écran, et le chagrin semblable — bien que moins intense — devant la perte de ma relation exclusive avec elle à la naissance de mon frère, aurait pu menacer de susciter à nouveau ses propres sentiments enfouis de tristesse — lors de la mort de sa mère. Elle a travaillé nuit et jour à contrer ma détresse en me donnant un biscuit Fido énorme et particulièrement goûteux lorsque j'avais l'air triste, pour que je cesse de manifester ce sentiment.

JOHN – Au lieu de te laisser te sentir triste, ce qui était une réaction appropriée à la perte de ton statut spécial, et de t'aider à la surmonter.

ROBIN – Oui. On m'a empêché de vivre ce sentiment normal d'une façon qui m'aurait permis de surmonter la perte. Mais tu remarqueras qu'il y a eu deux effets presque contradictoires. J'étais récompensé par une attention toute spéciale de ma mère chaque fois que je manifestais des sentiments de tristesse, ce qui encourageait ce genre de réaction triste. Et au même moment, elle m'encourageait à cacher et à dénier ces sentiments parce qu'ils la troublaient trop. J'ai donc appris à mettre ces sentiments de chagrin « derrière l'écran », comme elle l'avait fait.

JOHN – Ah... et au bout d'un moment tu ne savais plus trop où tu en étais ?

ROBIN – Oui. Et une fois que j'eus perdu conscience de cette situation, je me suis retrouvé dans ce schéma comportemental. Je ne pouvais plus m'en apercevoir moi-même, si bien que lorsque d'autres essayaient de le souligner, je pouvais dénier cette attitude en toute sincérité.

JOHN – Tout ceci paraît soudain si compliqué...

ROBIN – Je le crains, oui — une sorte de « double raisonnement ». C'est bien le problème. Une fois que nous apprenons à nous déconnecter de notre expérience, et que nous la dénions de cette façon, nous suscitons d'énormes difficultés. La vie devient comme une farce — et je n'ai pas besoin de te le dire, la farce consiste à essayer de cacher quelque chose aux autres, en amenant dans le processus des complications toujours plus grandes.

JOHN – Et pire encore. Dans une farce on n'a pas besoin de se le cacher à soi.... Et quel fut l'effet à long terme de tes tentatives de manipuler ta mère par l'auto-apitoiement, tout en assurant — à toi-même, en fin de compte — que tu n'en faisais rien ?

ROBIN – Cela m'a mené par la suite à une tendance à la dépression sitôt que je ne pouvais imposer ma volonté ; et cela, bien sûr, a compliqué certaines relations sans que je sache pourquoi. Il m'a fallu beaucoup de temps, devenu adulte, lorsque j'eus commencé à comprendre mes propres problèmes, pour que cette tristesse enfouie devienne plus claire à mes yeux et que je puisse commencer à la surmonter.

JOHN – Comment t'est-elle apparue clairement ?

ROBIN – Ce fut un processus très long et très lent. Mais je me rappelle le moment où, enfin, il est devenu étonnamment clair et où le plus important changement se produisit. Ma défunte femme, Prue, venait d'une famille semblable à la mienne, où la bouderie était le moyen favori de contrôler les autres. Nous l'employions chacun l'un avec l'autre. Aussi longtemps que ça marchait, nous ne voyions jamais vraiment ce qui se passait, parce que nous cédions chacun aux manipulations de l'autre avant que les signaux de désapprobation que nous envoyions fussent assez forts pour être clairement perçus comme une simple bouderie. Mais Prue a perçu le schéma bien avant moi, et un jour où j'étais mécontent de quelque chose qu'elle avait fait et l'exprimais en me retirant dans un silence boudeur, elle a fait comme si de rien n'était et elle a continué à se montrer joyeuse et cordiale. Ce que j'ai alors remarqué, c'est que je devenais de plus en plus irritable, et boudeur jusqu'à un point excessif et ridicule !

JOHN – Voyant que les signaux habituels de bouderie ne produisaient pas d'effet, tu en rajoutais ?

ROBIN – De plus en plus ! Jusqu'au point maximal...

JOHN – Parce qu'ils ne fonctionnaient pas.

ROBIN – Oui. Et voilà ce qui se produit si l'autre ne marche pas dans la combine, mais continue à se montrer gentil et amical. C'est automatique. La manipulation s'amplifie jusqu'à ce qu'on ne puisse plus éviter de percevoir ce qu'on fait. Finalement, on se sent comme un poisson pris à l'hameçon qui se démène au bout du fil. Je me comportais comme un enfant boudeur et ridicule. Et une fois que j'eus clairement vu mon état, je n'ai pas pu continuer à être comme ça, et j'ai évolué rapidement.

JOHN – Nous ne pouvons commencer à percevoir notre schéma manipulateur tant que l'autre se laisse dominer par lui. Tant qu'on nous donne le biscuit Fido, nous restons aveugles à la façon dont nous mendions.

ROBIN – L'autre se soumet à nos signaux non verbaux à une étape où ceux-ci sont encore si faibles que nous ne remarquons pas que nous les envoyons — ou du moins ne pouvons pas les reconnaître pour ce qu'ils sont. C'est seulement lorsque l'autre personne ne répond pas et que nos signaux augmentent automatiquement que nous commençons à voir ce que nous faisons en réalité.

JOHN – Très bien, tu nous as parlé du « déni », du « biscuit Fido » et de la façon dont les deux interagissent. Mais personne n'est parfait. Je suppose que nous sommes tous *un peu* englués dans un comportement infantile et inadapté, même si celui-ci se manifeste surtout lorsque nous sommes très stressés. Que pouvons-nous faire pour nous *dés*engluer légèrement ?

ROBIN – Pour revenir à mon idée, nous n'avons besoin que de nous exposer plus pleinement à l'influence du monde extérieur, et d'accepter ce qu'il nous renvoie comme réactions.

JOHN – Parce que cela nous poussera inévitablement en avant, nous obligeant à faire face aux émotions que nous tentons d'éviter ?

ROBIN – Voilà. Partout — à l'école, au travail, dans nos loisirs, dans les journaux, et même à la télé — nous rencontrons d'autres personnes qui ne sont pas angoissées par l'émotion taboue dans notre propre famille. Au contraire, elles l'expriment et parlent de ce qui l'a suscitée. Si nous ne nous fermons pas à tout contact avec les gens ou les influences qui nous troublent, l'émotion mise derrière l'écran est toujours encouragée à sortir. Sans quoi nous aurons besoin de pas mal d'efforts pour la forclore de notre conscience, en évitant les situations où elle pourrait surgir.

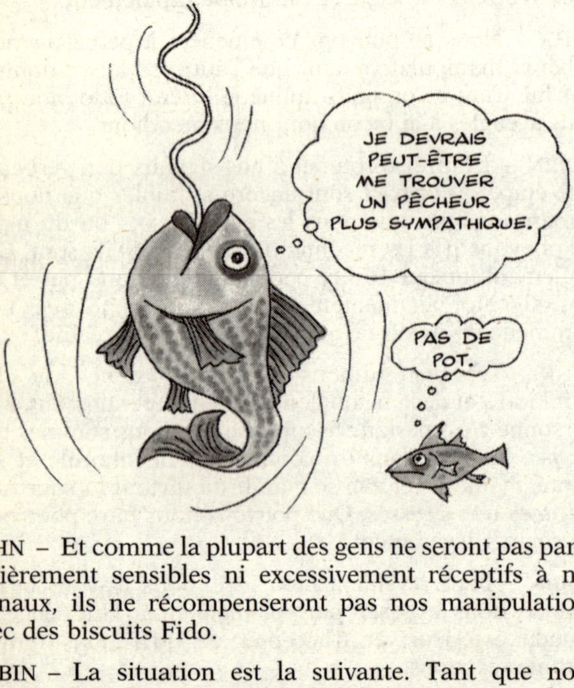

JOHN – Et comme la plupart des gens ne seront pas particulièrement sensibles ni excessivement réceptifs à nos signaux, ils ne récompenseront pas nos manipulations avec des biscuits Fido.

ROBIN – La situation est la suivante. Tant que nous sommes dans l'entourage familial, les sentiments tabous sont repoussés derrière l'écran. De même, si nous choisissons des amis et des opinions politiques ou religieuses conformes aux schémas familiaux, ils nous aideront à maintenir les émotions taboues sous couverture. Mais pendant tout ce temps, le monde au-delà de notre cercle d'intimes envoie des messages qui peuvent nous libérer.

JOHN – Il y a donc deux pressions qui nous poussent dans des directions opposées : le monde extérieur qui tire nos émotions taboues de derrière l'écran, et notre famille et nos amis qui essaient de les y repousser.

ROBIN – Exactement. Et c'est pourquoi je ne cesse d'insister sur le fait que se mêler à un cercle assez large d'autres personnes suffit en général à vous aider.

JOHN – Mais manifestement, bien des gens ne prennent pas ces saines mesures. Pourquoi ?

ROBIN – Sortir des émotions familiales taboues de derrière l'écran est pour le moins embarrassant, et dans le pire des cas terriblement douloureux.

JOHN – Dans *Famille,* nous disions que le processus peut être difficile : a) parce qu'il implique qu'on se rappelle des choses très douloureuses et perturbatrices en elles-mêmes ; b) parce que même si ce qui émerge dans la conscience n'est pas désagréable intrinsèquement, nos familles nous ont appris à *croire* que c'est le cas — que c'est « mauvais » et « destructeur ».

ROBIN – De fait. Lorsque ça émerge, nous éprouvons derechef la désapprobation familiale — même si notre famille est loin ! De plus, lorsque tout cela commence à sortir de derrière l'écran, nous souffrons en réalisant que nous avons toujours été colériques, ou violents, ou envieux, ou voués à l'auto-apitoiement, etc. alors que nous avons toujours pensé être assez merveilleusement libérés de ces sentiments. Et cela peut nous faire nous sentir assez ridicules à l'idée d'être moins adultes que nous pensions. Bien sûr, plus nous vieillissons, plus nous nous sentons ridicules. Et c'est alors que nous découvrons que nous ne pouvons changer des habitudes enracinées du premier coup ! Nous découvrons qu'il faut un combat de longue haleine, et cela rend les choses encore plus douloureuses.

JOHN – Comme tu me l'as souvent fait remarquer en groupe... quand nous nous lançons dans ce processus qui doit nous amener à une meilleure santé, nous pouvons *temporairement* nous sentir moins bien.

ROBIN – Oui, lorsqu'on a renoncé à la sécurité de sa conformation précédente, mais qu'on n'a pas encore atteint une meilleure conformation, on connaît une période difficile et incertaine. D'autant plus qu'au cours de cette période, on est plus conscient de ce qu'on perd que des bénéfices qu'on pourrait recevoir en fin de compte.

JOHN – La question de savoir si nous aurons le courage de nous exposer au monde va dépendre du degré de difficulté que cela représente pour nous : si c'est juste un peu embarrassant mais réalisable, ou si ça nous fait souffrir plus que nous ne saurions le tolérer.

ROBIN – En d'autres termes, la question est de savoir quel degré de santé mentale est le nôtre, degré qui s'avère souvent refléter le degré de santé mentale de notre famille. Bien sûr, aucune famille n'est parfaite : toutes fuient l'un ou l'autre problème ou, du moins, ne les confrontent pas directement. Mais, comme je l'ai expliqué au début de ce livre, une famille donnée peut esquiver la réalité à des degrés très divers.

JOHN – Les gens au sommet de l'échelle de la santé mentale ne remisent pas grand-chose derrière l'écran, les petits veinards.

ROBIN – C'est pourquoi il ne leur est pas trop difficile de découvrir peu à peu la réalité extérieure en évoluant dans le monde — comme le fait le reste de leur famille.

JOHN – En revanche, plus on descend l'échelle, plus on trouve de choses amassées derrière l'écran, et plus il est douloureux de les en extraire. Et si on ne s'est pas aventuré dans le monde, le tas accumulé derrière l'écran reste en l'état, et vous regarde droit dans les yeux, rendant terriblement inquiétante la moindre tentative de s'y attaquer. C'est toujours la même impasse à la *Catch 22*, hein ? Si on est sain, on devient plus sain. Sinon, on dévale la pente.

ROBIN – Eh bien, il y a du vrai dans ce que tu dis, même si tu en rajoutes. Je dirais plutôt que plus on descend l'échelle de la santé mentale, plus l'hostilité de la famille à ce qu'un de ses membres se libère du tabou familial se fait véhémente.

JOHN – Si on commence à acquérir un peu de lucidité aux choses, grâce au contact qu'on a avec les gens extérieurs à la famille, il faut s'attendre à ce que celle-ci exerce une résistance.

ROBIN – Oui. Si on commence à parler de ce qu'on a appris ou à exprimer l'émotion taboue, les signaux non verbaux émis par le reste de la famille, qui habituellement préviennent ce genre de choses, se font de plus en plus intenses. Une forte désapprobation se manifeste. Bien sûr, si on continue, malgré cela, à évoluer vers une plus grande ouverture d'esprit et une plus grande honnêteté, le reste de la famille devra faire un choix : ou se voir plus lucidement, ou prendre ses distances pour éviter d'être affecté jusqu'à rencontrer la nécessité du changement.

JOHN – Le changement provoque une crise.

ROBIN – Oui, cela introduit le loup dans la bergerie. Chacun se sentira très menacé, des disputes éclatent, la pression affective s'intensifie — et cela peut finir par des séparations. Tout cela rendra la situation plus difficile pour celui qui essaie de changer.

JOHN – Très délicat. Ce qu'il essaie de faire est assez douloureux en soi sans qu'on ait à y rajouter la désapprobation et la résistance familiales.

ROBIN – Le résultat, c'est que ces gens doivent souvent renouveler leurs tentatives, et souffrir plusieurs échecs, avant de trouver le courage de soutenir leur défi face aux censures de leur famille. Pour réussir, ils auront besoin d'un soutien extérieur à la famille, qui les encourage à continuer de s'élever contre les pressions familiales contraires.

JOHN – Est-ce là qu'intervient la thérapie ? Après tout, nous avons hululé tout ce temps sur l'idée de devenir plus sains, et le mot de « psy » n'a encore jamais franchi la barrière de tes dents.

ROBIN – Le plus souvent, un soutien de ce genre est apporté par des amis, un enseignant, un mentor ou un directeur de conscience. Mais lorsque le tabou familial est trop fort, les pressions de la famille trop intenses, les talents supplémentaires d'un thérapeute peuvent répondre à la demande.

JOHN – D'accord. Soit un individu affligé d'un problème qu'il est incapable de résoudre par ta solution favorite, à savoir se mêler à d'autres gens dans la vie ordinaire. Il va donc voir un thérapeute. Comment décris-tu l'activité fondamentale du thérapeute dans ce cas ?

ROBIN – Le thérapeute est essentiellement formé pour aider le patient à rassembler les éléments de sa vie affective qu'il a tenté d'éviter et de dénier — en d'autres termes, ce qu'il a essayé de mettre derrière l'écran.

JOHN – Et comment le thérapeute encourage-t-il le patient à formuler tous ces tabous archimenaçants dans un discours conscient ?

ROBIN – Si tu poses cette question à plusieurs thérapeutes, tu obtiendras sans doute des réponses différentes et assez complexes qui dépendent de la technique de chacun, et de sa formation. Le plus important, c'est ce qu'ils ont tous en commun : ils offrent au patient une atmosphère particulièrement détendue et encourageante. Cela seul encouragera la personne à s'ouvrir et à explorer le problème plus profondément que dans le remue-ménage de la vie quotidienne, ou en présence de gens antipathiques. Puis, parce que les thérapeutes ont déjà entendu la même chose d'autres patients, et auront — solution idéale — extirpé leurs propres tabous familiaux de derrière l'écran, au cours de la thérapie qui faisait partie de leur formation, ils ne seront ni anxieux ni troublés par ce que leur dit le patient. Le patient apprend lentement que le thérapeute est tout à fait à son aise avec les affects en général — et notamment qu'il reste impassible face à l'émotion du patient sur laquelle porte l'interdit familial. Cette acceptation détendue des sentiments tabous par le thérapeute rassure puissamment le patient et lui montre qu'il peut affronter ces sentiments en toute sécurité lui aussi. Graduellement, ces émotions commencent à être explorées et réintégrées peu à peu dans la personnalité.

JOHN – Lorsqu'une trace de l'émotion interdite remonte à la surface, le thérapeute reste détendu, et n'envoie pas au patient les signaux du type « cachez cette émotion que je ne saurais voir ! »

ROBIN – Exactement. Imaginons que les émotions taboues sont la colère, la violence, un esprit de destruction. Un jour, le patient raconte un rêve où il écrase son vieux proviseur en voiture. Au lieu de la réaction habituelle d'horreur devant la violence qui était celle de la famille, le thérapeute hoche la tête, détendu, et il dira peut-être même avec un large sourire : « On dirait que vous avez envie de liquider quelqu'un — moi, peut-être ? » La sérénité du thérapeute à l'égard des manifestations de l'émotion taboue montre au patient qu'il est normal d'avoir ces sentiments, et que le ciel ne lui tombera pas sur la tête s'il les exprime.

JOHN – Dans ton exemple, le thérapeute désigne l'émotion taboue. Est-ce que ça ne risque pas d'alarmer le patient ?

ROBIN – Eh bien, remuer l'émotion taboue a toujours quelque chose d'alarmant pour le patient, mais si on l'aide à tenir bon et à faire face à cette crainte au lieu de l'esquiver et de la cacher de nouveau derrière l'écran, celle-ci diminuera, et lui gagnera en courage et en confiance en soi. Mais savoir à quel point le patient est prêt à affronter sa peur, et comment le soutenir au cours de ce processus douloureux, voilà les talents essentiels à acquérir pour un thérapeute.

JOHN – Tu dis que ce qui aide le plus le patient à devenir conscient des émotions taboues, et dès lors à les intégrer, c'est la détente et la tolérance du thérapeute.

ROBIN – Je crois que c'est ce qui aide le plus les gens à changer. À mon avis, toutes les « techniques haut de gamme » sont secondaires.

JOHN – Et la méditation ? Beaucoup de gens, dont moi, découvrent que non seulement cela calme leurs émotions, mais que cela leur permet de se sentir plus « concentrés ».

ROBIN – Je suis sûr que c'est vrai. La méditation nous incite à nous détendre, à être ouverts et tolérants à l'égard des pensées et des émotions qu'elle éveille — et surtout à ne pas les juger, mais plutôt à abandonner notre tendance habituelle à l'autocensure, si bien que nous ne supprimons pas nos émotions négatives comme à l'habitude. Plus ce calme et cette détente nous gagnent, plus nous sommes conscients de nos pensées et sentiments, plus nous leur donnons libre cours, plus l'expérience se rapproche de ce qui se produit dans une bonne psychothérapie.

JOHN – La prière aurait le même effet ?

ROBIN – Oui, si nous parlons du genre de prière où l'on tente d'atteindre calme et paix intérieurs. Mais le soutien d'une autre personne peut être essentiel lorsque quelqu'un est *très* angoissé à l'idée de rendre conscientes pour la première fois ces émotions difficiles et douloureuses. Comme je l'ai dit, ce ne sera pas forcément un thérapeute — juste quelqu'un avec qui le patient a de bons rapports, qui est libre du tabou familial, et ne réagit pas avec l'horreur choquée propre à la famille.

JOHN – Quelle formation permet tout particulièrement aux thérapeutes d'éviter de manifester ces « réactions d'horreur » ?

ROBIN – Il leur faut être à l'aise avec leurs propres émotions pour non seulement être à l'aise avec les sentiments de leurs patients, mais aussi avoir la certitude, fondée sur une expérience réelle, que faire face à la réalité finit par guérir. Dès lors, il leur faut eux-mêmes être raisonnablement sains, et si certains thérapeutes ont eu la chance de grandir dans une famille exceptionnellement saine, les moins fortunés peuvent avoir besoin d'une thérapie pour régler leur propre cas.

JOHN – Quels sont les autres talents nécessaires aux psys ?

ROBIN – Un bon thérapeute a un talent particulier pour déceler des émotions taboues, et peut réussir à les révéler là où d'autres méthodes auraient échoué. Et il a le don de ne pas distribuer les biscuits Fido !

JOHN – De ne pas se laisser piéger par les manipulations du patient, comme la famille ?

ROBIN – Oui. Parce que, naturellement, le patient essaiera de contrôler le thérapeute en lui envoyant les signaux qui lui servaient à contrôler sa famille — et qui servaient à la famille pour le contrôler. Crois-moi, beaucoup de ces manipulations sont très subtiles et persuasives, et il est facile de se laisser piéger et de commencer à se comporter au gré du patient. Ce qui, bien sûr, revient à lui donner ce biscuit Fido qui l'a toujours englué.

JOHN – Un thérapeute doit éviter de se laisser prendre au filet de la manipulation.

ROBIN – Voilà. Le talent consiste à prendre conscience des schémas de manipulation sans tomber dedans, ni les condamner — en s'y intéressant, c'est tout.

JOHN – S'il n'obtient pas le biscuit Fido, le schéma comportemental du patient n'est pas récompensé, et cela l'aide à s'estomper ?

ROBIN – Oui, vers la fin. Cela en fait partie. Mais le résultat immédiat, c'est que le patient commence par intensifier sa manipulation.

JOHN – Ah ! Comme un poisson qui se débat à l'hameçon, pour reprendre ton image.

ROBIN – Et cela contribue à révéler l'émotion déniée que la manipulation tout entière a pour objet de tenir cachée.

JOHN – Cela aide le patient à commencer à voir ce qui se passe.

ROBIN – Oui.

JOHN – Mais lorsque le patient réalise que c'est l'émotion interdite qui fait surface, cela doit être rudement inquiétant pour lui. Il doit détester.

ROBIN – Et cela nous amène à la difficulté principale de la thérapie. D'un côté le thérapeute crée une atmosphère amicale, encourageante, tolérante. De l'autre, il met le patient face à l'émotion terrifiante, interdite.

JOHN – Une personne encourageante qui suscite soudain la terreur dans la pièce... où est le truc ?

ROBIN – Il faut équilibrer les deux — le soutien et la confrontation — de sorte que le patient soit exposé au degré de peur qu'il est capable de supporter. Si on est trop gentil, trop protecteur, il n'arrivera jamais à faire face à sa crainte et à la surmonter. Mais il ne faut jamais le pousser au-delà du point où la crainte devient trop énorme pour être supportée, et où il lui faut rompre le contact. En cas de doute, mieux vaut évidemment pencher du côté de la sécurité.

JOHN – Tu as dit un jour qu'il y avait deux choses qu'un psy doit comprendre. La première, c'est ce par quoi le patient doit nécessairement passer ; la seconde, c'est le rythme auquel il doit avancer.

ROBIN – Juste. La première partie — quoi faire — est la chose la plus facile qu'on apprenne dans la formation ; la seconde — quand intervenir, quand patienter — est quelque chose qu'on continue d'apprendre pendant le restant de sa vie. Et c'est la même chose avec la thérapie familiale : le psy doit trouver un moyen de pénétrer le système familial tout en restant en contact avec la famille, et en évitant de se heurter à ce système. En évitant aussi d'être changé par la famille au point d'accepter ses règles, y compris la règle centrale, à savoir que l'émotion familiale taboue ne doit pas être mentionnée ni même admise pour ce qu'elle est. En d'autres termes, ce qui est difficile, c'est d'attirer l'attention de la famille sur ce qui l'effraie tant — les émotions qu'elle évite — sans se faire rejeter ou exclure.

JOHN – Comme un organe qu'on doit greffer sur un organisme : s'il est trop différent, il peut être rejeté, traité en ennemi.

ROBIN – Oui, et comme dans une greffe, la raison principale pour laquelle une thérapie échoue, c'est l'échec du psy à gérer ce dilemme. Il faut tenir vaille que vaille, bien que la famille ne puisse vous considérer autrement que comme une menace pour sa stabilité et son bien-être.

JOHN – Quel recours ?

ROBIN – Dans notre jargon, on appelle ça « l'alliance thérapeutique ». La famille ou l'individu doit sentir qu'on est fondamentalement de leur côté, même si en réalité on critique une part de leur mode de fonctionnement. Ce qu'ils exigent en premier lieu, c'est qu'on les aime.

JOHN – C'est tout à fait rassurant. Dis-m'en plus sur cette demande d'amour.

ROBIN – Il faut percevoir ce qui est bon et qui vaut la peine chez les gens. Ils le sentiront, et cela les aidera à tenir le coup dans toutes leurs difficultés face à la vérité.

JOHN – Est-ce toujours possible ?

ROBIN – Parfois, j'ai refusé des patients parce que rien en eux ne me paraissait respectable. Mais en général, j'ai constaté que leurs problèmes étaient liés au fait qu'ils choisissaient délibérément d'être malhonnêtes et destructeurs, et qu'ils n'avaient pas réellement envie de changer. Quand je sens cela, je le leur dis tout net. Parfois ce sont eux alors qui me rejettent ; parfois ils disent clairement qu'ils n'ont pas l'intention de jouer franc jeu, et je leur dis que je ne les prendrai pas en charge. Bien sûr, ils sont toujours libres de revenir si leur attitude change, car alors nous pouvons progresser ensemble.

JOHN – C'est souvent que tu les refuses ?

ROBIN – Personnellement, il est assez rare que je n'éprouve pas d'amitié ou de compassion, à l'égard de quelqu'un, même s'il est très difficile, quand j'ai passé une heure en sa compagnie. Ce laps de temps me permet en général de voir à quoi il ressemble au plus profond de lui-même. Parce que dans le fond, nous sommes tous très semblables.

JOHN – Très bien. Dernière question sur cette approche thérapeutique. Est-ce qu'elle marche pour tous ceux qui ont des difficultés émotionnelles considérables, lesquelles n'ont pu être résolues en allant dans le monde de façon ouverte ?

ROBIN – La première chose à dire, c'est que plus une personne est saine, plus il lui sera facile de reconnaître la nécessité éventuelle d'une thérapie, et plus elle en tirera profit. Cela peut sembler injuste, mais si le fait d'affronter ses faiblesses requiert du courage, de l'honnêteté et du réalisme, ce sera plus facile pour les gens qui ont déjà ces qualités en abondance. À l'inverse, plus une personne est malsaine, plus il lui faut affronter de défauts et de faiblesses, tout en ayant moins de forces à investir dans la tâche. Dans ce cas, la perspective sera plus intimidante, la rencontre de la vérité pourra l'accabler. Mais je dois souligner que certaines personnes qui sont très malades, et ont beaucoup de problèmes, n'en possèdent pas moins un solide fonds de courage, d'honnêteté et de capacité à aimer. Avec elles, on peut obtenir des résultats stupéfiants. Une personne superficielle ou fourbe qui souffre bien moins peut être irrécupérable.

JOHN – Tu parles là de thérapie individuelle ?

ROBIN – Ce que je dis s'applique plus ou moins à toutes les formes de thérapie. Mais je devrais ajouter qu'on peut avoir des résultats plus probants en travaillant avec la famille tout entière. Les possibilités sont plus variées, et on s'appuie sur les éléments sains de tous les membres de la famille. Lorsqu'une personne est engluée ou résiste, une autre peut être beaucoup plus motivée ou réceptive à ce moment. Il est très rare qu'on ne puisse faire *quelque chose* pour l'aider lorsqu'on voit la famille dans son ensemble, et il se produit quasiment des miracles, parfois.

JOHN – Mais que faire avec ceux qu'on ne peut aider par cette méthode ?

ROBIN – Un grand médecin français a jadis décrit le devoir du médecin comme « guérir parfois ; soulager souvent ; réconforter toujours ». Même si la famille résiste souvent aux tentatives qu'on fait pour l'aider à comprendre comment elle crée ou favorise le problème, elle peut toujours être soulagée par des médicaments ; ou être déchargée provisoirement du fardeau par des vacances, une hospitalisation ; par des soins alternatifs, un soutien qu'elle même ne peut offrir aux enfants — cours spécifiques, clubs, internats. Heureusement, certains docteurs sont favorables à cette approche plus pratique, alors que d'autres se préoccupent surtout d'amener un changement plus profond à travers une compréhension psychologique. Je crois qu'à long terme, les patients finissent par se retrouver avec le genre de médecin qui leur convient. Que les patients adressés aux médecins favorables aux cures par médicaments manquent la chance de mieux se comprendre a longtemps été pour moi un sujet de préoccupation. Et puis, un jour où je visitais un autre hôpital, on m'a montré le nouveau département pour les patients de l'extérieur, géré par le psychiatre en chef, connu pour son intérêt pour les médicaments et son hostilité envers la psychothérapie. J'ai été très soulagé de découvrir que tous les gens qui attendaient leur consultation semblaient avoir de gros problèmes et peu de capacité de réflexion ; s'ils étaient venus me voir, je n'aurais pas fait grand-chose pour les aider, et j'aurais eu envie de les envoyer à ce département !

JOHN – Résumons-nous : pour devenir plus sains, la plupart des gens ont simplement besoin de s'aventurer dans le monde, et de se laisser changer par l'expérience ; certains auront besoin d'un thérapeute leur offrant l'atmosphère nécessaire pour alléger leur angoisse, avant de décadenasser leurs tabous affectifs ; ceux qui ne peuvent bénéficier de ce genre de perception guidée peuvent être aidés par des médicaments et des méthodes plus pratiques. Je veux maintenant revenir à un paradoxe central : le fait que les gens les plus sains soient les plus sensibles à la nécessité de devenir encore plus sains.

ROBIN – Eh bien, le désir de devenir plus sains ne représentera pas une motivation consciente pour la plupart des gens — ils sont juste attirés par une situation qui représente un défi pour eux. Mais rappelle-toi par ailleurs que 40 % des hommes sélectionnés pour leur santé mentale exceptionnelle par les chercheurs de Harvard ont été en thérapie à un stade de leur existence !

JOHN – Les gens qui ont déjà la santé mentale en veulent davantage, tandis que les gens qui en ont moins sont entièrement satisfaits ?

ROBIN – Eh bien, disons les choses de cette façon. Plus on descend l'échelle de la santé mentale, plus les gens sont hostiles au changement, quel qu'il soit, parce qu'il est beaucoup plus pénible pour eux de faire face à leurs défauts. Il est plus facile de s'en tirer en s'accrochant à la croyance qu'on est déjà sain — plus sain que tous les autres, en fait.

On peut croire qu'on n'a pas besoin de changer. Jusqu'à ce que, bien sûr, on soit ramené à la réalité par une nouvelle situation dont on est incapable de se sortir.

JOHN – Les gens les moins sains n'ont pas besoin de changer ; ils ne le font qu'à corps défendant, s'ils y sont forcés par une crise.

ROBIN – Oui : une « crise », c'est une situation où ils réalisent que leur approche habituelle ne marche pas ; ou, pour le dire d'une autre façon, une situation où il est moins douloureux de changer que de rester où on en est.

JOHN – Ce qui signifie qu'à long terme, une crise peut avoir sur eux un effet très bénéfique.

ROBIN – Oh oui. De fait l'idéogramme chinois correspondant au mot « crise » indique un mélange de danger et d'opportunité — qui rend très bien l'idée. Presque tout le monde peut améliorer son niveau de santé avec un bon type de crise et un bon type d'aide.

JOHN – Et c'est pourquoi ce que nous appelons une « crise de nerfs » s'avère souvent une bonne chose en fin de compte.

ROBIN – Oui, c'est souvent le premier pas vers une meilleure santé. Cette crise est en fait l'ultime échec d'un mode de vie fondée sur de mauvais principes, qui n'aurait jamais pu marcher de toute façon. Une fois que ce style de vie se révèle impossible, la personne qui a craqué peut recommencer, et avec une certaine aide, bâtir une vie sur des fondements plus solides.

JOHN – J'ai toujours été fasciné par l'idée qu'une crise de nerfs, qui alarme autant les profanes — y compris, bien sûr, ceux qui doivent l'endurer — est considérée par les thérapeutes avec une sorte de satisfaction tranquille, comme une étape vers quelque chose de meilleur.

ROBIN – Je ne dirais pas l'avoir jamais envisagée avec plaisir. Cela peut être terriblement alarmant pour la personne concernée. Mais j'y vois du moins la chance de trouver une solution à ses problèmes.

JOHN – Pour revenir à ce qui ressemblait à un paradoxe, mais s'en éloigne de plus en plus... les gens exceptionnellement sains sont plus ouverts au changement parce qu'ils peuvent davantage se risquer à de nouvelles épreuves, et expérimenter différentes façons d'y faire face.

ROBIN – C'est juste. Ils trouvent attirant, excitant, agréable de s'exposer à des situations qui les mettent au défi. Au contraire, si on est moins sain, on s'ajuste de façon plus instable à l'existence, et on hésite à s'exposer au changement, de peur de perdre le peu de sécurité qu'on a pu obtenir.

JOHN – Je me dis parfois que nous craignons d'explorer de nouvelles situations parce que nous avons l'intuition qu'elles nous forceront à faire face à des émotions étrangères, inconfortables, et même alarmantes. Mais plus souvent je me dis que nous nous retenons d'expériences « à risque » parce que nous craignons de perdre le contrôle ; nous savons que nous ne pouvons les vivre sans confusion, sans pénétrer dans l'inconnu affectif.

ROBIN – Mais il est parfois absolument nécessaire de se laisser envahir par la confusion ; cela fait partie du processus de maturation.

JOHN – ... Tu as dit un jour que lorsque les gens essaient de changer, ils n'y parviennent pas aussi rapidement que lorsqu'ils *renoncent* à essayer de changer. Est-ce lié à ce que nous disons ici sur la confusion ?

ROBIN – Oui. Tu vois, quelqu'un qui essaie de changer le fait presque toujours en suivant sa propre idée des changements nécessaires. En d'autres termes, il tente de réparer une machine défectueuse en l'utilisant à cette fin.

JOHN – Il essaie de changer des idées incorrectes en s'inspirant de ces mêmes idées.

ROBIN – Ainsi, dans un groupe de thérapie, les gens parleront avec une profonde sincérité de leurs efforts pour changer. Par la suite, il deviendra clair qu'ils veulent se changer selon la façon dont eux perçoivent leur problème, et non le groupe.

JOHN – Et du coup, rien ne se produit ? Ils tournent en rond ?

ROBIN – Bien sûr. Alors qu'il leur suffit de transmettre au groupe les informations concernant leur problème, et de laisser le groupe les changer.

JOHN – Le groupe a d'eux une idée plus positive, parce qu'il ne dénie pas certains aspects de la vérité, comme eux le font !

ROBIN – C'est ainsi qu'on peut obtenir ce feed-back infiniment précieux sur ce qui ne va pas, ou sur ce qui fait obstacle. Et bien sûr, cela peut faire mal. Mais si on est ouvert, ce feed-back vous change bel et bien.

JOHN – Je me rappelle bien cela. On découvre tout à coup que tout le groupe vous regarde et vous dit avec gentillesse, mais fermeté, que ce qui vous paraissait juste n'est pas juste. Et cette expérience de se voir assurer par un jury indépendant que l'on a une fausse perception des choses est *extraordinaire*. Après ces moments, je suis toujours passé par une période de confusion extrême, où j'avais l'impression de n'avoir aucune idée sur ce qui se passait, ou sur la validité de mes réactions. C'est une expérience que je vis encore de temps à autre, et que j'appelle maintenant « la remise à neuf » ! Il me semble alors que je devrais mettre un panneau : « Fermé pour cause de travaux ».

ROBIN – Manifestement, il faut abattre une vieille maison avant d'en construire une nouvelle à la place. Et cela ne va pas sans désordre ni dégâts. C'est exactement la même chose quand on se change. La vieille structure doit s'effondrer avant que la nouvelle puisse se former. D'où l'effet de confusion. C'est seulement lorsqu'on renonce à essayer de contrôler le processus de son propre changement que le système extérieur peut commencer à nous changer.

JOHN – Même si la tentative de contrôler le processus vous plonge inévitablement dans la confusion... dans un certain sens, on passe à un niveau supérieur pour recevoir plus d'informations, et avoir une perspective plus large, plus complète.

ROBIN – Oui, mais « passer à un niveau supérieur » est une expression grandiloquente — et suggère qu'on accède à un endroit où l'on sait obtenir plus d'influence sur tout. Ce n'est pas du tout ce qu'on ressent sur l'instant ! On a plutôt l'impression de descendre, oui, de « descendre de ses grands chevaux » pour retrouver la terre ferme.

JOHN – De fait, les toutes premières fois où ça m'est arrivé, j'avais l'impression d'une humiliation. On se sent inadapté, on n'est plus responsable, on ne sait pas quoi faire, on se sent stupide.

ROBIN – Et puis, je crois qu'on réalise peu à peu que c'est juste l'Ego qui se fait traîner dans la poussière — qui apprend qu'il ne peut tout comprendre et tout contrôler comme il aimerait !

JOHN – C'est vrai. Et on s'habitue vraiment à la confusion. On apprend peu à peu à tout relâcher et à faire confiance à quelque chose en soi qui absorbe les nouvelles informations, puis, chose étonnante, en tire un sens et les intègre.

ROBIN – Oui. C'est une forme d'intelligence supérieure dont nous ne sommes pas conscients. Tu vois, c'est le « lobe droit » du cerveau qui perçoit les nouveaux schémas et donne intuitivement sens à des choses que le « lobe gauche » ne peut démêler. Mais en Occident, toute notre pensée est orientée vers le lobe gauche, les facultés logico-analytico-critiques. Une fois, Prue et moi assistions à une conférence intitulée « Science et Religion ». Tout le monde était d'accord pour dire qu'il nous fallait quitter notre mode présent, essentiellement orienté vers le lobe gauche, pour passer à un fonctionnement mobilisant davantage le lobe droit si on voulait régler les problèmes du monde. Un membre de l'assistance, de formation militaire, a dit alors : « Bon, d'accord. Il nous faut progresser du lobe gauche au lobe droit. Quelle est la marche à suivre ? » Et bien sûr, avec cette attitude, rien n'est possible, car c'est aborder le problème à partir du lobe gauche !

JOHN – C'est plutôt rigolo. On imagine l'Armée enseignant aux troufions à méditer : « Soldats ! Videz votre pensée... maintenant ! Puis, à mon commandement "Soyez spontanés", laissez les images jaillir spontanément de l'inconscient — Higgins !!! J'ai dit "À mon commandement" ! » Mais comment faire, s'il ne s'agit pas d'utiliser le lobe gauche pour avoir accès au lobe droit ?

ROBIN – Il faut simplement voir que la transition ne saurait être faite ainsi, et que la seule façon d'y parvenir est de nous permettre la confusion, d'accepter de faire l'impasse sur un raisonnement clair, ordinaire, du style « j'ai le contrôle intellectuel des choses ». Il faut pouvoir supporter de nous sentir perdus, « dans le vide » ; puis, si nous réussissons à conserver ce sentiment d'inadaptation dénué de compréhension intellectuelle, nous progresserons automatiquement vers le lobe droit, malgré — ou plutôt grâce à — notre confusion et notre étonnement. Avec le temps, une nouvelle forme de compréhension émergera.

JOHN – Il faut apprendre à se « laisser aller ».

ROBIN – Oui.

JOHN – Il ne suffit donc pas d'aller à la rencontre de gens nouveaux et d'expériences peu familières ; il faut aussi être prêts à nous permettre de ressentir toute forme de confusion qui en résultera ?

ROBIN – Bien sûr.

JOHN – Je me demande si c'est pour cela que certaines personnes de haut niveau intellectuel semblent souvent sous-développées affectivement.

ROBIN – Continue.

JOHN – Eh bien, il m'a toujours semblé que les gens qui acquièrent une grande masse de savoir le font souvent pour se défendre parce qu'ils sont très mal à l'aise s'ils n'ont pas le contrôle de chaque situation. Je me demande si ce besoin de dominer avec l'intellect, de garder le contrôle ne serait pas justement ce qui empêche ces gens-là de s'autoriser les sentiments de confusion qui leur permettraient de mûrir dans le domaine affectif, où ils ne sont pas si développés.

ROBIN – C'est mon impression.

JOHN – Eh bien, je vois plus clairement pourquoi les gens très sains ont si peu de mal à changer. Tout d'abord, ils ont une approche quasi scientifique de leur existence, au sens où ils revoient constamment leurs hypothèses, leurs cartes mentales ; ce qui signifie qu'ils acceptent régulièrement les périodes d'« ignorance » que cela suppose. En d'autres termes, ils se sentent bien plus à l'aise que nous avec le genre de confusion que tu as décrit. Ensuite, comme ils sont souvent en contact avec des sentiments transcendants, certains trouvent dans l'univers une source de soutien, un système qui les aide à gérer l'anxiété qui va toujours de pair avec ces périodes de confusion.

ROBIN – Qui plus est, l'idée fondamentale des religions est que nous faisons partie d'un dessein supérieur, placé sous une autorité supérieure, que nous savons très peu de choses, et avons très peu de contrôle sur le monde. Cette mise en relief de notre véritable « humilité », si nous la laissions nous influencer, nous protégerait contre l'« hybris » qui est la nôtre lorsque nous essayons de contrôler les choses, et nous laisserait ouverts à un processus continu amenant à la compréhension en profondeur que j'ai décrite.

JOHN – Je voudrais que ce soit toi qui résumes, pour une fois, au bénéfice des lecteurs qui seraient intéressés par l'idée de changer.

ROBIN – Eh bien, le problème consiste à nous libérer d'habitudes, d'attitudes, de répulsions automatiques qui cadenassent notre mode présent de vie — parce que ce sont elles qui empêchent le changement de se produire naturellement. Comme je l'ai dit, même nos idées sur la façon dont nous avons besoin de changer nous ramènent dans le même vieux cercle. Ce qu'il faut, c'est s'ouvrir à un domaine plus large d'expériences, et de permettre au feed-back que nous en tirons de nous changer — tout d'abord en renonçant à nos pensées et à nos sentiments routiniers pour accepter la confusion, après quoi existe un espace capable d'accueillir une nouvelle forme de compréhension. C'est encore mieux si nous pouvons faire tout cela sans l'intention de « réussir », mais pour l'amour de l'apprentissage, en laissant le monde nous enseigner les choses.

JOHN – Très bien. Deux questions finales sur le changement chez les individus. Une question subjective, pour commencer. Robin, il y a des activités si nombreuses, si différentes, où nous pouvons nous engager. Y a-t-il quoi que ce soit qui pourrait nous indiquer ce qui nous serait particulièrement bénéfique, à nous individuellement ? Faut-il aborder ce qui nous répugne le plus ? Dois-je me lancer dans la varape ou la danse folklorique ?

ROBIN – Tu tirerais sans doute quelques précieux enseignements d'une initiation à l'escalade, si cette idée te met particulièrement mal à l'aise ; ce qui ne signifie pas qu'il te faille devenir Maurice Herzog ! Lutter contre une résistance ou une peur solidement ancrée peut rompre une habitude, et se révéler très libérateur. Tu peux découvrir que cette peur a une signification très différente de ce que tu pensais ; pour ma part, j'ai découvert que mon anxiété profonde à l'idée de prendre des risques physiques était liée aux soucis de ma mère, et masquait surtout une crainte de ce qui pourrait se produire si je devenais plus audacieux ! Du coup, je me suis réconcilié avec l'audace, et j'ai commencé à pratiquer des sports excitants.

JOHN – Et la planche à voile, tu as commencé à quel âge ?

ROBIN – À soixante-trois ans. En fait, il s'agit d'en savoir plus sur soi-même, ce qui permet aux bons changements de se produire automatiquement.

JOHN – Seconde et dernière question, objective cette fois. Quels sont, à ton idée, les critères objectifs et décisifs pour savoir si quelque chose nous aide à devenir plus sains mentalement ?

ROBIN – L'ultime critère est de savoir si cela nous amène à une intégration croissante des divers éléments de notre personnalité : une connexion et une communication croissantes entre eux, permettant un meilleur contact et une meilleure compréhension de la réalité extérieure. Lorsque cela se produit, la vie s'améliore, les rapports aussi, on devient plus efficace, on réussit mieux, on cesse de s'inquiéter autant et on goûte plus la vie. Mais on s'en aperçoit rétrospectivement. Au cours du processus, on peut parfois se sentir moins bien. Il faut faire confiance à l'idée que la vérité guérit, que si on en apprend plus sur soi-même, si on rencontre plus de gens et qu'on apprend à s'entendre avec eux, si on intègre le feed-back qu'ils vous donnent, on va dans la bonne direction. Bien sûr, il est préférable d'avoir des contacts avec des gens qui, pour autant qu'on puisse juger, sont plus sains, et non moins sains, que soi-même — même si c'est un peu gênant — et aussi avec des gens qui essaient de mûrir, de changer, ne serait-ce qu'à travers des amitiés informelles, dans des groupes de thérapie, ou des groupes d'éveil de la conscience. Inutile de te dire que c'est l'avantage essentiel des groupes, et c'est la raison pour laquelle je me suis principalement intéressé à la thérapie de groupe.

JOHN – Eh bien, élevons-nous d'un cran et parlons de l'amélioration mentale des institutions que nous avons étudiées au chapitre 2 — les firmes, les écoles, les hôpitaux. Quel impact un individu peut-il avoir sur elles ?

ROBIN – Cela dépend de la taille de l'institution. Dans une très petite organisation, ou un très petit secteur, il suffit qu'arrive une seule personne très saine, même dans une position subordonnée, pour que se produise un grand changement.

JOHN – C'est vrai. Ce n'est pas juste que la personne fait bien son travail ; elle « donne l'exemple », inévitablement, en se montrant gaie, consciencieuse, et en refusant de se plaindre.

ROBIN – Bien sûr, certains des gens moins sains du groupe peuvent réagir négativement à cela au début ! Mais si la personne saine exerce un certain temps cette influence, le groupe sera de plus en plus contaminé et tendra à l'imiter.

JOHN – J'ai remarqué que lorsque le niveau s'améliore, au bout d'un certain temps, on voit mieux quels sont les membres fragiles du groupe. Tandis que les autres progressent, leurs faiblesses sont davantage mises en relief, et il devient beaucoup plus difficile de les passer sous silence, à la fois pour le reste du groupe et pour les maillons faibles eux-mêmes.

ROBIN – Oui. Le niveau général s'élève, et ils deviennent beaucoup plus visibles. Du coup, ou ils s'améliorent à leur tour, ou le groupe tout entier finit par leur montrer clairement qu'il refuse de continuer à les supporter, ou la personne concernée devient si mal à l'aise qu'elle trouve une excuse pour passer dans une autre organisation, plus compatible avec son niveau de santé mentale.

JOHN – Mais en ce moment, nous ne parlons que des petits groupes. *Quid* des grandes organisations ?

ROBIN – Un véritable progrès dans le fonctionnement de l'organisation ne peut venir que d'en haut.

JOHN – Je suppose que ça implique qu'on introduise dans l'organisation les méthodes de fonctionnement décrites comme saines dans le chapitre 2 ?

ROBIN – Oui.

JOHN – Et les dirigeants sont les seuls à pouvoir le faire parce que ce sont les responsables.

ROBIN – Attends un peu... qu'entends-tu par « responsables » ?

JOHN – Ils ont le contrôle. Non ?

ROBIN – Examinons cette idée de plus près. Tu vois, je ne crois pas utile de considérer la direction d'une organisation au fonctionnement vraiment positif comme l'*unique* organe de contrôle. Toute l'organisation est en fait contrôlée par le monde extérieur.

JOHN – Comme un organisme vivant dans le monde naturel ?

ROBIN – Continue...

JOHN – S'il veut survivre, son comportement doit être approprié à son environnement.

ROBIN – Oui, il faut qu'il soit « responsable » au sens premier du terme ; il doit réagir de façon appropriée aux conditions dans lesquelles il se trouve. La fonction des dirigeants est de permettre à l'organisation d'être « responsable » en ce sens. Tout d'abord, ils doivent faire en sorte que les activités des différentes parties de l'organisation soient reliées et coordonnées les unes aux autres. Puis ils doivent relier le réseau tout entier au monde extérieur. Les dirigeants forment le maillon manquant entre l'organisation et le monde extérieur.

JOHN – Parce que c'est le monde extérieur — et non les dirigeants — qui décide de faire usage des biens ou des services de l'organisation ?

ROBIN – Précisément. Par exemple, c'est aux dirigeants de prévoir un système d'alarme précoce pour prévenir les employés que l'entreprise va au devant d'ennuis financiers, puis de trouver les décisions à prendre pour la survie de la boîte. Cela ne signifie pas que les dirigeants doivent brandir un gros bâton pour amener ces changements. Mais plutôt qu'ils doivent attirer l'attention de chacun sur le gros bâton que le monde extérieur agite devant l'organisation tout entière, et qui menace chaque revenu individuel. Certains employés peuvent résister aux changements parce que seul leur avantage immédiat les intéresse et qu'ils refusent le risque de perdre leur métier, et donc tout compromis. Mais en éclairant la majorité sur le danger, un bon dirigeant peut exploiter la crise pour imposer des changements vitaux qui sont à long terme de l'intérêt général.

JOHN – J'aime cette idée — le gros bâton est « à l'extérieur ».

ROBIN – En bref, le boulot des dirigeants est d'aider l'organisation à réagir de façon appropriée à son environnement en veillant à ce que les informations utiles sur le monde extérieur soient reçues rapidement et diffusées largement. Après avoir donné à chacun l'occasion de mettre son intelligence à contribution, les dirigeants doivent coordonner les réactions des divers secteurs, pour décider des réactions appropriées et les mettre efficacement en pratique.

JOHN – En d'autres termes, les dirigeants maintiennent perpétuellement leur organisation en contact avec la réalité, de façon qu'elle apprenne du monde environnant, et s'y adapte.

ROBIN – Voilà. Ce sont au fond les mêmes principes que ceux dont nous avons parlé, lorsque les individus ou les familles demeurent sains ou deviennent plus sains.

JOHN – C'est une perspective assez différente des visions à l'ancienne de la direction, où le « patron » serait assez surpris d'apprendre qu'il n'a pas la responsabilité de l'entreprise.

ROBIN – Nous appellerons « Nouvelle Direction » cette façon exceptionnellement saine de mener les autres. Par souci de clarté, opposons-la au style de direction qu'on tenait pour acquis au siècle dernier. Manifestement, nous avons là les pôles extrêmes du spectre du comportement dirigiste. Toutes les organisations véritables seront quelque part entre ces deux extrêmes.

JOHN – Je te pardonne cette caricature si tu éclaires ma lanterne.

ROBIN – Prenons la direction à l'ancienne pour commencer. Elle postule que le « patron » sait tout mieux que les autres. Bien sûr, les autres membres de l'organisation sont traités comme des êtres humains incomplets. Ils sont considérés comme des animaux différents, comme des espèces inférieures. Il ne veut utiliser qu'un domaine très limité de leurs talents, et la plupart de leurs capacités ne l'intéressent pas. Fondamentalement, il utilise son équipe comme un instrument destiné à exécuter ses ordres. Bel exemple de cette façon de penser : le dirigeant d'une grande entreprise, où certains incitaient à plus de participation des ouvriers, a décrit cette procédure de façon cinglante, comme le fait de « laisser les singes gérer le zoo ».

JOHN – Tout le contrôle est concentré au sommet.

ROBIN – Oui, le patron prend toutes les décisions et dit aux autres ce qu'il faut faire — et tout le monde, bien sûr, dit « Quel génie ! » — enfin, devant lui. Ce genre d'organisation peut fonctionner — même si son efficacité est limitée — du moment que le patron fonctionne. Mais dès que ce n'est plus le cas, l'organisation s'effondre, car il n'y a rien pour la soutenir. Tout se trouve déséquilibré, car l'intelligence qui contrôlait l'organisation était entièrement concentrée en lui.

JOHN – J'ai joué dans un film intitulé *Clockwise*, dont le scénario était de Michael Frayn. Ce film s'inspirait d'une école réelle dont le proviseur était exactement comme l'homme que tu as cité. Une vraie dynamo ! Personne ne se lassait de répéter qu'il était vraiment fantastique. Il s'occupait de tout ! Puis il part, et l'école s'effondre. Personne ne sait quoi faire, parce qu'il n'a jamais permis à quiconque de saisir comment l'école fonctionnait.

ROBIN – Mainte entreprise occidentale répond à ce modèle, parce que nous mettons l'accent sur l'individu, au contraire des Japonais qui prisent davantage les décisions de groupe et le consensus. Par exemple, au cours des vingt années où Harold Geneen a dirigé la firme américaine géante ITT, l'entreprise est devenue l'une des plus efficaces et des plus rentables des États-Unis. Mais il paraissait incapable de former ses subordonnés pour qu'ils le remplacent un jour, et depuis son départ à la retraite la rentabilité de l'entreprise a chuté. Bien sûr, c'était un homme exceptionnel, et tant qu'il était là ses méthodes étaient hautement rentables, économiquement du moins. Mais son besoin de tout contrôler a fait que ses succès ont déserté l'entreprise en même temps que lui. Et bien des patrons accordent leur préférence à ce mode de gestion sans même pouvoir avancer la prospérité particulière de leur entreprise.

JOHN – Si on considère le nombre de gens qui admirent encore aujourd'hui ce style de direction, je me demande quels en sont les véritables avantages.

ROBIN – Le principal, c'est que le patron se sent important. Il porte d'énormes responsabilités sur ses épaules, puisqu'il refuse aux autres de les partager ; mais il trouve une compensation à tout ce stress par un sentiment d'immense pouvoir et de faculté de décision étonnante. Il peut aboyer des ordres aux gens et les faire courir un peu comme des fous, et personne n'ose souffler un mot, même si on est certain que le patron commet d'horribles erreurs.

JOHN – Ou même s'il pille les fonds de pensions. D'accord. Les avantages de la direction à l'ancienne, c'est que le patron se sent Vraiment Impressionnant. De fait, s'il est un génie, ça marchera un certain temps. Et les inconvénients ?

ROBIN – Je les dirai en abrégé parce qu'ils ne font que récapituler ce que nous avons déjà dit. Le patron reçoit des informations inexactes : le feed-back désapprobateur est filtré jusqu'à disparaître avant même qu'il ne lui parvienne, car tout le monde sait qu'il refuse de l'entendre. Puis, aussi longtemps que le patron n'utilise que sa propre intelligence pour prendre des décisions, il n'entend jamais les meilleures idées qui circulent. Ses décisions seront appliquées par des gens qui n'ont pas une véritable compréhension du raisonnement fondant ces décisions, et il y a de bonnes chances qu'elles soient mal comprises et mal exécutées. Et puisque c'est lui qui prend toutes les décisions, chaque question doit gravir tous les échelons de la hiérarchie, puis les redescendre avant qu'on puisse passer à l'action, ce qui signifie que l'entreprise réagit au ralenti. Entre-temps, les employés ne sont pas traités en êtres humains, et ne sont donc pas fortement motivés, sinon par la peur, ce qui les met sur la défensive. Comme ils n'ont jamais été consultés, ils feront sans doute de l'obstruction sournoise au moment d'appliquer des décisions qu'ils désapprouvent.

JOHN – Je t'en prie, poursuis.

ROBIN – Très bien. Lui parti, l'entreprise se désintégrera. Il ne formera aucun successeur, dans la pensée qu'elle ne saurait être dirigée que par quelqu'un lui ressemblant exactement — et qui aurait été viré depuis des années, car le patron n'aurait pas toléré la compétition. Au contraire, il s'entourera de béni-oui-oui : lorsqu'il fera des erreurs, chose inévitable, il n'y aura personne pour élever la voix et les pointer, et il s'y enlisera. Il décidera de ce que les clients *devraient* vouloir au lieu de chercher quels sont leurs désirs, et il s'appuiera sur la pub pour persuader les gens d'acheter ce qu'il a fait au lieu de faire ce qui se vend... je peux m'arrêter ?

JOHN – Oui... on pourrait donc dire que l'organisation paie le bien-être de son patron au prix fort.

ROBIN – À un prix énorme, à long terme. Maintenant, si nous considérons la Nouvelle Direction, le postulat clé est « les autres savent mieux que moi ! »

JOHN – Les autres ?

ROBIN – Eh bien, au moins en ce qui concerne les aspects du travail qui leur sont les plus familiers. On tient pour acquis que la grande majorité des décisions dans l'entreprise devraient être prises par des gens plus qualifiés que les dirigeants. Résultat, les gens sont traités en êtres humains à part entière ; tout leur savoir, tous leurs talents sont pris en considération. Ils sont hautement motivés, capables de contribuer davantage et d'obtenir des résultats bien supérieurs.

JOHN – Attends un moment. Je me pose des questions sur cette histoire — « les autres savent mieux que moi ».

ROBIN – C'est parfaitement simple. Grâce à leur position avantageuse au sommet de l'organisation, les dirigeants auront une vision plus large, plus globale de la façon dont l'entreprise progresse. Mieux vaut donc que certaines décisions stratégiques d'ensemble soient prises par eux. Mais la direction délègue le plus possible toutes les autres décisions au bas de l'échelle, pour autant que cela respecte l'efficacité. Le contrôle est dispersé sur l'ensemble du système.

JOHN – Ça me paraît bien, mais un peu idéaliste. Je sais qu'une bonne partie de l'apprentissage va dans ce sens, mais dans quelle mesure s'est-il propagé dans le monde réel ?

ROBIN – En fait de « monde réel », le meilleur exemple est l'armée américaine. Sa doctrine met l'accent sur la décentralisation et le transfert des responsabilités aux hommes du rang. Tu te rappelles les prodiges d'efficacité de cette armée au cours de la guerre du Golfe ?

JOHN – Quelqu'un a dit : « Aucune armée ne s'est jamais déplacée si loin, si vite. »

ROBIN – Tu vois, le général Schwarkopf ne disait pas à ses officiers ce qu'il fallait faire exactement. Il se contentait d'indiquer les grandes lignes de sa stratégie et les cibles principales qu'il voulait attaquer : les lignes de communication et de ravitaillement le long de la vallée de l'Euphrate, la Garde républicaine, et, bien sûr, Koweit-City. D'après un commandant qui assistait aux briefings, il disait tout simplement : « Bon, les gars, voilà ce que je veux : à vous de réfléchir et de me dire comment je vais m'y prendre ! » Les généraux britanniques et américains ont conçu leur planning ainsi depuis la Seconde Guerre mondiale.

JOHN – Lorsque tu dis que la philosophie, c'est « les autres savent mieux que moi », tu veux dire que les Nouveaux Dirigeants posent les bases stratégiques, puis demandent à leurs subordonnés d'exploiter leurs analyses de terrain pour les exécuter.

ROBIN – Oui, si le système est correctement agencé, presque toutes les décisions peuvent être déléguées.

JOHN – Et les Nouveaux Dirigcants peuvent se mettre les doigts de pieds en éventail et s'offrir une partie de fléchettes.

ROBIN – Très juste. Si la stratégie a été clairement définie, la Nouvelle Direction n'aura pas grand-chose à faire sinon vérifier que tout marche au poil. Et à rester disponible, bien sûr, en cas d'urgence.

JOHN – Eh bien, contentons-nous d'examiner ces deux aspects.

ROBIN – Pour ce qui est de l'idée de garder un œil sur tout, tu te rappelleras que dans le chapitre 2, j'ai dit que dans les compagnies les plus saines, le contrôle est exercé à travers quelques « régulateurs » économiques strictement observés.

JOHN – C'est ainsi que les dirigeants savent si l'organisation dévie de sa course, oui.

ROBIN – Parce que la menace principale est toujours la banqueroute. Les régulateurs portent sur les finances et le budget, et permettent aux dirigeants de détecter très tôt la moindre difficulté — du coup, ils voient le danger avant qu'il ne devienne dangereux.

JOHN – Ils surveillent constamment ces informations essentielles. Ils font attention au moindre signal.

ROBIN – Si le groupe de travail dont les résultats ont produit ce signal peut remédier tout seul à la situation, les Nouveaux Dirigeants en sont satisfaits ; dans le cas contraire, ils devront peut-être intervenir, régler le problème, et s'assurer que le groupe est revenu sur la bonne voie avant de lui rendre le contrôle.

JOHN – Je viens de penser que les dirigeants pourraient intervenir pour deux raisons relativement distinctes : a) parce que le groupe se trompe ; b) parce que les circonstances changent plus vite qu'on ne le croyait au moment de fixer la stratégie d'ensemble.

ROBIN – Cela nous amène au second aspect — ce que j'ai appelé une « urgence ». J'entends par là — l'inattendu ! Une crise, au sens de quelque chose qu'on n'avait pas prévu dans les plans.

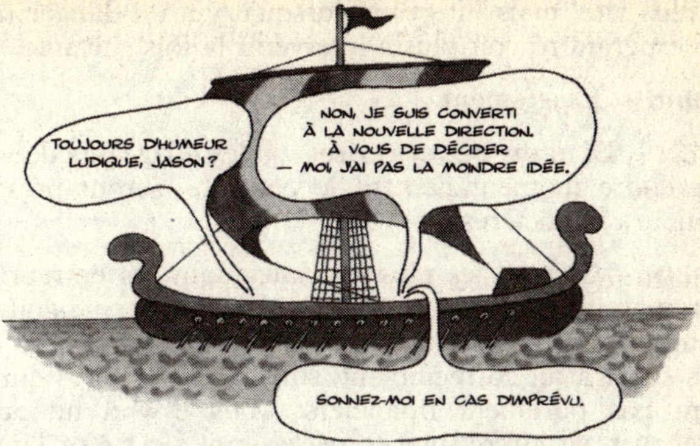

JOHN – Aucun des dirigeants ne l'avait anticipée en fixant le système ou en établissant la stratégie.

ROBIN – En cas d'urgence, les dirigeants doivent donc intervenir, tirer sur les rênes pour ainsi dire, et prendre les commandes jusqu'à ce que la crise ait été domptée. À ce point, l'organisation aura appris à gérer ce genre de crise pour l'avenir.

JOHN – Ah ! La prochaine fois, donc, les dirigeants n'auront plus besoin d'intervenir parce que la crise ne rentrera plus dans l'imprévu.

ROBIN – Voilà. Mieux l'organisation a été agencée et plus elle acquiert d'expérience, plus elle saura prédire ce qui va se produire, et y réagir au moment voulu. Plus l'organisation apprend, moins les dirigeants ont besoin d'exercer leur contrôle. Chaque crise apprend à l'organisation quelque chose de neuf à incorporer dans sa structure de façon à y faire front à l'avenir. La vie de l'organisation consiste en un flux et reflux entre des périodes assez longues où les choses se déroulent souplement, sans qu'il y ait besoin d'un contrôle central, et des moments où les choses se détraquent brusquement et rendent nécessaire une action en force pour les rééquilibrer.

JOHN – Comme un moniteur d'auto-école ? Qui laisse toute latitude à l'élève, parce que c'est ainsi qu'il apprend le plus vite, mais intervient lorsqu'il y a un danger réel. En espérant n'avoir plus à intervenir la fois suivante.

ROBIN – Exactement.

JOHN – Et tu dis que ces crises, où les dirigeants doivent reprendre momentanément le contrôle, seront presque toujours financières ?

ROBIN – Ce sont les plus cruciales dans les entreprises commerciales, même si, à l'intérieur du système gouvernemental, l'organisation peut être fermée si elle ne fait pas son travail correctement, suivant des critères qui ne sont pas purement financiers. Mais il y a un autre concours de circonstances nécessitant peut-être l'intervention du dirigeant. C'est lorsque la crise n'est pas nécessairement une menace extérieure — bien qu'elle puisse être causée par cette menace : lorsqu'il y a une crise de confiance au sein de l'organisation.

JOHN – Ah, tu penses aux occasions où les gens paniquent soudain pour des raisons qui sont, au fond, psychologiques plutôt que financières ?

ROBIN – Oui. J'ai eu l'occasion d'observer ceci lorsque j'étais conseiller organisationnel au service de jour de l'Hôpital de Maudsley. Lorsqu'il marchait bien, de façon saine, le dirigeant — le psychiatre consultant — déléguait autant que possible les décisions à l'équipe et se déchargeait le plus qu'il pouvait. Il restait à l'arrière-plan, prodiguant son soutien si nécessaire, mais n'intervenant pas plus qu'il n'était essentiel. Tout allait comme sur des roulettes en général, le moral était bon, le sens des responsabilités très partagé, et tout le monde était très heureux. Mais lorsqu'il y avait une crise, les gens auraient souhaité qu'il prenne la responsabilité de façon plus ferme, plus directe, qu'il soit plus autoritaire, et qu'il dise aux gens ce qu'il fallait faire pour résoudre la crise.

JOHN – Que se passait-il si ce n'était pas le cas ?

ROBIN – S'il hésitait à être autoritaire, on ressentait une certaine démoralisation, et il était de plus en plus critiqué par la majorité du personnel. La crise pouvait être financière, avoir trait à de gros changements de personnel, à un suicide, ou à un patient exceptionnellement difficile et provocateur.

JOHN – Le personnel devenait trop stressé...

ROBIN – En exerçant momentanément un contrôle plus direct, le consultant prenait en charge une responsabilité alors trop forte pour les membres les moins expérimentés de l'équipe. On lui faisait confiance pour cela à cause de sa grande expérience et de sa qualité d'expert, même s'il ne faisait ordinairement rien qu'ils n'eussent pu faire — très souvent, à la vérité, il ne faisait rien de plus ! Lorsqu'il les avait ainsi déchargés du poids de la responsabilité et de l'anxiété subséquente, les gens retrouvaient confiance en eux et commençaient à reprendre les choses en main, et il pouvait relâcher les rênes. Tout oscillait entre les moments où le consultant pouvait déléguer et laisser la pyramide de l'autorité se tasser, et certains moments de crise où la pyramide se rétablissait automatiquement.

JOHN – Les gens avaient-ils le sentiment d'une incohérence ?

ROBIN – Au moment où je suis arrivé, tout le monde, y compris le consultant lui-même, pensait qu'il y avait quelque chose d'incohérent et de mauvais dans ce comportement fluctuant. Mais plus nous y réfléchissions, plus il devenait clair que cette fluctuation était juste et nécessaire. Il s'agissait juste d'adapter le degré de contrôle aux besoins de la situation.

JOHN – Dans une corporation, les Nouveaux Dirigeants peuvent exercer un contrôle plus serré pour des raisons purement psychologiques, par exemple dans le cas d'un surplus d'angoisse.

ROBIN – Oui, parce qu'en plus des difficultés financières, les organisations éprouvent le même genre de crises que celles que je viens de décrire dans l'hôpital. Il peut y avoir des changements importants de personnel, une altération dans la structure organisationnelle ou dans les méthodes de travail, un conflit entre les chefs de secteur, etc. Momentanément, le chef peut avoir besoin de reprendre les rênes pour apporter l'ordre et la sécurité qui ramèneront confiance et confort.

JOHN – Je vois. Nous n'avons parlé que des circonstances plutôt extraordinaires qui font que les Nouveaux Dirigeants prennent momentanément le contrôle. Mais la règle générale est que « le contrôle est aussi réparti que possible ».

ROBIN – Oui, les Nouveaux Dirigeants répartissent autant que possible : les informations, la compréhension, le pouvoir, la responsabilité, le prestige, les principes éthiques sur lesquels l'organisation est fondée — si bien que tout en vient à exister à part entière au sein de chaque sous-groupe et chez chaque individu. L'un des résultats les plus bénéfiques de tout cela, c'est que l'organisation est extraordinairement stable : personne n'est plus important que les autres.

JOHN – Les dirigeants prennent soin de ne pas se rendre « indispensables ». Magnifique !

ROBIN – Si un Nouveau Dirigeant prend sa retraite, il sera relativement facile de le remplacer, car l'organisation n'a cessé de former les gens en leur déléguant le pouvoir décisionnel et en partageant les informations. La promotion sera moins perçue comme un pas en avant dans le vide que dans une organisation plus autoritaire.

JOHN – Un Nouveau Dirigeant travaille en fait à se rendre... remplaçable !

ROBIN – Très juste !

JOHN – Ce truc de la Nouvelle Direction est bourré de paradoxes, n'est-ce pas ? Par exemple, à moins d'une crise, les Nouveaux Dirigeants les plus compétents paraîtront manquer des qualités propres aux dirigeants à l'ancienne, parce qu'ils refuseront de les exercer !

ROBIN – De fait, leur nouveau style de direction sera beaucoup plus efficace s'ils recourent le moins possible à l'ancien style. C'est cela qui développe chez les autres ces mêmes qualités. C'est pourquoi il est si difficile de discerner les traits principaux de la direction dans une entreprise très saine.

JOHN – Ce qu'on entend traditionnellement par direction apparaît uniquement lorsqu'un Nouveau Dirigeant doit intervenir pour exécuter certaines manœuvres qu'il n'a pas encore réussi à faire intégrer à ses subordonnés.

ROBIN – Exact. Une crise révélera ce qui, normalement, demeure en réserve.

JOHN – Très bien. Nous avons discuté en long et en large de la façon dont les caractéristiques des entreprises saines peuvent être introduites dans les organisations par la pratique de ce que nous avons appelé la Nouvelle Direction — en répartissant le contrôle autant que possible. Et si les dirigeants s'y mettent, qu'arrive-t-il ? Comment tous les autres membres de l'organisation réagissent-ils ?

ROBIN – La difficulté essentielle est d'amener les gens à admettre cette idée lorsqu'ils la rencontrent pour la première fois. Les chefs, les managers, les superviseurs, tous ont l'habitude d'« avoir les rênes en mains ». Renoncer à une partie de ce contrôle pourra les rendre nerveux pendant un temps, même s'ils se voient déléguer plus de pouvoir par ailleurs.

JOHN – J'ai eu affaire à ce problème en rédigeant le script d'un film pratique. À la base, nous tentions de persuader les managers de « coacher » leurs subordonnés : non pas de leur donner des ordres, mais plutôt de tracer les grandes lignes du problème confié aux subordonnés, puis de voir avec eux les façons possibles de le résoudre. L'essentiel de ce genre d'entraînement, c'est que le manager agisse d'égal à égal, et se contente de poser tout au plus des questions qui attirent l'attention du subordonné sur les conséquences possibles de ses idées. C'est tout ce que fait le manager ! Bien sûr, il doit alors admettre que le subordonné puisse faire une erreur ! Ou, pire, qu'il puisse avoir une meilleure idée que son supérieur ! Après beaucoup de consultations, nous avons décidé de passer la moitié du film à rassurer les managers et à leur dire que le ciel ne leur tomberait pas sur la tête s'ils adoptaient ce comportement.

ROBIN – C'est une réaction très naturelle, et il faut en tenir compte. Une autre difficulté, bien sûr, tient à ce que cette façon de travailler est plus exigeante : travailler dans ce genre d'organisation où l'on vous engage à plus de responsabilité et d'implication exige un degré supérieur de santé mentale.

JOHN – Vrai ! C'est plus facile, quoique moins satisfaisant, quand ce sont les autres qui vous disent ce qu'il faut faire.

ROBIN – On se sentira forcément plus à son aise si on a vécu cela dans sa famille, son école et ses boulots précédents. La transition vers une structure plus libre et plus ouverte éveille inévitablement l'angoisse. C'est comme quand on monte à bicyclette pour la première fois, après avoir été promené en landau ou dans la voiture des parents. Une fois qu'on s'y est habitué, bien sûr, c'est plus agréable, plus satisfaisant.

JOHN – Les managers sont bien plus accessibles dans une organisation saine. Cela leur complique la vie, parce que ce contact direct avec tout un chacun suppose que leur autorité se fonde sur une véritable connaissance et de véritables réussites ! En un sens, ils passent au tribunal public tout le temps. Dans une structure à l'ancienne, les gens qui ne méritaient pas vraiment le respect pouvaient maintenir leur autorité formelle en gardant leurs distances, en s'isolant dans des bureaux avec porte close, des cantines à part et des étages réservés à la direction.

ROBIN – De fait. Cette façon de travailler rend plus difficile la dissimulation de ses zones d'incompétence. Mais pour compenser, comme l'atmosphère est à *l'apprentissage*, les gens se voient offrir mainte occasion de combattre leurs faiblesses au lieu de dépenser la même énergie à les cacher. Cela revient à dire que tous les inconvénients sont liés au stress du changement, mais augmentent en fin de compte la confiance, et la motivation.

JOHN – D'accord. Permets-moi maintenant de te demander quelque chose qui me trotte dans la tête depuis un bout de temps. Si on utilise ces façons très très saines d'opérer avec tout plein de délégation et de consultation, que se passe-t-il lorsque survient un gros désaccord entre les individus ou les groupes au sein de l'organisation — tu sais, lorsqu'ils entrechoquent leurs bois comme les cerfs et sont en désaccord total sur un point véritablement important ? Que fait alors un bon dirigeant ?

ROBIN – Il intègre les diverses visions.

JOHN – Est-ce toujours possible ?

ROBIN – D'après ma propre expérience — j'ai étudié le fonctionnement de divers groupes, qu'il s'agisse de groupes de thérapie, d'apprentissage, d'entreprises, et même d'évêques qui tentaient d'améliorer leur travail pastoral — je dirais que la fusion des différentes visions des membres du groupe en une synthèse est automatique, si les conditions sont bonnes.

JOHN – Oh ? Et quelles sont les bonnes conditions ?

ROBIN – Tout d'abord, le dirigeant doit faire confiance au processus de groupe et y contribuer plutôt que d'essayer de forcer l'accord — ou d'accepter le désaccord trop vite. Ensuite, le dirigeant doit s'assurer qu'on consacre assez de temps à ce processus. Puis, il doit faire apparaître les raisons des divergences de vue. D'après mon expérience, si cela se passe ainsi, une compréhension plus inclusive, plus intégrée tend à émerger. La compréhension qui en résulte expliquera les désaccords — pourquoi les divisions sont inévitables, pourquoi chacune vaut jusqu'à un certain point. En d'autres termes, les visions distinctes, lorsqu'elles seront globalement perçues, finiront par être considérées comme les éléments vitaux d'une vision plus exhaustive, qui deviendra à terme celle de chaque participant. Et cela, à son tour, indiquera une décision résolvant ou accommodant ces différentes vues.

JOHN – Prenons les choses à l'envers. Qu'est-ce qui empêche les gens d'arriver à un compromis raisonnable ?

ROBIN – La discussion s'englue en général à partir du moment où deux personnes, ou deux sous-groupes, ne peuvent plus comprendre leurs points de vue respectifs. C'est presque toujours parce que l'enjeu est trop fort, qu'il y a trop à perdre. À ce moment apparaît une tendance à polariser, à creuser les distinctions et chacun défend ses intérêts à l'aveuglette, refusant d'écouter des arguments, car il craint, ce faisant, d'oublier de chercher ou d'ancrer son avantage. Au lieu d'élargir son point de vue, chaque parti le rétrécit, et néglige l'ensemble du tableau — accentuant la polarisation et le désaccord. C'est le rôle du chef de groupe de faire avancer le débat au-delà de ce point d'engluement.

JOHN – Et comment peut-il y arriver ?

ROBIN – Pour que ce soit possible, le chef doit rester ouvert aux vues opposées, sans adhérer à l'une ou à l'autre. Les participants doivent sentir qu'ils ont un arbitre franc jeu, un chef uniquement intéressé par le bien commun du groupe.

JOHN – Eh bien, il devra avoir vraiment l'esprit ouvert. Il lui faudra rester neutre.

ROBIN – Certes. C'est la seule façon de permettre au débat de se poursuivre.

JOHN – Mais un businessman éminent m'a dit un jour que tout président de séance devrait savoir quelle décision il désire voir prendre sur chaque point de l'ordre du jour. Ce n'est pas là avoir l'esprit ouvert.

ROBIN – Je ne dis pas qu'il ne doit pas avoir une opinion bien à lui. Il ne pourra être neutre s'il est confus sur sa position, car alors il sera influencé sans s'en rendre compte — et incapable de rejeter cette influence.

JOHN – Ooooh, très malin !

ROBIN – Ce que je dis, c'est qu'il doit considérer en premier lieu le bien et la collaboration du groupe, et faire passer son opinion en second. Et je dois insister sur ce point : le chef doit avoir l'expérience nécessaire pour être sûr que si la discussion dépasse le point de blocage, le conflit finira par se clarifier et se résoudre.

JOHN – Tu peux donner un exemple ?

ROBIN – Il sera naturellement tiré de mon métier. Une situation de ce genre s'est présentée lorsque j'ai commencé à voir des familles entières, dans des cliniques où le personnel avait naguère vu les membres de la famille séparément. Cette nouvelle approche éveillait beaucoup de résistance chez les membres du personnel qui s'étaient investis dans leur travail avec les membres de la famille pris isolément : ils étaient très entraînés et très respectés dans cette approche. Ils savaient qu'il leur faudrait tout reprendre à zéro et bosser dur pour passer à la thérapie familiale. Du coup, ils ont assuré que cette thérapie ne produisait que des changements superficiels et temporaires, alors que leur travail visait une altération profonde et durable de la personnalité. C'était absurde, mais en usant de cet argument, ils tentaient de se désolidariser de la nouvelle méthode, de résister au changement dans leur travail et de nous laisser, à nous autres, la tâche nouvelle et difficile de consulter les familles en bloc. Ce clivage s'est également produit à la clinique de Tavistock, mais là-bas il a perduré jusqu'à ce jour.

JOHN – Pourquoi la division n'a-t-elle pas perduré dans ta clinique ?

ROBIN – Eh bien, j'ai dû accepter la polarisation jusqu'à un certain point : on peut mener son cheval à la rivière, mais non le forcer à boire. Mais j'ai refusé la polarisation en ce qui concernait la *communication*. Au début, certains d'entre nous ont travaillé avec les familles, d'autres non, mais j'ai fait en sorte que tous, nous nous rencontrions régulièrement et discutions des deux formes de travail et des résultats que nous obtenions. Et j'ai fait en sorte que les deux méthodes, la thérapie individuelle et la thérapie familiale, soient appliquées aux mêmes cas.

JOHN – Que s'est-il produit ?

ROBIN – Tout d'abord, ils ont été pas mal offensés d'être forcés d'écouter les opinions les uns des autres, et j'ai senti, pendant un certain temps, une énorme hostilité à mon égard. Mais ceux qui pratiquaient la thérapie individuelle ont fini par se mettre à la thérapie familiale.

JOHN – Ça a marché. Tu as gagné.

ROBIN – Non, ce n'est pas ça. La communication à long terme n'a pas seulement permis aux adeptes de la thérapie individuelle de s'ouvrir à la méthode de groupe ; elle m'a aussi permis de voir que, dans certains cas, cette méthode ne donnait pas de résultats, et que le traitement individuel réussissait mieux. Ou qu'il fallait parfois conjuguer les deux pour obtenir un résultat. Cela m'a permis d'estimer à leur juste valeur les collègues qui prenaient les patients un par un. Ce fut donc match nul. La vraie gagnante, ce fut la *clinique* ! Nous avons tous conservé nos talents acquis, mais entrepris de combiner davantage nos divers atouts, ce qui nous a permis d'aider les patients et les familles avec lesquels nous avions échoué précédemment.

JOHN – Tu as donc contribué à maintenir le débat ouvert, quand certains cherchaient l'isolement et l'esquive. Cela a dû être difficile dans un climat enclin au ressentiment, surtout si tu ignorais les résultats constructifs auxquels cela allait mener.

ROBIN – Eh bien, comme je l'ai dit, je me fie à ma longue expérience. La bonne communication et le respect de chaque contribution produisent toujours un meilleur résultat qu'une solution imposée par un seul chef ou sous-groupe.

JOHN – Et il manquait à la clinique de Tavistock cette confiance ?

ROBIN – Peut-être. Ou peut-être n'y avait-il personne pour souligner l'importance des débats nourris et ouverts

— c'était peut-être même contraire à leur philosophie. Mais j'avais le pouvoir de faire se rencontrer les gens, et je crois qu'il était juste de l'utiliser à cet effet. Tu vois, nous voici revenus à l'idée qu'il faut utiliser l'intelligence d'un système dans son ensemble. Si le dirigeant croit vraiment que cette intelligence est supérieure à la sienne, il verra que sa responsabilité principale consiste à créer les conditions pour que cette intelligence combinée puisse opérer. Il encouragera les gens à parler en toute liberté, et fera en sorte qu'ils se sentent suffisamment assurés pour avancer leur opinion, en les amenant à réaliser que toutes sont estimées et pourront contribuer à la décision finale.

JOHN – D'accord. Eh bien, cela répond à mon inquiétude principale quant à la Nouvelle Direction : savoir si elle peut résoudre un désaccord vraiment fondamental au sein de l'entreprise. Ironiquement, elle le fait non pas en imposant une solution par son autorité, mais en utilisant cette autorité pour forcer les opposants à trouver eux-mêmes une solution !

ROBIN – Voilà.

JOHN – Je suis heureux de l'entendre, car bien des aspects de cette Nouvelle Direction me tiennent à cœur. Je me suis toujours demandé comment on pouvait imposer son autorité, comme il est parfois nécessaire de le faire, d'une façon qui ne soit pas « autoritaire » ! À présent, j'entrevois une lumière.

ROBIN – À mon tour de poser les questions. Tu as quelque expérience du milieu des affaires. Qu'est-ce qui te séduit dans ces idées ?

JOHN – Elles visent spécifiquement à réduire le degré d'égotisme tolérable.

ROBIN – Continue.

JOHN – Eh bien, dans maintes entreprises, l'égotisme est pratiquement une institution ! Et pourtant, tout le monde sait que cela provoque la plupart des ratages. Tu sais, les gens veulent faire croire qu'ils en savent plus, qu'ils ont plus d'expérience, qu'ils peuvent prédire l'avenir, quand ce n'est pas le cas. Ces Nouveaux Dirigeants semblent admettre les limites de leurs connaissances, de leurs capacités et de leurs pouvoirs de prédiction. C'est ce qui les rend, eux et leurs entreprises, plus rationnels et plus scientifiques.

ROBIN – Autrement dit, ils sont davantage en contact avec la réalité, lui obéissent, et souffrent moins du délire mégalomane qu'on appelle « l'égotisme ». Et bien sûr, si ce genre de direction est généralisé à tous les niveaux de l'entreprise, tout le monde se sent incité à une attitude moins égotiste et plus scientifique.

JOHN – ... tu sais, plus je réfléchis à ce comportement non égotiste, plus je me demande... quelle est la qualité principale qui différencie ces Nouveaux Dirigeants de leurs subordonnés.

ROBIN – Je crois que c'est leur capacité à avoir une vision plus exhaustive.

JOHN – Ah ! Une perspective plus large.

ROBIN – Oui, comme s'ils observaient le monde depuis un sommet plus élevé, voyaient mieux le terrain qu'ils surplombent, et y gagnaient une conscience plus globale de la façon dont fonctionne l'entreprise et des conditions externes qui affectent ses opérations. En d'autres termes, ils gouvernent leur navire avec une conscience plus aiguë de ses capacités et de ses limites, et de tous les écueils et courants sur leur itinéraire.

JOHN – Ce qui revient à dire, une fois de plus, qu'ils sont davantage en contact avec la réalité.

ROBIN – Oui. Ils ont toute l'entreprise dans leur cerveau — et travaillent à généraliser cette compréhension du système global.

JOHN – En généralisant ce contact-avec-la-réalité dans l'entreprise, ils ne font que généraliser leur excellente santé mentale !

ROBIN – C'est tout l'intérêt de la Nouvelle Direction.

JOHN – De fait... ça paraît soudain évident... pareils dirigeants se comportent au fond comme des thérapeutes, n'est-ce pas ?

ROBIN – Continue.

JOHN – Eh bien, ils travaillent en permanence à l'intégration de l'entreprise, non ? Ils connectent toutes ses parties en insistant sur la communication, si bien que les parties en conflit de l'entreprise ne peuvent demeurer isolées — elles sont forcées de communiquer et de résoudre leurs conflits. Et ces dirigeants peuvent utiliser des crises — les blocages — pour susciter le changement ! C'est bien à cela que servent les psys !

ROBIN – Disons simplement que quel que soit notre sujet de conversation — l'individu, la famille, l'entreprise — l'on voit que les problèmes surgissent lorsque les éléments du système sont déconnectés et agissent dans le malentendu au lieu de coopérer harmonieusement à un but commun. Lorsque cela se produit, on peut faire appel à quelqu'un pour rétablir les connexions et permettre aux divers éléments d'opérer de façon unifiée sans nier leur riche diversité. Dans les problèmes individuels ou familiaux, cette personne peut être un thérapeute ; dans le cas d'une entreprise, ce sera le dirigeant, ou s'il bloque, un consultant. Mais comme tu dis, dans chaque cas le but est le même — davantage d'intégration.

JOHN – Ensuite... ils suivent tes conseils sur comment devenir plus sain.

ROBIN – Comment cela ?

JOHN – Ils s'arrangent pour que chacun dans l'entreprise joue un rôle plus grand quand il s'agit de faire face au monde extérieur et d'entrer en contact avec lui — d'y réagir, d'être changé par lui...

ROBIN – Oui, c'est une bonne description...

JOHN – Bon, il nous faut maintenant gravir un échelon, et parler du changement sur une échelle bien plus grande — celle de la société. Je tiens tout particulièrement à entendre ce que tu as à dire à ce sujet, parce que tu as naguère ruiné ma conception de la politique.

ROBIN – Quand ?

JOHN – Quand j'étais dans ce groupe de thérapie.

ROBIN – Qu'est-ce que j'ai dit ?

JOHN – Ce n'est pas ce que tu as dit. Mais un jour où j'étais assis dans cette pièce à dévisager les autres, j'ai pensé : « Voilà des gens professionnellement très compétents — des hommes d'affaires très prospères, des avocats renommés, des chefs de services hospitaliers — et nous sommes tous ici parce que nous n'aimons pas beaucoup notre existence et que nous voulons apprendre à l'aimer. En d'autres termes, nous voulons changer, ta femme Prue et toi êtes ici pour nous y aider. Nous ne sommes pas idiots, et pourtant nos progrès sont... eh bien, le mot "imperceptibles" vient immédiatement à l'esprit. Et pourtant, dans le monde politique, tout le monde court en tous sens pour changer le pays... Mais si nous ne nous changeons pas nous-mêmes, quel espoir peuvent avoir les hommes politiques qui essaient de changer les autres ? » Voici donc une toute petite question pour commencer, Docteur : dans quelle mesure pouvons-nous vraiment améliorer la société ?

ROBIN – Eh bien, les gros changements imposés la plupart du temps à la société sont le résultat des masses de forces qui interagissent, tel un torrent déchaîné se précipitant au bas d'une vallée. Nous imaginons parfois pouvoir contrôler notre propre société, mais la vérité, c'est que nous sommes comme des nageurs entraînés par ce torrent, tout juste capables d'affronter le courant.

JOHN – Pouvoir réduit, en somme.

ROBIN – Oui. Mais si nous sommes réalistes, si nous acceptons le fait que nous sommes à la merci du fleuve avec peu de contrôle sur notre destination — que nous ne pouvons l'arrêter ou nager à contre-courant — nous pouvons du moins, par notre adresse, augmenter un peu nos chances d'éviter les rochers. Ou, mieux encore, nous pouvons...

JOHN – Grimper dans un canoë ?

ROBIN – Oui.

JOHN – J'ai un amour ardent pour les métaphores aquatiques...

ROBIN – Et si nous organisons l'équipage, et que chacun prend un aviron, nous pouvons encore augmenter nos chances d'éviter les rochers.

JOHN – Oui, mais cela pose la question du capitaine. À quel point peut-on parler de « responsable » dans une démocratie ?

ROBIN – Je vois ce que tu veux dire. Il y a une vieille histoire qui dit qu'au moment où Harry Truman allait transmettre la présidence des États-Unis à Eisenhower, il a exprimé sa sympathie, en disant combien Ike allait trouver ça différent du commandement de général dans l'Armée. « Pauvre vieux Ike », a dit Truman — pour autant que je me rappelle — « Il dira "faites ceci !" et "faites cela !" — et il ne se passera rien ! »

JOHN – Aujourd'hui, beaucoup de commentateurs politiques comprennent pourquoi les présidents américains consacrent autant de temps à la politique extérieure — c'est qu'ils ont alors l'impression de pouvoir *faire* quelque chose ! Cette pseudo-confiance ne s'étend pas à leur propre société, qu'ils envisagent avec un sentiment d'impuissance.

ROBIN – En politique extérieure, c'est toujours une décision partagée. On peut blâmer l'autre gouvernement si les choses ne marchent pas comme on l'espérait. Mais chez lui, c'est le président qui est, en fin de compte, responsable de l'échec.

JOHN – Tu penses donc qu'un dirigeant ou un groupe de dirigeants peuvent vraiment améliorer le fonctionnement d'une nation ? Au lieu de prétendre qu'ils sont responsables de mouvements qui se seraient produits de toute façon — comme Mrs Thatcher, qui prétend avoir provoqué l'effondrement de l'URSS.

ROBIN – Oui, le progrès est certainement possible dans des domaines restreints ; mais il y a des effets de pénalité et des conséquences inattendues, si bien que le progrès de l'un va souvent de pair avec l'appauvrissement de l'autre. Et plus le changement qu'on essaie d'apporter est local, mieux les obstacles sont perçus, et plus la participation et la coopération des gens concernés sont requises. Je ne crois pas qu'on puisse espérer changer le monde de façon générale. Il changera malgré nous, et nous pouvons au moins nous y ajuster, comme je l'ai décrit avec la comparaison du torrent. Et, bien sûr, tous les progrès sont réversibles — les gains peuvent facilement devenir pertes. Mais le progrès *est* localement possible.

JOHN – Pouvons-nous donc vraiment parler d'un dirigeant qui améliorerait le niveau général de santé mentale d'une société ?

ROBIN – Assurément. Je suis sûr que tout le monde serait d'accord pour dire que certains dirigeants, Hitler par exemple, peuvent rabaisser le niveau général en agissant selon les principes les plus malsains. De même, un dirigeant capable de fonctionner de façon plus saine, qui assigne ce niveau à son gouvernement, et montre dès lors l'exemple à la population tout entière, peut élever le niveau général, au moins tant qu'il a le pouvoir. Bien sûr, le niveau moyen de la santé mentale sera bien inférieur aux niveaux très hauts obtenus par certaines familles et quelques entreprises. Pendant la Seconde Guerre mondiale, j'ai fait une partie de mon service à l'étranger, au Canada et aux États-Unis, et un service actif. J'ai pu constater l'effet puissant produit par Churchill et Roosevelt pour unir leurs pays, et les Alliés en général, en suscitant chez chacun un désir de victoire plus vif. C'est une des raisons pour lesquelles tant de gens qui vivaient à cette époque, qui était dangereuse et très difficile au sens physique, parlent avec nostalgie de ce sentiment d'avoir un but et de la solidarité qui prévalait alors.

JOHN – Si un dirigeant politique veut recréer ces conditions, quelles attitudes et quelles qualités devra-t-il avoir ?

ROBIN – Nous les avons décrites à propos des familles et des entreprises saines : l'estime et le respect des autres ; la capacité de communiquer de façon que chacun puisse suivre ; le désir d'exercer son autorité fermement, mais toujours pour le bien général et en consultant le plus possible, tout en rendant le pouvoir aux gens lorsque les crises sont passées ; la capacité de faire face à la réalité ; la souplesse et le désir de changer lorsque les circonstances l'exigent ; la foi en des valeurs supérieures aux valeurs personnelles, ou aux considérations partisanes.

JOHN – Lorsque nous parlions des Nouveaux Dirigeants, tu as dit que leur première tâche consistait à faire réagir leur entreprise de façon appropriée au monde extérieur — à savoir, intégrer l'entreprise et la relier au monde extérieur. Quelles *différences* vois-tu entre ce genre de direction et une direction politique vraiment saine ?

ROBIN – Je pense que ce sont essentiellement des différences de degré. L'essentiel, c'est de fonctionner sur le mode sain que je viens de décrire. Mais un dirigeant politique doit exercer son intelligence et faire le lien entre les niveaux très divers de santé mentale qu'on trouve à l'échelle d'une nation, alors que le domaine d'influence d'une entreprise est plus restreint, et permet de maintenir généralement un meilleur niveau de santé mentale. Par ailleurs, un dirigeant doit savoir très précisément quels changements il faut faire, et à quel rythme. Je ne parle pas seulement du conservatisme naturel des gens ; il y a en général de forts conflits d'intérêts entre les citoyens d'une nation, entre ceux qui conseillent l'attitude la plus intelligente pour faire face aux défis actuels, et peut-être en bénéficient, et ceux qui cherchent surtout à s'accrocher aux avantages et aux privilèges que leur procure le *statu quo*. Les compromis nécessaires entre ajustement et résistance au changement sont bien plus difficiles à gérer que dans une entreprise, où ceux qui n'aiment pas le changement peuvent partir ou être virés. Enfin l'homme politique doit avoir un autre talent, et à un plus haut degré qu'un dirigeant d'organisation : le pouvoir de persuasion, puisque c'est l'influence principale des hommes politiques sur l'électorat. Une bonne compréhension de la psychologie, au sens pratique, leur permettra d'exploiter les courants de l'opinion publique pour susciter un changement sain. Notamment, ils doivent avoir le talent d'utiliser les crises pour persuader les gens d'accepter le changement nécessaire : ceux-ci sont alors plus que désireux de l'accepter, et s'unissent davantage pour affronter le problème.

JOHN – Très bien. Et maintenant, la question à x-millions. Pourquoi n'avons-nous pas ce genre de dirigeant ?

ROBIN – Là, je suis bien d'accord. La structure démocratique devrait être la meilleure pour que les intérêts du plus grand nombre soient servis, mais ça ne marche pas comme ça en général.

JOHN – Pourquoi ?

ROBIN – C'est que le système démocratique ne marche vraiment bien qu'avec un électorat raisonnablement sain — des gens qui prennent leurs responsabilités, sont bien informés et peuvent penser par eux-mêmes, et accéder à des conclusions indépendantes.

JOHN – Des gens indépendants intellectuellement, qui peuvent penser à long terme...

ROBIN – Et voir au-delà d'un avantage personnel immédiat...

JOHN – Qu'est-ce qui empêche d'être sain de cette façon ?

ROBIN – Je pense que c'est la polarisation excessive de notre système politique.

JOHN – ... Oui, la plupart des gens que je connais considèrent essentiellement la politique comme une plaisanterie.

ROBIN – Pourquoi ?

JOHN – Parce que les partis se conduisent presque toujours d'une façon tribale très déprimante, qui paraît souvent tout à fait déplacée pour résoudre les problèmes de la nation.

ROBIN – Fondamentalement, je pense qu'en se rassemblant dans des groupes qui défendent leurs intérêts particuliers, et en laissant les dirigeants penser pour eux, les gens créent une société moins saine.

JOHN – Mais il est difficile d'imaginer une *meilleure* façon de fonctionner démocratiquement que notre actuel système de partis, non ? Nous ne sommes pas à la veille de nous faire les avocats d'un état unipartite, ou d'un roi-philosophe...

ROBIN – Non. Quoi que puisse nous réserver l'avenir, il nous faut partir du système que nous avons à présent. On peut au mieux modifier le système partisan actuel, même si nous ne l'apprécions pas beaucoup.

JOHN – Il a pourtant tellement d'inconvénients. Tu sais que parfois nous voyons soudain les choses d'un regard neuf, et qu'elles nous paraissent très étranges. Je me suis rendu compte, il y a quelques jours seulement, que si un jeune se dit « ce serait terriblement intéressant de consacrer ma vie professionnelle à tenter d'améliorer la gestion du pays », il lui faut *s'engager dans un parti* ! À un âge où l'on a en réalité presque pas d'expérience de la façon dont les choses fonctionnent, il faut choisir entre deux ou trois profils politiques précuisinés. Pense au nombre de gens qui sont exclus de la vie publique pour cette raison.

ROBIN – George Bernard Shaw disait : « Il ne sait rien, il croit qu'il sait tout — il est clairement destiné à une carrière politique ! »

JOHN – Et au moment où on est vraiment qualifié pour faire ce genre de choix, on est exclu parce qu'il aurait fallu s'y mettre quinze ans plus tôt ! Et puis..., pire que tout, une fois qu'on est engagé dans un parti, on est censé adhérer à sa « doctrine ». C'est se montrer déloyal à l'endroit de la tribu que d'élever trop d'objections — depuis la Dissuasion Nucléaire jusqu'au Massacre des Baleines, de l'Afrique du Sud aux Droits des Animaux, tout est déjà fixé. J'ai parfois l'impression que seuls les gens véritablement assoiffés de pouvoir peuvent, à vingt ans, se soumettre à une telle humiliation intellectuelle.

ROBIN – À coup sûr, notre système n'encourage pas les gens à réfléchir *à fond* sur ces problèmes. Au contraire, le choix qu'on fait quand on est jeune se fonde sur l'agglomérat d'attitudes particulières vécues en famille — acquiescement ou résistance à cet agglomérat, essentiellement, plutôt qu'opinion réfléchie et indépendante. Nous avons souvent parlé de la façon dont nous construisons en pensée une carte du monde, et combien il est essentiel, pour garder une véritable santé mentale, de réviser incessamment cette carte à la lumière de nouvelles informations. Eh bien, le système des partis est construit autour de gens fort peu enclins à réviser leurs cartes mentales.

JOHN – De fait, ils ont beaucoup de mal à accueillir des idées en désaccord avec leur façon de penser habituelle. Ils semblent affligés d'une incapacité congénitale à douter, à admettre la possibilité que leur opinion ne soit pas juste. Ils ne voient aucun intérêt à examiner leur propre carte — tout ce qui les intéresse, c'est de la vendre aux autres.

ROBIN – Eh bien, si pour se rassurer il faut se crisper sur un ensemble donné d'idées, comme un bambin s'accroche à un ours en peluche ou à un doudou, on se sent plus normal quand on est entouré d'un tas de gens qui font pareil.

JOHN – Un correspondant politique éprouvé m'a dit que les hommes politiques qu'il connaissait étaient, à très peu d'exceptions près, bien plus vaniteux et pompeux que les gens ordinaires. Crois-tu que notre système actuel encourage cela — que les gens s'impliquent dans la politique partisane pour éviter de mettre en question leur carte mentale, et demeurer imbus d'un sentiment d'omniscience ?

ROBIN – C'est le cas pour la plupart. Les meilleurs, les plus sains désirent sans doute servir leur communauté. Ils ne cherchent pas avant tout leur propre intérêt, et ne se prennent pas trop au sérieux. Mais je crois que les gens qui fonctionnent sur une « croyance passionnée », qui sont très désireux de changer les autres — d'interdire la chasse, ou d'obliger les autres à travailler plus dur pour un salaire moindre — ont décidé de changer le monde pour n'avoir pas à se changer eux-mêmes.

JOHN – Au lieu de faire face à leurs propres problèmes et de les débrouiller, ils veulent que tous les autres s'ajustent à eux.

ROBIN – Pour ne pas sentir que quelque chose ne va pas chez eux, oui.

JOHN – Et leur « croyance passionnée » leur permet en vérité de fuir leurs problèmes personnels ?

ROBIN – En général. Tu vois, c'est un malentendu ordinaire. On pense souvent que ce sont les « forts » qui ont des opinions politiques fortes. Mais j'ai découvert que ce sont les gens qui ont plutôt une piètre opinion d'eux-mêmes qui ressentent le besoin d'opinions fortes.

JOHN – ... Tu veux dire qu'ils utilisent leurs opinions politiques pour renforcer leur identité ?

ROBIN – Oui, à la façon d'une béquille. Alors que les gens vraiment confiants n'ont pas besoin de s'accrocher avec autant de ténacité à leurs opinions — ils ont bien moins de mal à les revoir constamment.

JOHN – Je me demande ce que serait la science si elle était gérée à l'instar de la politique. Les scientifiques décideraient des lois de l'univers à vingt ans, et passeraient le restant de leur vie à décrier systématiquement tous les gens ou tous les témoignages favorables à d'autres théories.

ROBIN – Bien sûr, même dans la science, le plus grand obstacle au progrès est que bien des chercheurs s'identifient à leurs idées.

JOHN – Tu veux dire qu'au lieu d'examiner les choses, ils essaient de prouver qu'ils ont « raison » ?

ROBIN – Oui, et sont très perturbés lorsqu'un autre scientifique remet en question une idée qu'ils tiennent pour acquise.

JOHN – Oui, je sais que cela se produit. Mais la science, cette gloire de la civilisation occidentale, a progressé parce que la plupart des scientifiques perçoivent que ce qu'ils font est un *processus*. Ils comprennent que s'ils respectent la méthode scientifique et y adhèrent véritablement, ils s'approcheront de plus en plus de la vérité. Et ce qui est fabuleux avec cette approche, c'est qu'elle exige l'humilité parce qu'il faut admettre qu'on peut se tromper ; elle exige qu'on considère la vérité comme provisoire et valable seulement en présence de preuves ; elle exige qu'on examine objectivement les indices. Or toutes ces attitudes sont absentes de l'arène politique, où ce qui impressionne chez un politicien est ce qui, dans son comportement, le rapproche du patron à l'ancienne. Alors que les scientifiques savent qu'ils s'orientent à tâtons, et qu'en s'accrochant au bon processus ils se rapprocheront de plus en plus de leur cible, les hommes politiques font le contraire : ils fixent leur cible, puis tentent de l'atteindre en pervertissant le processus qui aurait pu leur montrer qu'ils étaient dans la mauvaise voie. On avait du mal, à la fin du règne de Mrs Thatcher, à se rappeler qu'elle était chimiste de formation.

ROBIN – Je crains que ce ne soit la vérité.

JOHN – Je suppose que certaines « croyances passionnées » ne posent pas de problèmes, mais je n'en suis pas si sûr. Une « croyance passionnée » dans la liberté ou la justice est assez innocente, quoiqu'en pratique elle soit utilisée pour des politiques très partisanes. J'autoriserais certainement une « croyance passionnée » dans le processus scientifique ou une « croyance passionnée » dans l'importance de se connaître soi-même ? Ou dans l'inutilité complète des « croyances passionnées », peut-être ?

ROBIN – Cela dépend du *motif* qu'on a de les entretenir. Une croyance passionnée dans la liberté de parole, comme cette déclaration prêtée à Voltaire, « Je désapprouve ce que vous dites, mais je défendrai jusqu'à la mort votre droit à le dire », diffère entièrement d'une croyance passionnée dans la persécution de ses adversaires. La première appuie un principe fondamental de santé, la seconde trahit un fonctionnement hautement malsain.

JOHN – D'où viennent donc toutes les croyances passionnées habituelles ?

ROBIN – Avant que tu ne prennes le micro, nous disions qu'en s'engageant dans un parti politique, les gens sont plus influencés par les attitudes affectives de leur famille, avec lesquelles ils ont grandi, que par une véritable expérience de la façon dont le monde fonctionne.

JOHN – Oh oui. Cela a-t-il un rapport avec la polarisation droite-gauche ?

ROBIN – Absolument. Si on y songe, les partis du centre-droit sont fondés sur des valeurs associées au rôle traditionnel du *père*... et le centre-gauche au rôle traditionnel de la *mère*. Les gens s'identifieront avec l'un ou l'autre côté selon leur expérience personnelle.

JOHN – Ah. C'est pourquoi les partis de droite tiennent des discours paternels, du style « Prenez-vous en main. Du cran, arrêtez de vous plaindre. Tenez-vous droit dans vos bottes, remontez vos chaussettes, enfourchez votre monture. Un sou c'est un sou » ?

ROBIN – Oui. Essentiellement, le père traditionnel évalue les gens différemment, et les récompense différemment, *selon leur utilité* dans le groupe.

JOHN – Et le fait de faire de l'argent est considéré comme plus utile que de se soucier des gens.

ROBIN – C'est vécu comme une plus grande priorité. Et parce qu'on met fortement l'accent sur l'intégration dans le groupe et le respect des règles, l'attitude de base est volontiers autoritaire. Dans une confrontation entre la police et des étudiants, des manifestants ou des syndicalistes, la droite prend instinctivement le parti de la police. Après tout, le père traditionnel croit qu'il est bon d'être ferme avec les gens et de leur dire « non ». C'est le moyen « d'en faire des hommes », comme ils disent !

JOHN – Et l'accent mis sur la conformité signifie que la droite est gênée par une trop grande diversité ; tend à voir la culture nationale comme menacée par des éléments « étrangers » ; prise la créativité moins que l'esprit pratique et commercial, l'art moins que l'orthographe.

ROBIN – De l'autre côté, le centre-gauche, fondé sur les valeurs maternelles traditionnelles, s'attache à accepter et aimer tout le monde également et *sans condition*, pour ce qu'il est, sans considérer sa capacité ou même ses efforts. L'image traditionnelle de la mère la montre protégeant ses enfants contre la dureté des exigences paternelles, et sympathisant avec leurs problèmes et leurs difficultés.

JOHN – Et les mères traditionnelles s'assurent que chacun reçoit une part équitable pour éviter toute jalousie, n'est-ce pas ? Elles encouragent les gens à être gentils et aimables les uns avec les autres, elles aiment voir les enfants pratiquer les activités qui leur plaisent, même si celles-ci sont plus créatives que pratiques.

ROBIN – Ce rôle traditionnel les incite davantage à exprimer leurs sentiments aimants ; elles seront plus enclines que le père à dire « oui » et à gâter un peu les enfants.

JOHN – Toutes ces attitudes suggèrent une politique de gauche.

ROBIN – La gauche prend instinctivement le parti du plus faible, celui des étudiants ou des manifestants contre la police ; elle encourage la diversité en soutenant les cultures ethniques et en minimisant la culture de la majorité traditionnelle majoritaire, et préfère « instruire les enfants » plutôt qu'« instruire des sujets ».

JOHN – En un sens, la mère traditionnelle empiète légèrement sur le père traditionnel ?

ROBIN – Lorsqu'ils sont *traditionnels*, oui. Parce que l'idée que les hommes et les femmes ont des valeurs distinctes et conflictuelles appartient à cette tradition.

JOHN – D'accord. Maintenant, il y a une chose qui m'intrigue. C'est sûrement une bonne chose que de donner voix à toutes ces opinions. Pour prendre la bonne décision, il faut considérer les aspects réalistes, méritocratiques, économiquement viables du problème, et aussi ses aspects plus tendres, plus égalitaristes, plus sociaux.

ROBIN – Absolument ! Dans une famille saine, les parents se partagent équitablement le pouvoir. Ils feront automatiquement appel à ces deux aspects au moment de prendre une décision. Dans la conception d'une politique nationale, c'est en entendant des points de vue fondés à la fois sur les valeurs « paternelles traditionnelles » et « maternelles traditionnelles » et en réussissant à trouver le bon équilibre entre eux que des décisions correctes peuvent être prises.

JOHN – Alors quel est le problème ?

ROBIN – Le problème n'est pas la divergence d'opinion — qui est une bonne chose. C'est que cette diversité s'exprime dans des allégeances rigides au parti et qu'elle est réduite à quelques attitudes simplistes et polarisées. Tout est ritualisé. Ce n'est pas du réel. Et cela ne puise certainement pas dans l'intelligence du système pris dans son ensemble.

JOHN – Lorsque les grandes décisions politiques sont prises, l'estimation de cet aspect-ci ou de cet aspect-là de la question par le gouvernement dépend de la conjonction particulière des expériences affectives accumulées par les ministres dans leur enfance ?

ROBIN – Oui. La capacité à équilibrer tous les arguments dans l'intérêt national est diminuée : quel que soit le parti au pouvoir, il incarne une vision partiale des affaires.

JOHN – Très bien, c'est clair. Mais il y a un autre aspect bizarre ici. Les communistes à gauche, le « côté maternel » pour ainsi dire, ne sont pas moins autoritaires que les fascistes « paternels ».

ROBIN – Oui. Il nous faut voir qu'à mesure que les opinions politiques de la Droite et de la Gauche deviennent plus extrêmes, elles deviennent également autoritaires. Ce que les extrémistes de droite et de gauche ont en commun est leur haut degré de paranoïa.

JOHN – Mais ils ont besoin de se cacher à eux-mêmes leur ressemblance, n'est-ce pas ? Ils donnent aux mêmes institutions et aux mêmes comportements des noms différents, pour dissimuler qu'ils ont la même personnalité...

ROBIN – À l'inverse, ceux qui ont les opinions les plus saines ont bien moins besoin de contrôler les autres. Ils sont moins intéressés par le pouvoir pour le pouvoir, et plus soucieux de le partager autant que possible, de le remettre entre les mains d'autres membres de la société. Qui plus est, lorsqu'ils croient un changement souhaitable, ils essaient de l'amener par la persuasion, au lieu de simplement l'imposer. Au contraire, ceux qui ont des opinions moins saines sont plus préoccupés par le pouvoir, parce qu'ils en ont besoin pour forcer les autres à s'ajuster à leur perception fautive de la réalité.

JOHN – Ce qui nous mène à un paradoxe sympathique : les gens auxquels nous devrions donner le pouvoir sont ceux qui en ont le moins besoin.

ROBIN – Dans le système actuel, hélas, ce sont ceux que nous avons le moins de chances d'avoir...

JOHN – Parce qu'ils sont *freinés* par les autres ! Voilà comment fonctionne notre système. On devient éminent dans un parti en y investissant tout son temps, toute son énergie — ce qu'on fera plus volontiers si on est obsédé par le pouvoir et qu'on n'a aucun autre intérêt réel. Les gens qui ont l'« arrière-pays » le plus pauvre, la soif de pouvoir la plus avide — les activistes — ont donc une influence disproportionnée, forçant les plus sains et les plus modérés à prendre des positions extrêmes.

ROBIN – Cela polarise tout le monde encore plus, et encourage à des opinions plus radicales que de coutume.

JOHN – D'autant que les journaux britanniques se font les rabatteurs des partis. À l'approche des élections, la plupart d'entre eux deviennent des journaux de propagande conservateurs. On a fait récemment une bonne plaisanterie politique. Lorsque John Major rétorqua à ceux qui réclamaient le retrait de David Mellor qu'il n'avait pas l'intention de laisser la presse populaire former son cabinet, une lettre dans le journal l'*Independent* nota que comme c'était elle qui l'avait élu en tout premier lieu, elle ne faisait qu'étendre logiquement son influence.

ROBIN – Oui, la presse renforce la polarisation politique — encore qu'elle ne fasse que refléter la réalité.

JOHN – Il me semble que le résultat de toute cette polarisation, c'est que le gouvernement britannique n'est pas très bon. Essentiellement parce qu'il prend des décisions presque toujours partiales, qui sont le résultat de consultations partiales, d'échanges d'idées partiaux, et que cette partialité sert avant tout les intérêts de cette partie de la nation censée voter pour lui. Bref, le gouvernement de notre pays consiste largement à imposer les opinions d'une minorité aux citoyens, dont une très large proportion ne se sent pas représentée dans le processus politique.

ROBIN – Continue.

JOHN – Alors qu'en discutant le genre de décisions qui marchent vraiment, nous avons vu qu'elles étaient nées d'un processus prudent de débat ouvert, où les opinions divergentes sont les bienvenues, ce qui permet un large accord ou, au pire, une décision du dirigeant dont on sent qu'elle vise au bien du système dans son ensemble.

ROBIN – D'accord.

JOHN – Je sais que certaines personnes jugeront ces propos stupidement irréalistes. Mais je dirais que Mrs Thatcher prouve leur bien-fondé. À son arrivée au pouvoir, elle était plus résolue à changer le système que tout autre Premier ministre récent. Mais si on regarde, parmi les changements qu'elle a faits, ceux qui ont vraiment marché — la limitation des syndicats, l'encouragement aux activités d'entreprises, la vente des HLM, l'application de restrictions monétaires —, on voit qu'elle a réussi à susciter autour de ces mesures un consensus général grâce à ses propres pouvoirs de persuasion. En revanche, les changements qu'elle a introduits par la suite, sans s'inquiéter du consensus — la « poll tax » — ont déjà été annulés, ou trahissent leur dysfonctionnement et sont en passe d'être révisés.

ROBIN – Cela aussi me paraît juste.

JOHN – Si nous n'émettons qu'un seul jugement sur la prise de décision dans tout ce livre, ce sera celui-ci : *les décisions partiales ne durent pas*. Au lieu de résoudre les problèmes, elles ne font que prolonger la marche si décevante de nos institutions politiques : chaque décision n'est jamais celle qui serait requise. C'est un pendule, un processus de surcompensation infiniment alterné, toujours répété.

ROBIN – Je ne saurais dire que je suis en désaccord avec tout ceci, mais je ne vois pas pourquoi tu le martèles incessamment.

JOHN – Oui je sais, j'y reviens toujours, mais c'est parce que je suis *préoccupé* ! Permets-moi simplement de citer le dernier chapitre de l'ouvrage d'Anthony Sampson intitulé *The Essential Anatomy of Britain* (« Anatomie de la Grande-Bretagne »). En 1992, il écrit que « l'écart entre le gouvernement et les gouvernés s'accroît plus que jamais, et que la Grande-Bretagne est dirigée par l'un des systèmes les plus centralisés et moins prévisibles du monde industrialisé... Les Britanniques de la dernière décennie ont vu les pouvoirs se concentrer à un point que les Victoriens n'auraient jamais imaginé... Les classes moyennes... se sont érodées... les mairies et les villes de provinces ont été court-circuitées... le Parlement... abandonne toujours plus de décisions aux partis, aux PDG, au gouvernement... ». Tu vois ce qui me préoccupe ?

ROBIN – Il faut des gens moins partiaux.

JOHN – ... Tu penses qu'il faut commencer par les *gens*, plutôt que par des mesures comme la représentation proportionnelle.

ROBIN – Oui, je sais que ça t'a toujours branché. Moi, j'ai des doutes.

JOHN – Il me semble que les principes ici évoqués, visant à une meilleure prise de décision, seraient mieux honorés si la Chambre des Communes représentait les opinions du peuple britannique proportionnellement.

ROBIN – Manifestement, nous devrions chercher de meilleures structures, qui facilitent le fonctionnement sain autant que possible. Et la représentation proportionnelle est *peut-être* la meilleure. Mais je crois que, quelle que soit la structure, son efficacité sera limitée par le niveau de santé des gens qui y participent.

JOHN – C'est vrai. L'Union soviétique avait sous Brejnev une constitution écrite tout à fait libérale.

ROBIN – Cela ne signifie pas que je m'oppose aux tentatives de trouver la meilleure conformation politique ! Mais je cherche avant tout à voir comment le niveau général de ceux qui opèrent au sein de cette conformation peut être amélioré.

JOHN – Et comment est-ce possible ?

ROBIN – Je crois qu'il nous faut des gens qui puissent dire leur opinion en toute indépendance, en laissant de côté les « doctrines de parti » et en s'exprimant ouvertement et pour leur compte. Bien sûr, s'ils savent quelle direction est saine et quelle direction est malsaine, cela aidera encore plus !

JOHN – Mais tu penses vraiment que ce genre d'ouverture pourrait rassembler des gens qui ont des opinions politiques entièrement différentes, et mener à un consensus constructif ?

ROBIN – Un travail récent, très intéressant, a été mené par un groupe de thérapeutes familiaux aux États-Unis. Ils avaient remarqué quelque chose dont nous avons déjà parlé : les nombreuses similarités entre la forte polarisation des oppositions politiques, et la communication des gens dans les familles malsaines. Du coup, ils ont commencé par choisir une vraie pomme de discorde : le droit à l'avortement.

JOHN – C'est de fait l'un des problèmes les plus polarisés aux États-Unis. Comment ont-ils procédé ?

ROBIN – Les tenants du pour et du contre ont été regroupés et, après s'être rencontrés, ils ont été encouragés, chacun à leur tour, à faire un compte rendu détaillé de leur opinion tandis que les autres écoutaient en silence. On leur demandait de parler non seulement de leur conviction, mais des expériences dans leur vie qui les avaient menés à avoir cette idée sur la question — et surtout on leur demandait de s'exprimer aussi *personnellement* que possible. En d'autres termes, on les aidait à parler en leur nom individuel, à se reposer sur leur expérience affective personnelle et à exprimer tous les doutes et toutes les réserves qu'ils pouvaient avoir sur leur opinion particulière.

JOHN – On les a donc découragés de réciter bêtement la « doctrine du parti » — de prendre la parole « au nom des leurs » ?

ROBIN – Ou simplement de répéter les opinions de leurs chefs de groupe, oui. Le poids et le respect accordés à chaque théorie singulière constituaient le principe central du débat. Après que les participants eurent présenté leur opinion de cette façon, vers la moitié du débat, on les a invités à se poser mutuellement des questions — à une seule condition, vitale : la question devait partir d'une véritable curiosité, d'un désir réel de comprendre, et non d'une tentative de persuader ou d'argumenter.

JOHN – Et quel a été le résultat ?

ROBIN – Il y a eu plusieurs débats de ce genre, et ils semblent avoir remarquablement marché, au point de surprendre les thérapeutes familiaux qui les avaient préparés ! Les participants se montraient capables, dans ces circonstances, de communiquer dans le respect d'autrui et sans polémique, tout à fait différemment de ce qui se passerait normalement sur une estrade politique ou dans un débat télévisé. Les participants eux-mêmes étaient surpris par leur absence de colère, et de réflexes défensifs. Ils ont tous dit avoir aimé l'expérience, et senti qu'ils pourraient être plus ouverts d'esprit et plus réfléchis par la suite — même s'ils gardaient en grande partie leur opinion de départ sur l'avortement. Ils ont commencé à réaliser combien tous ils avaient été la proie de stéréotypes semblables à ceux que le système des partis produit. Les thérapeutes eux-mêmes ont fini par ressentir la même chose dans leurs propres attitudes. Ils ont réalisé que dans le débat national sur l'avortement, « la rhétorique de la controverse avait minimisé des intérêts valides, dénigré des valeurs nobles, et obscurci des vérités riches et complexes ».

JOHN – Eh bien tout cela confirme ma propre expérience — si j'utilise la rhétorique, les gens adoptent ce mode et me renvoient leur propre rhétorique, et nous n'arrivons nulle part. Mais si j'exprime mes sentiments personnels, j'obtiens immédiatement une réaction, qui mène à des discussions bien plus bénéfiques.

ROBIN – Manifestement, il faut tenter cette expérience avec des groupes plus vastes, composés de gens d'origines bien plus diverses que ceux choisis par ces thérapeutes. Mais la conclusion fondamentale, à mon avis, est la suivante : lorsqu'on encourage les gens à penser par eux-mêmes, ils le font de façon beaucoup plus saine que lorsqu'ils modèlent leurs opinions sur celles d'un dirigeant, ou d'un consensus de groupe. Comme nous l'avons vu, le problème, c'est que seules les familles saines ont assez de confiance en elles pour inciter leurs enfants à l'indépendance et à la liberté d'expression. L'expérience familiale que vivent dans leur enfance la plupart des gens les fait se sentir mal à l'aise à l'idée d'exprimer des opinions véritablement indépendantes en public. C'est considéré comme néfaste, et ils rejettent cette idée. Au contraire, en s'alignant sur le consensus courant d'un groupe, ils se sentent bien, rassurés, en sécurité. Rien de surprenant à ce qu'une majorité de personnes tendent à se polariser en groupes ou partis où elles se sentent à l'aise et à l'abri.

JOHN – Psychologiquement parlant, une amélioration du niveau de santé mentale exige que nous trouvions un moyen de contrer l'effet de cet apprentissage général qui a été le lot de la plupart d'entre nous, et nous a encouragés à ne pas affirmer notre singularité et notre indépendance.

ROBIN – Je crois que c'est ce sur quoi il nous faut travailler, oui. Une fois de plus, le problème, c'est de trouver un moyen de donner confiance à ce genre de personnes, de faire en sorte qu'elles ne s'effraient pas face à leurs propres affects.

JOHN – Eh bien, que faire pour encourager une expression publique plus ouverte et plus individuelle ?

ROBIN – Avant de répondre en termes généraux, puis-je citer une façon découverte par mes collègues et moi-même pour aider les gens dans cette direction ? C'est un programme éducatif intitulé Expérience de groupe étendue, que nous menons à l'Institut d'analyse de groupe depuis plus de vingt-cinq ans.

JOHN – Quel est son but ?

ROBIN – Exactement celui dont nous parlons. Ces expériences cherchent à donner aux gens la possibilité d'avoir assez confiance en eux pour exprimer une opinion divergente devant une assemblée nombreuse.

JOHN – « Étendue », ça veut dire combien de gens ?

ROBIN – En ce moment, deux cents personnes. Mais cent vingt est un chiffre idéal, car en arrangeant tout le monde en cercles concentriques, on peut faire en sorte qu'ils s'entendent les uns les autres, même s'ils parlent normalement.

JOHN – Et que se passe-t-il ?

ROBIN – Les gens entrent et s'assoient où ils veulent. Puis l'équipe — une dizaine de personnes — se disperse dans l'assistance.

JOHN – Et puis ?

ROBIN – Eh bien, l'expérience est sans structure préconçue.

JOHN – Mais de quoi parlent ces gens ?

ROBIN – De tout et n'importe quoi.

JOHN – ... N'importe quoi ?

ROBIN – C'est un grand forum. Ils peuvent discuter pour savoir si cette expérience est bonne ou mauvaise, ou s'ils devraient évoquer le milieu familial des gens, ou s'en tenir à des questions professionnelles, à la politique, au sport, à Shakespeare, au sexe...

JOHN – ... Mais où est *l'intérêt* ?

ROBIN – L'intérêt, c'est qu'au départ l'assemblée se divise en des sous-groupes violemment polarisés.

JOHN – ... Quel que soit le sujet de la conversation ?

ROBIN – Oui. Et c'est cette polarisation que nous voulons voir les gens examiner et étudier.

JOHN – ... En somme, ils se mettent tous à se comporter comme les partis politiques.

ROBIN – Exactement.

JOHN – Que fait l'équipe ?

ROBIN – Nous intervenons à notre gré, pour commenter le *processus* en action — cette façon dont tous se laissent continuellement cadenasser dans des sous-groupes absurdement polarisés. Peu à peu, la compréhension se fait, et change le processus.

JOHN – Dans quelle direction ?

ROBIN – Les gens commencent à parler pour eux-mêmes, indépendamment des sous-groupes polarisés. Ils avouent souvent par la suite combien ils avaient peur, à la fois avant de parler et pendant qu'ils parlaient. Quoi qu'ils disent, on les admire et on les félicite d'avoir eu le courage de prendre la parole. Les gens finissent par réaliser que leur crainte se fondait sur le fantasme profond que le groupe allait être hostile et les annihiler. Cette expérience de confrontation avec leur propre peur leur donne habituellement une confiance énorme pour exposer leur opinion devant d'autres groupes nombreux. Les esprits les plus audacieux commencent à prendre la parole et à tenir ferme contre leur crainte de se voir désapprouvés par tout le groupe, donnant l'exemple aux autres, qui s'enhardissent jusqu'à les imiter. J'ai toujours été stupéfié par l'énorme changement qui se produit chez les participants.

JOHN – Jusqu'à quel point les thérapeutes doivent-ils *contrôler* le groupe ?

ROBIN – Eh bien, nous n'hésitons pas à exercer un ferme contrôle si nécessaire, encore que je ne me rappelle aucune occasion où nous ayons dû le faire très sérieusement. Mais notre influence essentielle consiste à montrer l'exemple. Si des membres de l'équipe expriment des opinions indépendantes, et s'opposent devant tout le monde, cela offre un modèle puissant aux participants. D'un autre côté, au début de ces expériences, l'équipe était plutôt anxieuse, et nous essayions de présenter un front uni : l'expérience marchait nettement moins bien ! Elle angoissait les participants — il n'y avait pas tant de changements positifs.

JOHN – Soyons clairs. Les participants à cet exercice apprennent à s'exprimer de façon plus individuelle et plus personnelle. La raison pour laquelle ils surmontent leur peur profondément conditionnée — et que partagent tous les gens ordinaires — est double : ils comprennent comment la polarisation les gagne en observant la façon dont cela se passe dans le groupe étendu ; ensuite, on les aide à se libérer du pouvoir de cette polarisation grâce à l'exemple des premiers gars assez audacieux pour parler personnellement.

ROBIN – Voilà. Et bien sûr, nous en discutons, si bien qu'ils ne se contentent pas de le voir et de le faire, mais y réfléchissent et le comprennent mentalement.

JOHN – Pour revenir au contexte politique, tu dis que l'exigence principale, c'est qu'il y ait plus de gens qui parlent individuellement, en évitant de se laisser polariser, et essaient de ne pas régresser au décompte rituel des points pratiqué par les partis. Et tu crois vraiment que cela pourrait avoir un effet important ?

ROBIN – Je crois que cela pourrait se produire plus facilement que tu ne te l'imagines. Comme dans les familles et les entreprises, les petits changements font les gros effets. Il peut suffire de quelques personnes s'exprimant davantage en leur nom pour déclencher le mouvement. Par exemple, rappelle-toi les occasions où toi et moi avons parlé ensemble à de larges publics constitués de professionnels de la santé. Chaque fois que nous nous sommes exprimés devant une salle entière de psys et d'assistants sociaux, j'ai été étonné de voir combien de gens que je sais être sur leur garde et angoissés à l'idée de révéler le moindre problème personnel se sont décoincés et ont parlé de leur milieu familial, de leur angoisse et de leurs faiblesses de façon étonnamment franche. C'était très directement lié au fait que tu parlais sans fausse pudeur de toi-même, leur montrant ainsi l'exemple. Toi, tu ne l'aurais pas remarqué si je ne t'avais rien dit, parce que tu ne connaissais pas ces gens, et du coup tu ne réalisais pas à quel point ils adoptaient un comportement inhabituel.

JOHN – ... Eh bien, assurément, nous suscitons quelques conversations très ouvertes, où les gens semblent parler de façon plus sincère que de coutume. Mais rappelle-toi une chose ! Je fais extrêmement attention avant de parler à ce qu'il n'y ait pas un seul représentant de la presse populaire dans la salle. Je ne pourrais pas dire ces choses si un tabloïd était aux aguets pour en faire son miel.

ROBIN – Je ne dis pas que les gens pourraient finir par apprendre à le faire dans une arène publique comme le Parlement...

JOHN – Où peuvent-ils apprendre cela, alors ?

ROBIN – La première étape est d'admettre que c'est là le problème !

JOHN – Et la seconde ?

ROBIN – Je t'ai parlé de ces cours de travail en groupe que nous avons entamés. Ils se sont vus imités en Grande-Bretagne et partout en Europe. C'est un type de compréhension qui doit être étendu de façon organique. D'ailleurs, ces cours sont maintenant incorporés de plus en plus au système éducatif.

JOHN – Vraiment ?

ROBIN – Vraiment.

JOHN – Grand Dieu ! Dans mes années d'école, si quelqu'un avait suggéré d'abandonner une matière vitale comme la trigonométrie en faveur d'un sujet gentil, marginal, plutôt pour filles comme « Pensée, sentiment, et comportement de l'être humain », la plupart des proviseurs auraient crié à l'invasion des barbares.

ROBIN – Je pense que tu serais surpris si tu savais combien les écoles britanniques évoluent dans ce sens. Par exemple, depuis 1985, le cursus des élèves de dernière année à Harrow inclut un cours sur les relations humaines qui comporte un pan théorique et des discussions de groupe comme celle dont je viens de parler. Le premier consultant engagé par l'école pour les conseiller sur l'élaboration du projet fut Miss Win Roberts, ex-chef du service social de la clinique dont j'étais le directeur, et qui travaille avec moi à développer la thérapie familiale depuis les années 1960. Par la suite, elle a assisté à ces travaux de groupe, dont Harrow s'est inspiré. D'une façon ou d'une autre, nos connaissances des familles saines et du fonctionnement de groupe font maintenant officiellement partie du cursus général de Harrow. D'autres collèges privés s'y sont intéressés depuis, ou développent déjà des expériences similaires, et Harrow lui-même a étendu le projet à trois écoles locales de filles qui y participent. Pour l'instant, le cours inclut trente-trois groupes de ce type, composés chacun de huit membres — quatre filles et quatre garçons — plus le chef de groupe. Tu seras rassuré d'apprendre que le proviseur y prête un vif intérêt !

JOHN – C'est très encourageant. Si ces idées peuvent infiltrer la pensée générale, peut-être finiront-elles par atteindre les hommes politiques et les médias. Si les journaux pouvaient s'y intéresser, je crois que ça ferait une différence fondamentale.

ROBIN – Je n'ai pas besoin de te dire que Harrow produit une bonne quantité de futurs ministres et de membres de Parlement, ainsi que d'autres figures de proue de notre société. Au moins, ceux-ci auront-ils eu la bonne préparation, celle dont nous nous sommes faits les avocats. Mais tu as raison, si les gens des médias pouvaient en tirer profit aussi, cela pourrait avoir un effet fondamental.

JOHN – Résumons-nous... *pour la toute dernière fois* ! Si les gens peuvent parler davantage en leur nom, nous progresserons vers des solutions aux problèmes socio-politiques. À condition que chaque personne ne dise rien qui ne soit fondé sur ses sentiments individuels et ses expériences propres, ce qui suppose des zones de doute. À condition aussi que leurs questions visent à élargir leur compréhension et non à marquer des points ; notamment s'ils pénètrent les principes du fonctionnement sain.

ROBIN – Oui. J'ai dit que les gens attirés par la politique essaient souvent de changer tous les autres pour ne pas avoir à se changer soi-même. Et nous sommes d'accord pour dire que c'est une façon très malsaine et très inefficace de gérer les affaires publiques. Mais je sais d'expérience que nous pouvons œuvrer à devenir plus sains et à nous rendre la vie meilleure. Si nous faisons ainsi, cela a en général des répercussions sur les personnes avec qui nous sommes en relation, et cette influence s'étend bien au-delà de ce que nous attendions. Je l'ai vérifié avec tous les groupes que j'ai observés au cours d'une vie consacrée au travail en groupe. Et plus le groupe est large, plus le bénéfice est grand, plus la maturation des individus qui le forment est rapide — *à condition que les chefs de groupe, comme les autres, admettent leurs propres défauts et essaient de devenir plus sains eux aussi, au lieu de changer les autres*. Si chacun de nous se soucie en premier lieu de se changer et de devenir plus sain, je pense que la société tout entière en tirera de durables bénéfices.

JOHN – Je sais que tu as raison, mais ça paraît toujours si... modeste ! Il faudrait pouvoir faire plus vite que ça !

ROBIN – J'apprécie ce sentiment. Mais à l'échelle de la société, pas un seul individu, pas un seul groupe n'a assez de connaissances pour changer quoi que ce soit sans créer plus de problèmes qu'il n'en résout. Le changement artificiel mené par un pouvoir fondé sur la pure théorie empire les choses, ou les modifie de façon artificielle et sans lendemain. Mais si chacun accepte la responsabilité de se montrer ouvert à toutes les informations disponibles, aux opinions des autres, et se laisse affecter et changer par elles, cela produira dans la société tout entière des changements graduels, qui sont des changements organiques, d'une intelligence inaccessible à un individu singulier. Le changement sera approprié, il réalisera le compromis nécessaire aux circonstances de l'époque, et une fois advenu, il sera stable.

JOHN – Mais enfin les gens peuvent mettre leurs ressources en commun en vue d'un même objectif. Ferdinand Mount a souligné récemment les performances extraordinaires des organisations bénévoles au cours du siècle dernier, avant que l'État n'empiète sur leurs activités.

ROBIN – Bien sûr. À mesure que les individus changent, et que leur compréhension du monde mûrit, ils se rassemblent tout naturellement autour d'intérêts communs pour mettre en pratique ce qu'ils ont saisi. C'est ainsi que se développe la connivence des groupes et des familles — et, oserai-je le dire, c'est exactement ce qui nous est arrivé, puisque nous nous sommes réunis pour écrire ce livre !

JOHN – Je suppose que tes propos sont encourageants. Il nous est *possible* d'améliorer la société — un peu. Dernière question : jusqu'à quel point pouvons-nous espérer l'améliorer ?

ROBIN – À mon idée, se demander si une amélioration *constante* de l'existence humaine est possible, c'est un peu comme se demander si on pourra un jour en finir avec les lavages et récurages, ou le désherbage. Ou gagner une fois pour toutes aux courses automobiles, au tennis, aux échecs. Ou réussir sans faille l'ascension du mont Everest. Que faire après la victoire ? Rester assis au sommet de l'Everest pour le restant de sa vie ? Regarder des séries télévisées idiotes au lieu de refaire une partie ? Tout l'intérêt, c'est d'effacer l'ardoise et de tout reprendre au début. Parce que *c'est la partie qui nous intéresse*. Et je pense qu'il faut prendre la vie de ce côté — comme une partie où nous nous engageons joyeusement, et qu'il faudrait apprécier dans ses moindres détails.

JOHN – C'est drôle, mais je crois que nous autres Anglais avions cet esprit-là autrefois. Les Français, du moins, disaient que nous traitions la vie comme un jeu. Je pense que c'est une attitude profondément saine — ce n'est pas la destination qui compte, c'est le voyage. Ce qui me donne l'occasion de citer mon « mot de la fin » préféré — prononcé par une Anglaise vers la fin du XVIIIe siècle. Juste avant d'expirer, elle déclara : « Eh bien, je dois dire que tout cela a été des plus intéressant. »

Remerciements

Nous aimerions remercier les amis et collègues qui ont consacré une partie de leur temps à la lecture commentée de certains chapitres, ou qui nous ont aidés par les conseils ou les renseignements qu'ils nous ont apportés. Cela dit, la responsabilité des opinions exprimées, de toute erreur, comme de toute omission, nous incombe, bien sûr, entièrement :

Douglas Bennett, Eddie Cantor-Dumas, Roger Clark, Cynthia Cleese, John Crook, James Crowden, Alyce Faye Eichelberger, Ron Eyre, Patrick Gaffney, Merete Gardiner, Peter Haynes, Alan Hutchinson, Iain Johnstone, Peter Kellner, Jerry Lewis, Peter Luff, Jacob Needleman, Helena Norberg-Hodge, Josh Partridge, Philip Philippou, les Monty Python, Sogyal Rinpoché, Win Roberts, Denis Robinson, Margaret Robinson, Becky Salter, Andy Sargent, Michael Shamberg, David Skynner, Jane Skynner, Prue Skynner, Ian Stevenson, Takeshi Tamura, Stephen Verney, Nick Wapshott, Tom Wilkinson, Charlotte Wood, John Wood, Irene Young.

Nous remercions les personnes suivantes pour leurs contributions éditoriales précieuses : Ann Mansbridge, David Watson et, surtout, Christopher Walkus dont les suggestions créatives ont été d'un immense secours. Notre reconnaissance va à June Ansell, Henrietta Williams, Melanie Bowker et Garry Scott-Irvine qui ont déployé d'incessants efforts pour dactylographier les conversations originales et les nombreuses versions écrites de ce texte.

Nous remercions également le Mount Nelson Hotel de Capetown pour les facilités qui nous ont été offertes.

Pour en savoir plus

On trouvera un excellent compte rendu des recherches sur les familles saines dans F. Walsh, *Normal Family Processes* (Guilford, New York, 1982). Les ouvrages sur les recherches menées par l'équipe de Timberlawn sur les familles exceptionnellement saines sont *No Single Thread* (sur les familles blanches de classe moyenne), *The Long Struggle* (sur les familles noires prolétaires) et *The Birth of the Family* (les effets de la naissance d'un enfant sur des familles de niveaux de santé mentale divers), tous rédigés par J. Lewis et *al.* (New York, Brunner/ Mazel, 1976, 1983 et 1989). Les résultats de ces études globales tendent à faire apparaître les familles les plus saines comme trop parfaites, et le chapitre intitulé « Deux familles » dans *The Long Struggle* fournit un tableau plus détaillé d'une famille exceptionnellement saine et d'une famille fonctionnant mal, soulignant les défauts de la première et les différences entre les deux. *Successful Families* (New York, Norton, 1990) de R. Beavers, le principal théoricien du groupe de Timberlawn, élargit les conclusions et leur donne une application pratique en matière de traitement. L'étude de long terme sur les étudiants de Harvard est décrite dans *Adaptation to Life* (Boston, Mass., Little, Brown, 1977) de G. Vaillant. *We Two* (Wellingborough, Aquarian, 1992) dirigé par R. Housden et

C. Goodchild, observe huit couples réussis, vus séparément par chaque membre de chaque couple. Le chapitre intitulé « Approches de la famille comme système » dans *Exploration with Families* (Londres, Routledge, 1990), de Robin Skynner résume sa vision de la famille normale et comporte un tableau récapitulatif des recherches de Timberlawn, cependant que son premier texte, *One Flesh : Separate Persons* (Londres, Constable, 1976), aboutit aux mêmes conclusions sur la santé à partir d'études cliniques.

Nous avons trouvé les ouvrages suivants particulièrement utiles à la compréhension de l'humour et du rire : *L'Expression des émotions chez l'homme et chez les animaux* de C. Darwin (Paris, C. Reinwald, trad. fr. Samuel Pozzi et René Benoît, 1877) ; *The Attitude : Theory of Emotion* de N. Bull (New York et Londres, Johnson Reprint, 1968) ; *The Act of Creation* de A. Koestler (Londres, Hutchinson, 1964) ; *The Psychology of Laughter* de R. Piddington (New York, Gamut Press, 1963) ; *Le Rire* de H. Bergson (Paris, PUF, nombreuses rééditions) ; et « The South Bank Show » — interview d'Arthur Miller par Melvyn Bragg. Les vertus curatives de l'humour sont décrites dans *Guérissez par le rire* de R. Moody (trad. fr. Muriel Lesterlin, Paris, R. Laffont, 1979) et *The Healing Heart* de N. Cousins (New York, Norton, 1983).

Paléontologie de l'entreprise d'A. Jay (trad. fr. Claude Elsen, Paris, Stock, 1978) et *Understanding Organizations* de C. Handy (Londres, Penguin, 1976) sont de bonnes introductions au chapitre 2 de même que le plus récent *Understanding Schools as Organizations* (Londres, Pélican, 1986). *Fifteen Thousand Hours* de M. Rutter et autres (Wells, Open Books, 1979) contribue à la recherche sur le succès de certaines écoles. *Le Prix de l'Excellence* de T. Peters et R. Waterman (trad. fr. Michèle Garène et Chantal Pommier, Paris, InterÉditions, 1984), étude sur les entreprises américaines qui réussissent le mieux, a fait un succès de librairie, et *The Winning Streak* de W. Goldsmith et D. Clutterbuck (Londres, Weidenfeld et Nicolson, 1984) est une étude similaire sur les entreprises britanniques. *Le management est-il un art japonais ?* de R. Pascale et A. Athos (trad. fr. Anne Javel, Paris, Les Éditions d'Organisation, 1984) compare les méthodes de gestion japonaises et américaines. *Toutes les théories du management* de C. Kennedy (Paris, PUF, 1993) et *Makers of Management* de D. Clutterbuck et S. Crainer (Londres, Papermac, 1990) offrent un aperçu précis sur les théories du management et sur leurs fondateurs. Les contributions d'industriels prospères tels que *Don't Ask the Price* de M. Sieff, de Marks & Spencer (Londres, Weidenfeld et Nicolson, 1986) ; *Making It Happen* (Londres, Fontana, 1989) et *Getting It Together* (Londres, Mandarin, 1992) de J. Harvey-Jones, de ICI ; et *Made in Japan* (trad. fr. Louis Sapin, Paris, R. Laffont, 1990) de A. Morita permettent de mettre un peu de chair sur le squelette de la théorie. *Practical Thinking* et *Handbook for a Positive Revolution* de E. de Bonno (Londres, Jonathan Cape, 1971 ; Londres, Viking, 1991) facilitent la révision nécessaire de certaines opinions ; *Small is Beautiful* (trad. fr. Marie-Claude Florentin, Paris, Seuil, 1978) et *Good Work* (trad. fr. Jean-Pierre Carrasso, Paris, Seuil, 1980) de F. Schumacher sont des ouvrages pionniers pour une approche de la production qui soit viable et mette au premier plan les valeurs humaines.

The Human Cycle de C. Turnbull (Londres, Paladin, 1985) compare quelques sociétés modernes à quelques sociétés traditionnelles en étudiant leur façon de préparer ou de ne pas préparer les jeunes à leurs responsabilités d'adultes. Son étude des Iks résumée dans notre texte s'intitule *Les Iks* (trad. fr. Claude Elsen, Paris, Plon, 1987). Deux autres excellentes introductions générales à l'étude des cultures sont *Man on Earth* de J. Reader (Londres, Penguin, 1988) et *Societies at Peace* de S. Howell et R. Willis (Londres, Routledge, 1989). La saine culture des habitants du Ladakh est dépeinte de manière foisonnante dans *Ancient Futures* de H. Norberg-Hodge (Londres, Rider, 1991) et dans *A Journey in Ladakh* de A. Harvey (Londres, Flamingo, 1984). Le développement de l'éthique individualiste et du capitalisme est retraduit dans *L'Éthique protestante et l'esprit du capitalisme* de M. Weber (trad. fr. Jacques Chavy, Paris, Plon, 1981) ; *The*

Discovery of the Individual de C. Morris (Université de Toronto, 1972) ; *The Origins of English Capitalism* (Oxford, Blackwell, 1978) et *The Culture of Capitalism* (Oxford, Blackwell, 1987) de A. Macfarlane ; *Europe and the Rise of Capitalism* (Oxford, Blackwell, 1988) de J. Baechler et *al.* ; et *The Fear of Freedom* d'E. Fromm (Londres, Kegan Paul, 1942).

Des prévisions ou des développements plus récents sont présents dans *The Pathology of Power* de N. Cousins (New York, Norton, 1987) ; *Les Nouvelles Réalités* de P. Drucker (trad. fr. Jacques Fontaine, Paris, InterÉditions, 1989) ; *L'Âge de déraison* de C. Handy (trad. fr. Jean-Louis Allez, Paris, Village Mondial, 1996) ; *The Next Century* de D. Halberstam (New York, Morrow, 1991) ; *La Désunion de l'Amérique* d'A. Schlesinger (trad. fr. Françoise Burgess, Paris, Liana-Lévi, 1993) ; *Amusing Ourselves to Death* (Londres, Methuen, 1987) ; *La République des satisfaits* de J. K. Galbraith (trad. fr. Paul Chemla, Paris, Seuil, 1993) ; *Money and Class in America* de L. Lapham (Londres, Picador, 1989) ; *Understanding the Present* de B. Appleyard (Londres, Picador, 1992) ; *The Essential Anatomy of Britain* de A. Sampson (Londres, Hodder & Stoughton, 1992) ; et *La Fin de l'Histoire et le Dernier Homme* (trad. fr. Denis-Armand Canal, Paris, Flammarion, 1992).

De bons résumés de l'histoire et de la culture japonaises se trouvent dans *The Japanese Mind* de R. Christopher (Londres, Pan, 1984) ; *Inside Japan* de P. Tasker (Londres, Sidgwick & Jackson, 1989) ; *The Japanese Achievements* de H. Cortazzi (Londres, Sidgwick & Jackson, 1990) et *More like Us* de J. Fallows (Boston, Mass., Houghton Mifflin, 1989). *The Anatomy of Dependance* et *The Anatomy of Self* de Takeo Doï (Tokyo, New York et San Francisco, Kodansha, 1973 et 1986) sont des études à succès de la psychologie des Japonais par l'un de leurs plus éminents psychiatres. Nous avons également puisé dans un ouvrage d'une largeur de vue et d'une pertinence psychologique exceptionnelles : *L'Énigme de la puissance japonaise* de K. van Wolferen (trad. fr. Danièle Laruelle, Paris, Hachette, 1991) qui vit au Japon depuis 1962. Certains de ses diagnostics n'ont pas été des mieux accueillis au Japon, mais *The Sun also Sets* de B. Emmott (New York, Simon & Schuster, 1989) qui évalue l'avenir économique du Japon coïncide largement avec cette étude, sauf pour ses recommandations touchant les relations américano-japonaises.

Le cycle économique de long terme (dit de Kondratieff) est bien décrit dans *The Downwave* de R. Beckmann (Londres, Pan, 1983) et ses conséquences dans la crise des années 1990 sont précisées dans *The Great Reckoning* de D. Davidson et W. Rees-Mogg (Londres, Sidgwick & Jackson, 1992).

D'excellentes introductions aux systèmes de valeurs humaines se trouvent dans *Myths to Live By* (Londres, Bantam, 1972), *An Open Life* (New York, Larson, 1988) et *Les Mythes à travers les âges* (trad. fr. Marie Perron, Paris, Le Grand Livre du Mois, 1997), tous de J. Campbell. *The Road Less Travelled* de M. Scott Peck (Londres, Arrow Books, 1990) ; *Ronald Eyre on the Long Search* de R. Eyre (Londres, Collins, 1979) ; *L'Expérience religieuse de W. James* (trad. fr. Franck Abauzit, Paris, H. Kundig, 1906) ; *The Human Situation* de A. Huxley (Londres, Chatto & Windus, 1978) ; *A Handbook of Living Religions* de J. Hinnells (Londres, Penguin, 1984) ; et *The Pocket World Bible* de R. Ballou (Londres, Routledge, 1948).

De bonnes introductions aux approches « ésotériques » ou « mystiques » de l'expérience spirituelle se trouvent dans *A Guide for the Perplexed* de F. Schumacher (Londres, Abacus, 1977) ; *The English Mystics* de K. Armstrong (Londres, Kyle Cathie, 1991) ; *Water into Wine* de S. Verney (Londres, Fount, 1985) ; *The Second Penguin Krishnamurti Reader*, sous la direction de M. Lutyens (1970) ; et *The New Man* (Londres, Stuart & Richards, 1952) ; *The Mark* (Londres, Vincent Stuart, 1954) de M. Nicoll.

La signification du jeu est examinée dans *Homo Ludens* de J. Huizinga (trad. fr. Cécile Seresia, Paris, Gallimard, 1972). L'expérience du vieillissement est bien décrite dans *I Don't Feel Old* de P. Thompson et autres (Oxford, OUP, 1990) et *The View in Winter* de R. Blythe (Londres, Allen Lane, 1979). *Death : the Final Stage of Growth* d'E. Kübler-

Ross (Londres, Prentice Hall, 1975) décrit bien les étapes nécessaires d'adaptation. La plupart des ouvrages sur le deuil ne font pas la différence entre les réactions des gens selon leur degré de santé mentale, mais *Dimensions of Grief* de S. Schuchter (San Francisco, Jossey-Bass, 1986) est excellent et recense les expériences les plus courantes qui font la maturation psychologique. *Return from Death* de M. Grey (Boston, Mass., Routledge, 1985) fait un panorama des expériences de mort approchée et *La Rencontre de l'homme avec la mort* de S. Grof et J. Halifax (trad. fr. Paul Couturiau et Christel Rellinat, Paris, Éditions du Rocher, 1982) décrit les expériences sous LSD de malades du cancer. Les preuves de la réincarnation sont étudiées dans *Cases of the Reincarnation Types* et *Children Who've Remembered Previous Lives* (Charlottesville, University Press of Virginia, 1987) de E. Stevenson et dans *Le Livre tibétain de la vie et de la mort* de S. Rinpoché (trad. fr. Gisèle Gaudebert et Marie-Claude Morel, Paris, La Table ronde, 1993). Ce dernier présente la sagesse orientale sur la vie et la mort et des approches de la méditation sous une forme lisible et compréhensible par un lecteur occidental.

À la découverte de l'inconscient de H. Ellenberger (trad. fr. J. Feisthaver, Villeurbanne, SIMEP-Éditions, 1974) est une merveilleuse description des premiers développements de la psychologie des profondeurs, replacée dans son contexte social et scientifique ; *The Complex Secret of Brief Psychotherapy* (New York, Norton, 1986) de J. Gustavson étend ces perspectives à leur plus récent développement ; et *The Awakening of the Heart* dirigé par J. Wellwood (Londres, Routledge, 1983) compare des approches orientales et occidentales de la connaissance de soi et de la thérapie. La tentative de Robin Skynner pour concilier les méthodes individuelles, familiales et de groupe, et les approches analytiques, comportementales et systémiques apparaît dans *One Flesh : Separate Persons* et *Exploration with Families*, mentionnés plus haut — et aussi, bien sûr, dans *Families and How to Survive Them* — et tous contiennent des suggestions de lecture. L'exercice du pouvoir et le changement sont traités dans nombre d'ouvrages sur les organisations mentionnés ci-dessus, et les idées de Robin Skynner, notamment celles sur le management constructif des dynamiques de groupe, sont exposées de façon plus complète dans *Institutes and How to Survive Them* (Londres, Methuen, 1989 ; Londres, Routledge, 1991). La thérapie de groupe est décrite dans *Group Psychotherapy : the Psycho-Analytic Approach* (Londres, Penguin, 1957), écrit par son fondateur, S. Foulkes, et plus récemment dans *The Evolution of Group Analysis* (Londres, Routledge, 1983) sous la direction de M. Pines. Des initiatives volontaires sont étudiées dans *Clubbing Together* de F. Mount (W.H. Smith Contemporary Papers 12). L'article sur l'application des principes de la théorie familiale et de groupe au débat politique, « The Citizen Clinician : The Family Therapist in the Public Forum » de L. Chasin et autres, est paru dans *The Newsletter of the American Family Therapy Academy* 46 (hiver 1991), p. 36, et la recherche se poursuit au Public Conversations Project, Family Institute of Cambridge, 51 Kondazian Street, Watertown, MA 02172, USA.

Table

Dans la collection « Poches Odile Jacob »

N° 1 : Aldo Naouri, *Les Filles et leurs mères*
N° 2 : Boris Cyrulnik, *Les Nourritures affectives*
N° 3 : Jean-Didier Vincent, *La Chair et le Diable*
N° 4 : Jean François Deniau, *Le Bureau des secrets perdus*
N° 5 : Stephen Hawking, *Trous noirs et bébés univers*
N° 6 : Claude Hagège, *Le Souffle de la langue*
N° 7 : Claude Olievenstein, *Naissance de la vieillesse*
N° 8 : Édouard Zarifian, *Les Jardiniers de la folie*
N° 9 : Caroline Eliacheff, *À corps et à cris*
N° 10 : François Lelord, Christophe André, *Comment gérer les personnalités difficiles*
N° 11 : Jean-Pierre Changeux, Alain Connes, *Matière à pensée*
N° 12 : Yves Coppens, *Le Genou de Lucy*
N° 13 : Jacques Ruffié, *Le Sexe et la Mort*
N° 14 : François Roustang, *Comment faire rire un paranoïaque ?*
N° 15 : Jean-Claude Duplessy, Pierre Morel, *Gros Temps sur la planète*
N° 16 : François Jacob, *La Souris, la Mouche et l'Homme*
N° 17 : Marie-Frédérique Bacqué, *Le Deuil à vivre*
N° 18 : Gerald M. Edelman, *Biologie de la conscience*
N° 19 : Samuel P. Huntington, *Le Choc des civilisations*
N° 20 : Dan Kiley, *Le Syndrome de Peter Pan*
N° 21 : Willy Pasini, *À quoi sert le couple ?*
N° 22 : Françoise Héritier, Boris Cyrulnik, Aldo Naouri, *De l'inceste*
N° 23 : Tobie Nathan, *Psychanalyse païenne*
N° 24 : Raymond Aubrac, *Où la mémoire s'attarde*
N° 25 : Georges Charpak, Richard L. Garwin, *Feux follets et champignons nucléaires*
N° 26 : Henry de Lumley, *L'Homme premier*
N° 27 : Alain Ehrenberg, *La Fatigue d'être soi*
N° 28 : Jean-Pierre Changeux, Paul Ricœur, *Ce qui nous fait penser*
N° 29 : André Brahic, *Enfants du Soleil*
N° 30 : David Ruelle, *Hasard et Chaos*
N° 31 : Claude Olievenstein, *Le Non-dit des émotions*
N° 32 : Édouard Zarifian, *Des paradis plein la tête*
N° 33 : Michel Jouvet, *Le Sommeil et le Rêve*
N° 34 : Jean-Baptiste de Foucauld, Denis Piveteau, *Une société en quête de sens*
N° 35 : Jean-Marie Bourre, *La Diététique du cerveau*

N° 36 : François Lelord, *Les Contes d'un psychiatre ordinaire*
N° 37 : Alain Braconnier, *Le Sexe des émotions*
N° 38 : Temple Grandin, *Ma vie d'autiste*
N° 39 : Philippe Taquet, *L'Empreinte des dinosaures*
N° 40 : Antonio Damasio, *L'Erreur de Descartes*
N° 41 : Édouard Zarifian, *La Force de guérir*
N° 42 : Yves Coppens, *Pré-ambules*
N° 43 : Claude Fischler, *L'Homnivore*
N° 44 : Brigitte Thévenot, Aldo Naouri, *Questions d'enfants*
N° 45 : Geneviève Delaisi de Parseval, Suzanne Lallemand, *L'Art d'accommoder les bébés*
N° 46 : François Mitterrand, Elie Wiesel, *Mémoire à deux voix*
N° 47 : François Mitterrand, *Mémoires interrompus*
N° 48 : François Mitterrand, *De l'Allemagne, de la France*
N° 49 : Caroline Eliacheff, *Vies privées*
N° 50 : Tobie Nathan, *L'Influence qui guérit*
N° 51 : Éric Albert, Alain Braconnier, *Tout est dans la tête*
N° 52 : Judith Rapoport, *Le Garçon qui n'arrêtait pas de se laver*
N° 53 : Michel Cassé, *Du vide et de la création*
N° 54 : Ilya Prigogine, *La Fin des certitudes*
N° 55 : Ginette Raimbault, Caroline Eliacheff, *Les Indomptables*
N° 56 : Marc Abélès, *Un ethnologue à l'Assemblée*
N° 57 : Alicia Lieberman, *La Vie émotionnelle du tout-petit*
N° 58 : Robert Dantzer, *L'Illusion psychosomatique*
N° 59 : Marie-Jo Bonnet, *Les Relations amoureuses entre les femmes*
N° 60 : Irène Théry, *Le Démariage*
N° 61 : Claude Lévi-Strauss, Didier Éribon, *De près et de loin*
N° 62 : François Roustang, *La Fin de la plainte*
N° 63 : Luc Ferry, Jean-Didier Vincent, *Qu'est-ce que l'homme ?*
N° 64 : Aldo Naouri, *Parier sur l'enfant*
N° 65 : Robert Rochefort, *La Société des consommateurs*
N° 66 : John Cleese, Robin Skynner, *Comment être un névrové heureux*
N° 67 : Boris Cyrulnik, *L'Ensorcellement du monde*

Imprimé en France sur Presse Offset par

BRODARD & TAUPIN

GROUPE CPI

La Flèche (Sarthe), le 11-09-2001
N° d'impression : 8143
N° d'édition : 7381-1031-X
Dépôt légal : septembre 2001